블렌디드

블렌디드

초판 1쇄 발행 2017년 8월 9일
초판 3쇄 발행 2020년 11월 30일

지은이 | 마이클 혼 · 헤더 스테이커
옮긴이 | 장혁 · 백영경
기획 | (사)미래교실네트워크

발행인 | 김병주
출판부문대표 | 임종훈
주간 | 이하영
편집 | 신은정
마케팅 | 박란희
펴낸 곳 | (주)에듀니티 (www.eduniety.net)
도서문의 | 070-4342-6114
일원화 구입처 | 031-407-6368 (주)태양서적
등록 | 2009년 1월 6일 제300-2011-51호
주소 | 서울특별시 종로구 인사동 5길 29 태화빌딩 9층

Blended by Michael B. Horn and Heather Staker, foreword by Clayton M. Christensen
Copyright ⓒ 2015 by Michael B. Horn, Heather Staker.
All Right Reserved.

Korean translation copyright ⓒ 2017 by Eduniety
This translation published under license with the original publisher John Wiley & Sons
International Right, Inc. through AMO Agency, Seoul, Korea

ISBN 979-11-85992-67-9 (13370)
값은 표지에 있습니다.

이 책의 한국어판 저작권은 AMO 에이전시를 통해 저작권자와 독점 계약한 에듀니티에 있습니다.
저작권법에 의해 한국 내에서 보호를 받는 저작물이므로 무단 전재와 무단 복제를 금합니다.

학교 교육의 효과를 극대화하는 온·오프라인의 결합

블렌디드

마이클 혼·헤더 스테이커 지음 | 장혁·백영경 옮김 | 미래교실네트워크 기획

에듀니티

테크놀로지 활용에 대한 관심이 학교에서 급속히 증가하고 있다. 이런 혁신적인 도구들을 최대한 효과적으로 사용하기 위해서는 교육청 차원의 리더십이 매우 중요하다. 이 책은 교육감에게 블렌디드 러닝이 학생의 성취도 상승을 보장하는 청사진을 제공한다.

_ 다니엘 도메네크(Daniel A. Domenech), 미국 교원 협회 전무이사

이 책은 다양한 블렌디드 러닝 모델이 어떠한지를 설명해줄 뿐 아니라 교육행정가, 교사, 학부모가 그들의 학교에 블렌디드 러닝을 실현시키기 위한 청사진을 주의 깊게 펼쳐 보이고 있다. 저자들이 명시하듯이 오늘날 교육에서 무엇보다 필요한 것은 잠재력 있는 학습 모델들의 역동적인 변화에 대해 깊이 생각하고 이를 잘 이용하기 위해 지속적으로 혁신하려는 문화. 교육에서 중대한 변화를 만들어내길 원하는 사람들에게 이 책은 훌륭한 자원이 되어줄 것이다. 나는 우리 팀원 모두에게 이 책을 읽게 할 생각이며, 다른 사람에게도 강력 추천한다.

_ 제이미 커셉(Jaime Casap), 구글 글로벌 에듀케이션 전도사

교육을 강화하기 위해 테크놀로지를 개선, 향상 또는 사용하자는 요구가 많은 이때 저자들의 접근 방식은 참신하고 실용적이다. 그들은 블렌디드 러닝의 3가지 장점, 즉 개별 맞춤화, 접근성 그리고 비용을 간결하게 포착해내어 효과적인 사례와 방법으로 뒷받침하고 있다. 저자들은 학생들이 주도권을 갖고 참여하면서 그들이 아는 것에 기반하여 알아야 하는 것으로 안내하는 학습 자료를 발견하길 얼마나 원하는지 보여준다. 교사는 더 많은 관심이 필요한 학생에게 집중할 수 있다. 이러한 방식을 통해서라면 어느 학생에게나 완전 학습이 가능하다. 이 책은 실질적으로 대학과 직업에 대한 준비도를 향상시킬 계획을 세우도록 해줄 것이다. 교육계의 리더와 정책 입안자들이 필히 읽어야 할 책이다.

_ 짐 거링어(Jim Geringer), 디지런 부회장, 전(前) 와이오밍 주지사

교실 내 디지털 자원의 거침없는 약진을 둘러싼 갈등과 낙관론을 정확히 포착해낸 이 책은 모든 아이에게 탁월한 교육을 제공하는 도구로써 테크놀로지를 이용하자는 공동 목표를 가진 교사, 행정가, 기업가들에게 귀중한 자원이 될 것이다.

_ 제인 스위프트(Jane Swift), 미들버리 인트렉티브 랭귀지스 최고경영자, 전(前) 매사추세츠 주지사

디지털 혁명은 이미 우리에게 와 있고, 교사들은 학생들에게 더 가까이 다가가고, 훌륭한 교육을 제공하며, 점점 변화의 속도가 빨라지는 세상에서 성공하도록 준비시키는 방법에 목말라 하고 있다. 교육행정가들은 21세기 교실을 최대한 활용하기 위해 교사들을 학생들만큼이나 준비시켜야 한다. 이 책을 통해 어떻게 우리가 교육자로서 이 새로운 세상에서 존재할 것이며, 학생들이 마땅히 받아야 할 교육을 제공하기 위해 어떻게 블렌디드 러닝 전략을 이용할 것인지 알아갈 수 있다.

_ 테리 그리어(Terry B. Grier), 휴스턴 인디펜던트 교육청 교육감

이 책은 블렌디드 러닝 환경에 대한 사려 깊고 포괄적인 고찰을 보여준다. 저자들은 가르침을 개별화시키는 온라인 러닝의 힘을 확실히 입증하는 동시에 학생들이 자신의 학습을 이끌어가도록 권한을 부여하는 온라인 러닝의 드러나지 않은 잠재력을 밝혀내고 있다. 나는 우리가 과거의 맞춤식 교육에서 더 나아가 이제는 지식 전달로서의 교육보다는 발견에 좀 더 초점을 맞추어 제대로 맞춤화된 교육으로 바뀔 거라고 낙관한다.

_ 조엔 바톨레티(JoAnn Bartoletti), 전국 중등학교장 협회 전무이사

학교는 개선되어야 하는데, 이때 테크놀로지를 현명하게 사용한다면 도움이 될 것이다. 저자들의 획기적인 전작에서 더 나아가 이 책은 블렌디드 러닝의 올바른 실천 방법에 대한 단계별 가이드라인을 제공한다. 학생들의 만족스러운 성취도를 원하는 교원들에게는 필독서다.

_ 조엘 클라인(Joel Klein), 앰플리파이 최고경영자, 전(前) 뉴욕시 교육국장

이 책은 천편일률적인 접근법 대신에 각 학습자에 따라 개별 맞춤화된 학습 과정을 설계하도록 교사와 학생에게 전례 없는 기회를 가져다준다. 이 청사진은 교육자, 행정가, 정책 입안자, 지역 리더가 혁신적인 교수학습 환경을 개발함으로써 전통적 미국 교육의 토양을 허물도록 촉구하는데, 이로써 학생들이 테크놀로지 중심의 세계 경제에서 성공적으로 살아가도록 도울 수 있다.

_ 베브 퍼듀(Bev Perdue), 디지런 설립자 겸 회장, 전(前) 노스캐롤라이나 주지사

추천의 글

21세기 학교를 위한 파괴적 혁신의 비밀,
뒤섞어야 산다!

이 책의 저자 마이클 혼은 한국을 사랑한다. 특히 한국 교육의 혁신에 그 누구보다 큰 관심을 갖고 있다. 처음 만난 2013년 10월부터 그랬다. 당시 필자는 KBS PD로서 '거꾸로교실(Flipped Classroom)'을 모티브로 한 교육실험을 진행하고 있었고, 이는 '21세기 교육혁명'이라는 주제로 전 세계적 교육위기의 본질과 돌파 방안을 찾아보는 다큐멘터리 시리즈 제작의 일환이었다.

그때만 해도 마이클의 존재를 사전에 알지 못했고, 만나기로 약속한 것도 아니었다. 취재차 미국 샌프란시스코를 방문해 스탠퍼드대학과 실리콘밸리 출신들이 결합해 미국 공교육 혁신을 목적으로 설립한 비영리단체 뉴스쿨벤처펀드(New School Venture Fund)를 접촉하고 있는데, 생각지도 않은 제안이 들어왔다. '파괴적 혁신(Disruptive innovation)' 개념으로 유명한 클레이튼 크리스텐슨 연구소(Clayton Christensen Institute for Disruptive Innovation)의 공동 설립자이자 교육혁신을 위한 파괴적 혁신 개념으로 유명한 인물이 한국에서 교육혁신을 주제로 취재팀이 왔다는 소문을 전해 듣고는 직접 만나 자문 인터뷰를 해주고 싶다고 역으로 제안했다는 것이다. 그가 바로 마이클 혼이었다.

그가 취재팀의 주제인 한국의 공교육 혁신에 관심을 보인 이유는 만나자마자 알게 되었다. 끔찍이도 사랑하는 부인이 한국인이었다(일 년 뒤 둘 사이에서 아주 귀여운 쌍둥이가 태어났다). 마이클은 이미 한국 교육에 대해 많은 것을 알고 있었고, 크게 걱정하고 있었다. 지금과 같은 교육이 지속된다면 한국의 학생들뿐 아니라 사회적 위기로 이어질 것이라고 했다.

그런데 제작팀이 한국의 학교에서 〈거꾸로교실〉 실험을 진행 중이라고 하면서 그 배경과 경과를 전하자 크게 놀라며 반가워했다. 아주 성공적인 결과가 나올 거라고 예상하며, 이것이 자신이 주창한 블렌디드 러닝(Blended learning)으로 해석할 수 있다고 설명을 해주었다. 당시 구두로 설명을 들은 개념은 적절하게 기술을 활용한 온라인 학습과 오프라인 학습이 다양한 방식으로 결합되면 일찍이 없던 교육혁신의 결과를 만들어낼 수 있다는 정도로 이해되었다.

2014년 3월 20일 〈거꾸로교실〉에 관한 한 학기 실험이 처음 TV에 방영되던 날 때마침 한국에 방문한 마이클은 다큐멘터리를 실시간으로 시청하고 곧바로 축하 메일을 보내왔다. 굳이 한국어 번역이 없더라도 수업 방법, 학생들의 표정과 여러 이미지로 어떤 과정과 결과가 나왔는지 충분히 이해하고 감동을 받았으며, 이런 교육 방식이 역으로 미국에 확산될 필요성에 대해 이야기했다. 이후 마이클은 포브스 온라인판에까지 한국의 거꾸로교실 실험에 관해 크게 칼럼을 게재하며, 이 실험에서 오히려 미국 교육이 교훈을 얻어야 한다고 일침을 놓았다.

하지만 그가 왜 한국의 교육에 그토록 관심을 보였는지 그리고 교육혁신의 대안으로 제시하는 블렌디드 러닝의 무엇인지 그 정확한 의미는 이번 책을 보고 나서야 제대로 감을 잡을 수 있었다. 무엇보다 책에 묘사되어 있는 미국 학교 교육의 모습이 놀랍게도 한국의 교실과 닮아 있음을 주목할 필요가 있다.

> 우리의 교육 시스템은 가르치고 시험 치는 방식을 표준화하기 위해 만들어졌기 때문에… 각 아이에게 맞는 수업을 구성한다는 것은… 전형적인 교실 환경에서는 거의 불가능하다는 사실이다(36쪽).
>
> 학생을 일괄적으로 교실에 앉혀놓고 동일한 날에 동일한 내용을 가르치는 오늘날의 공장형 교육 모델(37쪽)

미국 또는 서구 교육에 대한 일반적인 환상과 달리 사실상 똑같은 현상과 문제가 미국 학교의 교실에서 지속되고 있었던 것이다. 바로 19세기 산업혁명 시대의 패러다임에서 벗어나지 못하고 있는 컨베이어 벨트 같은 공장식 학교 교육이었다. 한국 교육은 단지 특정한 한 지역의 문제가 아니라 미국과 전 세계의 학교 교육이 겪고 있는 위기 상황을 압축해 보여주는 상징적인 사례. 그러니 만일 한국의 공교육에서 블렌디드 러닝의 개념으로 해석되는 유의미한 교육혁신의 실험 결과가 나온다면, 이는 곧 세계 공교육의 위기에 보편적 솔루션으로 해석될 수 있을 터이다.

그런 의미에서 이 책의 번역을 영문 번역 전문가나 교육학 이론 전문가가 아니라 현장의 교사들이 해낸 점을 주목할 필요가 있다. 부산의 현직 중학교 영어교사인 장혁 선생님은 최초의 거꾸로교실 실험에 함께 참여했으며, 놀라운 모험정신과 창의력으로 자신의 수업을 되살려내고, 그 경험을 바탕으로 교육혁신을 목적으로 하는 현장 교사들의 단체인 (사)미래교실네트워크의 회장으로서 대한민국 학교 교육의 변화에 큰 기여를 해왔다. 또 다른 번역자인 세종시의 중학교 과학 교사 백영경 선생님 역시 미래교실네트워크 활동에 함께하며, 스스로 붕괴된 교실에서 활로를 찾아낸 경험을 다른 교사들과 나누는 핵심적인 역할을 해왔다. 두 명의 교사 모두 교육에 활용할 수 있는 테크놀로지에 대해 풍부한 이해와 활용능력을 가지고 있으며, 그럼에도 불구하고 수업에 있어 과하지 않은 적정 기술을 찾아내어 활용하는 데 탁월한 능력을 보여왔다.

때문에 한국에서 번역된 마이클의 책은 단순히 문자의 번역이 아니라 현직 교사들이 자신들의 교실 현장에서 겪은 직접적인 경험을 바탕으로 주제에 대해 깊이 공감하고, 문제 제기의 본질을 이해하며 써나간 해석이라고 보는 것이 타당하다.

장혁 선생님과는 이런 대화를 나누었다. "이 책은 한 번이라도 교육 혁신을 시도해 본 교사들이 꼭 읽으면 좋겠다. 그 시도가 성공이었던 실패였던, 그 경험이 있을 때 이 책에 담긴 의미를 온전히 받아들일 수 있지 않을까?"

왜냐하면 담겨 있는 이야기는 적절하게 기술을 활용한 온라인 교육과 다양한 방법과 도구를 이용해 교실 수업의 획기적인 전환을 이뤄내는 사례들이 주가 되지만, 이를 통해 21세기 교육 패러다임 전환으로 가는 성공과 실패의 조건을 읽어낼 수 있기 때문이다.

2017년 7월 20일
정찬필, (사)미래교실네트워크 사무총장

옮긴이의 글

시대가 요구하는 학교로 변모하기 위한 아이디어와 통찰력

우리는 테크놀로지의 발전 속도가 그 어느 때보다도 빠른 시대에 살고 있으며, 우리 삶은 원하든 원치 않든 그 변화를 따르고 있다. 점원이 없는 가게에서 지갑도 없이 쇼핑을 하고, 운전자 없이 차를 몰고, 음성 인식 비서에게 일상의 생활 정보를 물어보는 시대가 곧 도래한다고 한다. 아울러 편리함에 대한 기대와 함께 어떻게 변할지 모르는 가까운 미래의 삶에 대한 막연한 불안감도 공존하고 있다.

이런 변화에 가장 민감한 이들은 단연 기업일 것이다. 그들은 한 치 앞을 내다보지 못하는 오늘날의 상황에서 구태의연하게 대처하다가는 어떻게 손써볼 도리 없이 뒤처지는 냉엄한 각축장에 서 있다. 끊임없는 자기반성과 혁신이 없다면, 기업의 미래를 담보할 수 없다.

한편, 시대의 변화와 흐름에 민감하지 않거나 그럴 필요가 없다고 여기는 이들은 누구일까? 의견이 분분할 수 있겠으나, 그중 하나가 공교육과 학교라는 데 대체로 공감할 것이다. 두 세기를 지나는 동안 공교육은 그 처음 형태를 벗어나지 못하고 있다. 교육이라는 심오한 주제의 중심에는 눈앞의 이익을 살펴 판단해도 안 되며, 시대가 바뀐다 해도 세상의 그 어떤 논리와 기술의 변화에도 흔들려서는 안 되는 것이라는 믿음이 있어서 그런 것일까?

  교육 정책은 백년대계이며 신중을 기해야 하는 것은 맞다. 하지만 오늘날 공교육이 안고 있는 숙제인 교육 격차와 교육 지체는 분명 해결해야 할 문제다. 이 책은 우리 시대가 당면한 공교육 문제의 본질을 파악하고 해결책을 제시하는데 다소 이질적인 경영학 개념을 교육 현장에 대입하고 있다. 그중 가장 핵심은 클레이튼 크리스텐슨(Clayton Christensen) 교수의 '파괴적 혁신(Disruptive Innovation)' 이론이다. 지금의 공교육 현장이 파괴되고 새로운 질서와 형태로 재편되어야 한다는 표현에 불편함을 느끼거나 부정적인 사람이 꽤 있을 수 있다. 하지만 현재 학교 시스템을 들여다보면, 이제 새 술을 새 부대에 담아야 할 때가 도래했거나 이미 그 시기를 놓쳤을 수도 있다는 사실을 깨닫게 된다.

  2010년대로 접어들면서 우리 교육계도 반성과 변화를 통해 시대에 맞게 혁신하고자 노력하기 시작했는데, 스마트 교육 정책과 사업도 그 일환이었다. 테크놀로지와 디바이스가 스마트 교육의 전면에서 화려한 퍼포먼스를 보여줄 때, 모두 감탄했고 교실에 근본적인 변화를 가져다줄 것으로 믿었다. 그러나 막대한 예산 투입과 수많은 교사 연수에도 불구하고 현장에서 느끼는 효과는 장밋빛 기대에 미치지 못했고, 어떤 경우(실은 최악의 경우)는 이 책에서 말하는 것처럼 기존 교실 수업은 그대로 두고 테크놀로지라는 층을 하나 더 얹어놓은 셈이 되어버렸다. 이는 흔히 블렌디드 러닝을 테크놀로지 활용 수업이나 온라인 학습과 동일시하고 테크놀로지 자체에 집중하는 경향과 무관하지 않다. 블렌디드 러닝의 성공적 도입과 실행을 위해서는 어떤 테크놀로지가 어떤 시점에, 어떤 형태로 투입되어야 하는가에 대한 고민과 그에 앞서 학교가 어떤 조직 문화로 새롭게 탈바꿈해야 하는가에 대한 논의가 있어야 한다. 그러면 비로소 학교는 본연의 목적을 달성할 수 있다.

교육의 변화를 고민할 때 본질적인 질문을 하나만 던진다면 '현시대에 학교의 역할은 무엇인가'이어야 한다고 생각한다. 공교육이 처음 출발했을 때 그것이 목표했던 '표준화된 순응하는 시민'은 더 이상 오늘날 교육의 목표와 부합하지 않는다. 지식의 단순한 전달과 암기는 수업의 미덕이 아니며, 오히려 개인의 삶과 공동체의 발전을 저해하고 있다. 그렇다면 오늘날 학교의 역할은 무엇일까? 그 해답으로 이 책은 학교가, 아니 학교만이 잘할 수 있는 것들을 제시하며 거기에 집중할 것을 요구한다. 그리고 이에 대한 구체적 실현 방안으로 블렌디드 러닝을 제시한다.

수년 전부터 강의식 수업에서 벗어나 거꾸로교실로 수업을 진행해 오고 있는 우리 두 역자도 이 책을 통해 교육 혁신과 학교의 미래 역할에 대한 큰 그림을 엿볼 수 있었다. 교실 수업 내부에서 개인적 노력으로 이루어낸 거꾸로교실이라는 수업 혁신이 기능적 팀을 통한 존속적 혁신임을 알게 되면서 이후 추구해야 할 수업의 지향점과 방향을 설정할 수 있었다. 즉 학업뿐 아니라 각 학생의 삶의 요소 전반에 걸쳐 개별 맞춤화해야 한다는 것이다.

장차 우리의 학교가 걷게 될 미래의 모습을 엿볼 수 있게 해주는 이 책의 사례 대부분은 현재 미국 공교육 현장의 모습이다. 미국 학교의 교원 체계, 운영의 자율성, 재정 독립성, 학사 시스템, 교육청과의 관계 등이 우리와는 사뭇 다르므로 그대로 받아들이거나 비판 없이 적용하는 것은 무리가 있다. 하지만 미국 교육이 변화하려고 시도하고 발버둥 치는 모습은 현재 한국의 공교육이 추구하는 학습자 중심, 활동 중심 수업, 과정 중심 평가와 그 맥이 닿아 있다. 아마 전 세계의 공교육이 같은 고민을 하고 있으며, 변화를 꾀하고 있는 것이라 짐작한다.

혹자는 교실 수업 차원에서 일개 교사가 만들 수 있는 혁신에는 한계가 있다고 하고, 혹자는 교육 정책을 혁신적으로 바꾸어도 정작 현장의 교사들이 공감하지 못하고 변화에 비협조적이라고 말한다. 이 책은 공교육에 몸담고 있는 그 누구든지 자기 자리에서 자기가 맡은 역할을 통해 이루어낼 수 있는 교육 혁신의 가능성을 제시한다. 또한 블렌디드 러닝을 통해 기존 시스템에서 제 기능을 발휘하지 못하고 있는 교실 수업과 학교의 한계를 극복하고자 방향을 모색하는 일선 교사, 학교 관리자, 교육청 관계자, 정책 입안자들에게 혁신의 철학적 근거에서부터 구체적 실행 매뉴얼까지 상세하게 안내하고 있다. 이책을 통해 지금의 오래된 학교 시스템을 파괴하고 시대가 요구하는 학교로 변모하기 위한 많은 아이디어와 통찰력을 얻을 수 있길 바란다.

번역의 기회를 제공해준 미래교실네트워크, 번역의 완성도를 위해 단어 하나하나 함께 검토해준 존 해리슨, 끝까지 인내로 기다리고 격려해주신 에듀니티의 김병주 대표, 최윤서 이사, 허병민 편집장께 심심한 감사를 드리며, 학교 일과 번역으로 주말을 반납해도 불평 없이 든든한 지원군이 되어준 두 역자의 가족에게 이 책을 바친다.

장혁, 백영경

차 례

추천의 글   006
옮긴이의 글   010

머리말   파괴적 혁신과 패러다임이 충돌할 때   018
들어가며   026

1부 이해하기

1장 블렌디드 러닝이란 무엇인가   055
온라인 학습의 급부상   056
블렌디드 러닝인 것과 아닌 것   059
블렌디드 러닝의 모델   064
블렌디드 모델의 혼합   083
〔부록 1.1〕 주요 용어 정리   086
〔부록 1.2〕 블렌디드 러닝의 분류   088

2장 모든 교실이 블렌디드 러닝으로 바뀔까   095
하이브리드(Hybrids) 이론   098
블렌디드 러닝은 파괴적인가   102
블렌디드 러닝의 하이브리드 모델   103
블렌디드 러닝의 파괴적 모델   108
예상되는 교육혁명   110
앞으로 학교는 어떻게 될까   113

2부 준비하기	3장 슬로건으로 시작하라	125
	마구잡이식 투입의 대안	128
	문제 정의하기 또는 목표 진술하기	130
	존속적 슬로건 vs 파괴적 슬로건	136
	핵심 기회를 파악하는 방법	138
	비소비 기회를 파악하는 방법	140
	위기 vs 기회	142
	4장 혁신을 위해 조직하라	146
	팀 구성을 위한 프레임워크	148
	팀 프레임워크 적용하기	156
	복합팀 사용하기	169
	잘못된 실행의 대가	170
3부 디자인하기	5장 학생에게 동기를 부여하라	177
	학습 자발성의 중요성	178
	해결과제(Jobs-To-Be-Done) 이론	180
	학생의 해결 과제	186
	과제의 구조	189
	학생의 과제 해결하기	191
	무엇을, 어떻게 통합할 것인가	199
	학생 과제 해결에서 블렌디드 러닝의 역할	203
	학생에게 과제를 바꾸라는 요구의 위험	205

6장 가르침을 고양하라 — 210

학생 관점에서 교사 역할 설계하기 — 212
교사 관점에서 교사의 역할 설계하기 — 219
학생과 교사 모두에게 좋은 일 — 228

7장 온라인 환경과 현장 환경을 디자인하라 — 231

제품 구조와 인터페이스 — 233
개인 컴퓨터 구조의 변화 — 236
모듈성으로의 변화 — 238
통합식 vs 모듈식 온라인 콘텐츠 — 241
통합식 vs 모듈식 온라인 운용 시스템 — 252
통합식 vs 모듈식 물리적 공간 — 256
전략을 상황에 맞춰 조정하기 — 259

8장 모델을 선택하라 — 262

문제 유형에 맞춰 보라 — 264
팀 유형에 맞춰 보라 — 269
원하는 학생의 경험에 맞춰 보라 — 272
교사의 역할에 맞춰 보라 — 277
물리적 공간에 맞춰 보라 — 280
인터넷 디바이스의 사용 가능성에 맞춰 보라 — 284
우선순위 매기기와 선택 — 287
다중 모델로 나아가기 — 288
[부록 8.1] 어떤 블렌디드 러닝 모델이 지금 상황에서 가장 적합한가 — 292

4부 실행하기	9장 문화를 만들라	297
	문화란 무엇인가	299
	어린이 문화의 힘	301
	학교 문화의 힘	302
	어떻게 문화를 만드는가	304
	블렌디드 러닝을 실행하는 문화의 힘	308
	지금도 늦지 않다	313
	10장 성공을 위한 자신만의 방법을 발견하라	317
	발견이 이끄는 계획 세우기	318
	결과물로 시작하라	322
	가설 체크리스트 만들기	322
	더 알기 위해 계획 실행하기	329
	전진, 변화, 계획 유보 중 무엇을 해야 하는가	332
	11장 결론	336
	시간에 따른 실행	337
	블렌디드 러닝은 팀 스포츠다	339
	이해, 준비, 디자인, 실행	342

주석	346
감사의 말	398
저자에 대하여	403

머리말

파괴적 혁신과 패러다임이 충돌할 때

우리는 교육 변화의 맨 앞에 서 있다. 사람들은 오랫동안 교육 현장을 어려움에 빠트린 것이 무엇인지 이런저런 말을 하며 각기 다른 해결책을 제시하고 있다. 그러나 만병통치약이란 없다. 저마다 나름의 해결책을 제시하고 있긴 하지만 학교 현장의 특성상 하나의 해결책은 다른 해결책과 서로 맞지 않고 어긋나기 일쑤다. 미국의 K-12(유치원에서 고등학교까지 기간) 학교에서 블렌디드 러닝이 등장하면서 이제 우리는 상반관계에 놓여 있던 과거의 여러 해결책을 뛰어넘을 기회를 갖게 되었다. 패러다임과 파괴 개념이 어떻게 연관되어 있는지 조명하는 것으로 그 이유를 설명하고자 한다.

토머스 쿤의 『과학 혁명의 구조』에서는 패러다임의 구조를 소개하는데, 그동안 읽은 책들 가운데 가장 유용한 책 가운데 하나다. 이 책은 과학 역사에 대해 쿤이 평생에 걸쳐 연구한 내용을 기반으로 하여 이해 체계(body of understanding)가 어떻게 생겨나서 향상되는지에 대한 간단하면서도 보편적인 모형을 정리해 보여준다. 쿤의 모형이 강조하는 것은 이해 체계가 처음 생겨나는 시작 그 자체가 아니라 이해 체계가 어떻게 향상되는가에 초점을 맞추고 있다.

이해 체계는 보통 하나와 다른 하나 사이 패턴에 대한 가설로부터 시작한다. 이해를 향상시키는 방법은 대부분 최초의 패턴이 설명하지 못하는 어떤 것의 발견, 즉 예외성에서 비롯된다. 예외는 연구자가 인과성에 대한 최초 설명을 다시 살펴보게 하고, 그것을 재조정해 이전 발견뿐 아니라 새로운 발견도 설명할 수 있게 해준다. 이전에 설명하지 못했던 예외에 맞서 이를 해결하는 과정을 통해 이해 체계는 점점 더 많은 것을 설명할 수 있게 된다.

어느 순간 이해 체계에서 인과성은 폭넓게 이해되고 받아들여짐으로써 그 분야 연구자들의 성과는 직관적으로 그 이해를 이루어낸다. 쿤은 이런 인과성의 이해 체계를 '패러다임'이라고 불렀다. 이것은 무엇을 관찰하고 조사해야 하는지, 어떤 종류의 질문을 해야 하는지, 어떻게 이런 질문이 구조화되고 응답되어야 하는지, 어떻게 연구 결과를 해석해야 하는지 등을 명확히 말해주는 모형이다.

연구자들은 대부분 패러다임에 의문을 품지 않는데, 패러다임이 현장에서 벌어지는 현상을 이해하는 데 유용하기 때문이다. 따라서 그들은 이 패러다임이 타당하다고 여긴 채 그냥 과학에 참여한다. 이 과정에서 현상을 측정하고, 정의를 내리고, 특징짓는 방법에 대해 배우고, 패러다임의 적용 범위를 살펴본다. 이런 작업 가운데 대부분은 그룹으로 나누고 비교하는 것이다. 이런 방식을 통해 연구자들은 계속 예외를 발견해낸다. 그들은 예외를 관찰하면 낯선 그 내용을 수용하기 위해 패러다임을 조정하고 재진술하기 위해 노력한다. 아니면 그 예외가 패러다임이 적용되는 범위 밖에서 발생했다고 결론을 내린다.

그러나 연구자들은 기존 패러다임으로 설명하지 못하는 예외의 경우를 종종 발견한다. 그럴 때면 선반 어딘가에 이것을 놓아둔 채 학문적 표현으로는 수수께끼 같아서 풀기 어려운 미제 사례(cold case)라고 얘기한다. 연구자들은 기존 패러다임으로 설명할 수 없는 또 다른 예외를 발견하면 그것 역시 미제 사례 선반에 놓아두기 위해 따로 떼어놓는다. 이렇게 해서 미제 사례가 많이 쌓이면 어떤 진취적인 연구자가 그것을 모아 연구하다가 이렇게 외친다. "이 미제 사례를 보라고! 이것 사이에서 일정한 패턴이 보이지? 기존 패러다임이 틀렸다고!"

기존 패러다임을 깊이 신봉하는 사람은 잘 모르는 과학의 또 다른 영역에서 사용되는 어떤 이론이 예외 사이의 패턴을 종종 밝혀내기도 한다. 이로 말미암아 신봉자들은 기존 패러다임의 유효성을 죽을 때까지 지킨다. 실제로 자신들의 과학 분야를 연구할 때 사용하는 직관적 도구 세트로 그들 가운데 상당수는 기존 패러다임에 의문을 제기하는 예외를 보지 못한다. 이런 이유로 쿤은 다른 훈련과 교육을 받은 새로운 연구자들이 일반적으로 패러다임을 무너뜨리고 그 자리를 차지할 새로운 지식을 만들기 시작한다는 사실을 관찰했다.

이렇게 패러다임을 발전시키고 테스트하고 넘어뜨리는 과정은 항상 일어난다. 결코 특별한 일이 아니다. 종종 수십 년에 걸쳐 진행되기도 하는데, 나중에 기존 패러다임은 신뢰를 잃게 된다.

많은 사람이 패러다임이라는 단어를 다양한 목적으로 사용한다. 대부분의 사람은 쿤의 책을 읽어보지도 않았다. 그들은 자신의 의견을 패러다임의 대전환으로 떠받들어줄 발표 자리에서 그 용어를 사용하는데, 학문적 적수나 그런 상대와의 지적 대결에서 공격자로서의 명성을 강화하기 위해서다. 범위가 넓지 않은 우리 영역에서도 마찬가지인데, 파괴적 혁신이라는 용어가 뭐든 하고 싶은 걸 정당화하려는 무지한 사람들을 통해 남용되고 있으며 과도하게 적용되고 있다.

전략과 혁신 사이의 관계

　통상적인 과학에서는 상반관계를 연구하는 데 많은 에너지를 소비했다. 상반관계는 대개 2차원 그래프로 표현되는데, 세로축에서 뭔가 하나를 얻으려면 가로 축에서 뭔가를 양보해야 하는 것을 말한다. 상반관계 사이의 관련성은 '효율성 한계'라고 불리는데 직선 또는 볼록, 오목한 형태다. 예를 들면 인공위성을 궤도에 쏘아 올리는 것 역시 상반관계를 필요로 한다. 낮은 궤도로 쏘아 올리면 더 빠르게 통신이 이루어지지만 인공위성의 크기가 작아야 하고 가벼워야 하며 한 가지 목적으로만 사용해야 한다. 반면 높은 궤도로 쏘아 올리면 그 크기가 커져 다양한 임무를 수행할 수 있지만 인공위성이 훨씬 더 무겁다든지 하는 어려움이 있다.

　기업이나 제품을 이런 상반관계에서 효율성 한계 지점에다 두는 결정을 동료 마이클 레이너와 마이클 포터는 '전략'이라고 부른다. 전략은 상반관계를 수반한다. 교육과 관련해 이런 상반관계 가운데 몇 가지 예로, 교수 모형이 일방(적 강의)이어야 하느냐 또는 양방향(적 토론)이어야 하느냐, 개인별 교수에 기반을 두어야 하느냐 또는 그룹별 교수에 기반을 두어야 하느냐, 규모에 따른 경제적 이점을 노려 큰 학교를 지어야 하느냐 또는 교사당 학생 수가 적도록 작은 학교를 지어야 하느냐가 있다. 이런 문제는 이론상의 한계를 따르는 전략적 선택이다. 어떤 전략적 선택이 내려진 다음 교육자는 우리가 '존속적 혁신'이라고 부르는 혁신의 형태에 집중한다. 이런 형태의 혁신은 좋은 결과물을 더 좋게 만든다. 좋은 결과물 역시 우리가 전략적 선택을 더 효과적으로 하도록 도와준다.

인공위성을 어떻게 디자인하고 어느 위치까지 쏘아 올리느냐 하는 것처럼 패러다임은 상반관계의 한계에서 가장 적절한 지점을 정해주지 않는다. 오히려 패러다임은 논의될 상반관계와 답을 평가할 때 사용될 척도를 규정한다. 교육에서 패러다임은 교사 대 학생 비율이나 프로젝트 기반 학습(참여)과 강의 기반 학습(지식 흡수) 사이 상반관계 등의 틀을 잡아준다.

파괴적 혁신은 어느 기업가나 공학자가 다른 어떤 것을 포기하도록 사람들에게 요구하지 않은 채 하나 이상을 제공하면서 상반관계를 무너뜨리는 방법을 알아냈을 때 발생한다. 종종 상반관계가 깨어지면 패러다임이 전복되기 시작한다. 파괴적 혁신이 패러다임과 해당 산업의 리더를 무너뜨리는 데 그토록 능숙한 이유는 존속적 혁신이 정지되어 있기 때문이다. 반면 파괴적 혁신은 과거에 결정되었던 상반관계를 최대한 이용한다.

파괴적 혁신가의 관점을 가진 사람은 처음에 이미 확립된 예전 패러다임의 상반관계를 수용한다. 그러나 그들은 기술이 향상되는 궤적이 고객이 사용하는 것보다 더 빠르다는 사실을 안다. 기술의 성능이 '충분치 않음'에서 '훌륭함 그 이상'으로 옮겨가면서 상반관계는 깨어진다. 파괴 이론에서 변화의 궤적이 만나는 교점은 상반관계가 만들어내는 제약을 역동적으로 풀어낸다.

파괴적으로 변하는 변화의 궤적은 항상 각 분야의 맨 아래에서 까다롭지 않은 고객 사이에서 시작된다. 교육의 맥락에서 대부분의 교사는 적어도 말로는 일찌감치 온라인 강의가 시간이 지나면서 파괴적으로 전통적 교실 안 강의를 넘어서고 있다는 것을 인정했다. 그럼에도 우리 모두는 온라인 학습이 고등학교나 대학의 수석 연구 세미나, 하버드 경영대학원의 사례 기반 수업에 필적하는 것이 불가능하다고 믿어 왔다. 곳곳에서 강한 파괴가 일어나고 있었지만 우리는 수석 연구 세미나와 사례 기반 수업 등을 전통적 수업 방식의 안전한 피난처로 여겨왔다.

내 친구인 오슬로 노르웨이 경영대학원 교수 에스펜 앤더슨(Espen Anderson)의 사례를 살펴보자. 에스펜은 교실 수업에서의 상반관계를 무너뜨리고 있는데, 그가 사용하는 방법은 파괴적이며 계속 진행 중이다. 이 글을 쓰고 있는 지금 에스펜은 오슬로에서 사례 연구법을 통해 학생들을 가르쳐야 하지만 의료상의 이유로 보스턴에 있다. 과연 그에게는 어떤 해결책이 있는 걸까? 에스펜은 자신을 상징하는 나비넥타이를 오슬로의 강의실에 있는 로봇에게 붙이고, 로봇의 목 위에 아이패드를 테이프로 부착했다. 그리고 로봇을 움직일 무선 조종기를 보스턴으로 가져왔다. 그의 강의를 듣는 학생들은 오슬로의 지정된 책상에 앉아 있는데, 각 책상에는 3개의 버튼이 있다. 그 버튼 중 하나는 '방금 그 코멘트를 지지하는 의견을 말하고 싶다'는 뜻을, 또 다른 버튼은 '나는 방금 그 코멘트에 동의하지 않는다'는 뜻을, 마지막 버튼은 '나는 다른 주제에 대해 의견을 말하고 싶다'라는 뜻을 에스펜에게 전달한다. 이 방법을 통해 에스펜은 손을 든 학생을 지명할 수도 있고, 토론을 이끌어 나갈 수도 있다. 그는 학생들이 말하는 것을 요약하기 위해 칠판으로 걸어가는 것처럼 할 수도 있으며, 자신이 지명한 학생에게 다가가 음성뿐 아니라 몸짓 언어로 그 말에 반응할 수도 있다.

미래에 K-12 교육이 에스펜의 강의실처럼 진행될 거라고 말하고자 이 이야기를 한 것은 아니다. 기술 진보의 과정은 사람들이 향상된 기술을 사용하기도 전에 더 빠른 속도로 발전하고 있어 역사적으로 교육의 몇몇 패러다임이 가졌던 절대적 상반관계가 붕괴되고 있다는 것을 에스펜을 통해 실제로 보여주기 위해서였다.

여기 그 과정의 틀을 잡는 방법이 있다. 시간은 모든 일이 동시에 발생하지 않도록 막아준다. 미래와 과거 둘 다 현재에 존재하지만 그 둘이 전 세계적으로 공평하게 나눠져 있지는 않다(윌리엄 기브슨과 션 캐롤 그리고 다른 사람들도 비슷한 생각을 하고 있다). 에스펜 앤더슨의 교실은 미래에 있을까, 아니면 현재에 있을까?

미래가 현재가 되도록 그냥 기다린다면, 즉 가르치고 배우는 새로운 방법에 대한 데이터가 우리 앞에 나타나기만을 기다린다면 데이터는 계속 다른 데이터와 격렬하게 경쟁할 것이고, 결국 약한 것은 바뀔 수밖에 없다. 기반이 되는 확실한 이론이 없다면 당신의 데이터는 내 데이터보다 더 큰 소리를 내지 못하고, 더 확실한 논리를 가지지도 못하기 때문이다. 행동과 변화의 기초는 이론이지 데이터가 아니다.

교수 학습에 대한 패러다임의 많은 요소는 과거 우리 사회의 일정 부분을 잘 감당해 왔다. 이제 우리는 최근 나타나는 데이터에 의미를 부여하는 파괴적 혁신이라는 이론을 가지고 있다. 에스펜의 사례를 포함해 전 세계의 많은 교실에서 나오는 데이터는 교육에 존재해 왔던 상반관계가 무너지고 있음을 분명히 말해 준다.

과거 교사였을 때 상반관계에 얽매여 있었다. 내 혁신은 존속적 혁신이었다. 내가 생각했던 것처럼 생각하고, 내가 경험한 것을 경험한 학생들에게 나는 훌륭한 교사였다. 그러나 세상을 다른 방식으로 보는 학생들을 가르칠 때는 잘해 봐야 그저 그런 교사밖에 되지 못했다. 온라인 학습은 각 학생에게 어울리는 학습 기회를 맞춤식으로 전달하는 기회를 제공할 수 있다. 학생들과 지적(知的) 자극이 되는 토론을 하려면 강의 신청자 수를 줄일 수밖에 없다. 과거 나는 교사는 가르치고 학생은 들어야 한다고 생각했다. 그러나 이제 그렇게 생각하지 않는다. 많은 수의 학생이 멀리 떨어진 서로 다른 장소에서 활기찬 토론을 벌일 수 있게 된 것이다. 교사만 학생을 가르치는 것이 아니라 학생도 서로를 가르칠 수 있다. 우리는 모두 어떻게 배우는지를 배우고 있으며, 어떻게 가르치는지를 가르치고 있다. 참으로 고마운 일이다. 에릭 호퍼가 언급했듯이 급격한 변화의 시기에 미래를 물려받는 사람은 다름 아닌 학습자이고, 그들은 대개 아직은 존재하지 않는 세상에서 살아가기 위해 자신이 잘 준비되었다는 사실을 깨닫게 된다.

동료인 마이클 혼, 헤더 스테이커와 함께 쓴 이 책은 어떻게 교수 학습의 상반관계 가운데 상당수가 무너지고 있는지를 제대로 설명해줄 것이다. 우리는 하나를 얻기 위해 다른 하나를 포기하지 않고도 더 많은 것을 성취할 수 있으리라는 것을 확신하고 기대한다. 온라인 학습의 가능성이 상향 곡선을 그리면서 향상되고 계속 더 많은 상반관계를 제거하면서 블렌디드 러닝은 우리가 겪는 파괴 경험 속에서 최고의 면대면 교수 학습 접근성을 지켜내고 있다. 블렌디드 러닝은 배우기를 원하는 우리 모두가 최고의 신구(新舊) 패러다임을 접할 수 있게 해준다. 그리고 이 책은 교사와 학교 관리자, 교육감, 학부모가 블렌디드 러닝의 적용 방법을 배우고, 다른 어딘가에서 미래가 나타나기를 기다리며 방관하지 않도록 하기 위해 쓰였다.

클레이튼 크리스텐슨
하버드 경영대학원

들어가며

깨끗하고 밝은 색으로 페인트칠을 한 학교의 모습을 상상해보자. 벽에는 학생의 예술작품이 걸려 있고 도서관은 잘 정돈되어 있다. 교사는 열심히 가르치고, 행정 직원은 학교가 잘 운영되도록 최선을 다한다. 이 학교는 학생에게 컴퓨터와 스포츠, 교외 체험학습을 제공하고 있다. 전 세계적으로 많은 학교가 이처럼 부단히 애쓰고 있다. 특히 도심 지역이 그렇다. 〈슈퍼맨을 기다리며(Waiting for Superman)〉〈부정된 권리(A Right Denied)〉 등의 다큐멘터리는 가슴 아픈 공립학교의 어두운 현실을 다뤘다. 그러나 분명하게 말하면 일부 학교는 괜찮다. 만약 대부분의 학부모가 같은 생각을 가졌다면 자녀가 다니는 학교가 공립이든 사립이든, 도심에 있든 교외에 있든 시골에 있든 아이들을 잘 준비시키고 있다고 믿을 것이다.[1]

이 책은 온라인 학습과 학교의 융합에 대한 이야기를 담았다. 이 책은 학교 안에서 의미 있는 변화를 만들고 싶어 하는 사람이나 블렌디드 러닝(Blended learning)을 염두에 둔 사람을 위한 자료가 될 것이다. 또한 지금의 상황에 만족하고 있는 사람에게도 놀라운 경험을 제공할 것이다. 지금껏 배워왔던 방식을 완전히 바꿀 디지털 전환기에 학교는 급격한 변화를 겪고 있다. 온라인 학습이 지금 사는 지역의 학교를 아직 흔들어놓지 않았다면 머지않아 그렇게 될 것이다. 『교실수업 파괴하기』의 저자들(이 책의 공동 저자인 마이클 혼을 포함한)은 2008년에 그런 예측을 내놓았는데, 당시 그들은 2019년이면 고등학교 과정의 50퍼센트가 어떤 형태나 방식으로든 온라인화될 거라고 예상했다.

수년이 흐른 뒤 그 예측은 정확히 들어맞아 가고 있다. 심지어 어떤 사람은 더 빨리 이뤄질 수 있다고 말한다.[2] 시기에 대한 논쟁의 여지는 남아 있지만 더 흥미로운 것은 초등학교, 중학교, 고등학교에 걸친 부정할 수 없는 온라인 학습의 출현이 좋은 것인지 아닌지의 문제라고 여긴다는 사실이다. 우리의 교육 시스템은 어쩔 수 없이 비인간적인 공상과학에 나올 법한 자동화 형태로 발전하게 될까? 학생의 온라인 학습 물결은 긍정적 방향으로 나아갈까? 그리고 우리는 어떻게 후자를 확신할 수 있을까?

파괴적 혁신의 패턴

온라인 학습이 좋은 것이냐 아니냐를 묻는 것은 이메일과 미국의 대형 할인매장인 타겟(Target), 세금신고 자동 계산 프로그램인 터보텍스(TurboTax)가 좋은 것인지 물어보는 것과 같다. 미국 우편국은 이메일을 싫어할지도 모르겠지만, 대부분의 사람은 이메일이 커뮤니케이션을 더 빠르고 편리하게 만들며 우표를 붙여 보내는 것보다 가격도 저렴하다는 것을 안다. 미국의 백화점 메이시는 타겟을 좋아하지 않을 수도 있지만, 많은 소비자는 할인 소매점의 저렴한 가격 덕분에 더 나은 생활을 누리고 있다. 세금 정산 전문 업체인 H&R Block과 다른 세금 회계 업체들은 터보텍스의 탄생을 유감스럽게 여기겠지만, 많은 사람과 소규모 기업은 터보텍스를 신의 선물로 여긴다.

이메일과 할인 소매점, 터보텍스는 모두 하버드 경영대학원의 클레이튼 교수가 지칭한 파괴적 혁신의 사례다. 처음 들었을 때 파괴적 혁신은 교육자들이 선뜻 수용하기 쉽지 않은 말이지만 많은 장점을 제공한다. 파괴적 혁신은 시장에 뛰어들기 위한 자산이나 전문지식이 없는 사람이 시장 구조의 맨 아래서 간단히 사용하면서 시작되는 제품과 서비스를 말한다.[3] 예를 들어 터보텍스가 나오기 전 많은 사람은 세금 전문 회계 업체에 의뢰했을 때 지불할 비용이 부담스러워 연필과 계산기로 자신이 받을 환급금 계산을 위해 오랫동안 힘겹게 머리를 굴려야 했다. 그러나 인튜이트(Intuit)의 터보텍스 소프트웨어는 세금 계산 전문 회사로 이루어진 지금의 시스템을 파괴하고 있다. 회계 업체에 돈을 지불할 경제적 여유가 없는 수백만 명의 사람이 간단하고 저렴한 방법으로, 전문적 도움을 통해 그들의 세금 환급금을 정확히 받도록 도와주기 때문이다.

파괴적 혁신품은 성능에 대한 새로운 개념의 정의에 따라 경쟁한다. 파괴적 혁신은 기존의 시스템이 품질을 정의하는 방식과 완전히 다른 방식으로 정의한다. 보통 파괴적 혁신이 말하는 품질의 새로운 정의는 저렴한 가격, 편의성, 접근성, 단순성과 같은 장점에 중점을 둔다. 연말 세금 정산의 사례에서 보듯 터보텍스와 함께라면 비용 문제로 H&R

Block의 일대일 개인 세금 상담을 이용할 수 없거나, 사무실 방문이 여의치 않은 먼 지방에 사는 사람도 글자 그대로 손가락만 까딱하는 것으로 세금 정산 서비스를 받을 수 있다.

과거 H&R Block의 고객이었던 수백만 명의 개인사업자와 소규모 기업들은 세금 정산 전문 업체를 버리고 터보텍스로 갈아탔다. 이 사례는 기업들이 고객의 점점 더 많은 요구를 충족시키고자 노력하는 상황에서, 어떻게 파괴적 혁신이 고급 시장으로 움직이는지를 잘 보여준다. 그렇게 하기 위해 그들은 여전히 더 저렴하거나 편리하거나 접근 가능하거나 간단하면서도 기능에 대한 현재 정의에 맞춰 더욱 개선되어야 한다. 세금 정산 회계의 사례에서 기존의 시스템은 복잡한 세금 상황에 대해 도와주고 전문가의 의견이 필요한 애매한 부분을 잘 헤쳐 나가도록 도와주는 능력을 기반으로 경쟁했다. 처음에 터보텍스는 고객을 확보하는 데 한계를 보였다. 터보텍스는 그 어떤 도움이라도 고맙게 여기는 사람들에게 단지 편리함과 저렴함을 제공했다. 그러나 시간이 지나면서 터보텍스 소프트웨어는 기존의 시스템으로부터 더 많은 것을 요구하는 고객을 끌어들이려는 노력의 과정에서 점점 복잡한 문제를 해결할 수 있게 되었다. 실시간 도움을 제공하기 위해 '실시간 상담'과 '전문가에게 묻기'와 같은 기능을 추가했다. 지금은 세금 정산 전문 업체 대신 터보텍스를 이용할 만큼 적절한 도움과 전문가의 조언을 제공하고 있다. 사람들은 터보텍스로 갈아타면서 적절한 전문적 의견에다 더 편리하고 저렴한 비용이라는 이중 혜택을 누리게 되었다. 터보텍스가 직접 대면하는 전문가와의 상담만큼 좋지 않을 수도 있지만, 수많은 개인사업자에게는 이 정도만으로도 충분하다.

파괴적 혁신과 온라인 학습

파괴적 혁신의 패턴은 온라인 학습을 K-12 학교에 도입하는 것이 득인지 독인지 답하는 데 도움을 준다. 한 가지 예로 파괴는 왜 온라인 학습이 대다수 학생의 수학과 독서 수업에 대한 즉각적인 해결책이 되지 못하고, 대부분 주요 과목 외에서 시작하는지 설명해준다(나중에 다루겠지만 지금은 대부분의 학교에서 주요 과목 수업을 온라인 학습으로 하고 있다). 다른 파괴와 유사하게 온라인 학습은 학습할 다른 대안이 없는 환경에 놓인 학생을 위해 사용되기 시작했다. 우리는 이런 환경을 '비소비(非消費)'라고 부른다. 이런 환경은 파괴적 기술이 아니면 다른 대안이 없기 때문이다. 학교 자체적으로 제공한 온라인 학습은 대부분 상급자 과정에서 시작되었거나 특정 과목에서 실력이 우수한 교사의 폭넓은 교육 과정을 제공하지 못하는 시골과 소도시의 작은 학교, 졸업을 위해 학점을 채워야 하는 학생을 위한 보충 과정으로 시작되었다. 또한 홈스쿨링을 하거나 집을 벗어나기 어려운 학생을 위해 시작되었다. 이런 학생에게는 그저 평이한 온라인 학습 과정일지라도 별다른 대안이 없는 것보다 나았다.

그러나 요구사항이 다양한 고객을 끌어들이기 위해 다른 성공적 파괴가 상급 시장으로 나아가고 있듯이, 온라인 학습도 처음 등장했을 때와 비교하면 극적으로 발전했다. 파괴적 혁신의 패턴은 위안을 줄 수 있는데, 시간이 지나면서 저렴한 파괴적 기술이 발전하리라는 확신을 제공하기 때문이다. 지금의 인터넷 접근성은 10년 전보다 훨씬 빨라졌고 믿을 만하다. 스카이프(Skype)나 구글 행아웃(Google Hangout) 등 인터넷상의 소통 도구는 동시 온라인 소통을 간단하면서도 저렴하게 만들어주었다. 온라인 콘텐츠는 점점 더 매력적으로 변하고 있다. 그리고 현재 대부분의 학생은 노트북, 태블릿, 모바일 스마트폰 등 손닿는 거리에 인터넷 디바이스를 가지고 있다.[4]

요즘 많은 학생이 기존의 학교 건물에서 학업을 이어가면서 동시에 온라인 학습을 경험하고 있는데, 이것이 블렌디드 러닝이라 불리는 현상이다. 블렌디드 러닝의 등장은 온라인 학습이 고급 시장으로 나아가는 방식 가운데 하나다. 기존의 학교 건물이라는 요소를 더하면서 온라인 학습은 학교가 지식과 기술 습득을 위해 필요한 것만큼이나 필요한 관리 감독, 얼굴을 맞대고 얘기를 나누는 교사, 친구와 직접 만나는 즐거움을 학생에게 더 많이 제공할 수 있다. 이 책은 K-12 학교에서 블렌디드 러닝의 발생과 점점 힘을 얻고 있는 블렌디드 러닝이 학생과 교사, 학교에 미치게 될 주목할 만한 영향에 초점을 맞추고 있다.

그럼 처음 질문으로 돌아가 보자. 온라인 학습의 성장이 좋은 일일까? 좋은 일이 아니라면 우리는 전통적인 교실을 지키기 위해 싸워야 할까?

누군가에게는 그 대답이 분명하다. 학교가 현재 제공할 수 있는 것보다 더 많은 것을 원하는 학생에게 온라인 학습은 필요하다. 없는 것보다는 분명 낫기 때문이다. 졸업하기 전까지 낙제한 과목을 다시 수강할 수 있는 현실적 방법을 갖지 못한 수백만 명의 학생에게 블렌디드 러닝은 학점을 딸 수 있는 해결책을 제시해 준다. 또한 현재 고등학교의 40퍼센트 정도가 학생들에게 대학과목선이수제(AP)를 제공하지 못하는데, 이런 경우 블렌디드 러닝은 학생에게 대학과목선이수제 과목을 수강할 기회를 제공한다.[5] 매년 가정에서 학습하는 대략 235만 명의 학생에게 블렌디드 러닝은 잠재적 교육 과정의 큰 줄기를 제공한다.[6] 그리고 정확하게 그 수가 파악되지 않은 학생들이 자신이 다니는 학교가 제공하지 못하는 대학 입학에 필요한 기본이나 심화 과정을 온라인 학습을 통해 접근하고 있다.

비소비율은 특히 고등학교 수준에서 놀랄 정도로 높다. 사실 대부분의 고등학교 학생은 어떤 형태로든 바람직한 학습 기회를 놓치고 있는데, 그 대안으로 온라인 학습을 통해 혜택을 누릴 수 있다. 2007년 전체 학생 가운데 26퍼센트가 어떤 심화 과정도 제공하지 않는 고등학교에 다녔다. 기하학밖에 없으니 대수학 II도 없고, 미적분학은 당연히 없었다. 생물학만 있고 화학이나 물리학, 고급영어 수업도 없었다.[7]

그러나 지역 교육청 학교든 차터 스쿨(자율형 공립학교로 주정부 기금을 받지만 자체 모금도 가능하며 학교 운영 재량권이 큼—옮긴이)이든 공립학교에 다니는 학생 그리고 더 폭넓은 강의와 선택 과목을 제공하는 사립학교에 다니는 학생은 어떤가? 온라인 학습을 값싼 유행쯤으로 여겨 기회를 놓치고 있지는 않은가? 이 질문에 답하기 위해 우리는 한 걸음 물러나 큰 그림을 볼 필요가 있다. 최고의 학교라도 전통적인 교실 모형은 오늘날 학생들이 성공하기 위해 필요한 것과 어떻게 하면 더 잘할 수 있는지에 대한 문제를 따라잡지 못하고 있다.

공장형 학교 모델

2010년 캘리포니아 교외 지역에 위치한 로스앨터스(Los Altos) 지역교육청 산타 리타(Santa Rita) 초등학교는 미국의 다른 학교들과 별반 다르지 않게 운영되고 있었다. 5학년 잭은 학급에서 수학 과목이 꼴찌였다.

잭은 수업을 따라가려고 애썼으나 혼자서는 제대로 개념을 이해하지 못하는 아이들 가운데 한 명이었을 뿐이다. 일반 학교라면 잭은 성적에 따라 수학 하위 반에 배치되었을 것이다. 이런 경우 잭은 고등학교에 가기 전까지 대수학 수업을 들을 수 없는데, 이는 그의 대학 진학과 진로 선택에 부정적 영향을 줬을 것이다.

잭의 학습은 이전과 다른 쪽으로 전개되었다. 학교는 잭의 수업을 블렌디드 러닝 환경으로 변화시켰다. 일주일 가운데 3~4일 수학 수업 시간에 칸 아카데미의 온라인 수학 해설 강의와 연습문제를 70일간 이용하고 나서 잭은 하위권 수학 그룹이 아닌 상위권 그룹으로 올라갈 정도로 성적이 올랐다. 그는 자신의 학년보다 더 높은 수준의 과제도 해낼 정도였다.

잭의 빠른 성적 향상은 영화나 마술에서 나올 법한 얘기처럼 들리겠지만 그렇지 않다. 이는 학생의 니즈에 맞춰 학습을 개별 맞춤화하고, 학습 수준을 알맞게 설정하도록 교사를 도와주는 온라인 학습이 가진 힘을 잘 보여주는 예다.[8]

오늘날 학교의 기원

오늘날 학교는 100년 이전의 개별화, 맞춤식과는 정반대 목적을 위해 디자인되었다. 즉 학교는 가르치고 시험 치는 방식을 표준화하기 위해 고안되었다. 20세기에 접어들 당시 한 칸 교실로 이루어진 작은 학교는 각 학생을 위한 맞춤식 교육에 적합했다. 그러나 많은 수의 학생을 교육시키기에는 경제적으로 효율적이지 않았다. 1900년에는 미국 내 5~19세 인구 가운데 50퍼센트만 학교에 입학했다.[9] 그러자 많은 학생을 수용할 수 있는 교육제도를 만들기 위해 교육자들은 산업화된 미국에 등장한 효율적 공장 시스템에 주목하기 시작했다. 이것은 학생을 나이대별로 묶어 학년을 지정하고, 한 명의 교사가 담당하는 하나의 교실에 학생을 배정하며, 교수(teaching)와 시험(testing)을 표준화하는 결과를 낳았다.[10] 이론적으로는 학년별로 나뉘어 각 학급으로 배정된 학생들을 교사는 동일한 교과목을 동일한 방식과 속도로 가르칠 수 있었는데, 그를 통해 교육은 표준화되고 획일화되었다. 이로 말미암아 학교는 훨씬 더 많은 학생을 받아들일 수 있었다.[11]

나이에 따라 학년이 정해지는 공장 모형에 기반을 둔 이런 교실은 취학률에서 효과적이었다. 1930년에 이르러 학생 가운데 75퍼센트 이상이 고등학교에 입학했고 45퍼센트가 졸업했다.[12] 공장 모형 학교는 그 시대의 경제 상황에 맞춰 학생을 준비시켰고, 수백만 명을 중산층으로 끌어올리는 데 일조했다.[13] 1900년 대다수의 학생은 학교를 떠나면서 공업에 종사했고 심화 교육을 필요로 하지 않았는데, 그 당시 직업 가운데 17퍼센트만 지식노동자를 필요로 했다.[14] 많은 학생이 고등학교를 중퇴했고, 대학을 다니지 못했거나 졸업하지 못했으며, 학문적으로 많이 배우지 못했다는 사실[15]은 학생들이 노동자가 되는 데 지장을 주지 않았다. 또한 미국 경제를 심각하게 위협하지도 않았다. 토머스 제퍼슨(Thomas Jefferson)이 오늘날까지 살아있다면 이런 학교 시스템, 즉 학생을 다양한 단계로 정렬시키는 시스템을 성공적이라고 여겼을지도 모른다. 제퍼슨은 자신이 제안한 이상적인 학교 시스템의 디자인에서 점수에 기반하여 다양한 간격으로 학생들을 정렬시키는 3단계 수준의 학교 시스템을 그려냈다. 제퍼슨의 주장대로라면 학생들 가운데 엘리트 집단만 심화 교육을 받아 공직에 나가 현명한 지도자가 될 수 있었다.[16] 다시 말해 당시 학교 시스템은 각기 다른 직업으로 학생을 선별하기 위해 고안된 것으로, 오늘날 우리가 걱정하는 학교 중퇴자들은 오히려 성공했다고 축하받았을 것이다.

왜 오늘날은 공장 모형 학교로 부족한 걸까

문제는 오늘날 직업 가운데 60퍼센트 이상이 지식노동자를 필요로 하고, 학교가 모든 아이를 교육시켜 그들이 자신의 잠재력을 완전히 깨닫기를 원하기 때문에 이 공장 모형 학교로는 충분치 않다는 것이다.[17] 그리고 앞서 언급한 잭의 사례에서 보았듯이 약점을 갖고 삶을 시작하는 대부분의 학생에게는 단지 충분치 않은 정도가 아니다.

교육자나 학부모가 알고 있듯이 두 아이가 동갑이라고 해서 그들이 동일한 방식으로 동일한 속도로 배운다는 것을 뜻하지 않는다. 각각의 아이는 각기 다른 시간에 서로 다른 학습 니즈를 갖는다. 인지과학자와 신경과학자, 교육연구가를 포함하는 학자들은 서로 다른 이 필요가 과연 무엇인지 맹렬히 논쟁을 펼쳐 왔지만(어떤 사람은 다중 지능과 학습 스타일에 대해 얘기하고, 어떤 사람은 이런 개념을 격하시키는 연구를 지적함[18]), 어느 누구도 반론을 제기할 수 없는 것은 각 학생은 배우는 속도가 다르다는 사실이다. 어떤 학생은 빨리 배우고 어떤 학생은 천천히 배운다. 또한 각 학생의 속도는 과목이나 개념에 따라 다양한 양상을 보인다. 이런 차이가 나타나는 것은 두 가지 이유 때문이다.

첫째, 우리 모두는 적성이 다르다. 인지과학자들은 이것을 '작동 기억(working memory)' 능력이라 지칭하는데, 시각과 청각을 포함한 여러 자료로부터 주어진 정보를 흡수하고 활용해 적극적으로 활용할 수 있는 능력을 의미한다. 둘째, 우리 모두는 서로 다른 배경 지식을 가지고 있다. 인지과학자들은 이것을 '장기 기억'이라고 부르는데, 사람들이 서로 다른 경험치나 사전 지식을 가지고 학습 경험으로 들어온다는 뜻이다. 이는 사람들이 개념을 어떻게 학습하느냐에 영향을 준다. 예를 들어 교사가 학생 모두가 알고 있을 거라 생각해 역사적 예시를 들었는데, 그 예시가 어떤 단원에서 보조적 도움을 주는 경우가 있다고 가정해보자. 교사가 그 예시를 특정 요지를 설명하기 위해 사용했을 때 그들 가운데 그 예시가 낯설다든지 잘못 알고 있는 학생이 있었다면 그 단원의 요지에 대해 잘못된 개념을 받아들이거나 요지를 모두 놓쳐 버릴 수 있다.[19]

이 사실을 알면 과거 수업 시간에 선생님이 아무리 여러 번 개념을 설명해도 도무지 이해할 수 없었던 경험을 누구나 갖고 있다는 것을 받아들일 수 있다. 이런 경우 수업 시간은 쏜살같이 흘러가고 이해하지 못한 학생은 저만치 뒤처지고 만다. 그리고 이내 좌절감에 빠지게 된다. 우리 가운데 다수는 그 반대의 경험도 가지고 있다. 때때로 반 친구보다 먼저 이해하기도 한다. 이런 학생은 이해하지 못한 학생을 위해 개념을 다시 설명할 때 지루할 수밖에 없다.[20]

모든 아이를 학교와 인생에서 성공하도록 만들고 싶다면 각각의 학생이 가진 학습의 니즈를 위해 교육을 각 학생에게 맞추거나 개별 맞춤화할 필요가 있다. 여기서 문제는 우리의 교육 시스템은 가르치고 시험 치는 방식을 표준화하기 위해 만들어졌기 때문에 강의를 차별화하려고 애쓰는 많은 교사의 헌신적 노력에도 불구하고 각 아이에게 맞는 수업을 구성한다는 것은 교사 한 명과 20~35명의 학생이 함께 있는 전형적인 교실 환경에서는 거의 불가능하다는 사실이다.[21] 일정 시간 수업을 들어야 하지만 모든 학생이 학습 목표를 달성할 거라는 기대가 없는 이런 시스템에서 대부분의 학생은 미처 준비가 안 된 상황에서도 반 전체가 다음 개념으로 이동할 때 함께 이동하도록 강요받는다. 이로 말미암아 발생하는 학습 공백은 학교생활 내내 학생을 괴롭힌다.[22]

예를 들어 수학을 좋아하는 학생이 뒤처졌을 때 따라잡을 기회가 없다면 그는 수학을 자기와 맞지 않는 과목으로 여기게 되고 이내 포기하고 말 것이다. 앞서 언급한 잭이 이런 경험을 했을 수도 있는데, 학생이 제대로 시도해 보기도 전에 교육 시스템은 너무 많은 학생을 속이고 있다. 지금의 시스템은 교사까지 속이고 있는데, 일대일 교수를 위한 충분한 시간을 주지 않으면서 아이 한 명 한 명이 학습에 성공하도록 교사가 돕기를 기대하고 있다.

학생을 일괄적으로 교실에 앉혀놓고 동일한 날에 동일한 내용을 가르치는 오늘날의 공장형 교육 모델은 대부분의 학생이 학습하기에는 비효율적인 방식이다. 오랫동안 이것이 문제가 되지 않았던 이유는 학교 시스템에 대해 다른 목표를 가지고 있었기 때문이다. 그러나 이제는 문제가 되고 있다. 즉 세상과 아이들을 향한 희망은 바뀌었는데, 학교들은 여전히 바뀌지 않고 있는 것이다.

학생 중심 학습

오늘날 학생은 학생 중심의 학교 시스템이 필요한 세상에서 살아가고 있다. 학생 중심 학습은 본질적으로 관련된 두 가지 아이디어의 조합으로 이루어지는데, 이것은 개별 맞춤화 학습(어떤 사람은 '개인별 학습 individualized learning'이라고 부름)과 역량 기반 학습(competency-based learning, '완전학습 mastery-based learning, mastery learning' '수준 기반 학습 proficiency-based learning' '목표 기반 학습 standards-based learning'이라고도 불림)이다.

개별 맞춤화 학습

개별 맞춤화 학습이 무엇인지에 대한 몇 가지 개념이 있다.[23] 그러나 여기서 개별 맞춤화 학습은 한 학생의 특정한 니즈에 맞게 짜인 학습을 뜻한다. 다시 말해 학습에서 성과를 얻도록 개인에 맞춤으로써 개인화하는 것이다. 이런 점에서 본다면 개별 맞춤화된 학습의 힘은 직관적이다. 학생이 교사로부터 집단 강의 대신에 일대일 강의를 받았을 때 그 결과는 일반적으로 매우 우수하게 나타난다. 이것은 맞는 말이다. 너무 빠르거나 너무 느리다면 속도를 조절하는 것부터 설명을 바꿔 말하거나 주제가 학생의 흥미를 불러일으키도록 만들기 위해 새로운 사례나 접근법을 제공하는 것까지 교사가 모든 것을 할 수 있다고 가정한다면 말이다. 또한 교사는 학생이 내용을 완전히 이해할 때까지 포기해선 안 된다. 개별 맞춤화된 접근법은 학생이 필요할 때 일대일 학습을 받을 수 있으며, 그룹 프로젝트나 활동이 그들의 학습에 가장 적합하다고 판단되면 거기에 참여할 수도 있음을 의미한다.

학생의 학습 효과를 극대화시키기 위한 개별 맞춤화 학습이 가진 힘을 보여주는 연구들이 있다. 개별 맞춤화 학습에 주목하게 만든 첫 연구 가운데 하나는 벤저민 블룸의 고전적 연구인 '2 시그마 문제'다. 1984년에 발표된 이 연구는 제때 맞춤식 도움을 제공하는 교사가 있는 경우 학생의 학습 효과를 측정했다. 인상적인 결과는 3주가 되었을 무렵, 개인 지도를 받은 평범한 학생이 통제 학급 평균보다 약 2 표준편차가 높았다는 것이다. 이것은 개인지도를 받은 보통 학생이 통제 학급의 학생 98퍼센트보다 높은 점수를 받았다는 것을 뜻한다.[24] 최근 커트 반렌(Kurt VanLehn)이 실시한 메타 분석은 블룸의 결론을 다시 한 번 검토했는데, 개인 지도의 효과가 널리 알려진 2 표준편차 수치보다 대략 0.79 표준편차 더 많다고 한다.[25] 이렇게 정정한다고 해도 그 효과는 대단히 크다.

역량 기반 학습

학생 중심 학습의 두 번째 중요한 요소는 역량 기반 학습이다.[26] 역량 기반 학습에서 학생은 다음 단계로 넘어가기 전 지식의 습득, 응용, 창조, 역량이나 성품을 포함해 주어진 과제의 학습 목표를 성취했음을 보여주어야 한다. 학생은 학급의 평균적인 학습 속도나 미리 정해놓은 시간표에 따라 다음 단계로 넘어가지 않는다.[27] 역량 기반 학습은 끈기를 필요로 하는데, 그 이유는 학생이 다음 단계로 넘어가려면 이해할 때까지 그 문제를 공부해야 하기 때문이다. 그 단원의 수업이 끝나기만 기다려서는 안 되는 것이다.

학생들이 전 단계 수업의 내용을 완전히 이해하지 못하고 다음 개념으로 넘어간다면 학습에 결손이 생기게 된다. 그래서 역량 기반 학습이 시간 기반 학습보다 더 나은 결과를 만들어내는 것은 놀랄 일이 아니다.[28] 한 연구원은 "완전학습 수업을 받는 다양한 수준의 학생이 학업 성취에서 전통적인 강의 수업을 받는 학생에 비해 지속적인 성장을 보여주었다"라는 점을 찾아냈다.[29] 또 다른 연구에서는 "완전학습이 우수한 학생의 성취도를 떨어뜨리지 않으면서도 우수한 학생과 부진한 학생의 학업 격차를 줄여주었다"라는 것을 찾아냈다.[30] 게다가 어떤 연구에서는 "완전학습을 하는 교사가 가르침과 자신의 역할에 대해

더 긍정적으로 느낀다"는 것을 발견했다.[31]

조력자로서 블렌디드 러닝

개별 맞춤화 학습과 역량 기반 학습이 제대로 구현되면 학생 중심 학습 시스템의 기반이 마련된다. 학생 중심 학습의 중요한 부분은 학생이 자신의 학습 발달에 대해 자주성과 주인의식을 가지게 되고, 배움을 지속해 나갈 능력을 기르게 된다는 점이다. 이것은 곧 평생학습을 의미하기도 하는데, 오늘날처럼 지식과 기술이 급변하는 세상에서는 평생학습이 필수다.

그러나 문제는 어떻게 학생 중심 학습을 대규모로 구현할 것인가 하는 점이다. 각 학생이 개인 지도 교사 비용을 댈 수 있다면 문제가 없지만 엄청난 비용이 들 것이다. 학생마다 다르게 교수 방법을 차별화시키는 것은 개별 맞춤화 학습을 위한 첫 단계로, 교사들은 이를 구현하려고 노력한다. 그러나 오늘날의 공장 모형 교육 시스템에서는 아무래도 어려운 일이 아닐 수 없다. 모든 학생이 학습 목표를 달성하고 학습을 자기 속도에 따라 해나가도록 만드는 것은 교사 대 학생 비율이 낮고, 융통성 있게 학급을 구성할 수 있는 학교일 때 가능하다. 그러나 정규 교육 과정의 범위를 넘어서는 학습을 하는 학생에게 새로운 학습 경험을 제공해야 하는 건 교사 개인에게도 부담스러울 뿐 아니라 대부분의 학교에게도 금전적으로 부담이 된다.

이것이 블렌디드 러닝이 중요한 이유다. 블렌디드 러닝은 개별 맞춤화 학습과 역량 기반 학습에 동력을 불어넣는 엔진과도 같다. 테크놀로지 덕분에 다양한 영역의 대량 맞춤 생산이 여러 사람의 다양한 요구를 충족시켜 주듯 온라인 학습은 학생에게 언제 어디서나 어떤 방향, 어떤 속도에서도 학습하도록 해준다. 가장 기본적인 수준에서 얘기하면 온라인 학습은 학생이 이미 알고 있는 개념은 빨리 넘기기, 요약할 때는 일시 정지, 복습할 때는 돌려보거나 천천히 재생할 수 있게 해준다. 학습 목표라는 동일한 도착 지점을 향해 학생들이 서로 다른 길을 선택하는 방법을 제공하는 것이다.

온라인 학습은 교사를 얽매임에서 풀어줌으로써 학습 설계자, 멘토, 촉진자, 개인 지도교사, 평가자, 상담가가 되어 예전이라면 절대 불가능했을 방식으로 학생 한 명 한 명을 만나게 해준다.

물론 학교가 단지 온라인 학습을 도입했다고 해서 개별 맞춤화 학습과 역량 기반 학습이 보장되지는 않는다. 우리는 전 세계의 교육자와 학생이 온라인 학습이 가진 장점을 깨닫기 바라면서 이 책을 썼다. 온라인 학습과 학교 교육의 융합은 지금껏 알려진 학생 중심 학습을 널리 실현시키는 방법 가운데 가장 강력한 기회를 만들고 있다.

왜 학교는 임계점에 도달해 있는가

수천 개의 미국 내 지역 교육청(추정에 따르면 75퍼센트 이상)이 온라인 학습의 가능성에 주목하기 시작했다.[32] 각기 다른 필요가 그들을 급격한 변화 시점으로 몰아가고 있었기 때문이다. 2010년 우리는 전국에 걸쳐 예전 수업 방식을 블렌디드 모델로 교체하기로 선택한 학교, 지역 교육청, 차터 관리기구, 그 외 단체에 대한 이야기를 수집하기 시작했다. 우리는 방문을 통해 이들 프로그램과 관련된 사람 가운데 150명 이상과 이야기를 나눴다.[33]

왜 블렌디드 러닝으로 바꿨느냐는 질문에 관리자들은 대부분 3가지 대답 중 하나를 말했는데, 그것은 우연찮게도 학생 중심 학습의 가능성과 앞서 얘기했듯 그것을 이루어 나가는 데 어려움을 담고 있었다.

1. 개별 맞춤화 학습에 대한 욕구 관리자들은 우수한 학생이 앞으로 나아가는 것을 돕고 학업 성적이 부진한 학생은 낙오되지 않도록 해야 한다는 위기감을 갖고 있다. 학생의 학업 성장(학생이 학년 초에 알고 있는 것과 학년 말에 알고 있는 것 사이의 변화량)은 결코 높지 않으며, 관리자들은 각 학생의 필요에 따라 학습을 알맞게 조정할 수 있는 더 나은 방법을 절실히 원한다.

2. 접근성에 대한 욕구 학교는 학생과 지역사회의 요구대로 폭넓은 학습 기회를 제공하려고 애쓴다. 학부모는 인터넷 세상에서 왜 자신의 아이가 MIT 공학 과정을 온라인으로 학습하고 학점 받을 기회를 얻지 못하는지, 심지어 기본 심화 과정조차 학습할 수 없는지 묻는다. 지리적 장벽이 사라지고 있는 오늘날 기회 부족은 적당한 핑곗거리가 될 수 없다.

3. 비용 절감의 욕구 학교는 항상 예산 부족의 상황에 직면해 있다. 이런 상황에서 관리자들이 쫓기는 기분을 느끼는 것은 놀라운 일이 아니다. 게다가 지역사회는 개별 맞춤화 학습을 원하는데, 아이 한 명마다 개인 교사를 둔다는 것은 비용이 많이 드는 일이다. 그래서 관리자들은 추가 비용 없이 모든 아이에게 개인 교사가 있는 듯한 이상적 경험을 제공할 좋은 기회로 블렌디드 러닝을 주시하고 있다.

개별 맞춤화, 접근성, 비용 절감 등 온라인 학습의 잠재적 이점은 예전 교육 방식에서 사람을 밀어내고 블렌디드 러닝이라는 새로운 기회로 끌어들이고 있다. 수백만 명의 사람이 세금 회계 회사가 아니라 터보텍스의 적당한 가격과 편리함을 선택했듯이, 지금 많은 사람이 온라인 학습의 개별 맞춤화, 접근성, 비용 절감에 끌리고 있다. 이런 잠재적 이점은 2019년이면 고등학교 과정에서 적어도 50퍼센트가 온라인화되리라는 예측이 실현되는 데 힘을 불어넣고 있다.

이런 이점이 바라는 대로 실현될 것인지는 실제 적용에 달려 있다. 일부 경우 온라인 학습으로 개인화 수업을 이루려고 했던 학교들은 결국 시간이 부족하다는 이유로 들어 각 학생의 니즈에 따라 교실을 새롭게 재조정하는 방법도 모르는 교사에게 테크놀로지만 슬쩍 떠넘기고 있다. 그리고 급기야 온라인 학습으로 경비를 절감하려고 했던 많은 사람이 경비 절감은 커녕 새 디바이스와 인터넷 통신비를 예산에 추가하고 있다.

반면 어떤 프로그램은 변화를 만들어가고 있다. 현장에서의 몇몇 사례는 다양한 관리자가 예전 공장 모형을 버리고 변화를 일으키는 동력으로 어떻게 블렌디드 러닝을 사용하는지를 보여준다. 이들 관리자는 온라인 학습을 잘 이용해 학생에게 이전에 불가능했던 개별 맞춤화, 접근성, 비용 절감과 관련해 도움을 제공하고 있다.

개별 맞춤화

2008년 봄 뉴욕 시 교육청의 조엘 로즈(Joel Rose)는 직원 훈련 센터를 운영하는 마이애미에 사는 친구를 방문했다. 그때 센터의 한쪽 벽면에 '당신만의 방식을 선택하라(Choose Your Modality)'라고 적힌 벽보가 로즈의 걸음을 멈추게 했다. 그는 학생이 획일적인 수업이 아니라 개인의 니즈에 가장 잘 맞는 방식으로 각 개념을 배울 수 있다면 학교가 더 잘 기능할 거라고 생각했다.

당시 뉴욕 시 교육청의 교육감이었던 조엘 클라인의 도움으로 로즈는 기금을 확보했고, 2009년 여름 로어맨해튼의 어느 중학교 여름 수학 프로그램으로 첫 '스쿨오브원(School of One)'을 열었다.

시험용 프로그램을 접한 학생은 곧 그들의 수학 프로그램이 예전 서머스쿨 수업과 전혀 다르다는 점을 알아차렸다. 매일 수업을 마칠 때마다 스쿨오브원은 각 학생이 알고 있는 것을 정확히 진단하기 위해 시험을 쳤다. 이 정보를 가지고 각 학생을 다음 날 '학습 활동 리스트'와 짝짓는 작업을 했는데, 이는 각 학생이 자신의 니즈를 기반으로 학습하도록 활동과 개념을 자세히 설정해 놓은 것이었다. 다음 날 아침 학교 벽면 모니터에는 공항의 비행 정보 모니터와 비슷하게 각 학생이 그날 해야 할 과제가 띄워져 있었다. 학생의 학습 활동 리스트는 1,000개가 넘는 수학 수업 가운데서 뽑은 것이었다. 활동의 일부는 온라인 소프트웨어를 사용하지만, 일부는 소집단이나 동영상 강의, 면대면 수업을 위한 것이었다. 이 모델의 핵심 아이디어는 학생의 학업 수준을 나타내는 정확한 지점에서 학생을 만나는 것이다. 그리고 그들 스스로가 자신만의 속도로, 또 학습 내용별로 자신에게 가장 잘 맞는 방식을 선택해 학습해 나가도록 만드는 것이다.

여름이 끝나갈 무렵 실험학교에 참여한 학생은 학생 수와 사전 시험 결과에서 또래 집단보다 거의 7배 빠른 속도로 수학 실력을 쌓았다.[34]

초반에 증명된 효과에 고무된 스쿨오브원은 여름 실험학교를 넘어서서 일반 학교로 확대되었다. 최근 몇 년간 사용 가능한 수학 수업이 더 많아졌고, 학생에게 효과적인 도움을 준다는 측면에서 갈수록 성장하고 있다. 이 극단적인 개별 맞춤화 학습은 강력한 효과를 보여주었다.

로즈는 이 방법을 통해 학생이 가진 강점과 약점을 알 수 있었다. 그리고 이것은 온라인 시험을 잘 치르고, 새로운 학습 내용을 완벽히 이해하도록 분발하게 만든다고 했다. 게다가 이 모형은 학생이 자신이 잘 모르는 부분을 인정할 때 덜 불안해하도록 돕는데, 모두 자신만의 속도로 공부하고 있기 때문이다. 한편 교사는 각 학생이 매일 어떻게 공부하는지 상세히 파악함으로써 부진한 학생에 대해 좀 더 적절하게 대응할 수 있다. 교사는 시험 채점을 할 필요가 없어 학생의 니즈 분석과 소그룹이나 개인 지도에 더 많은 시간을 할애할 수 있다.

2011년 로즈는 스쿨오브원 초기 모형과 유사한 티치투원(Teach to One)이라 불리는 서비스와 비영리단체인 뉴클래스룸(New Classroom)을 만들었다. 이 모형은 워싱턴 D.C.와 시카고를 포함해 뉴욕 시 외곽의 몇몇 교육청을 담당하면서 확대되어 갔다. 첫 해인 2012~2013년 뉴클래스룸의 티치투원 블렌디드 러닝 모델 효과에 대한 콜롬비아 사범대학 연구에 따르면 7개교 2,200명 학생의 수학 성적이 북서 지역 평가연합(NWEA)의 학업성취도 평가에서 국가 평균 점수보다 대체로 거의 20퍼센트 더 높았다.[35]

접근성

전 앨라배마 주지사 로브 라일리는 많은 학생이 배움의 기회를 충분히 갖지 못한다는 사실에 낙심했다. 라일리는 앨라배마 주 클레이 카운티의 작은 마을 애슐랜드에 태어났는데, 그의 가족은 6대째 목장과 농장을 운영해 오고 있었다. 2002년 주지사로 당선되었을 때 그의 마음은 앨라배마 주 공립학교 학생의 32퍼센트 정도를 차지하는 시골학교 학생들에게 가 있었다. 그는 아이들이 성공하길 원했다. 그러나 앨라배마 주는 작은 시골 학교에 고급반 수업 과정(AP)을 담당할 교사를 배치하지 못했다. 임기 일 년이 되었을 때 라일리는 고등학교 AP 과정 개설 비율에서 앨라배마 주가 남부 16개 주 가운데 14위라는 사실을 알게 되었다.[36]

2004년 라일리는 온라인 학습이 해결책을 제공해준다는 것을 깨달았다. 그는 ACCESS(Alabama Connecting Classrooms, Educators, & Stdudents Statewide) 원격 학습 프로그램의 청사진을 만들어낼 태스크포스를 소집해 앨라배마 주에 사는 학생들이 동등한 교육 기회를 보장받도록 임무를 맡겼다.

태스크포스팀은 앨라배마 주 온라인 가상학교를 개발해 폭넓은 AP 과정, 즉 외국어와 이중학점제, 필수와 선택 과정 등을 앨라배마 주의 고등학생에게 제공하는 기본 계획안에 동의했다. 그리고 나중에 중학생에게도 몇 가지 학습 과정을 제공하기로 했다. 그러기 위해 주 전역에 걸쳐 인터넷 기반시설의 향상과 확충을 위해 앨라배마 주 슈퍼컴퓨터 당국(Alabama Supercomputer Authority)과 협업했다.

ACCESS는 외부 공급업체로부터 온라인 학습 과정의 라이선스를 확보해 자체적으로 다양한 과정을 개설했다. 2012년 말에 ACCESS는 등록자 수가 전년과 비교해 31퍼센트나 증가한 44,332명을 확보해 미국에서 세 번째로 규모가 큰 온라인 가상학교가 되었다. 그 결과 학생들의 진급률이 높아지면서 앨라배마 공립학교의 AP 시험 응시자 수도 증가했다. 2004~2012년 AP 응시자 수가 3배 넘게 증가했는데, 특히 흑인 학생의 응시자 수가 10배 이상 늘었다. 그리고 대학 학점으로 인정받는 시험 성적을 취득한 수는 두 배 이상 증가했다.[37] ACCESS는 수천 명의 앨라배마 중·고등학교 학생이 예전과 달리 고급 학습 과정과 교육의 대안적 선택권을 갖도록 도움을 주었다.

경비 절감

'지식이 곧 힘(KIPP, Knowledge Is Power Program)'은 미국의 가장 큰 차터 네트워크 중 하나다. KIPP 학교들은 '핑계대지 않는다'는 정신으로 유명한데, 학생이 낙제한 것이 건강 관리가 부족했다든가, 부모의 나쁜 영향 때문이라고 탓하지 않는다는 신념을 가지고 있다.[38] 2013~2014년 전국 KIPP 네트워크 소속의 141개 학교 가운데 로스앤젤레스 남부 지역에 자리한 KIPP 임파워 아카데미(KIPP Empower Academy)는 유치원부터 4학년까지 담당하고 있는데, 90퍼센트 이상의 학생이 연방정부 법에 따라 무상 급식 대상이거나 급식비 지원 대상자다.[39] 그리고 10퍼센트는 특수 교육 대상자다. 대부분의 학생은 흑인이거나 히스패닉 또는 혼혈이다.[40]

KIPP 임파워의 설립 회장으로 부임한 마이크 커는 학교의 교육 모델을 소그룹 교육 기반으로 하고 싶었는데, 이전에 있던 뉴욕 시에서 좋은 성과를 낸 방법이었다. 그는 첫 대상이 될 유치원 5개 학급이 교사 한 명당 20명을 넘지 않도록 하기 위해 캘리포니아 학급당 학생 수 감축 프로그램의 지원금을 받기로 했다. 그러나 2010년 새로운 학교가 개교하기 몇 달 전 커와 그의 팀은 경기 불황의 영향으로 캘리포니아 주 정부에서 학급당 학생 수 감축 프로그램의 지원금을 삭감했다는 사실을 알게 되었다. 결국 KIPP 임파워 학교는 10만 달러 넘는 지원금을 받지 못하게 되었다.[41]

커와 그의 팀은 다른 해결책을 찾기 위해 움직였다. 처음에 커는 소그룹 모형을 그대로 유지하기 위해 테크놀로지를 사용하자는 제안에

회의적이었다. 그러나 좀 더 조사하고 나서 그의 팀은 수업 시간 중 적정하게 온라인 학습을 사용할 경우 교사가 소그룹 학습 전략을 유지하는 데 도움이 될지 테스트하기로 결정했다. 유치원의 학급당 학생 수가 20명에서 28명으로 늘어나고, 5개 학급 대신 4개 학급으로 시작해야 했음에도 말이다.

2010년 가을 KIPP 임파워 학교가 개교한 첫날 112명의 유치원생은 KIPP 임파워 학교의 엄청난 성공 모델이 되어줄 활동을 시작했는데, 현재 다른 KIPP 학교도 그것을 따라하고 있다. 이들 유치원생은 90분의 독서 시간으로 시작하는데, 그 시간에 학급 가운데 3분의 1 학생이 소집단의 형태로 담당 교사와 만나고, 다른 3분의 1 학생은 소집단에서 보조 교사와 함께 학습하며, 나머지 3분의 1 학생은 개인 컴퓨터에서 혼자서 학습한다. 매 30분마다 각 소그룹은 다음 스테이션으로 순환 이동한다. 아이들은 하루 내내 동일한 순환 이동 학습 형태로 작문과 수학, 과학을 학습한다. 비록 각 학급에 28명의 학생이 있지만 성인 한 명당 학생 수의 비율은 1 대 14(또는 그 이하)다. 온라인 학습 스테이션에서는 교사가 소그룹을 가르칠 필요가 없기 때문이다.[42]

현재 KIPP 임파워 학교는 유치원에서부터 4학년까지 대략 550명의 학생을 교육하고 있으며, 매년 성공적이라고 할 만한 결과를 내놓고 있다. 2011년 가을 벤치마크 단계(Benchmark STEP)에서 61퍼센트의 학생이 기본 학력 이하였던 데 반해, 2012년 봄에는 91퍼센트가 '능숙' 또는 '월등'의 수준에 속했다.[43] 그다음 2012~2013학년도에 학생들은 이전 그들이 직면했던 학력 공백만큼이나 놀라운 결과를 계속 보여주었다. 캘리포니아 주의 학력지수(API)는 전미학력시험의 결과에 기초해 각 학교의 학력 성장을 평가하는데,[44] 최고점은 1,000점이고 800점이 목표 점수인데, KIPP 임파워 학교는 991점을 받았다.

 2012년 비영리 컨설팅 기업 FSG는 KIPP 임파워 학교가 주 정부의 지원금이 삭감되었음에도 어떻게 이런 결과를 낼 수 있었는지를 말해 주는 연구서를 출판했다. 이 학교는 처음 예상했던 것보다 2명의 전임 교사가 부족한 상황에서 학교 수업을 시작했는데, 여기서 비용을 아낄 수 있었다. 블렌디드 순환 수업 모델로 소그룹 지도를 계속 유지했고, 원래 예상했던 그다음 해의 예상 입학 인원 200명이 231명으로 증가하면서 추가로 재정을 확보할 수 있었다. 전체적으로 봤을 때 한 학생당 재정 확보액은 1,467달러였다.[45] 블렌디드 모델을 계속 유지하려면 어느 정도 추가적인 하드웨어나 소프트웨어 비용, 인건비가 필요한데 총 금액이 한 학생당 502달러 정도 되었다. 추가로 확보한 재정에서 그 금액을 지출한다고 해도 대략 965달러가 남는다.[46] 재정 확보가 된 상황에서 KIPP 임파워 학교팀은 공립학교 재정만으로도 5년만 운영하면 이것이 지속 가능하리라고 낙관했다. 이것은 외부 기금을 끌어올 필요도 없고, 학생을 위한 소그룹 학습 전략이나 학교 설립 당시의 이념을 포기하지 않아도 된다는 것을 의미한다.

전문가 영역 세우기

 교육자와 학부모는 그들의 학교가 개별 맞춤화와 접근성, 비용 절감의 장점을 취하는 데 있어 누군가가 온라인 학습의 올바른 활용 방법을 알아내기를 바란다. 앞서 언급했던 경우와 비슷한 수백 건의 증거 사례는 온라인 학습을 통해 마침내 K-12 학교에 이런 장점을 도입하기 위한 체계적 방법을 갖게 되었음을 보여준다. 골치 아픈 문제가 발생하고, 재정적으로 어렵고, 점점 시대에 뒤떨어지는 시스템을 가진 학교에게는 희소식이었다.

온라인 학습과 블렌디드 러닝이 학교를 어렵게 만드는 문제를 해결해주는 만병통치약이라는 말을 하려는 게 아니다. 그러나 제대로 적용된다면 개별 맞춤화와 접근성, 비용 절감의 차원에서 이것은 기존 체계를 대규모로 무너뜨릴 잠재력을 가지고 있다.

『교실수업 파괴하기』를 출판하고 난 뒤로 교육에 많은 변화가 있었다. 이 책은 학생과 학교를 위해 블렌디드 러닝의 장점을 실현시키고자 하는 사람들을 위한 지침서다. 『교실수업 파괴하기』의 저자들은 교육자들이 '어떻게'를 더 명확하게 파악하는 방법을 제시하기 위해 '무엇'을 다루었는데, 이 책은 '무엇'을 뛰어넘고 있다. 책의 마지막에 모든 독자는 블렌디드 러닝의 전문가가 되어 있을 것이다. 대신 우리가 요구하는 것은 교육자들이 이런 이해와 전문적 지식을 가짐으로써 커뮤니티에서 블렌디드 러닝을 이끄는 사람이 되고, 모든 아이에게 혜택을 주기 위해 행동으로 옮기라는 것이다.

이 책을 통해 발견하게 될 것

이 책의 1부는 블렌디드 러닝의 중요한 배경을 설명하고 있는데, 대체로 2011~2013년 우리가 책으로 펴냈던 블렌디드 러닝에 대한 4개의 연구보고서에서 나왔다.[47] 1장은 블렌디드 러닝에 대한 개관으로 이것이 무엇인지와 교육 현장인 학교에서 펼쳐지는 다양한 방식에 대해 이야기한다. 2장은 블렌디드 러닝이 미래에 어떻게 변모해 갈 것인지, 그것이 미래의 학교에 끼칠 영향에 대한 예측이다.

2부는 교육자가 자신만의 솔루션을 구상하기 전에 블렌디드 러닝 코스에 따라 시작하도록 돕는 내용을 담고 있다. 3장은 블렌디드 러닝 솔루션을 만들어내고 적용하기 전 해결해야 할 명확한 학습 문제점이나 성취해야 할 목표를 파악해야 한다는 중요성을 설명한다. 여기서는 교육자에게 함께 외칠 구호를 곰곰이 생각하도록 뼈대를 제공한다. 4장에서는 솔루션을 구상할 올바른 팀을 구성하는 방법을 안내한다.

3부는 교육자가 자신의 블렌디드 러닝 솔루션을 구상하도록 도와준다. 5장은 교육자가 자신의 학생들을 위한 이상적인 학생 학습 경험을 구상하도록 도와주는 해결과제(Jobs-To-Be-Done)이론을 소개한다. 6장은 교사를 위한 이상적인 경험을 구상하는 방법에 초점을 맞춘다. 7장에 이르러서야 우리는 테크놀로지에 대해 이야기하는데, 여기서 콘텐츠, 소프트웨어, 하드웨어를 선택하는 방법과 학습 환경을 디자인하는 방법을 다룬다. 이 부분을 의도적으로 뒤쪽에 배치한 것은 많은 교육자가 저지르는 큰 실수 때문인데, 그것은 자신들이 테크놀로지로 무엇을 하고 싶은지 파악하기도 전 테크놀로지부터 먼저 시작해버리는 실수를 저지르지 않도록 하기 위해서다. 8장은 교육자가 자신의 니즈에 가장 적합한 블렌디드 러닝 모델을 선택하고 맞춰 나가도록 돕기 위해 여러 장(앞선 내용)을 아우르고 있다. 또한 블렌디드 러닝을 실천에 옮기는 데 두려움을 가진 교육자를 위해 앞서 언급한 여러 요소를 한데 묶어 실질적 계획을 세우도록 돕는다.

이 책의 마지막 4부에 속한 9장의 내용은 블렌디드 러닝 모델이 성공하려면 교육자들이 반드시 만들어내야 하는 문화에 대해 고민하도록 돕는다. 마지막 10장에서는 교육자가 블렌디드 러닝과 같은 혁신을 도입할 때 성공 가능성을 향상시키도록 '발견이 이끄는 계획 설계'라고 부르는 이론을 소개하고 있다.

    그러면 이쯤에서 서론을 접고 이제 소매를 걷어붙이고 배움의 미래를 함께 만들어가 보자!

1부

이해하기

1장

블렌디드 러닝이란 무엇인가

교육과 관련된 모임에 가면 블렌디드 러닝이라는 말을 종종 듣는데, 교육 변화와 관련한 교육 트렌드 목록 가운데 상위를 차지하고 있을 정도다. 한 달에 적어도 200개 나라의 1,000만 명 이상에게 방대한 양의 수업 영상과 양방향 소통형 연습문제 자료실을 제공하고 있는 칸 아카데미의 설립자 살만 칸(Salman Khan) 덕분에 블렌디드 러닝은 일상적인 것이 되고 있다.[1] 그러나 칸 아카데미 이전 그리고 블렌디드 러닝이라는 용어가 생겨나기 이전 수백만 명의 학생이 이미 학교에서 온라인 학습을 경험했다. 처음에 시디롬 형태로 학교 컴퓨터에서 실행되다가 나중에 온라인으로 바뀐 스콜라스틱(Scholastic)의 READ 180 독서 중재 프로그램은 1998년부터 교실 내 수업에 속해 있었는데, 현재 4만 개 이상의 학급에서 대략 130만 명의 학생이 이용하고 있다.[2] 미국 내 K-12 수준에서의 정확한 규모는 알려져 있지 않지만, 에버그린 에듀케이션 그룹(Evergreen Education Group)의 전문가들은 교육청의 75퍼센트 이

상이 온라인이나 블렌디드 러닝 프로그램을 제공하는 것으로 추정하고 있다.[3]

그러나 미국의 K-12 학교 내 교육 테크놀로지를 공정한 관점에서 바라보면 국가가 지난 수십 년간 1,000억 달러 이상을 컴퓨터에 쏟아부었지만, 결과론적으로 봤을 때는 이렇다 할 성과를 내지 못하고 있다는 사실을 인정해야 할 것이다.[4] 그렇다면 왜 모두 블렌디드 러닝에 관심을 가질까? 블렌디드 러닝은 학교에서 오래전부터 사용되어 왔던 컴퓨터, 테크놀로지와는 어떤 차이가 있을까?

온라인 학습의 급부상

블렌디드 러닝은 온라인 학습에 그 뿌리를 두고 있다. 아마존닷컴부터 터보텍스에 이르기까지 모든 파괴적 혁신과 마찬가지로 온라인 학습은 호락호락하지 않은 상황에서 더 많은 것을 요구하는 사용자에게 서비스를 제공하며 꾸준히 발전해 오고 있다.

파괴적 혁신의 이런 패턴은 무엇이 온라인 학습을 앞지르게 될 것인지 이해하는 데 매우 중요하다. 온라인 학습이 처음 등장했을 때 예상했던 대로 전통적인 면대면 교실 수업 방식을 보조하는 저렴한 2차 대안 정도라는 평판을 얻었다. 2000년에 적어도 하나 이상의 온라인 학습 과정을 수강했던 4만 명 정도의 K-12 학생 가운데 대부분은 졸업 학점을 따거나 퇴학을 피하기 위해, 홈스쿨이나 원거리 학습 환경으로 말미암아 혼자 공부하기 위해 온라인 학습 과정을 마지막 희망의 끈으로 사용했다.[5] 일반 학생에게 온라인 학습은 그리 매력적이지 않았던 것이다.

그러나 파괴적 혁신이 가진 패턴대로 온라인 학습은 꾸준히 성장해 폭넓은 학생층을 확보했으며, 심지어 어떤 경우에는 기존 수업을 대체하기 시작했다. 어떤 학교에서는 온라인 외국어 학습 과정이 처음으로 전통적인 면대면 교실 출석 수업에 대한 현실성 있는 대안이 되기도 했다. 예를 들면 캘리포니아 샌디에이고에 위치한 차터 스쿨 네트워크인 하이테크하이(High Tech High)는 로제타 스톤의 외국어 학습 프로그램을 사용하기 시작했는데, 그 소프트웨어 프로그램은 강의 방식의 교실 수업보다 학생들이 더 빨리 외국어를 배우도록 해준다고 알려져 있었다. 하이테크하이의 최고경영자 래리 로젠스톡은 "수백만 달러의 연구개발비가 들어간 로제타 스톤은 매우 기발한 방식으로 사용자와 상호작용한다"라고 말했다. 그는 학생들이 최고의 교사와 면대면 학습을 하는 것보다 로제타 스톤으로 학습하는 일 년 동안 더 많은 것을 학습할 수 있다고 믿었다.[6]

온라인 학습이 향상시킨 가장 의미 있는 방식 가운데 하나가 학생의 온라인 학습을 위해 교실에서 교사가 직접적 도움과 스캐폴딩(scaffolding, 학습을 촉진시키기 위해 학습자에게 적절한 인지적 도움과 안내를 제공하는 전략—옮긴이)을 제공해 더 많은 분량을 학습하도록 하는 것이었다. 초기 온라인 프로그램은 대체로 학생의 학습 장소에 대해 무관심했다. 독립적이고 그 자체로 완벽한 학습 과정은 학생이 학습하는 곳이 가정이든 컴퓨터실이든 도서관이든 장소와 상관없이 사용되었다. 물리적 장소는 그다지 문제가 되지 않았다. 학습자가 양호한 인터넷 연결 환경과 온라인 학습에 대한 자발적 의지만 있다면 말이다.

그러나 온라인 코스를 제공하던 사람들은 현장에서의 관리와 면대면 멘토링 없이는 학습할 수 있는 학생 수에 한계가 드러난다는 사실을 곧 알게 되었다. 어떤 형태로든 2019년까지 고등학교 수업의 50퍼센트에 온라인이 적용되리라고 예견한 『교실수업 파괴하기』에서도 똑같은 분석을 통해 홈스쿨링과 순수 온라인 학업의 성장세가 미국 K-12 학생 수의 10퍼센트 아래로 꺾이면서 학교의 자리를 대신하지 못할 것이라고 밝힌 바 있다.[7] 이것은 90퍼센트 이상의 학생이 여전히 학교에서 교사나 교육자의 관리를 필요로 한다는 사실을 뜻한다.

이 90퍼센트라는 추정치는 사실로 받아들여지고 있다. 대부분의 아이는 그들의 부모가 바쁘게 일하는 동안 집 외에 있을 만한 안전한 곳이 필요하다. 사실 학교의 주요 기능 중 하나는 아이들을 보살피고 안전하게 지켜주는 보호 관리 기능이다. 또한 대부분의 학생은 교사로부터 도움을 받기 위한 장소뿐 아니라 친구들과 함께 놀고 즐길 수 있는 물리적 장소로 학교를 원한다. 이는 지식 전달과 분리되는 두 가지 다른 중요한 측면이다.

이 90퍼센트의 학생을 위해 온라인 학습의 장점을 활용할 기회를 지켜보면서 혁신적인 학교의 리더들과 교사들은 학교 학습에 온라인 학습을 집어넣을 방법을 고민했다. 그 노력이 만들어낸 용어가 바로 '블렌디드 러닝'으로, 21세기에 진입하면서 K-12 교육 용어 목록에도 올랐다. 대부분의 학부모와 학생은 학교가 그냥 온라인상으로만 존재하기를 원하지 않기 때문에 온라인 학습과 학교 건물의 결합은 온라인 학습을 주류인 학교 교육에 통합해 넣음으로써 주요 돌파구를 제시하고 있다.[8]

교육 외의 분야에서도 순수 온라인 기술은 더 많은 사람을 확보하기 위해 물리적 현장의 요소를 가미하는 동일한 방향으로 가고 있다. 예를 들어 몇몇 온라인 소매업자가 매출을 올리는 한 가지 방법이 있는데, 그것은 상품 홍보와 진열이 주된 목적인 오프라인 매장을 열어 잠재적 구매 고객이 온라인상으로만 볼 수 있던 상품을 현장에서 직접 보고 구매는 온라인 매장에서 하도록 유도하는 것이다. 온라인 판매만 고집했던 남성 의류 매장인 보노보스(Bonobos)는 2012년에만 6곳의 오프라인 매장을 오픈했다. 그들 매장은 제한된 상품만 취급하므로 판매사원은 몇 명 되지 않는다. 소매점 '언스토어(un-stores)'는 파괴(disruption)가 힘을 얻고 있는 한 가지 예다. 간단한 온라인 솔루션으로 시작해 발판을 확보하고 나서 파괴 방향으로 들어선 기업과 기관은 요구사항이 더 많은 까다로운 고객을 만족시키기 위해 소매점 상품 진열 공간의 사례처럼 존속적 혁신을 쫓는다.[9]

블렌디드 러닝인 것과 아닌 것

블렌디드 러닝은 쉽게 혼동하고 있는 각종 디바이스와 소프트웨어로 교실을 잘 갖춰놓는 광범위한 유행과는 확연히 다르다. 교육과 미디어의 영역에서 '블렌디드 러닝'이라는 용어를 일상적으로 사용할 때 문제적 상황(Goldilocks)을 겪게 된다. 사람들은 블렌디드 러닝을 너무 폭넓게 사용하여 교실에 집어넣는 모든 종류의 교육 테크놀로지라고 생각하거나, 너무 협소하게 사용하여 자신들이 가장 좋아하는 블렌디드 러닝의 형태만을 의미한다고 생각한다.

2010년부터 우리는 150개의 블렌디드 러닝 프로그램을 지지하는 교육자들을 인터뷰했고 '딱 알맞는' 정도의 정의에 도달할 수 있었는데,

변형된 블렌디드 러닝의 형태도 수용할 만큼 넓고 학교 내 교육 테크놀로지 사용에 대한 불분명한 범주로부터 차별화될 만큼 좁은 것이었다. 그것은 3가지로 나뉜다.

온라인 학습을 통한 부분

첫 번째, 블렌디드 러닝은 학생이 시간, 장소, 순서 그리고(또는) 속도를 조절하여 적어도 일정 부분을 온라인 학습을 통해 학습하는 정규 교육 프로그램이다.

여기서 '정규 교육 프로그램'이라는 표현이 중요한데, 학생이 집에서 교육용 엑스박스(Xbox) 게임을 하거나 식료품 가게에서 줄서서 기다리며 교육용 앱을 만지작거리는 등의 정규 학교 프로그램이 아닌 경우를 배제하기 때문이다. 그러나 이 정의에서 더 중요한 것은 '학생이 조절하는 요소들을 가진 온라인 학습'이다. 모든 블렌디드 러닝 프로그램에서 학생은 인터넷을 통해 학습한다. 이것은 온라인 그래프 계산기나 구글 문서 등 어떤 디지털 도구를 사용한다는 것을 의미하지 않는다. 온라인 학습은 면대면 교사 수업에서 웹 기반의 콘텐츠와 강의로 이동하는 교수법의 더 큰 변화를 의미한다.[10]

학생 스스로가 몇몇 요소를 조절한다는 것이 중요하다. 그 요소들이 없다면 블렌디드 러닝은 교사가 온라인 교육 과정을 학생들이 보는 교실의 전자칠판에 띄우는 것과 다를 바가 없기 때문이다. 교사의 관점에서 보는 단순 디지털 도구의 사용보다는 학생의 관점에서 블렌디드 러닝으로서 인정을 받으려면 온라인 학습을 위해 사용되는 테크놀로지는 적어도 어떤 방식으로든 콘텐츠와 강의를 학생의 주도권 하에 놓아야 한다. 그것은 학생이 자유롭게 온라인 콘텐츠를 잠시 멈추고, 되돌려보고, 앞으로 빨리 넘기는 등 속도 조절에 불과할 수도 있다. 하지만 온라인 학습은 종종 다른 종류의 주도권까지 확장된다. 어떤 경우에는 학생들이 온라인 학습 시간이나 개념을 학습하기 위한 순서, 학교 교실이든 그 어디든 온라인 학습을 완성하고 싶은 장소까지 선택할 수 있다.[11]

여기서 핵심은 교육 프로그램이 시간, 장소, 순서 그리고(또는) 속도 등 학생의 조절 요소 가운데 적어도 몇 가지 요소를 가진 온라인 학습이 포함되지 않으면 그것은 블렌디드 러닝이 아니라는 점이다.

학교 현장에서의 관리 부분

블렌디드 러닝의 정의 가운데 두 번째는 학생이 집이 아닌 물리적 환경에서 일정 부분 관리를 받으며 학습한다는 것이다. 다시 말해 학생이 교사나 안내자가 있는 학교에 출석한다는 것이다. 대개는 인근 학교이겠지만 어떤 경우에는 잠깐 들러 사용하는 컴퓨터실로 개조된 쇼핑몰 공간에 들어선 러닝센터인 경우도 있다. 학생들이 스타벅스에서 온라인으로 학습하는 경우는 어떨까? 그것은 블렌디드 러닝이 아니다. 스타벅스의 바리스타가 관리해주는 것은 인정되지 않기 때문이다. 그렇다면 학생이 집에서 식탁에 앉아 온라인으로만 학습하는 것은 어떨까? 이 경우도 '집이 아닌'이라는 조건 때문에 블렌디드 러닝에 해당되지 않는다. 블렌디드 러닝은 학생이 집을 벗어나, 시간 일정에 따르는, 학교 현장에서의 학습이라는 요소를 가져야 한다.

통합 학습 경험

블렌디드 러닝의 정의 세 번째는 학습 과정과 과목에서 각 학생의 학습 순서에 따른 여러 학습 형태(modalities)는 하나의 완전한 학습 경험을 제공하기 위해 서로 연결되어 있다는 것이다. 이는 학생이 역사를 블렌디드 방식으로 배우고 있다면 온라인과 면대면 요소가 제각각 기능하는 것이 아니라 하나의 완전한 학습 과정이 되기 위해 통합적으로 기능해야 한다는 것을 의미한다. 그 반대의 경우라면 학생이 어떤 주제에 대해 온라인으로 학습한 뒤 교실 환경으로 돌아와 그 주제를 면대면 강의 시간에 반복 학습하는 형태가 될 것이다. 다양한 학습 형태를 균형 있게 조직화하기 위해 대부분의 블렌디드 러닝 프로그램은 각 학생의 학습 진도를 추적하는 컴퓨터 기반 데이터 시스템을 사용한다. 그리고 온라인 학습이든 일대일 개인 지도이든 소그룹 학습이든 그 학습 형태를 적절한 수준, 주제와 연결시키고자 노력한다. 그러나 어떤 학교에서는 교사들이 옛날 방식으로 학생들의 학습 진도를 기록하고, 수동으로 학습 형태를 연결시키려고 노력한다. 이렇든 저렇든 핵심은 블렌디드 러닝에서는 어떤 형태든 학습 과정 내에서 실제로 통합이 이루어져야 한다는 것이다. 오늘날의 많은 블렌디드 프로그램이 다양한 학습 형태를 아우르는 완전한 통합이라는 이상을 이루어야 함에도 이 개념은 대부분의 교육자가 블렌디드 러닝을 계획할 때 염두에 둔 생각 가운데 일부분에 불과하다. 그래서 이것이 블렌디드 러닝의 정의에서 중요하다.

개념 적용하기

이 개념을 몇몇 가정된 상황에 적용하여 다음 사례들이 블렌디드 러닝인지 아닌지 살펴보자.

시나리오 1: 도미니크의 선생님은 모든 수업 지도안과 과제, 시험을 블랙보드 학습 관리 시스템에 올려두었다. 도미니크는 이 수업 자료를 학교 교실에서 열람하거나 학교에서 빌려준 태블릿 기기로 집에서 접속하여 열람할 수 있다.

시나리오 2: 매튜는 이전에 유타 오픈 하이스쿨로 알려졌던 마운틴 하이츠 아카데미를 다니는 정규 학생이다. 그는 학교 밖에서 혼자 힘으로 과제를 해내지만, 웹캠과 스카이프 화상회의 소프트웨어를 이용해 필요한 경우 온라인으로 선생님과 실시간으로 연결될 수 있다. 또한 스카이프를 이용해 실시간으로 연결하여 학교의 체스 동아리와 학생자치회 활동을 하기도 한다.

시나리오 3: 안젤라는 학교 도서관에서 컴퓨터로 온라인 수학 게임을 즐긴다. 또한 교실 수업에서 선생님으로부터 대수학을 배우고 있는데, 선생님은 온라인 게임에 대해 잘 모르지만 안젤라가 수학 지식을 기억해내는 속도가 더 빨라졌다는 사실을 알고 있다.

만약 이들 상황 가운데 블렌디드 러닝에 해당하되는 것이 없다고 대답한다면 맞다. 첫 번째 시나리오에서 인터넷이 도미니크의 수업을 위한 정보와 도구를 제공하긴 하지만 콘텐츠와 강의를 제공하진 않는다. 직접 만나는 교사가 그것을 해줄 수 있지만 말이다. 따라서 도미니크는 자신의 학습 시간, 장소, 순서 또는 속도를 스스로 관리하지 않고 있다. 수업 시간에는 동일한 내용을 동일한 시간에 다 함께 학습하고, 전체를 대상으로 또는 몇 개의 그룹으로 나누어 수업이 진행되고 있다. 또한 수업 매 순간마다 각 학생에게 맞는 수준의 콘텐츠를 제공하는 온라인 플랫폼을 사용하지 않고 있다. 도미니크는 테크놀로지로 가득 찬 교실에 있지만 블렌디드 러닝은 아니다.

블렌디드 러닝을 칭할 때 가장 일반적으로 저지르기 쉬운 실수는 블렌디드 러닝과 테크놀로지 활용 수업을 혼동한다는 것이다. 많은 학교가 학생 한 명당 1기기 프로그램을 도입해 학생 각자가 개인 컴퓨터 기기에 접근하도록 하고 있지만 테크놀로지를 학교 환경에 투입하는 것이 반드시 블렌디드 러닝은 아니다. 이런 혼란은 미국에서만 일어나는 일이 아니다. 유럽과 아시아 곳곳에서도 흔히 일어나고 있다. 〔부록 1.1〕을 보면 블렌디드 러닝과 관련되거나 잘못된 개념을 가진 다른 용어들을 포함해 테크놀로지 활용 수업에 대해 더 자세히 다루고 있다.

두 번째 시나리오에서 매튜는 집이 아닌 물리적 환경에서 관리를 받으며 학습하고 있는 것이 아니다. 그는 반 친구들이나 선생님들과 실시간으로 연결되어 있지만 학교에서 면대면으로 만나는 것은 아니다. 매튜는 가상학교의 정규 학생일 뿐 블렌디드 학습자가 아니다.

세 번째 시나리오에서 안젤라의 수학 활동은 대수학 수업과 연결되어 있지 않아서 온전히 통합된 수업을 만들어내지 못하고 있다. 도서관에서 학습하긴 하지만, 아무도 그 학습 데이터를 수집하거나 향후 교실 내 학습을 위한 계획에 반영하기 위해 사용하지 않는다. 안젤라는 도서관에서 온라인 학습을 하는 것이지 블렌디드 러닝에 참여하고 있는 것이 아니다.

블렌디드 러닝의 모델

앞서 언급한 사례가 블렌디드 러닝이 아니라면 학교 현장에서 어떤 경우 블렌디드 러닝이라고 할 수 있는가? 블렌디드 러닝이 아직 혼란스러운 초기 단계에 있기 때문에 학교들은 자신에게 가장 적합한 방식을 알아내는 시도를 통해 수백 가지의 각기 다른 방식으로 블렌디드 러닝에 대해 생각하고 있다. 결과적으로 처음 잠깐 보고 나서 많은 교육자는 그들의 프로그램이 다른 것들과 완전히 다르기 때문에 범주화할 수 없다고 말한다.

그러나 우리는 연구를 통해 대부분의 블렌디드 과정이 4개의 주

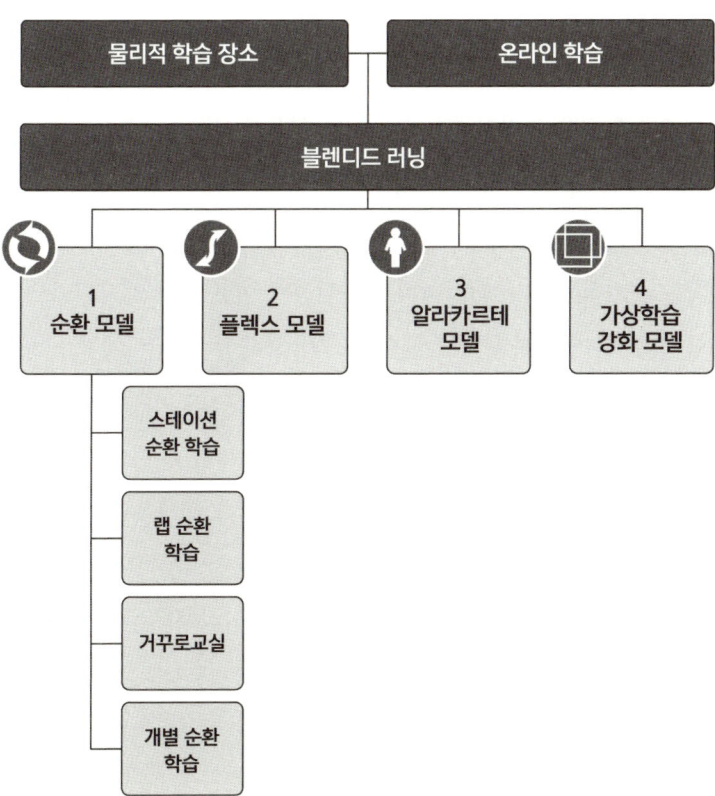

[그림 1.1] 블렌디드 러닝 모델

요 모델인 순환과 플렉스(Flex), 알라카르테(A La Carte), 가상학습 강화(Enriched Virtual) 등 폭넓은 특성 가운데 어딘가에 부합한다는 것을 발견했다. 〔그림 1.1〕은 이 용어 사이의 관계를 나타낸 것이다.

많은 경우 학교는 다중 모델을 사용하고 이들 모델을 다른 방식으로 결합하여 맞춤식 프로그램을 만들어낸다. 이들 용어의 사용 목적은 다양한 조합의 기본적인 필수 요소를 표현하는 언어를 제공하는 데 있다. 다음에서는 각각의 모델을 설명하고 현장에서 어떤 모습으로 구현되는지 보여주고자 한다. 각 모델에 대한 공식적 정의와 샘플 그림은 〔부록 1.2〕에 있다.

순환 모델(Rotation model)

교실에서 수업을 진행하는 교사들이 처음에 큰 관심을 보이는 모델이 바로 순환 모델이다. 학습 형태 가운데 온라인 학습이 포함이 되어 있고, 학생들이 정해진 시간에 따라 움직이든 교사의 지시에 따라 움직이든 순환하는 어떤 과정이나 과목이라면 이 모델에 해당된다. 대부분의 경우 온라인 학습, 소그룹 지도, 각자 책상에 하는 지필 과제 등이 3가지의 학습 형태를 순환하게 된다. 또는 온라인 학습과 어떤 종류의 학급 전체 토론이나 프로젝트를 번갈아 수행할 수도 있다. 핵심은 타이머나 교사가 다음 학습 형태로 순환해야 할 때임을 알려주고, 학습 과정에서 지정된 다음 활동으로 모두가 이동한다는 것이다.

교육에서 스테이션을 순환하며 학습하는 아이디어는 그리 새로울 것이 없다. 사실 수십 년간 주로 초등학교에서 교사들은 학생들을 모둠별로 순환시키는 수업을 해왔다. 새로운 요소라면 온라인 학습이 순환 모델의 일부분으로 들어왔다는 것이다.

스테이션 순환 학습(Station Rotation)

몇몇 사례를 보면 스테이션 순환은 하나의 교실이나 여러 교실에서 일어났다. 이것은 스테이션 순환 학습이라고 불린다. 대표적인 예는 스콜라스틱의 READ 180 프로그램이다. 이 프로그램은 1998년 이후로 지금껏 교실이 스테이션 순환 학습으로 전환되도록 돕고 있는데, 지금은 4만 개가 넘는 교실에서 READ 180을 사용하고 있다. 가장 오랫동안 그리고 가장 널리 사용되는 스테이션 순환 학습의 사례 가운데 하나다.[12] READ 180은 읽기 성취도가 낮은 초등학생부터 고등학생까지를 대상으로 하며, 수업을 시작할 때와 마칠 때는 교사가 모든 학생이 참여하는 전체 토론을 이끌지만 수업 중간 부분에는 학생들이 작은 소그룹으로 나뉘어 3개의 스테이션을 순환하도록 이루어져 있다.

1. 교사가 교재를 사용해 개별 학생과 긴밀히 학습하는 소그룹 직접 지도
2. 읽기 능력 연습을 위해 READ 180 소프트웨어를 이용한 개인 학습
3. READ 180 문고판 책이나 오디오북을 이용한 독립 개별 독서

학생의 성취도 향상에 효과적인 교육 내 노력을 연구 분석하여 자료를 제공하기 위해 정부가 운영하는 데이터베이스인 WWC(What Works Clearinghouse)에 따르면 READ 180 프로그램은 청소년의 읽기 성취도에서 평균 12퍼센트 포인트, 독서에서 4포인트를 획득하는 결과를 얻었다. 이 결과를 토대로 WWC는 이 프로그램이 가진 잠재적인 긍정적 효과에 대한 증명 범위를 평균 이상이라고 여긴다. 비록 READ 180에 대한 어떤 연구도 완전히 WWC 증거 기준에 대한 검토 표준의 영역과 일치하지 않지만 말이다.[13] 그러나 그 효과성을 제외하고 READ 180은

그 자체만으로 스테이션 순환 모델의 탁월한 예를 보여준다.

스테이션 순환 학습의 다른 사례와 그 외의 다른 블렌디드 모델을 원하는 이들을 위해 크리스텐슨 연구소는 전 세계 블렌디드 프로그램에 대한 정보를 모아놓은 데이터베이스인 '블렌디드 러닝 유니버스 [BLU]'(www.blendedlearning.org에서 이용 가능)를 제공하고 있으며, 거기서는 모델별과 특징별로 검색이 가능하다. BLU는 몇 가지 스테이션 순환 학습의 사례를 보여주는데, 그중에는 머리말에서 소개한 KIPP 임파워[14], 캘리포니아 오클랜드 통합 교육청, 펜실베이니아 하이브리드 러닝 이니셔티브(Pennsylvania Hybrid Learning Initiative)에 참여하는 펜실베이니아의 몇몇 교육청, 얼라이언스 칼리지-레디 공립학교 차터 스쿨 네트워크(Alliance College-Ready Public Schools' network of charter schools), 어스파이어 공립학교 네트워크(Aspire Public Schools network) 소속 학교들, K-8 가톨릭 학교인 샌프란시스코의 미션 돌로레스 아카데미(Mission Dolores Academy in San Francisco, an independent, K-8 Catholic school), 뉴욕 시의 사립학교인 애버뉴 세계 학교(The Avenues: World School), 인도 뭄바이의 엘리아 사왓 고등학교와 자야 러닝센터(Elia Sarwat High School and the Zaya Learning Center)가 포함되어 있다.

랩 순환 학습(Lab Rotation)

랩 순환 학습은 스테이션 순환 학습과 비슷하지만, 학생들이 컴퓨터실에 가서 수업 내용 중 온라인 학습에 해당하는 부분을 학습한다는 점이 다르다. 이 학습 모델은 온라인 요소를 위해 컴퓨터실을 사용하고 다른 형태의 교직원 구성을 통해 교사의 시간과 교실 공간을 확보해준다. 학교에서 컴퓨터실이 생긴 지가 수십 년이 되었지만 오늘날 주요 차이점은 교사들이 컴퓨터실 사용 시간을 교실 수업 시간과 통합해 수업이 단절되지 않도록 하기 시작했다는 것이다.

랩 순환 학습이 널리 알려지게 된 것은 캘리포니아 산호세의 로켓십 에듀케이션(Rocketship Education) 덕분이라고 생각한다. 2006년 존 대너와 프레스턴 스미스는 민족 집단과 사회경제적 집단 사이의 학업 성취도 격차를 없애기 위해 차터 관리기구를 세웠다. 목표는 학교가 정부로부터 받았던 학생 보조금의 부족분을 채우기 위해 외부 교부금과 모금에 의존하지 않으면서 100만 명의 저소득층 도시 초등학생의 학업 성적을 향상시키도록 돕는 것이었다.[15]

이 목표를 달성하기 위해 대너와 스미스는 랩 순환 모델을 마련하여 학생들이 학교에 있는 하루 중 25퍼센트의 시간을 컴퓨터실에서 학습하도록 했고, 학생들은 컴퓨터실에서 온라인으로 핵심 역량을 학습했다. 학생들이 컴퓨터실을 사용하는 동안에는 정식 교사가 아니라 보조 교사가 관리했다. 하루 중 75퍼센트에 해당하는 시간에 학생들은 한 시간짜리 수학과 과학 수업, 두 시간짜리 문학과 사회의 블록 수업을 받기 위해 교사의 가르침을 받아야 한다. 이 모델을 통해 로켓십은 일반 초등학교의 시설 면적에서 75퍼센트, 기존 학교가 필요로 했던 교사 인력의 75퍼센트 선에서 학교를 구성할 수 있었다. 또한 이 모델로 교실에서 교사는 강의와 기본 지식에 집중하기보다는 개념 확장과 비판적 사고력에 집중할 수 있는 여유를 갖게 되었다.

3년 뒤에 로켓십이 관리했던 첫 학교가 산타클라라(Santa Clara) 카운티에서 1위에 올랐는데, 70퍼센트의 학생이 저소득층인 다른 학교들과 비교했을 때 캘리포니아 전체로는 5위에 해당했다. 로켓십의 두 번째 학교도 비슷한 격찬을 받았다. 2011~2012학년도에는 캘리포니아 학업성취도 평가에서 수학 과목 성적이 '능숙' 또는 '월등'인 로켓십의 학생 비율은 캘리포니아의 고소득층 교육청 학생들과 비교했을 때 겨우 5포인트밖에 낮지 않았다. 이것은 학력 격차 감소라는 측면에서 주목할 만한 발전이었다.[16] 랩 순환 모델은 기존의 학교당 지출 규모에서 연간 대략 50만 달러의 비용을 절감시켜 준다. 로켓십은 이 돈을 실제로 '모아두지' 않았다. 그 돈은 교사들에게 더 높은 급여(주변 교육청보다 10-30퍼센트 높은 금액)를 지급하기 위한 유휴 기금과 방과 후 수업 활동을 위해, 관리자 연수를 위해, 교사들의 전문성 향상을 위한 교직원 연수를 맞춤식으로 제공할 서너 명의 학교 관리자를 고용하는 데 썼다.

랩 순환 학습의 예로 BLU에 등록된 다른 학교로는 뉴올리언스의 퍼스트라인 스쿨(FirstLine schools)과 캘리포니아 밀피타스(Milpitas) 통합 공립학교 교육청 소속의 몇몇 초등학교, 켄터키의 댄빌 인디펜던트(Danville Independent) 교육청 소속의 고등학교, 남아프리카공화국 요하네스버그의 스파크 사립학교가 있다.

거꾸로교실(Flipped Classroom)

순환 모델의 세 번째 형태는 지금까지 언론에서 가장 많은 관심을 보인 거꾸로교실이다. 기존의 교실이 가진 기능을 거꾸로 뒤집었다는 이유로 이런 이름이 붙었다. 거꾸로교실 수업에서는 먼저 학생들이 집 또는 학교의 숙제 시간에 온라인 수업이나 강의를 혼자 듣는다. 교실에서 보내는 시간은 원래 교사의 강의를 위한 것이었지만, 여기서는 필요에 따라 도움을 제공하는 교사와 함께 우리가 숙제라고 불렀던 것을 함께 수행하는 데 사용된다.[17]

어떻게 이 방법으로 학생의 실력을 향상시킬 수 있을까? 집에서 하는 숙제와 학교에서 듣는 강의 시간이 단지 바뀌었을 뿐인데 말이다. 또한 학생들은 여전히 강의를 통해 학습하고, 많은 온라인 강의가 수준이 높은 것도 아닌데 말이다.

비록 이런 특징적 묘사가 맞다고 해도 거꾸로교실 뒤에 내재된 중요한 사실을 놓치고 있다. 어떤 학생이 교실 내에서 진행되는 수업 내용을 이해하지 못하는 경우 그들이 받을 수 있는 도움은 별로 없다. 교사가 각각의 필요에 따라 천천히 또는 빨리 설명하려고 노력할 수 있겠지만, 한 학생에게 너무 빠른 설명이 다른 학생에게는 너무 느린 것이 될 수도 있다. 기본 강의를 온라인 형식으로 받음으로써 학생들은 그들이 학습하는 속도에 따라 되돌려 보거나 앞으로 넘겨볼 기회를 가질 수 있다. 학생들은 언제, 무엇을 시청할 것인지 결정할 수 있는데, 이는 이론적으로 학습에 대한 주도권을 학생 본인이 갖게 한다.

온라인으로 강의를 듣는 것이 종래의 책 읽어오기 숙제와 다르지 않게 보일 수도 있지만, 적어도 하나는 결정적으로 다르다. 더는 교실 수업 시간이 수동적으로 흘러가는 기본 학습 내용을 전달하는 데만 사용되지 않는다는 것이다. 그 대신 학교에서 학생들은 문제를 직접 풀어 보거나 주제에 대해 토론하고 프로젝트를 수행한다. 교실 수업 시간은 적극적 배움의 시간이 되는데 학습에 대한 수천 개의 연구 결과가 가리키듯, 능동적 배움은 수동적 배움보다 훨씬 효과적이다.[18] 하버드 대학교의 교수학습 복센터(Bok Center)의 테리 알라젬은 "인지 과학에서 학습은 정보를 단기 기억에서 장기 기억으로 옮기는 과정이다. 평가 연구에 따르면 능동적 학습이 최고다"라고 말했다.[19]

2007년 콜로라도 우들랜드 파크의 우들랜드 파크(Woodland Park) 고등학교 과학 교사인 존 버그만과 애런 샘즈는 거꾸로교실을 시작했는데,

많은 사람은 그들을 고등학교 차원에서 거꾸로교실의 선구자로 여긴다. 버그만은 "중요한 문제는 학생과 대면하는 시간을 가장 잘 활용할 수 있는 방법이 무엇인가 하는 것인데, 내 경우에는 수다를 떨고 있는 학생들 앞에 서 있는 것은 답이 아니라고 말하고 싶다. 그것은 옳은 답이 아니다. 옳은 답은 직접 해보는 학습 활동, 탐구와 프로젝트 기반 학습, 효과적이며 유의미하고 중요하다고 연구를 통해 입증된 우리가 알고 있던 모든 것을 하는 것이었다"라고 말했다.[20]

2013년 제이에이 앤드 캐스린 앨버트슨 재단(J.A. and Kathryn Albertson Foundation)은 아이다호 학교들에 칸 아카데미를 도입하도록 150만 달러를 보조금으로 기부했는데, 대부분 거꾸로교실 모델을 위한 것이었다. 48개 학교에 다니는 2만 명의 아이다호 학생이 이 실험 프로젝트에 참여했다. 쿠나(Kuna) 중학교의 수학 교사인 셸비 해리스는 이 프로젝트의 결과로 말미암아 더는 교실 내 강의를 하지 않는다고 말했다. 대신 그녀는 일대일 지도나 소그룹 지도로 학생들과 함께 시간을 보낸다. 그녀는 "어떤 의미에서 보면 덜 교사처럼 느껴지죠. 자신을 교사로 바라보는 방식을 거의 다시 정의해야 할 거예요"라고 말한다. 그녀는 자신을 옆에서 도움을 주는 코치나 심지어 치어리더라고 여기고 있다.[21]

거꾸로교실을 실천하는 학교의 BLU 사례를 보면 미네소타의 스틸워터 에이리어 교육청(Stillwater Area Public School District), 뉴욕과 코네티컷에 걸쳐 있는 어치브먼트 퍼스트 차터 스쿨(Achievement First Charter Schools), 피닉스의 가톨릭 학교 교구(Catholic Schools Diocese), 한국 부산의 동평중학교가 있다.[22]

개별 순환 학습(Individual Rotation)

개별 순환 학습은 네 번째 순환 모델이다. 이 모델이 자동차 범퍼 스티커를 붙이고 다닌다면, 아마 '자신만의 방식을 선택하라'가 될 것이다. 이 책의 서론에서 언급했던 티치투원을 만들도록 조엘 로즈에게 영감을 주었던 모토도 이것이었다.[23] 개별 순환 학습에서는 여러 학습 형태에서 개인에 맞게 짜여진 스케줄대로 학생이 순환한다. 각 학생의 스케줄은 알고리즘이나 교사가 정한다. 개별 순환 학습은 학생이 반드시 각 스테이션이나 학습 형태로 순환하는 게 아니라는 점에서 다른 순환 학습 모델과 다르다. 학생들의 하루 스케줄은 개인별 활동 목록에 따라 맞춤식으로 세워진다.

티치투원 프로그램에서 학생은 매일 수업이 끝날 무렵 간단한 시험을 친다. 알고리즘은 그 결과를 분석해 다음 날 수업에서 각 학생에게 가장 적절한 수업과 자료를 제시한다. 그 결과 학생과 교사는 매일 자신만의 스케줄을 갖게 된다. 데이터를 계속 모을수록 티치투원은 학생에 대해 더 잘 알 수 있고, 각 학생에게 가장 효과적인 학습 활동 목록을 더 잘 예측할 수 있다.

애리조나 유마(Yuma)에서 처음 시작한 카르페 디엠 스쿨(Carpe Diem Schools)은 현재 몇몇 다른 주에도 세워졌는데, 개별 순환 학습의 또 다른 사례라고 할 수 있다. 2003년 학교를 설립한 릭 옥스톤(Rick Ogston)은 블렌디드 모델 학교를 계획하기 시작했다(그는 최초의 블렌디드 러닝의 비전을 지녔던 사람 중 한 명이다).[24] 컴퓨터로 채워진 큰 교실은 콜센터와 비슷하게 보였는데, 유마에 세워진 카르페 디엠의 첫 블렌디드 학교 건물의 중앙에 위치했다(건물 디자인은 다른 주에 학교를 세우면서 계속 진화했다). 학생들은 30분마다 다른 스테이션 사이를 순환하는데, 큰 러닝센터에서

에쥬뉴이티(Edgenuity) 소프트웨어를 사용해 자신의 속도에 맞춘 온라인 학습을 하거나 교실 주변의 소그룹 토론실에서 면대면 학습을 한다. 각 학생은 순환하는 동안 안내자가 되어 줄 개인별 학습 활동 목록을 가지고 있다. 보조 교사는 학생이 에쥬뉴이티 소프트웨어를 사용하는 데 언제든 도움을 줄 준비가 되어 있다. 소그룹 토론실에서는 교사가 학생과 직접 얼굴을 맞대고 그들이 온라인 수업을 통해 학습한 내용을 확장시키고 응용하는 것을 돕는다.

애리조나의 차터 스쿨은 교육청 소속 학교와 비교했을 때 매년 한 학생당 대략 1,700달러 정도 더 적게 지원받는다. 그러나 카르페 디엠의 학교 모델은 다른 학교보다 정규 교사 수가 적어 유마 학교는 지원받는 6,300달러 가운데 5,300달러만 지출한다. 남는 금액 대부분은 260만 달러의 시설 채권을 갚는 데 사용된다. 시설 그 자체는 상당한 금액의 비용을 절감시켜 준다.[25] 5개의 소그룹 토론실만 있으면 동일한 학생 수 기준으로 기존의 학교 건물이 요구하는 교실 수의 절반 이하만 있어도 된다. 유마 학교보다 학생 수 200명을 더 수용하는 인근 학교의 건물은 대략 1,200만 달러의 비용을 지출하는데 학생당 2.5배 이상 비싸다.

개별 순환 학습으로 전환하고 4년 뒤 카르페 디엠의 유마 학교는 애리조나 주 표준화시험(state standardized test)에서 전 학년, 전 과목에 걸쳐서 학생 성적이 그 지역 1위를 차지했다. 《블룸버그 비즈니스위크(Bloomberg Businessweek)》는 2009년 미국 최고의 고등학교 리스트에서 유마 학교를 '성적이 가장 향상된' 학교로 선정했다. 다음 해 유마 학교는 수학 과목 성취도에서 그 지역 1위에 올랐으며, 애리조나 주 차터 스쿨 중 상위 10퍼센트에 들었다. 《U.S. News & World Report》는 2010년 최고의 고등학교 순위를 선정하면서 유마 학교에 동메달을 수여했다.

BLU에 등록된 학교 가운데 개별 순환 학습을 도입한 학교로는 디트로이트의 에이엘 홈즈 초·중학교(A.L. Holmes Elementary-Middle School), 캘리포니아 산호세의 다운타운 컬리지 프렙 앨럼 락(Downtown College Prep Alum Rock), 펜실베이니아 윈코트의 에듀케이션 플러스 아카데미(Education Plus Academy), 캘리포니아 오클랜드의 오클랜드 통합 공립학교 교육청(Oakland Unified Public School District), 뉴햄프셔 밀란의 밀란 빌리지 스쿨(Milan Village School)이 있다.

플렉스 모델(Flex model)

전 세계의 많은 교육자가 거꾸로교실 수업을 하기 전이나 온라인 학습을 수업에 도입하기 전 일반적인 교실 환경에서 벗어나 주로 학점 회복 교실과 대안 교육센터에서 블렌디드 러닝의 모델을 개척한 사람들이 있다. 예를 들면 센트럴캔자스 남부의 위치타(Wichita) 공립학교는 2007~2008학년도에 에이펙스 러닝(Apex Learning)과 계약을 맺고 학점을 회복해야 하는 학생이나 학교를 중퇴한 학생에게 온라인 수업 과정을 제공하게 되었다. 그 학교는 지역 쇼핑몰의 상점 앞 공간을 임대해 그곳을 넓고 개방된 공간으로 개조했다. 학생들은 하루 중 언제든 그곳에 와서 자격을 갖춘 교사의 현장 지도를 받으며 에이펙스 학습 과정을 완료할 수 있다. 일 년 안에 위치타의 프로그램은 449명의 학생이 931개의 과정을 끝마치도록 도와주었는데, 이는 그 지역에서 결코 적지 않은 수였다.[26]

학교 시스템은 학생의 학습에 대한 근간을 제공하기 위해 온라인 학습에 의존하기 시작했는데, 이는 고급 과정을 학습하길 원하는 학생,

교실이 아닌 장소에서 공부하길 원하는 고교 중퇴자, 하계 학기가 필요한 학생을 위한 것이었다. 순환 학습 모델이 좀 더 고정된 스케줄이라면 이 대안 프로그램은 학생이 다양한 학습 형태 가운데서 개별적이고 유동적인 맞춤식 스케줄을 통해 학습하도록 해주었다. 이것은 학생이 필요할 때와 상황에 맞춰 온라인 학습과 개인 지도, 소그룹 토론 등 면대면 학습 사이를 번갈아 가며 학습할 수 있음을 뜻한다.

이런 형태의 학교 교육을 포괄적으로 아우르는 용어가 플렉스 모델이다. 이 용어는 때때로 학생들을 오프라인 학습 활동으로 이끌기도 하지만 온라인 학습이 학습의 근간이 되도록 하는 학습 과정이나 과목을 의미한다. 학생을 관리하는 교사가 현장에 있으며, 학생은 숙제하는 경우를 제외하고는 대부분 물리적 공간에서 학습을 한다. 학생들은 개별적 니즈에 따라 플렉스 모델을 진행해 나가는데, 면대면으로 만나는 교사는 즉시 학생에게 도움을 제공할 수 있다. 그리고 어떤 프로그램에서는 교사가 덜 개입하지만 많은 프로그램에서 배움을 풍부하게 하고 심화시키기 위한 프로젝트와 토론 수업을 한다.

『스마트해지기(Getting Smart)』의 저자인 톰 밴더 아크(Tom Vander Ark)는 순환 모델과 플렉스 모델의 주요 차이점을 "순환 모델 학교는 기존의 학교 수업 방식에 온라인 학습을 약간 첨가한 것이라면 플렉스 모델 학교는 온라인 학습으로 시작해 현장에서의 지원과 연결점을 필요한 곳에 더하는 방식이다"[27] 라고 말했다(이 의견에 대한 예외는 개별 순환 모델로, 우리는 온라인 학습에 현장의 지원을 더한다는 관점에서 그것이 플렉스 모델과 좀 더 유사하다는 점에 주목하고 있다).

대부분의 플렉스 프로그램은 중퇴자나 공교육을 받지 못한 사람을 위해 시작되었지만, 이 모델은 학교의 주요 과목 내에서 나타나고 있다. 학업성취도관리국(EAA, The Education Achievement Authority)은 미시간 주의 학교 개선 기관인데, 지속적으로 학업성취도가 낮은 학교 가운데 하위 5퍼센트의 성적을 향상시키는 힘든 일을 담당하고 있다. 임무는 전통적인 학교 공교육 방식을 파괴하고 적용 가능한 21세기 교수 학습법의 원형을 제공한다. 이를 위해 몇몇 EAA 학교는 플렉스 모델을 사용한다.[28]

디트로이트의 놀런(Nolan) 초·중학교의 경우 EAA는 줄지어 맞춘 책상을 테이블과 쿠션, 컴퓨터 작업대로 교체했다. 가구는 유동적인 모둠을 만들기 위해 작은 단위로 조합해 구성했는데, 이것이 중요한 이유는 놀런 초·중학교는 학생을 학년이 아닌 학업준비도에 따라 모둠 편성을 하기 때문이다. 이 모델의 핵심은 애질릭스(Agilix) 사의 버즈(Buzz) 플랫폼이다. 이것은 테크놀로지 기반 학습 플랫폼으로 학생이 자신의 학습 계획을 선택하고 관리하도록 하며, 수행 평가나 형성, 총괄 평가를 통해 학습한 지식을 적용하는 능력을 나타내 보여주며, 역량 기반 시스템의 특징인 좋은 수업 태도 배지와 학업 성취도 향상 배지를 받게 해준다. 또한 버즈는 강사에게 학생을 잘 살펴보고 전략적으로 학습에 개입하도록 돕는다.[29] 2013년 변화를 시도한 첫 해가 끝나갈 무렵 놀런의 학생 71퍼센트는 독서에서, 61퍼센트는 수학에서 한 학년 또는 그 이상의 학력 신장을 보여주었다. 놀런은 학력 신장으로 치면 124개의 디트로이트 학교 가운데 3위를 기록했다.[30]

BLU 리스트 중 플렉스 프로그램을 실시하는 다른 사례로 솔트 레이크 시티의 이노베이션스 고등학교(Innovations High School), 텍사스 러프킨의 러프킨(Lufkin) 고등학교, 히스토리컬리(historically) K12 회사의 관리를 받는 플렉스(Flex) 공립학교, 피어슨(Pearson)이 인수한 커넥션 에듀케이션(Connections Education)에서 관리하는 넥서스 아카데미(Nexus Academy), 내슈빌의 부에나 비스타(Buena Vista) 초등학교, 에디슨 러닝 중퇴자 솔루션센터(Edison Learning's Dropout Solutions Centers), 어드밴스패스 스쿨(AdvancePath schools) 네트워크, 시아테크 스쿨(SIATech schools) 네트워크, 위스콘신 앨고마의 앨고마(Algoma) 고등학교, 메릴랜드 록빌의 찰스 E. 스미스 유대인 학교(Charles E. Smith Jewish Day School)가 있다.

알라카르테 모델(A La Carte model)

고등학교 수준의 블렌디드 러닝 가운데 가장 보편적 형태는 알라카르테(품목별로 가격이 정해져 있는 일품요리) 모델이다.[31] 이 모델은 학생이 학교에 다니기는 하지만 오로지 온라인으로만 학습하는 과목이 있는 경우를 말한다. 예를 들어 인근 고등학교가 표준 중국어 과목이나 물리 과목을 개설하지 않았다고 가정해보자. 학생들은 학교에서 수강하는 정규 교과 외에도 자습 시간이나 방과 후에 이런 과목을 온라인으로 수강할 수 있다. 이것은 학생들이 온라인 학습과 학교 교육을 혼합해 경험하고 있기 때문에 블렌디드 러닝의 한 형태다. 비록 온라인 학습 과정에 면대면 학습 요소가 빠져 있지만 말이다. 알라카르테 학습 과정도 플렉스 학습 과정이 그렇듯이 오프라인 요소를 가질 수도 있다. 그러나 핵심적으로 구별되는 특징은 알라카르테에서는 교사를 온라인에서 만나는 데 반해 플렉스에서는 면대면으로 만난다는 것이다.

알라카르테는 점점 많은 주에서 학생들에게 온라인 학습 과정을 졸업 전 이수할 것을 요구하면서 확대되고 있다. 2014년 봄, 6개 주(앨라배마와 아칸소, 플로리다, 아이다호, 미시간, 버지니아)에서 이런 조건을 요구하고 있다. 다른 주에서도 교과 과정 수준에서 학생 선택 과목에 대해 예산을 지원함으로써 알라카르테 학습 과정을 촉진시키고 있는데, 이는 학생이 주어진 수의 온라인 학습 과정을 매년 수강하도록 예산 지원을 보장하고 있다는 것이다. 유타는 최초로 교과 과정 수준에서 학생 선택 과목을 제공한 주 가운데 하나다. 2012년부터 유타의 학생들은 일 년에 2개까지 승인된 온라인 학습 과정을 통해 학교 수업의 부족한 부분을 보충할 수 있었는데, 2016년까지 6개 과목으로 늘어날 계획이다.

텍사스 캐나디안에 살고 있는 에이브러햄 가족은 왜 알라카르테가 큰 인기를 얻고 있는지 보여준다. 캐나디안은 텍사스의 길게 뻗은 북쪽 지역 끝에 위치한 인구 2,649명의 마을이다. 이곳은 외진 지역으로 무인도에 꼼짝없이 갇힌 한 남자의 이야기를 다룬 톰 행크스 주연의 영화 〈캐스트 어웨이(Cast Away)〉의 촬영지이기도 하다. 8명의 자녀를 둔 에이브러햄 부부는 자녀들이 원한다면 상위권 대학에 진학할 기회를 주기 위해 무척 애썼다. 그러나 문제는 근방에 하나뿐인 캐나디안 고등학교의 학생이 206명밖에 되지 않아 모든 대학과목선이수제(AP) 과목, 외국어 교과, 선택 과목을 개설할 수 없다는 것이었다. 에이브러햄의 자녀가 상위권 대학에 입학하기 위해 시험을 치거나 자격을 획득해야 하는 과목인데도 말이다. 아버지 살렘 에이브러햄은 12년간 지역학교 이사회의 이사였고, 알라카르테 학습 과정을 그 마을의 학생뿐 아니라 텍사스의 모든 학생, 특히 시골 지역의 학생에게 제공하고자 열심히 노력해 왔다. 그의 전략은 지금까지는 그의 가족만 본다면 효과적이었다. 첫째는 하버드대학교, 둘째는 노트르담, 셋째는 스탠퍼드에 입학했다. 캐나디안 고등학교에는 스페인어 4와 다른 고급반 교과 과정이 없었기 때문에 에이브러햄 부부는 자녀들이 상위권 대학에 진학한 것이 온라인 학습 덕분이라고 여긴다.

가상학습 강화 모델(Enriched Virtual model)

네 번째 블렌디드 러닝 모델은 가상학습 강화 모델이다. 이 모델은 필수 면대면 학습 시간을 제공하되, 그 외 다른 학습에 대해서는 원하는 어떤 장소에서든지 온라인 강의를 들을 수 있도록 하는 학습 과정이다. 예를 들어 어떤 학습 과정은 화요일과 목요일에 직접 만날 것을 요구하지만, 월요일과 수요일, 금요일은 학생 혼자서 학교든 어디든 온라인 수업을 받도록 허용한다. 또 어떤 학습 과정은 학생의 학습 성취 상황에 따라 필수 면대면 학습을 조정하기도 한다. 학생의 학습이 뒤처지는 경우 더 자주 면대면 학습 시간을 가져야 한다.

이 모델은 거꾸로교실과는 다른데, 가상학습 강화 모델에서는 학생이 주중에 매일 면대면으로 교사를 만나는 일이 드물기 때문이다. 그리고 이 모델은 풀타임 온라인 학습 과정과도 다른데, 학교에서의 경험을 반드시 요구하기 때문이다. 여기서 학교에서의 경험은 면담이나 학교 행사에 참여하는 정도만 의미하지 않는다.

가상학습 강화 프로그램은 대부분 전일제 온라인 학교로 시작하지만, 시간이 조금 지나면서 학생은 좀 더 많은 도움과 풍부한 면대면 학습을 제공하는 발전된 블렌디드 프로그램과 안전하고 편안한 물리적 학습 환경의 필요성을 깨닫게 된다. 한 가지 예로 펜실베이니아 전역의 9,000명 넘는 학생을 위해 커넥션 에듀케이션이 운영하고 있는 온라인 가상 차터 스쿨인 커몬웰스 커넥션 아카데미(CCA, Commonwealth Connection Academy)가 있다. CCA는 전일제 온라인 가상학교로 2003년에 개교했으나 입학생 수가 늘어나면서 일부 학생이 온라인 학습을 힘겨워하게 되었다. 어떤 학생은 CCA가 인터넷 통신비 보조금을 지원했음에도 가정의 인터넷 연결 상태가 불안정해 제대로 수업을 받지 못했다. 또 어떤 학생은 심리적으로 고립되어 있다고 느껴 더 많은 면대면 공동체와의 만남을 필요로 했다. CCA는 그 해결책이 학생과 교사가 함께 모일 수 있는 건물을 짓는 것이라고 결론 내렸다.[32]

2012년 CCA는 블렌디드 러닝을 통해 배우고자 하는 사람이면 누구나 이용할 수 있도록 첫 강의 센터를 다운타운 필라델피아에 개소했고, 힘들어하는 학생들이 이 기회를 잘 활용하도록 격려했다. 2013~2014학년도 대략 150명의 학생이 필라델피아 센터에 등록했다. 학생들은 일주일에 2~4일을 출석하는데, 개인 사정에 따라 오전 수업(8:15-11:30)이나 오후 수업(12:15-15:30)에 참석하면 된다. 센터의 각 교직원은 15~17명으로 이루어진 한 학급을 담당하고, 상담가로서 학생들을 돕는다. 학교는 월요일부터 금요일까지 문을 여는데, 금요일은 일찍 마치고 교직원 모임 시간을 가진다. 그 시간에 교직원들은 다음 주 학생에게 부여할 학습 스케줄을 짜는 등 중요한 일을 한다. 이 금요일 오후 모임에서 교직원들은 학생의 데이터를 살펴보고 어떤 학생에게 스케줄 변경이 필요한지를 의논한다. 그들은 학급 담임 교사와 변경 사항에 대해 얘기를 나누고, 이메일이나 전화로 해당 학생이 학교에 출석해야 하는 날과 만나야 할 교사들을 포함한 그다음 주의 스케줄에 대해 상담하도록 한다.

모든 CCA 학생에게는 과목마다 성적 관리 교사가 있다. 그러나 강의 센터에 출석하는 학생은 또 다른 도움을 제공받는다. 수학과 영어·언어 과목의 경우 자격을 가진 면대면 학습 교사가 7~8명의 학생으로 구성되는 그룹을 만나 니즈에 따라 다시 가르쳐주고 나서 향후 학습 목표에 도달하기 위해 과제와 시험을 재설정한다. 또한 그들은 금요일 오전에는 일대일 도움을 필요로 하는 학생을 위한 시간을 따로 운영한다. 과학과 사회, 외국어, 선택 과목 등의 과정은 학생들이 학교에 있는 학습 카페에서 공부하는데, 거기에는 '성공을 위한 코치'가 있어 일대일 소그룹으로 학생을 만난다. 성공을 위한 코치는 어떤 분야의 전문가로서 현장 근무 경험과 고급 학위를 소지했으나 교사 자격증은 없다. 교직원 모델은 협력적인 성격을 띠는데 온라인상의 가상 교사는 성적 관리 교사이지만, 면대면 교사는 대단히 중요한 보완적 역할을 수행하기 때문이다.

필라델피아 센터는 학생에게 교통비를 제공함으로써 센터로 올 때 대중교통을 이용하도록 한다. 면대면 학습 공동체에 참여할 기회를 얻기 위해 인접한 다른 카운티에서 오는 경우도 있다. CCA의 센터들은 여러 방법으로 가상학습 강화 모델을 위한 근본적 동기를 구체화시키고 있다. 일반적으로 이런 모델은 학습 유연성과 함께 주로 온라인으로 학습하길 원하는 학생에게 지원과 물리적 학습 장소를 제공하려고 하는데, 그렇게 할 수 있는 장소와 커뮤니티를 필요로 한다.

BLU에 등록된 가상학습 강화 프로그램의 다른 사례로는 조지아 헨리 카운티 스쿨의 임팩트 아카데미(Impact Academy), 애리조나 버추얼 아카데미(Arizona Virtual Academy), 시카고 버추얼 차터 스쿨(Chicago Virtual Charter School), 콜로라도 스프링스의 팰컨 버추얼 아카데미(Falcon Virtual Academy), 캘리포니아 애너하임의 페어몬트 프리패러토리 아카데미(Fairmont Preparatory Academy), 하와이 테크놀로지 아카데미(Hawaii Technology Academy), 뉴멕시코 버추얼 아카데미(New Mexico Virtual Academy), 뉴멕시코의 리오 란초 사이버 아카데미(Rio Rancho Cyber Academy), 캘리포니아 리버사이드의 리버사이드 버추얼 스쿨(Riverside Virtual School)이 있다.

블렌디드 모델의 혼합

우리는 블렌디드 러닝 모델의 개념을 가능한 한 포괄적으로 만들기 위해 몇 차례 수정 과정을 거쳤다. 즉 현존하는 블렌디드 러닝 환경의 전체 범위를 아우르고자 했다. 각 범주는 결코 상호 배타적이지 않아서 많은 프로그램이 혼합되어 있으며, 여러 모델에 부합한다. 그 결과가 혼합 접근법이다.

어떤 학교는 거꾸로교실과 랩 순환 학습을 조합하여 사용하고 있다. 학생은 집에서 온라인으로 학습하고 나서 학교에서는 시간표에 따라 컴퓨터실로 순환 이동한다. 또 어떤 학교는 플렉스 모델과 가상학습 강화 모델을 결합해 사용한다. 8장의 마지막에서는 각 모델을 혼합한 프로그램에 대해 자세히 설명할 것이다. 어떤 블렌디드 러닝 프로그램이 정확히 순환 모델, 플렉스 모델, 알라카르테 모델, 가상학습 강화 모델에 들어맞지 않는다면 그것은 이들 모델의 혼합형일 가능성이 크다. 더 나아가 어떤 학교는 학생 편성을 다양하게 하여 몇몇 모델과 모델의 혼합형을 학교 내에서 동시에 운영하기도 한다.

요약

- 미국의 학생 90퍼센트 이상이 하루 일과 가운데서 집 밖에 있는 시간 관리 감독을 필요로 한다. 온라인 학습은 이런 학생을 위해 학교에 도입되어 융합되면서 성장하고 있다.

- 블렌디드 러닝을 정의하면 학생이 시간, 장소, 순서 그리고(또는) 속도를 조절하는 등의 요소를 가진 온라인 학습으로, 집이 아닌 건물에서 일정 부분을 학습하는 공교육 프로그램이다. 학습 과정이나 교과목에서 각 학생의 학습 순서에 따른 학습 형태는 통합된 학습 경험을 제공하기 위해 상호 연관되어 있다.
- 블렌디드 러닝은 테크놀로지 활용 수업과는 다르다. 전자는 학생이 학습 시간, 장소, 순서 그리고(또는) 속도를 조절할 수 있지만 후자는 학습 활동이 수업 내내 표준화되어 있다. K-12 블렌디드 러닝에는 4가지 모델이 가장 보편적인데 순환 모델(스테이션 순환 학습, 랩 순환 학습, 거꾸로교실, 개별 순환 학습으로 나뉨), 플렉스 모델, 알라카르테 모델, 가상학습 강화 모델이 있다.
- 크리스텐슨 연구소는 블렌디드 러닝 프로그램에 대한 데이터를 정리하고 제공하는 데이터베이스 도구인 '블렌디드 러닝 유니버스(BLU)'를 운영하고 있어서 모델별·특징별로 검색이 가능하다. www.blendedlearning.org에서 접속할 수 있다.
- 많은 학교가 각 모델을 조합하고 결합하여 사용하고 있다.

토론을 위한 질문

1. 중학생 시절로 돌아갔다고 상상해보라. 테크놀로지 활용 교수와 블렌디드 러닝 중 어떤 것을 선택하겠는가? 중학생인 당신에게 두 가지 유형의 장점과 단점은 각각 무엇이 될지 생각해보라.
2. 교실에서의 면대면 시간을 가장 잘 활용할 수 있는 방법은 무엇인

가? 거꾸로교실의 창시자 가운데 한 명인 존 버그만은 학생들과의 경험에서 "그 방법에 대한 정답은 수다를 떨고 있는 학생들 앞에 내가 서는 것이 아니다. 정답은 바로 직접 해보는 활동이며, 탐구와 프로젝트 기반 학습에 있다"라고 말했다. 1~5의 척도가 있고, 1이 '매우 그렇다', 5가 '전혀 그렇지 않다'인 경우 존 버그만이 내린 답이 모든 학생을 대상으로 했을 때 어느 정도 적용된다고 생각하는가?

3. 플렉스 모델의 장점과 단점은 무엇인가? 어떤 상황일 때 플렉스 모델이 잘 적용될지, 성공적이지 않을지 생각해보라.
4. 블렌디드 러닝을 통해 외국어를 배운다면 어떤 단일 모델 또는 혼합된 모델을 사용하길 원하는가?

[부록 1.1] 주요 용어 정리

온라인 학습(Online learning)은 인터넷이 콘텐츠와 강의를 전달해주는 교육을 말한다. 어떤 온라인 학습에는 실제 사람이 학생과 상호작용하고, 과제를 점검하고, 인터넷을 통해 모든 강의를 전달하는 온라인 교사도 있다. 온라인 학습은 동시적일 수도 있고(온라인 화상 회의와 같은 참여자 간 실시간 상호작용이 일어나는 의사소통), 비동시적일 수도 있다(이메일 교환이나 토론 포럼처럼 시간대별로 일어나는 의사소통).[33]

전통적 교수(Traditional instruction)는 공장 시스템과 닮아 있는데, 산업화 시대의 잔재가 남아 있다. 이 시스템은 학생을 나이에 따라 그룹을 만들고, 전체를 한데 묶어 다음 학년으로 진급시킨다. 그리고 각 학년에 속한 학생 전원에게 해당 연도에 기반한 하나의 통일된 교육 과정을 제공한다. 가르치는 형식은 주로 면대면으로 교사가 주도하는 강의이거나 자료의 실연(實演, 이런 형식에 대한 일반적 용어는 직접 교수임)이다. 교수 자료들은 주로 교과서, 강의, 문서 등이다. 학습 과정과 과목은 통합적이거나 간학문(間學問)적이라기보다는 종종 개별적이고 독립적인데, 특히 중등 교육에서 그렇다. 전통적 교실의 주요 기능 가운데 하나는 정해진 시간에 학생들을 자리에 앉도록 한 뒤 계속 공부하도록 시킨다는 것이다(이것은 공교육 용어로 착석 시간seat time이라고 불린다).

테크놀로지 활용 교수(Technology-rich instruction)는 전통적 교수의 특성을 공유하지만 전자칠판, 인터넷 디바이스의 광범위한 사용, 실물 화

상기, 디지털 교과서, 인터넷 도구, 구글 문서, 온라인 수업 지도안 등과 같은 디지털 측면에서 향상된 면을 갖고 있다. 디지털 교과서가 있음에도 일반적으로 온라인 학습은 콘텐츠 전달이라는 목적으로는 면대면 교수법을 대체하지 못하고 있다.

블렌디드 러닝은 학생이 시간, 장소, 순서 그리고(또는) 속도를 조절하는 등 온라인 학습으로 일정 부분을 학습하는 동시에 집이 아닌 물리적 장소에서 일정 부분 관리를 받으며 학습하는 공교육 프로그램이다. 학습 과정이나 교과목에서 각 학생의 학습 순서에 따른 학습 형태는 통합된 학습 경험을 제공하기 위해 상호 연관되어 있다. 블렌디드 러닝은 특권을 가진 소수의 학생만을 위한 것이라기보다 전 세계 학생을 위한 것으로, 학생 중심 학습을 가능하게 만드는 엔진과도 같다. 모듈식으로 구성된 구조 때문에 온라인 학습은 저비용으로 개별 맞춤화된 학습과 역량 기반 학습을 제공하는 데 적합하다. 그래서 이런 용어들은 종종 함께 언급된다.[34]

프로젝트 기반 학습(Project-based learning)은 학생들이 진짜 세상의 문제(real-world problems)를 탐색하고 여기에 몰입해 적극적으로 도전하도록 돕는 데 주안점을 둔다. 그 의도는 학생들에게 그들이 공부하는 주제를 깊이 있게 이해하도록 고무시키는 것이다.[35] 많은 블렌디드 러닝 프로그램은 온라인 학습과 프로젝트 기반 학습을 함께 짝지어 운영함으로써 학생들이 그들의 지식을 응용하고 이해한 것을 여러 교과로 융합하여 연결 짓도록 돕는다. 프로젝트 기반 학습은 온라인과 오프라인에서 일어날 수 있다.

[부록 1.2] 블렌디드 러닝의 분류

다음 분류법은 불완전한 상태로 계속해서 진화하고 있다. 다음은 오늘날 미국과 해외의 K-12 교육에서 관찰되는 블렌디드 러닝 프로그램의 유형이다.

1. 순환 모델

정해진 스케줄이나 교사의 판단에 따라 학생들이 적어도 하나의 온라인 학습을 포함한 여러 학습 형태 사이에서 순환하는 학습 과정이나 교과목이다. 학습 형태로는 소그룹 교수나 전체 학급 교수, 그룹 프로젝트, 개인 지도, 지필 과제 등이 있다. 학생들은 숙제가 있는 경우를 제외하면 주로 학교에서 공부한다.

    a. 스테이션 순환 학습: 학생들이 속한 학급 내에서 또는 교실의 그룹 내에서 순환 모델을 경험하는 학습 과정이나 교과목이다. 스테이션 순환 모델은 개별 순환 모델과 구별되는데, 학생들이 자신만의 맞춤식 스케줄에 따른 스테이션뿐 아니라 모든 스테이션을 순환하기 때문이다([그림 A1.1] 참조).

    b. 랩 순환 학습: 학생들이 온라인 학습 스테이션을 위해 컴퓨터실을 거쳐 순환하는 학습 과정이나 교과목이다([그림 A1.2] 참조).

    c. 거꾸로교실: 학생들이 예전에 숙제를 하던 장소인 가정에서는 온라인

[그림 A1.1] 스테이션 순환 학습

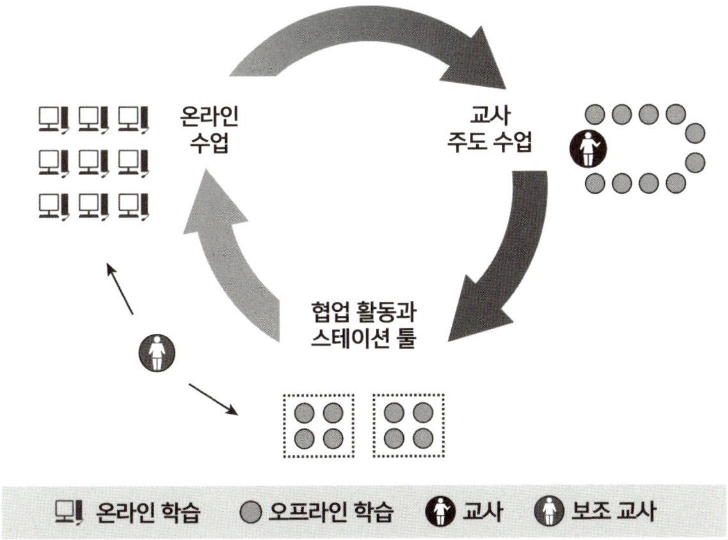

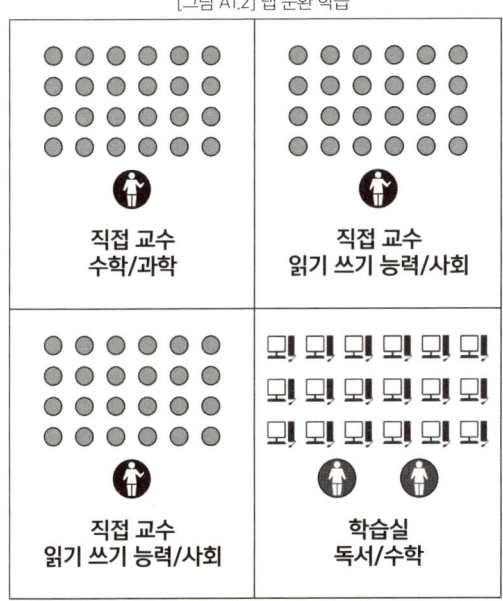

[그림 A1.2] 랩 순환 학습

[그림 A1.3] 거꾸로교실

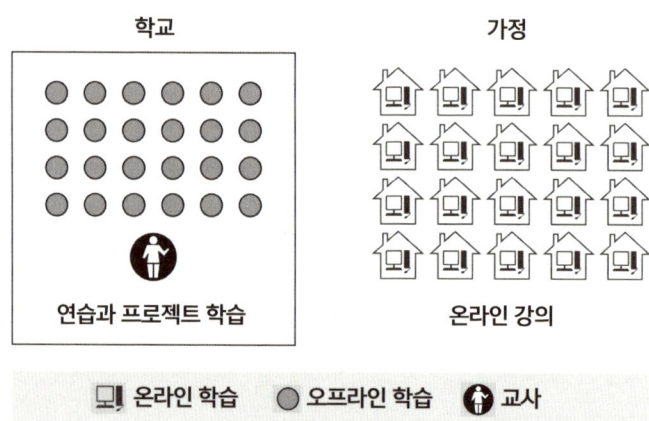

[그림 A1.4] 개별 순환 학습

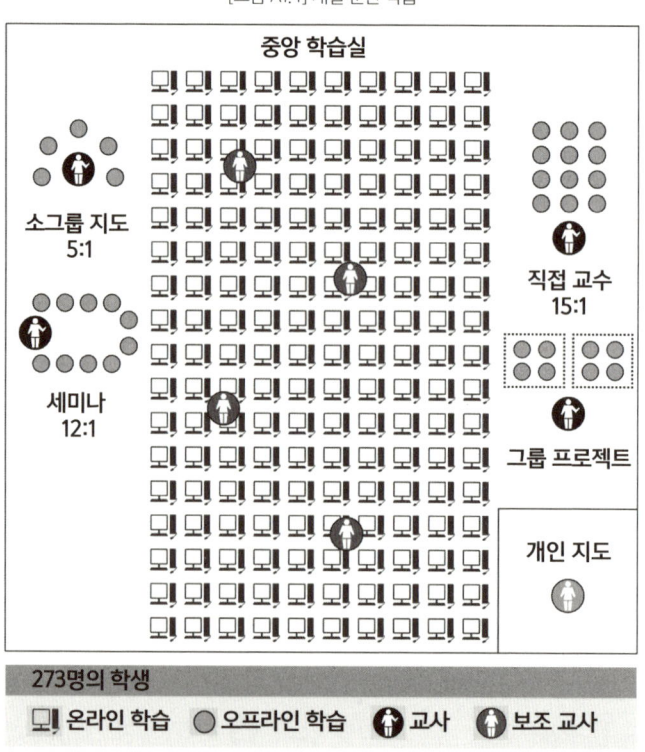

학습에 참여하고, 그다음에 면대면으로 교사가 이끄는 실습이나 프로젝트를 위해서는 학교에 출석하는 학습 과정이나 교과목이다. 콘텐츠와 수업의 주된 전달 방식은 온라인인데, 이런 점에서 거꾸로교실은 밤에 집에서 온라인으로 숙제만 하는 학생과는 구별된다([그림 A1.3] 참조).

d. 개별 순환 학습: 각 학생은 자신만의 개별 활동 목록을 가지고 있으며, 각각의 스테이션이나 학습 형태를 모두 순환할 필요는 없다. 알고리즘이나 교사가 개별 학생의 스케줄을 작성한다([그림 A1.4] 참조).

2. 플렉스 모델

때때로 학생들을 오프라인 학습 활동으로 이끌기는 하지만 온라인 학습이 학생의 학습에 있어 근간이 되는 학습 과정이나 교과목이다. 학생들은 여러 학습 형태 사이에서 개별적으로 만들어진 유동적 맞춤식 스케줄을 통해 움직인다. 성적 관리 교사는 학습 현장에 있으며, 학생은 숙제가 있는 경우를 제외하면 대부분 학교에서 학습한다. 성적 관리 교사 또는 그 외 성인은 소그룹 교수, 그룹 프로젝트, 개인 지도 등의 활동을 할 때 필요에 따라 유연하고 상황에 맞는 면대면 도움을 제공한다. 경우에 따라서는 많은 면대면 도움을 제공해야 하는 사례도 있고, 최소한만 제공해야 하는 사례도 있다. 예를 들어 몇몇 플렉스 모델은 매일의 온라인 학습을 보완할 자격을 갖춘 면대면 교사를 확보하고 있는 반면, 또 어떤 플렉스 모델은 면대면 강화 요소를 거의 제공하지 않는다. 또 어떤 경우에는 다른 형태의 교사 구성을 가지고 있다. 이런 다양한 형태는 특정한 플렉스 모델을 묘사하기에 유용한 변형이다([그림 A1.5] 참조).

[그림 A1.5] 플렉스 모델

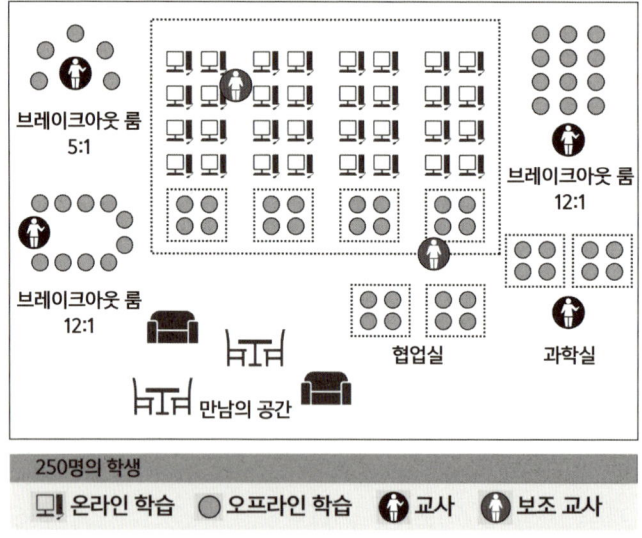

3. 알라카르테 모델

학생들은 전적으로 온라인으로만 강의를 듣고, 학교나 러닝센터에서는 그 외 경험을 쌓는 학습 과정이다. 알라카르테 학습 과정의 성적 관리 교사는 온라인 교사다. 학생들은 알라카르테 학습 과정을 학교나 다른 장소에서 수강할 수도 있다. 이 모델은 전일제 온라인 학습과는 다른데, 온라인 학습 외에도 학교에서의 학습 경험이 있기 때문이다. 학생들은 몇 개의 알라카르테 학습 과정을 수강하면서 또 다른 몇 개의 면대면 학교 학습 과정을 수강해야 한다([그림 A1.6] 참조).

4. 가상학습 강화 모델

학생들은 성적 관리 교사와 만나는 필수 면대면 학습 시간을 가지는데, 그 외에는 자유롭게 남은 학습 과제를 교사와의 만남 없이 완성하

[그림 A1.6] 알라카르테 모델

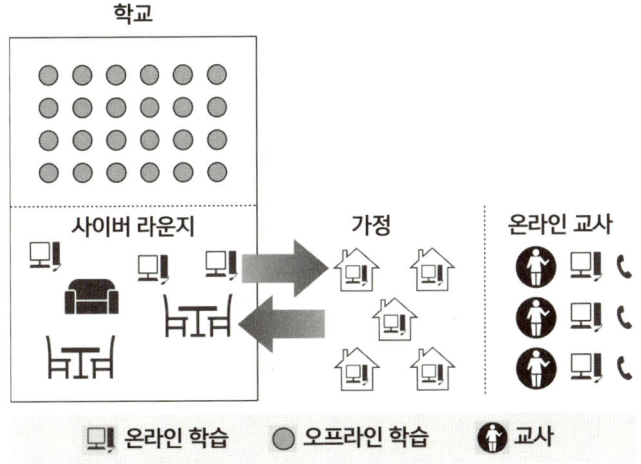

[그림 A1.7] 가상학습 강화 모델

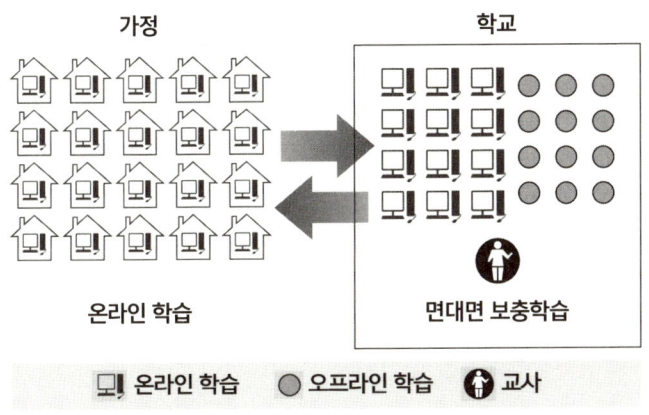

는 학습 과정이나 교과목이다. 온라인 학습은 학생들이 외딴 곳에 떨어져 살고 있을 때 학습의 근간이 되기도 한다. 일반적으로 동일한 사람이 온라인 교사와 면대면 교사를 동시에 수행한다. 많은 가상학습

강화 프로그램이 풀타임 전일제 온라인 학교로 시작했다가 나중에 학생에게 학교에서 학습하는 경험을 제공하기 위해 블렌디드 프로그램을 발전시켰다. 가상학습 강화 모델은 거꾸로교실과는 다른데, 거꾸로교실에서는 학생들이 주중 매일 교사와 면대면 만남을 갖기 때문이다. 또한 이 모델에서 면대면 학습 시간은 면담 시간이나 학교 행사 그 이상으로 전일제 온라인 학습과도 구별된다. 면대면 학습 시간은 필수 조건이다([그림 A1.7] 참조).

2장

모든 교실이 블렌디드 러닝으로 바뀔까

 블렌디드 러닝은 흥미로운 선택 가운데 하나로 생각되기도 하지만 과연 모든 사람에게 그럴까? 뉴욕 주 북부에서 교장을 비롯해 행정가와 함께한 교육 토론회의 마지막에 부유한 교외 지역의 어느 교육감이 우리에게 털어놓기를 블렌디드 러닝은 재원이 부족한 학교에 다니는 학업 성적이 나쁜 학생에게 아주 좋은 해결책이라고 했다. 그렇다면 그는 왜 자기 학교가 상위권 학교에 오르고 전통적인 방식으로 잘 운영되고 있을 때, 그의 평판과 전문가로서의 명성을 걸고 새로운 교수학습법을 지지했을까?

 역사를 살펴보면 다른 산업 분야에도 이와 비슷한 생각을 가진 경영가가 많다. 1807년 증기선이 처음으로 상업적 성공을 이루면서 허드슨 강을 운행했을 때도 모든 면에서 대양 항해용 범선보다 뒤처져 있었다. 증기선은 1.6킬로미터당 운행 단가가 더 비쌌으며, 속도도 느렸고, 걸핏하면 고장이 났다. 오랜 항해에 지쳐 육지에 오른 선원들 가운데 증기 기관에 대한 이야기를 들어본 적이 있는 사람들은 증기선이 기존의 믿을 만한 범선에 필적하리라는 생각은 고려할 가치도 없다고 일축했다. 증기선은 강한 바람에 맞서 올라가거나 아예 바람이 없을 때 좁은 호수나 강을 따라 완만하게 항해하는 경우에는 적절하지만 대서양처럼 넓은 바다를 항해할 때는 범선이 필요하다고 여겼던 것이다.

디지털 이큅먼트 코퍼레이션(DEC, Digital Equipment Corporation)의 경영자들은 1980년대 중반 처음으로 개인 컴퓨터가 등장했을 때 똑같이 느꼈을 것이다. 그들은 이 단순하고 값싼 개인용 컴퓨터가 아이들과 취미 애호가들에게는 좋겠지만 까다로운 고객이나 높은 수준의 기업과 대학을 만족시킬 수 없으리라고 추측했는데, 일처리를 하려면 훨씬 더 고급 사양의 미니컴퓨터와 대형 범용 컴퓨터가 필요했기 때문이다. 사실 최초의 개인용 컴퓨터는 DEC의 미니컴퓨터보다 여러 면에서 성능이 떨어졌다. 개인용 컴퓨터의 속도는 터무니없이 느렸고 메모리 용량은 제한적이었으며 멀티태스킹을 할 수 없었다. 개인용 컴퓨터는 DEC의 고객에게 적합하지 않았다.

돌아보건대 증기 기관과 개인용 컴퓨터는 파괴적 혁신의 사례가 확실하다. 다른 모든 파괴적 혁신처럼 증기 기관과 개인용 컴퓨터는 둘 다 시간이 지나면서 향상되었고, 마침내 대다수의 사람이 사용하는 기존 시스템을 대체할 만큼 발전했다. 범선 제작자와 DEC의 경영자들이 미래를 살짝이라도 내다볼 수 있었다면, 그들은 자신이 속한 산업에 임박한 파괴를 보았을 것이고, 최고의 자리를 유지하기 위해 어떤 조치를 취했을 것이다.

혁신 이론을 이해하는 것은 사람들이 미래를 바라보면서 혁신의 궤적을 예측하기 위해 한 쌍의 렌즈를 착용하는 것과 같다. 렌즈를 착용한 상태에서 보면 몇몇 혁신은 현재의 시스템을 존속시키리라는 것을 예측할 수가 있다. 존속적 혁신은 물건의 품질이 높다고 현재 고객들이 판단해 온 전통적 방식에 따라 현재 고객과 사용자가 일을 훨씬 더 잘 수행하도록 도와준다. 더 오래가는 배터리, 더 멀리 비행하는 점보 제트 비행기, 더 선명한 해상도의 텔레비전 등은 존속적 혁신이다. 다른 종류의 혁신은 기존의 시스템에 대해 파괴적이다. 이 파괴적 혁신은 아주 간단한 성능이 필요한 고객이나 다른 대안이 없는 고객 사이에서 시작된다. 그리고 시간이 지나면서 그것은 고급 시장을 향해 나아간다. 파괴적 혁신이 어느 날 대부분의 기존 시스템을 대체해 버린다는 사실은 중대한 발견이 아닐 수 없다.

　블렌디드 러닝의 미래를 내다보기 위해 렌즈를 착용해보자. 블렌디드 러닝은 기존의 교실에 중요한 향상과 개선을 제공하는 존속적 혁신인가, 근본적으로 미래의 교실을 변형시킬 파괴적 혁신인가?

　이 대답은 학교 교육의 미래와 관련된 수많은 문제에 영향을 준다. 첫째, 블렌디드 러닝의 실행에 영향을 끼친다. 성공하고 있는 조직은 파괴적 계획과는 상당히 다르게 존속적 계획을 이용한다. 둘째, 설계에 영향을 끼친다. 존속적 계획은 기존 설계를 향상시키는 방향으로 이끈다. 반면 파괴적 계획은 교사, 학교 시설, 학생 경험에 대한 사고 방식을 전혀 새로운 방식으로 이끈다. 셋째, 결과에 영향을 끼친다. 존속적 혁신은 기존 교실을 향상시키는 반면 파괴적 혁신은 학교 교육을 개별 맞춤화하고 역량에 기반하며 접근 용이한, 그러면서 저렴한 시스템으로 변형시킬 가능성이 더 높다. 마지막으로 전략에 영향을 미친다. 정의에 따르면 파괴적 혁신은 기존 시스템을 대체시켜 버리는 절차를 밟는다. 블렌디드 러닝이 그런 절차를 밟고 있다면 미리 알고 있는 것이 좋지 않겠는가?

하이브리드(Hybrids) 이론

수백 년 전 선박 회사들은 비슷한 문제에 직면해 있었다. 그 당시에는 바람의 힘을 이용하는 범선을 타고 대양을 횡단했다. 증기선이 발명되긴 했지만 아직 초기 기술 단계였다. 당시 기술로는 증기 엔진이 덜 효율적이었는데, 대양을 횡단하기에 충분한 연료를 실을 수 없었기 때문이다. 게다가 범선보다 가격은 더 비쌌지만 신뢰도는 더 낮았다. 반면 증기선은 보트를 타고 좁은 강과 호수를 여행하는 사람들의 마음을 사로잡았는데, 그들은 바람이 없을 때도 항해할 수 있는 동력을 제공하는 증기선의 장점을 알았던 것이다. 그 결과 증기선은 내륙수로 시장에서 파괴적 혁신의 발판을 마련했는데, 곧 미국의 강과 호수는 증기선으로 가득 찼다.[1]

한편 증기선의 가능성을 내다본 범선 선박 회사들은 그들이 풍력을 이용한 대양 횡단 여행에 특화된 업체이긴 했지만, 이 새로운 신기술을 완전히 무시하지는 않았다. 그들이 증기선을 도입하는 데 있어 기댈 수 있던 유일한 대상은 더 효율적으로 대양을 횡단할 선박을 건조하도록 도와줄 주류 시장(mainstream market)이었다. 대양을 횡단할 수 있는 더 크고, 더 많은 이윤이 남길 수 있는 배를 건조할 기회를 가졌다는 점에서 그들은 내륙수로 고객에게 다시 초점을 맞출 수 있는 동기를 찾기 어려웠다. 그러나 증기선을 완전히 놓치고 싶지 않았던 선박 회사들은 중간 시장을 모색했다. 마침내 그들은 하이브리드 솔루션을 개척했는데, 그것은 증기선과 범선을 결합하는 것이었다. 1891년 하이브리드 선박 사바나(Savannah)는 처음으로 증기와 바람을 조합하는 방식으로 대서양을 횡단했다. 사실 633시간을 항해하는 동안 오직 80시간만 증기 기관에 의지했다.[2] 증기 기관은 바람이 없거나 역풍인 상황에서 몇몇 중요한 이점을 제공했지만, 장거리 항해의 주동력이 되기에는 여러 가지 문제가 있어 풍력 항해가 필수적이었다.

범선 선박 회사들은 파괴적인 증기선 시장에 뛰어들려는 제대로 된 시도를 한 번도 하지 않았고, 결국 그 대가를 치러야 했다. 범선 선박 회사들에게는 그리 매력적이지 않았던 내륙수로 시장에서부터 시작한 증기선은 1900년대 초반에 이르러 대양을 횡단할 만큼 기술이 크게 발전했다. 그리하여 고객들은 범선에서 증기선으로 옮겨갔고, 범선 선박 회사들은 사업을 접을 수밖에 없었다.

이 이야기는 파괴적 혁신 이론의 동반 이론인 하이브리드 이론을 잘 보여준다. 이 이론에 따르면 파괴적 혁신이 발생할 때마다 각 영역의 주요 기업들은 일반적으로 그것을 이용하길 원한다. 하지만 현재 자신의 고객에게 사용하기에는 충분치 않다고 판단하고는 하이브리드 솔루션을 개발한다. 하이브리드 솔루션은 오래된 기술과 새로운 기술을 결합해 '양쪽 모두에게 최고'라는 평가를 받는 조합을 만들어 최고가에 제공하는 것이다.

그러나 하이브리드 솔루션은 기존 산업을 파괴하지 못한다. 오히려 주요 기업들이 기존 고객에게 더 좋은 서비스를 제공하고 더 많은 이익을 얻도록 해서 기업을 계속 유지해 나가도록 해준다. 이런 이유로 하이브리드 혁신은 존속적 혁신의 한 형태다. 한편 순전한 파괴는 저가 시장이나 비소비자(소비력이나 관련 지식은 있지만 제품이 가진 한계 때문에 소비하지 않는 사람—옮긴이) 사이에서 시작되고, 더 복잡한 상황에서 더 많은 요구사항을 내놓는 사용자를 만족시키려고 노력하는 과정에서 점점 더 개선된다. 그리고 파괴적 가치인 저렴함, 편의성, 접근성, 평이성은 그대로 유지하면서 충분히 향상되다가 결국 하이브리드를 대체한다.

하이브리드 이론에서 주목해야 할 중요한 점은 하이브리드 기술이 비록 파괴적 기술을 탑재하고 있음에도 파괴적 절차를 따르지 않는다는 것이다.

하이브리드와 자동차 산업

우리는 하이브리드 이론을 통해 자동차 산업 등 많은 산업 부문의 미래를 예측할 수 있다. 전기 엔진은 가솔린 엔진과 관련해 파괴적 혁신을 제시하고 있다. 전기 자동차는 한 번의 충전으로는 근거리만 주행할 수 있고, 가솔린 차만큼 빨리 달릴 수도 없다. 고급 시장에서 값비싼 전기 자동차의 과대광고에도 불구하고[3] 파괴적 혁신 이론에 따르면 시장 구조의 변화를 만들기 위한 전기 자동차의 첫 시작으로 가장 좋은 곳은 비소비자가 있는 곳이다.[4] 거기서는 전기 자동차가 가진 한계점이 오히려 가치로 인정받을 수 있는데, 예를 들면 노령자 커뮤니티와 자녀가 먼 거리를 운전하거나 빠르게 운전하기를 원치 않는 부모들이 자녀를 위해 선택하는 자동차로서 적당하기 때문이다. 실제로 전기 자동차는 이 두 분야에서 두각을 나타내고 있다.[5]

그러나 전기차 엔진은 산업에 있어 이미 하이브리드로 더 중대한 영향을 미쳤다. 도요타의 인기 모델 프리우스(Prius)는 가솔린 엔진과 전기 배터리를 결합해 첫 하이브리드 자동차로 명성을 얻었다. 일반 운전자들은 우수한 가솔린 연비 때문에 프리우스를 선택했다. 비록 누군가는 순수 전기 자동차가 결국 자동차 산업을 파괴할 거라고 예측할 수도 있지만 하이브리드 자동차는 당분간 가솔린 자동차와 그것을 생산하는 기업을 계속 유지시켜줄 것이다.

파괴 늦추기

하이브리드 이론은 사진에서 소매업에 이르기까지 수많은 산업의 진화를 설명하는 데 도움을 준다.[6] 소비자의 은행 이용이 진화하는 것을 통해 예상할 수 있는 중요한 사실 하나가 있다. 여기서 파괴적 혁신은 소비자가 모바일 지갑이나 온라인 뱅킹을 통해 모든 금융 거래를 하는 것이다.[7] 그러나 기존의 은행 지점은 온라인 뱅킹과 기존의 은행 지점 건물을 결합해 화폐 교환, 예금과 출금 업무를 하는 하이브리드 솔루션을 제공하고 있다. 누군가는 왜 현금인출기, 온라인 뱅킹, 모바일 지갑이 은행 지점을 완전히 없애지 못했는지 의아해할 수도 있다. 이는 은행 지점이 지폐와 동전 처리와 관련된 중요한 기능을 수행하고 있기 때문인데, 그 업무는 기존의 상업 시스템에서 아직 상당한 부분을 차지하고 있다. 현금인출기나 모바일 지갑은 아직 이 모든 기능을 감당할 수가 없다. 파괴적 혁신 이론은 장기적으로 볼 때 순수 디지털 화폐가 실제 물리적 화폐를 대체한다면 대부분의 은행 지점 또는 적어도 은행 창구 직원의 역할이 쓸모없어질 거라고 예측한다. 앞으로 보게 되겠지만, 은행 지점이 파괴적 기술의 도래에도 선전하는 것은 앞으로 K-12 교실에 벌어질 상황과 관련해 강력한 유사점을 제공한다.

블렌디드 러닝은 파괴적인가

현재 전국에 걸쳐 진행 중인 수백 가지의 블렌디드 러닝 프로그램이 하이브리드 이론과 결부되면서 과연 블렌디드 러닝이 파괴적 혁신인지, 존속적 혁신인지에 대한 단서를 남겨놓았다. 지금까지의 증거에 따르면 그에 대한 답은 둘 모두다. 블렌디드 러닝의 어떤 모델은 하이브리드 존속적 혁신의 모든 특징을 가졌다. 이들은 기존의 교실에 희망적인 개선점을 제공하면서도 파괴하지 않는다. 한편 다른 모델은 순전한 파괴가 가지는 특징을 가지고 있다. 이 장에서 논의하게 될 증거

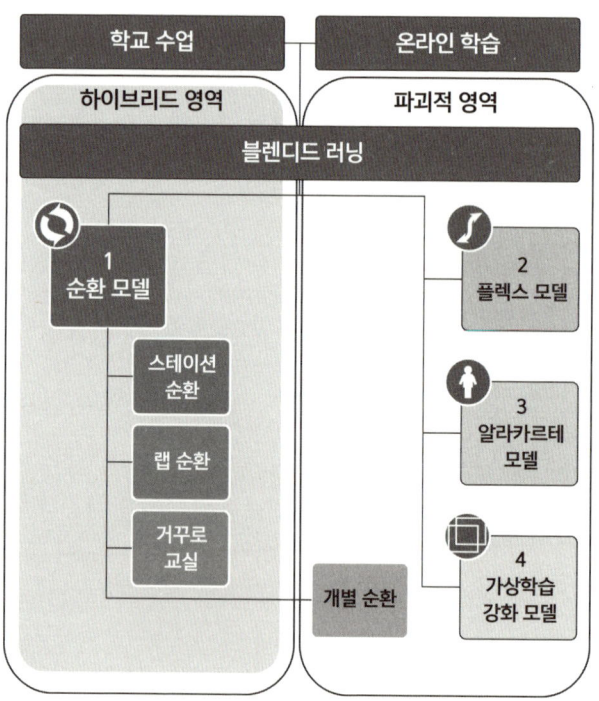

[그림 2.1] 블렌디드 러닝의 하이브리드와 파괴적 영역

에 따르면 비록 이런 모델들이 학교를 파괴하지는 않겠지만 학교 내의 기존 교실 수업과 관련해서는 파괴적이라고 말할 수 있다.

[그림 2.1]을 보면 하이브리드 형태를 취하는 블렌디드 러닝 모델과 파괴적인 블렌디드 러닝 모델 사이에는 분명한 선이 있다. 하이브리드 모델은 기존 교실을 유지하는 데 반해 파괴적 모델은 다른 무언가로 기존 교실을 대체하려고 한다.

블렌디드 러닝의 미래를 고대하는 사람이라면 이런 구분을 반드시 이해하고 있어야 한다.

블렌디드 러닝의 하이브리드 모델

전통적인 교실 수업을 이끌어가는 교육자들은 어떤 면에서 보면 범선 제조 회사, 도요타, 은행의 지점장들과 유사한 점이 있다. 기존의 교육자들은 온라인 학습의 출현을 지켜보면서도 전통적인 교실 수업이 그렇듯 온라인 학습도 일반 학생의 요구를 충족시키지 못한다고 여겨 온라인 학습을 그대로 도입하기를 망설인다. 그래서 그들은 하이브리드 솔루션을 개발하는데, 그것은 기존의 교실이 가지는 장점과 온라인 학습의 장점을 결합해 양쪽이 가진 최고의 효과를 약속한다. 다른 분야에서와 마찬가지로 교육에서도 테크놀로지가 도입된 이 모델은 종종 테크놀로지 그 자체보다 더 효과적이다.

하이브리드 모델이 다른 분야에서 사용되는 방식과 유사한 패턴으로 교육자들은 스테이션 순환과 랩 순환, 거꾸로교실 모델 등 3가지 블렌디드 러닝 모델을 사용하고 있다. 그 패턴은 4가지 주요 특징이 있다.

첫째, 순전한 파괴적 혁신은 예전의 어떤 테크놀로지도 제공하지 않는 반면, 하이브리드 혁신은 예전 테크놀로지와 새로운 테크놀로지를 함께 포함하고 있다.

하이브리드 증기선인 사바나는 풍력과 증기 동력을 모두 사용했으며, 도요타의 프리우스는 가솔린과 전기 둘 다 동력으로 사용했다. 하이브리드 뱅킹 시스템은 고객이 실제 은행 건물과 온라인, 두 군데에서 은행 거래를 하도록 해준다.

유사한 맥락에서 블렌디드 러닝의 스테이션 순환, 랩 순환, 거꾸로교실 등 변형 모델은 기존 방식과 새로운 방식의 결합을 보여준다. 이들 모델은 학교 시설, 교직원, 기본적 운영에서는 기존 교실 수업의 대략적인 형태를 유지하면서 동시에 온라인 학습의 요소를 도입했다.

예를 들어 KIPP 임파워는 기존 교실 수업과 온라인 학습, 이 둘을 기반하여 스테이션 순환 모델을 실천하고 있다. 이 하이브리드 디자인은 교실을 없애지도 않고, 교실 현장에서 교사가 주도하는 면대면 수업에서 멀어지지도 않으며, 학생의 시간표를 극적으로 바꾸지 않는다는 점에서 전통적이라고 할 수 있다. 동시에 이 디자인은 온라인 학습이 수업에서 핵심적 역할을 하기 때문에 새롭다고 말할 수 있다.[8]

스테이션 순환, 랩 순환, 거꾸로교실은 모두 이런 방식의 결합을 특징으로 한다. 이 3가지 모델은 양쪽의 접근 방식이 가지는 장점을 유지하고자 온라인 학습을 기존 교실에 도입하려고 한다. 한편 순전한 파괴적 혁신은 이 장의 뒤쪽에서 다루겠지만 전통적 접근 방식을 모두 해체시켜 버린다.

둘째, 하이브리드 혁신은 비소비자보다 기존 고객을 대상으로 한다.

범선 제조업체들은 기존 고객, 해외 수출업체를 위해 사바나호를 디자인한 것이지 내륙수로 화물 운송을 위해 디자인한 것이 아니었다. 파괴적이라 보이는 전기 자동차가 초기에 노령자 사이에서 성공을 거둔 데 반해 도요타 프리우스는 일반 고속도로 주행자가 주를 이루었다. 일반적으로 하이브리드 모델은 원하는 상품에 대안이 없는 사람을 위한 것이 아니라 현재의 고객을 더 만족시키기 위해 디자인된 것이다. 이는 하이브리드 모델이 존속적 혁신의 종류 가운데 하나라는 확실한 증거인 셈이다.

블렌디드 러닝의 하이브리드 모델도 별반 다르지 않다. 일반 교실의 주요 과목을 수강하는 기존 학생을 위해 주로 디자인되고 실행되어 왔다.[9] 실은 앞서 말했듯 순환 모델은 수십 년간 일반적인 교실의 대표적 특징이었는데, 초등학교 수준에서 특히 그랬다. 그것의 블렌디드 러닝 버전은 단지 온라인 학습 요소를 추가한 것뿐이다. 게다가 대부분의 이런 프로그램은 수학이나 독서 등 주요 과목을 위해 순환 모델을 사용하는 것이지, 이 방법이 아니면 학습할 수 없는 과목을 제공하기 위해서가 아니다.

셋째, 파괴적 혁신이 기존과는 다른 조건에서 경쟁하고 대안적 장점을 제공하는 반면, 고객은 하이브리드 모델이 게임의 예전 규칙을 따르면서 기존의 시스템을 능가하길 원한다.

하이브리드형 선박 사바나호의 디자이너들은 좀 더 성공적인 항해를 위해 증기 기관을 이용했다. 그와 대조적으로 최초의 순수 증기선 제조업체는 자신의 초점을 대양 항해 성능에서 바꿨다. 그들은 가장 중요한 것은 바람이 원하는 대로 불지 않을 때 내륙수로를 따라 운항할 수 있는 능력이라고 말했다. 성공적인 파괴적 혁신은 기존의 시스템에 정면 승부를 걸지 않는다. 대신에 자신이 가진 능력으로 인정받을 수 있는 대체 시장을 찾는다.

블렌디드 러닝의 하이브리드 모델은 이런 점에서 다른 산업의 하이브리드 모델과 유사하다. 정해진 수업 시간에 학생을 교실에 앉아 있도록 하는 등 기존 교실 수업의 기능을 유지한다. 그리고 전통적인 지표에 기반하여 교실 수업이 더 잘 이루어지도록 지속적으로 개선을 이어간다.

예를 들면 일반적인 거꾸로교실에서는 학생들이 방과 후에 주로 집에서 인터넷이 연결된 디바이스를 통해 각자 편한 시간에 수업 영상을 시청하고 그날 배운 것을 확인하는 문제를 완료해야 한다. 학교에서는 교사와 만나 영상을 통해 배운 것을 연습하고 적용하는 활동을 한다. 이 모델은 단순함이나 편의성 등 새로운 방식으로 성과를 규정하지 않는다. 대신 거꾸로교실은 기존의 교실 수업이 그 기능을 더 잘 수행하도록 기능 확장을 돕는 존속적 혁신으로서 온라인 학습을 이용한다.

대조적으로 순전한 파괴적 혁신은 정해진 시간에 학생들을 자리에 앉혀 놓는 일에 초점을 두지 않는다.[10] 오히려 그 반대라고 해야 할 것이다. 블렌디드 러닝의 파괴적 모델은 학생들이 자신만의 속도로 학습해 나가도록 하는 것과 학생들이 자리에 앉아 있는 시간을 다양화시키는 데 있어 탁월하다. 이상적으로 이들 모델은 기존의 교실 수업 모델과 전혀 다른 조건에서 경쟁한다. 학생들이 가만히 앉아 수업을 듣는 시간에 초점이 맞춰진 고루한 방침을 고려해 때로는 기존의 규제 구조와 양립하기 위해 개선시키거나 복잡한 기능을 추가하기도 하지만 말이다.[11] 파괴적 모델이 가진 태생적 강점은 개별 맞춤화, 접근성, 비용 관리를 극대화하는 방식에 있다.

넷째, 하이브리드 혁신은 파괴적 혁신보다 운용에서 더 복잡한 경향이 있다.

하이브리드형 선박 사바나호의 사례는 하이브리드 사례를 찾아내기 위한 네 번째 규칙을 잘 설명해준다. 운용하기에 더 복잡한 것이 범선인지, 증기선인지는 논란의 여지가 있다. 그러나 사바나호는 당시 선박들 가운데 가장 복잡했다. 사바나호는 범선 전문가와 증기선 전문가 모두를 필요로 했기 때문이다.

마찬가지로 블렌디드 러닝의 하이브리드 모델은 교사들이 봤을 때 기존 시스템보다 두드러질 정도로 단순하지 않다. 오히려 많은 사례에서 하이브리드 모델은 기존 수업 모델의 전문가를 비롯해 교사 주도의 순환 수업에서 디지털 디바이스를 다루기 위한 새로운 전문가, 보완적 온라인 학습을 통해 얻은 데이터를 통합하기 위한 새로운 전문가를 필요로 하는 것처럼 보인다.

파괴적 혁신은 단순함에서 있어 탁월한데, 블렌디드 러닝의 파괴적 모델도 이와 다르지 않다. 학생들이 인터넷 디바이스를 가지고 있는 한 심지어 버스 정류소에 있다고 해도 해설 영상이나 학습 과정에 접근할 수 있다. 물론 면대면으로 만나 보살펴주는 어른들이 아이들의 성공에 중요한 역할을 하기는 하지만 이런 파괴적 모델은 학생으로 하여금 직접 자신의 배움을 이끌어가는 데 참여하도록 함으로써 성숙함과 자립성을 북돋아준다.

블렌디드 러닝의 파괴적 모델

　기존의 교육자들이 하이브리드 모델을 실행하는 반면 학교 관리자들은 블렌디드 러닝의 파괴적 모델을 실행하면서 학습 환경을 바꾸는 최전선에 서 있다. 개별 순환, 플렉스, 알라카르테, 가상학습 강화 모델은 모두 파괴적 잠재력을 가진다.

　블렌디드 러닝의 파괴적 모델을 식별하는 간단한 경험 법칙이 있다. 만약 블렌디드 상황에서 학습하고 있는데, 교실의 앞쪽이 어디인지 모르겠다면 그것은 아마도 파괴적 모델일 가능성이 크다. 이 가이드라인이 절대적이지는 않지만 대체로 적용될 것이다. 온라인 학습은 학생의 학습을 관리하고 추적하는 데 중점을 두기 때문에 기존의 교실을 규정하는 오래된 구성 요소 가운데 대부분, 즉 교실 앞쪽의 칠판이나 화이트보드 등은 더 이상 의미가 없다. 이상적으로 교사의 역할은 '교단 위의 현자(賢者)'에서 학습 과정의 적극적 구성원이나 디자이너로 변모하는데, 종종 개인 지도 교사나 토론 진행자, 실습 프로젝트 리더, 카운슬러의 역할을 한다. 그리고 파괴적 모델이 적용되면 건물 구조, 비품, 운영 방법 모두가 전통적 모델과 상당히 다를 것이다. 플렉스와 개별 순환 모델은 일반적으로 교실이라기보다는 학습 스튜디오라 불리는 것이 더 나은 열린 학습 환경에서 운영된다. 많은 플렉스 모델은 소매점이 일반적으로 확보하고 있는 가게 앞 공간에서 운영되기도 한다. 이 모델에서 교사들은 일정표에 따라 수업 지도안을 전달하는 데 시간을 사용하지 않는다. 알라카르테 모델에서는 성적 관리 교사가 공간상 학생들로부터 떨어져 있어 물리적 교실이 필요하지 않다. 가상학습 강화 모델에서 학교 시설은 가상학습을 보완하기 위해 추가되어 왔는데,

보노보스가 판매용 상품을 두지 않는 오프라인 상점을 추가한 것과 거의 동일한 방식이다. 그 결과 가상학습 강화 모델의 물리적 공간은 플렉스와 개별 순환 모델의 특징이었던 학습 스튜디오와 훨씬 더 유사한 경향이 있다. 일반적으로 블렌디드 러닝의 파괴적 모델은 기존 교실과 다른 물리적 공간의 요소를 추가함으로써 온라인 학습을 개선시킨 것으로 보인다. 기존 교실에 온라인 학습이라는 특성을 추가한 존속적 혁신의 하이브리드 모델과 정반대인 것이다.

다른 파괴적 혁신과 유사하게 대부분의 초창기 파괴적 블렌디드 러닝을 실행한 사례는 소수의 비소비자를 위한 것이었다. 최초의 플렉스 프로그램 가운데 다수가 처음에는 중퇴자와 학점 회복, 하계 학기에 초점이 맞춰져 있었다. 대부분의 알라카르테 프로그램은 이들 프로그램이 없었다면 대학과목선이수제와 외국어 선택 과목 등의 학습 과정에 접근하기 어려웠던 학생을 위해 생겨났다. 다양한 가상학습 강화 프로그램은 전일제 가상학교를 원하지만, 그것을 금지하는 지역에 사는 사람들을 수용하기 위한 것뿐 아니라 대개는 전일제 가상학교에 등록한 학생에게 더 많은 지원을 제공하기 위해 나타났다. 개별 순환 프로그램은 아직 흔치 않지만, 교육청 소속 학교들의 일반적 교실의 범위 밖에서 확대되리라고 보여진다.

파괴적 모델은 기존의 교실 수업과 다른 조건에서 경쟁하며, 다른 장점을 제공한다. 파괴적 모델은 학생이 자신만의 속도에 따라 학습해 나가도록 하는 것과 학생이 자리에 앉아 있는 시간을 다양화시키는 것에서 탁월한 효과를 보여준다. 그리고 개별 맞춤화, 접근성, 비용 관리라는 장점을 시스템에 가져다주는 특별한 능력 때문에 추종하는 세력을 확보하고 있다. 파괴적 모델은 수업 현장에서 성인이 온라인 학습과 기존의 수업 모두 관리하도록 요구하지 않고 강의 진행의 임무를 인터넷에 위임함으로써 교사를 자유롭게 만들어 학생들을 지원하고, 풍부한 경험을 제공하고, 멘토링하기 등 더 중요한 다른 일에 관심과 초점을 맞추게 한다.

예상되는 교육혁명

이 하이브리드 모델 논의의 핵심은 블렌디드 러닝의 다양한 형태가 오래된 것과 새로운 것의 혼합이며, 그것은 말하자면 존속적 혁신이라는 것이다. 즉 공장 방식의 교실 수업을 근본적으로 재구성하는 것이 아니라 거기에 기반하여 존속적 향상을 제공하게 될 것이다.

흔한 오해 가운데 하나가 존속적 혁신은 나쁘고 파괴적 혁신은 좋다고 생각하는 것이다. 이것은 틀렸다. 조직체가 더 나은 제품을 만들거나 더 나은 서비스를 그들의 우수 고객에게 제공하고자 노력할 때 존속적 혁신은 건강하고 탄탄한 부문에 있어 필수적이다. 잘 관리되는 조직을 고급 시장으로 밀어 올리려는 힘은 항상 작용하고 있으며, 모든 성공적 조직에서도 매우 중요한 부분이다. 시험 성적이 하위권을 맴돌거나 점점 떨어지고 있으며 예산이 빠듯해 힘들어하는 학교들은 스테이션 순환, 컴퓨터실 순환, 거꾸로교실과 같은 모델이 시스템에 가져다주는 효율성을 이용하는 것으로 한시름 놓을 수 있다.

그러나 블렌디드 러닝의 파괴적 모델은 하이브리드 영역 안에 있는 모델과는 다른 궤적에 있으며, 온라인 학습이 상승곡선을 그리면서 나아가도록 이끌고 있다. 개별 맞춤화, 접근성, 비용 관리를 위한 새로운 가능성이 발견되었고, 그에 대한 기대감을 가진 점점 더 많은 학생과 교육자의 요구를 충족시키기 위해 블렌디드 러닝의 파괴적 모델은 온라인 학습을 개선시키고 있다. 파괴적 모델은 진보하고 있으며, 시간이 흐르면서 전통적 시스템에 대해 우위를 점하고 있다. 증기선이 결국 대양 횡단용 범선을 대체했고, 소셜미디어 사이트에서의 사진 공유가 인화 사진을 대체하고 있듯 순전한 파괴적 혁신이 장기적으로 탁월함을 장착하게 되면서 결국 블렌디드 러닝의 하이브리드 모델은 중도에 뒤처지게 될 것이다.

여기서 이런 예측에 대해 두 가지 중요한 예상을 할 수 있다. 하나는 파괴적 혁신이 초등학교 교실 수업보다 고등학교에 더 큰 영향을 끼칠 것이고, 중학교도 어느 정도 영향을 받을 가능성이 있다는 것이다. 고등학교에서는 많은 중학교에서와 마찬가지로 심화 과정, 외국어 교과, 학점 회복 프로그램 등의 영역에서 광범위한 비소비가 있다. 초등학교 수준에서는 충족되지 못하는 몇 안 되는 요구사항이 있지만, 그리 일반적이지 않거나 그다지 언급되지도 않는다. 더구나 고등학교와 중학교의 디자인은 일반적으로 학습 과정별 모듈식 구조를 가지고 있어 모듈식 온라인 과정이 시스템 안에서 더욱 쉽게 대체되어 사용되도록 해준다.

반대로 초등학교의 미래는 대체로, 꼭 그렇진 않겠지만 존속적 혁신의 교실 수업이 될 가능성이 높다.[12] 초등학교가 블렌디드 러닝의 파괴적 혁신으로 향하는 길을 걷게 될 가장 큰 가능성은 방과 후 보충학습과 프로그램의 영역에 있다. 예를 들어 시카고 공립학교들은 '또 다른 학습 기회 이니셔티브'(Additional Learning Opportunities Initiative)라고 불리는 플렉스 모델의 방과 후 학교 프로그램을 실시했는데, 1~8학년 학생을 위해 노트북 컴퓨터와 보조 교사를 이용하여 학습 시간을 연장했다.[13] 초등학교가 예산 삭감에 직면하여 기존의 학교 수업 시수를 줄여야 한다면, 이것은 상당한 비소비 기회와 파괴적 혁신의 발판을 만들어낼 수 있다. 그러나 이런 시나리오는 아직 그 정도까지 실제로 이루어진 적은 없다. 따라서 지금으로서 초등학교의 미래는 불확실하다. 외국어 교육뿐 아니라 언어장애 치료에서부터 영어 교육에 이르기까지 모든 분야에서 개인 지도는 초등학교 교실 수업의 파괴적 혁신을 가져올 비소비의 또 다른 영역이라고 하겠다.[14]

두 번째로 예상할 수 있는 것은 장기간이라는 시간이 꽤 길어질 수도 있다는 것이다. 파괴적 혁신이 대체로 칸막이 식의 학교 내 물리적 구조 안에서 생겨나고 있기 때문에 관리자들이 글자 그대로 벽을 허물거나(실제로 그렇게 하는 사람도 있음), 그나마 차선책의 학습 공간을 마련하지 않는다면 많은 경우 파괴적 모델이 뿌리 내리기에 물리적 공간이 부족하다. 은행 지점의 경우처럼 학교 교육에 있어 제약이 많은 시스템을 고려한다면 파괴적 혁신은 더 오랜 시간이 걸릴 수도 있다.

이런 경고에도 고등학교와 중학교 수준에서에서의 교실 수업 파괴에 대한 전반적인 예측은 일반적 통념을 압박한다. 그리고 예상컨대 그렇게 될 것이다. 파괴적 혁신이 도래할 때마다 기존 시스템은 떠오르는 파괴적 시장에 들어서는 사람을 그 시스템의 안녕과 관계가 없다고 여긴다. K-12 교육 부문도 그런 경우다. 플렉스, 알라카르테, 다른 파괴적 블랜디 러닝 모델은 교육 트랜드와 가능성을 열거한 긴 리스트에서 단지 작은 몇 개의 항목일 뿐이다. 그러나 파괴적 혁신의 패턴을 통해 우리는 어림짐작하지 않고도 블렌디드 러닝의 발전이 가져올 영향력의 크기와 범위를 예상할 수 있다. 그 패턴은 장차 고등학교와 중학교,

어느 정도는 초등학교의 미래 학습 환경이 오늘날의 일반적 교실과 상당히 다르리라는 것을 암시해주고 있다.

앞으로 학교는 어떻게 될까

여러 측면에서 교육은 인터넷의 마지막 미개척지라고 할 수 있는데, 인터넷은 경제의 대부분 영역에 영향을 끼쳐 왔다(광산업과 마사지숍은 제외하고). 인터넷은 미국 내 모든 학교와 학년에 빠르게 파고들고 있다. 학교들은 종종 테크놀로지 활용 수업을 만들거나 블렌디드 러닝의 하이브리드 모델을 운영하기 위해 컴퓨터를 사용하고 있다. 2012년 가을 펜실베이니아의 5개 교육청에 속한 15개 학교가 블렌디드 러닝의 순환 모델을 시험적으로 도입하기 위해 펜실베이니아 하이브리드 러닝 이니셔티브(Pennsylvania Hybrid Learning Initiative)를 시작했다. 이와 비슷한 계획이 자율형 사립학교와 차터 스쿨 네트워크 사이뿐 아니라 워싱턴 D.C. 공립학교, LA 통합 교육청을 비롯해 전국의 많은 교육청에서 진행하고 있다.[15]

기존의 학교 교실에 컴퓨터를 도입하려는 노력은 효과 면에서 각기 다른 결과를 내고 있다. 한편 『교실수업 파괴하기』에서는 컴퓨터가 지난 수십 년간 우리 주위에 존재했고 학교에도 많이 도입되었지만, 교실 수업의 기본적인 디자인은 개인용 컴퓨터가 생겨나기 이전의 모습과 대체로 비슷하다는 점을 지적했다. 교수 학습의 과정이 컴퓨터 이전의 시대와 비슷하고, 그 결과 학생들의 학습은 미미하다고 말할 수밖에 없을 만큼만 향상되었다. 학교가 기존의 교실 수업에 컴퓨터를 마구 투입하더라도 아무리 잘해봐야 지금껏 가르치던 방식과 학교를 운영하는 방식을 유지하는 정도이거나 약간 향상시킨 정도인 것이다.[16]

반면 몇몇 우수한 존속적 블렌디드 러닝 프로그램의 운영 사례는 기존의 교실 수업을 획기적으로 향상시키고 있다. 지금까지 이루어진 연구 가운데 하나로 RAND 코퍼레이션(RAND corporation)과 교육부가 2년에 걸쳐 실시한 대규모 무작위 통제 실험이 있다. 이 실험은 카네기 러닝(Carnegie Learning) 주식회사의 CTAI(Cognitive Tutor Algebra I) 프로그램을 사용하여 온라인 대수학 I 수업과 기존의 면대면 교실 수업에서 학생들이 순환하는 모델의 효과를 측정하기 위한 것이었다. RAND는 이 연구를 위해 7개 주, 147개 학교의 1만 8,000명 이상의 학생을 선정했다. 절반의 학생은 CTAI 순환 수업을 경험했고, 나머지 절반은 온라인 학습 요소 없이 수업을 했다. 설계에 따르면 이 실험은 명백하게 기존의 교실 수업을 유지시키는 쪽이었다. RAND는 그 연구가 보통의 학교 운영(학생과 교사의 교육 과정과 수업에 대한 관리 등)에 끼칠 파괴적 영향력을 최소화하기 위해 연구 설계에 많은 노력을 기울였다.[17]

RAND의 보고서는 순환 블렌디드 러닝 모델이 평균적인 고등학교 학생의 성취도를 2년 만에 8퍼센트 포인트 끌어올렸고, 이는 이들 학생의 수학 성적이 일 년간 두 배로 뛴 것과 맞먹는 정도라고 했다.[18] 수천 개의 학교가 학력 격차를 줄이거나 전반적인 학업 능력을 향상시키고자 노력하고 있는 요즘 이 결과는 의미심장한 것이 아닐 수 없다. 교육 개선에 관심을 가진 관계자라면 온라인 학습을 선택함으로써 그것이 기존의 교실에 가져다줄 수 있는 모든 존속적 개선점을 얻어내야 한다. 이런 노력은 이미 진행되고 있으며, 진행된 지 벌써 여러 해가 되어가고 있다. 이 책의 다음 장은 파괴적 방법뿐 아니라 기존의 방식을 존속시키고 개선시키는 방법에서도 블렌디드 러닝의 모든 가능성을 어떻게 실현할 수 있을지에 대한 권고를 담고 있다.

그동안 작지만 꾸준한 변화가 일반 학교 교육의 가장자리에서 이루어지고 있으며, 일부 초등학교와 다수의 중학교와 고등학교는 기존의 교실 수업을 모두 순조롭게 교체하고 있는 중이다. 그러나 온라인 학습의 출현과 파괴적 테크놀로지로서 블렌디드 러닝의 몇몇 모델은 어떤 식으로든 미국 공립학교를 파멸시키지 않을 것이다. 명백하게 파괴적 혁신은 학교 차원이 아니라 교실 수업 차원에서 일어나는 중이다. 이런 점에서 보면 크리스텐슨과 혼, 존슨이 그들의 책 제목을 '학교 파괴하기'가 아니라 '교실수업 파괴하기'로 붙인 것은 옳았다.[19]

그렇다면 학교의 미래 역할은 무엇인가? 쇠퇴하거나 사라질 운명이라기보다 건물로 존재하던 학교는 파괴적 혁신에 대응하여 초점을 바꿀 기회를 가지게 되었다. 우리는 학교가 더는 학습 내용과 수업을 제공하는 주요 원천이 될 필요가 없으며, 대신 다른 핵심 서비스에 능력을 집중할 수 있을 거라고 생각한다. 1장에서 나온 존 버그만의 질문으로 돌아가보자. "학습 내용과 수업이 인터넷으로 옮겨 간다면 교실에서의 면대면 시간을 가장 잘 활용하는 방법은 무엇인가?"[20]

학습 내용과 수업이 온라인으로 이동하면서 학교는 그동안 애써 왔지만 시간과 공간, 자료가 부족했던 활동에 더 집중할 수 있다. 그 활동은 더 깊은 배움으로 이끄는 지식과 기술 적용에서부터 학생들의 성공적인 학습에 매우 중요한 역할을 하는 비교육 분야의 서비스 제공까지를 말한다.

더 깊은 배움

미국 학교와 교사들은 학생들이 단지 지식 습득뿐 아니라 지식을 좀 더 심화된 방식으로 적용하도록 오랫동안 애써 왔다. 심화된 방식은 학생들이 각기 다른 영역의 능력인 비판적 사고, 협업 능력, 의사소통 능력을 갖추도록 도울 뿐 아니라 탐구 자세와 창의성을 요구한다. 역사적으로 볼 때 중요한 학습 활동을 하기 위해 꼭 필요한 핵심 지식을 학생이 습득하도록 만드는 것과 학습 활동에 참여시켜 학생들이 자신의 지식 공백을 메울 수 있기를 희망하는 것 사이의 상관관계는 종종 이 심화된 배움과 연관성을 갖고 있다. 학습 내용과 수업을 온라인으로 옮겨놓음으로써 몇몇 학교는 학생이 자신의 지식과 역량을 실제 현실의 맥락에 적용하도록 돕는 체계적 방법을 발견해내기 시작했다.

텍사스 오스틴에서 시작되어 블렌디드 러닝의 플렉스 모델을 도입한 자율 학교 네트워크(independent-school network)인 액턴 아카데미(Acton Academy)는 종종 온라인으로 진행되는 개인 자기주도학습을 소크라테스식 토론, 프로젝트 기반 학습과 결합시켰다. 소크라테스식 토론은 동료와 가이드를 만난 면대면 상황에서 학생들에게 아이디어를 말하고, 듣고, 문제를 제기하도록 가르친다. 프로젝트 학습은 개인 학습 시간과 소크라테스식 토론이 이루어지는 동안 배운 개념을 적용하기 위해 학생들이 면대면 팀으로 학습할 것을 요구한다. 또한 이 둘은 온라인 학습의 동기를 부여하기 위한 '알아야 할 필요'를 길러주며, 포트폴리오에 기반하여 공개적으로 학생들의 학업적 성취를 보여준다. 몇몇의 다른 블렌디드 학교는 그룹 토의, 해중(海中) 실험(wet lab, 서류에 의한 실험인 dry lab의 상반된 용어로, 실험실에서 직접 실행하는 실험), 실습 등을 포함한 학교 현장에서의 경험을 사용해 학생들이 깊이 있게 배우고 지식을 적용하도록 하거나 많은 사람이 심화 학습(deeper learning)이라고 부르는 것에 참여하도록 한다.[21] 온라인 학습이 학생에게 지식을 습득하도록 돕고 있다면, 학교는 학생들이 행동하고 변화하도록 돕는 데 더욱 집중해야 할 것이다.

안전 관리

가정과 나라를 포함해 우리 사회는 학교가 많은 기능을 감당해주기를 바라는데, 그중 하나가 학생에게 배움을 전하는 것이다. 또 하나의 중요한 일은 보살피는 것이다. 부모들이 직장에서 일하는 동안 아이들을 보살피면서 데리고 있어야 한다. 많은 학교가 이 부분을 개선할 필요가 있다. 2011~2012년 시카고의 681개 학교 가운데 35퍼센트가 급식 검수에서 적어도 한 번 지적을 받았는데 그 이유는 욕실 싱크대에 뜨거운 물이 나오지 않아서, 음식이 적정 온도에서 보관되지 않아서, 음식이 제공되는 구역에서 200개 이상 쥐의 배설물이 발견되었기 때문이다.[22] 아이들에 대한 기본적 관리가 이처럼 부실하다는 사실에 학부모들은 어이없어 하고 있지만, 교육자들은 항상 학습 내용과 수업에 우선순위를 두도록 압박을 받고 있다. 그러나 학교가 점점 학습 내용과 수업을 인터넷 쪽으로 옮겨가고 있으므로 초점을 바꾸어 세계적 수준으로 학생을 돌보기 위해 더 많은 시간과 자원을 투입할 수 있는 기회를 가지게 될 것이다.

밀착 돌봄 서비스

학생을 돌봐주는 역할 외에도 학교는 이미 많은 학생에게 중요한 사회복지 서비스를 제공하고 있으며, 그 범위가 상담과 멘토링으로부터 건강 관리와 무상 급식에까지 이르고 있다. 수년 내로 학교는 일부 학생을 위해 더 많은 이런 서비스를 제공하게 될 것이다. 어떤 사람들은 학교가 오랫동안 제공해 왔던 상담 서비스의 효과를 극대화할 기회를 테크놀로지가 만들고 있으며, 학업에 대한 멘토링부터 학생의 자기주도성 개발에 이르기까지 그리고 대학 안내(college awareness), 대학 지원에서부터 성적 관리와 학습 과정 선택에 이르기까지, 학생들이 대학과 직업, 앞으로 삶을 준비하도록 돕기 위한 모든 일을 학교가 어떻게 해낼 것인지 다시 한 번 생각해볼 기회를 테크놀로지가 만들고 있다고 생각한다.[23]

센트럴 할렘(central Harlem)에 97개 블록의 할렘 어린이 구역을 만든 제프리 캐나다는 저소득층의 아이들을 돕고 싶어 하는 학교들이 학생뿐 아니라 그 이웃을 돕고, 심지어 부모의 자녀 양육 방법까지 돕기 위해 일반적으로 학교 영역에 속한다고 생각하지 않는 것들을 어떻게 포함시킬 수 있느냐 하는 문제를 다루면서 획기적 성과를 이끌었다.[24] 『작은 문제와 씨름하기(Sweating the Small Stuff)』의 저자 데이비드 휘트먼(David Whitman)은 저소득층, 소수 계층의 십대를 위해 '새로운 가족주의'를 학교가 시작하도록 요구한다.[25] 그는 아이들의 가족이나 사람들이 소홀히 여겼던 기본적 필요 사항을 채워주는 서비스를 통합하고 있는 '핑계대지 않는(No Excuses)' 중등학교의 6가지 사례를 예로 들었다. 이들 학교의 가장 중요한 특징 가운데 하나는 학교가 따뜻하고 돌봄이 있는 장소로서 교사와 교장이 마치 부모-자녀 사이의 유대감을 학생들과 만들어가고 있다는 것이다.

신시내티 공립학교 교육청은 지역 공동체 학교 모델과 비슷한 개념을 개발했고, 현재 전체 55개 학교 가운데 34개 학교가 자리를 잡았다. 지역 공동체 학교들은 학생뿐 아니라 전체 지역 공동체를 위해 지역 공동체 서비스 제공자 네트워크와 협력한다. 학교가 식사를 제공하고, 교통비를 보조하며, 어려운 가정이 저소득층 의료보장제도의 혜택을 받도록 돕는 것 외에도 많은 일을 한다. "대안이 뭐냐고요?" 전직 교장 크레이그 호켄베리는 이 프로그램에 대해 기사를 쓰고 있는 《뉴욕 타임스》의 기자에게 물었다. "우리가 뒤로 물러나 앉아서 이 가족들이 몰락해 가는 것을 지켜봐야만 할까요?"[26] 이런 일을 하는 것만으로 학생의 성적이 좋아질 거라고 보장하지 못하지만, 학교가 이마저도 하지 않는다면 대부분의 학생은 희망을 가질 수 없을 것이다. 많은 사람이 언급했듯이, 이들 학생이 굶주리고 있다면 배움의 가능성은 희박할 수밖에 없다. 학교 관리자가 학습을 위한 기본적 전제조건을 충족시킬 더 폭넓은 사회복지 서비스를 학생들이 필요로 한다는 사실을 깨달았을 때, 때마침 찾아온 온라인 학습은 학교의 늘어나는 부담 가운데 일부를 해소하고, 학교가 해야 할 일의 중요한 측면에 집중하도록 재원을 확보해줄 수도 있다.

친구와 함께하는 즐거움과 방과 후 활동

아이들의 관점에서 보면 친구들과 즐거운 시간을 보낼 장소를 갖는 것은 방과 후에 스포츠나 예술 활동을 하기 위한 장소를 확보하는 것처럼 학교가 기능하는 또 하나의 중요한 역할이다. 우리 연구에서 어떤 학교는 자체 블렌디드 러닝 모델을 가진 몇 개의 성공적 캠퍼스를 만들어 왔다. 이 학교가 가진 온라인 학습의 결합, 면대면 교사, 혁신적 학교 시설은 주(州) 일제고사에서 수학, 독서 점수를 놓고 보면 효과적이었다. 그러나 이 학교의 방문객은 줄지어 선 컴퓨터와 판지로 만든

칸막이가 삭막하다고 느낄 수도 있다. 온라인 학습을 통해 학업 성취도를 향상시키는 방법을 알아내면서 이들 학교는 이제 다른 기능에서 세계적 수준으로 능력과 역량을 갖추게 되었다. 이들은 훌륭한 댄스 프로그램과 메이커 스페이스(사람들이 함께 뭔가를 만들기 위해 모이는 지역 공동체 지향 작업장으로, 5장에 더 다루게 될 내용임),[27] 학생 교향악단 등의 활동이나 그 외 선택 활동을 학교에 갖추고 있다.

많은 측면에서 온라인 학습의 도래는 가진 게 별로 없는데 많은 일을 해내야 해서 스트레스를 받고 있는 학교에게는 환영할 만한 좋은 소식이다. 온라인 학습이 안정화되면 학교는 각 학생에 맞춰진 양질의 학습을 지속적으로 공급하기 위해 온라인 학습을 이용하게 될 것이다. 그렇게 되면 학교는 학교가 수행해야 할 다른 기능에 초점을 맞출 수 있다. 여기서 다른 기능은 깨끗하고 학생이 만족하는 물리적 환경의 제공, 집단 따돌림 근절, 영양을 고려한 식단, 우수한 면대면 멘토링이나 토론, 풍부한 경험, 지성인 양육, 건강 관리 독려, 체육·음악·미술 프로그램 등이 될 것이다. 게다가 학생들이 온라인으로 지식을 학습하면 학교는 장차 학생들이 학교를 졸업한 후 그들이 살게 될 세계에서 유능한 창작자와 혁신가가 되기 위해 필요한 역량, 즉 핵심 역량을 개발하는 데 집중하도록 더 많은 능력을 발휘해야 한다.[28]

여기에 도사리고 있는 가장 큰 위험은 온라인 학습이 확대되어도 학교가 그런 상황에 대처하지 않는다는 것이다. 학교가 학생의 배움을 인터넷에 맡기지만 대신 면대면으로 만나는 교사와 물리적 가용 자원이 온라인 학습을 강화하도록 초점을 바꿔야 함에도 그렇게 하지 않는 것이다. 이미 진행 중인 몇몇 블렌디드 러닝에서 현장의 교사들은 수동적으로 뒤로 물러나 앉아서 온라인 콘텐츠 제공업체가 모든 일을 하도록 내버려두고 있다. 그들은 교사의 역할이 온라인으로 대체되었다고 생각해 학습 향상이나 학습자 지도를 위한 일조차 하지 않으려고 한다. 이런 학교들은 학습 의욕을 고취하지 못할 뿐 아니라 영향력을 발휘하지도 못한다. 이제부터 나올 내용의 주요 목적 가운데 하나는 교육계 지도자들과 영향력을 가진 사람들이 이런 예견 가능한 실수를 예방하고자 학교 건물 환경과 면대면 교사의 역할을 최대한 활용할 수 있는 좀 더 우수한 실행 방안을 강구하도록 돕는 것이다.

요약

- 블렌디드 러닝의 스테이션 순환, 랩 순환, 거꾸로교실 모형은 일반적으로 하이브리드의 형태에 해당한다. 두 영역이 가진 가장 좋은 부분만으로 이루어진 솔루션을 좇아서 옛 것과 새 것을 합친 형태다. 하이브리드는 존속적 혁신의 한 가지 형태이고, 기존 방식의 교실 수업에 참여하는 일반 학생에게 더 나은 학습을 제공하기 위한 것이다.

- 블렌디드 러닝의 개별 순환, 플렉스, 알라카르테, 가상학습 강화 모델은 파괴적 혁신의 형태에 해당한다. 따라서 이 모델들은 고등학교와 중학교 가운데 상당수, 그보다 더 적은 수의 초등학교에서 전통적 교실 수업을 언제라도 파괴할 수 있다.

- 블렌디드 러닝의 다양한 존속적 혁신 방법을 잘 실행한다면 기존의 교실 수업을 매우 의미 있게 개선할 수 있다. 존속적 모형을 최고 효과에 집중시키는 건 전체 시스템에서 중요하며 가치 있는 우선순위다.

- 블렌디드 러닝의 온라인 학습과 파괴적 모델이 기존의 교실 수업을 앞지르기 시작하면서 학교는 그 역량을 다른 중요한 일에 집중하기 시작했다. 예를 들면 우수한 면대면 멘토링, 롤 모델, 토론, 풍부한 경험, 깨끗하고 학생이 만족하는 물리적 환경 제공, 집단 따돌림의 근절, 영양을 고려한 식단, 지성인 양육, 건강 관리 독려, 체육·음악·미술 프로그램, 학생의 유능한 창작자와 혁신가로의 성장 발전이 이에 해당된다.

토론을 위한 질문

1. 학교는 계속 존재하겠지만 고등학교의 경우 교실 형태가 더 이상 존재하지 않을 수 있으리라는 것에 동의하는가? 왜 그렇게 생각하는가?

2. 학교가 온라인 학습의 출현과 함께 수용할 만한 활동을 저자는 크게 4가지로 분류했다. 더 깊은 배움, 안전 관리, 밀착 돌봄 서비스, 친구와 함께하는 즐거움과 방과 후 활동 중 어떤 것이 자신이 속한 공동체에게 가장 중요하다고 보는가? 중요도에 따라 순위를 매기고, 왜 그런 선택을 했는지 말해보라.

3. 저자가 언급하지 않았지만 학교에서 더 수용해야 하는 중요한 활동이 있는가? 있다면 그것이 무엇인지, 왜 그것이 중요한지에 대해 말해보라.

2부

준비하기

3장

슬로건으로 시작하라

학생들은 전자기기를 휴대하고 다니면서 언제, 어디서나 사용한다. 교사들은 새로운 전자기기 출시 소식을 들으면 그것이 수업에 뒤처지거나 산만한 아이들을 도울 수 있을지 궁금해한다. 교육행정가들은 아주 적은 예산으로 최고의 결과를 만들어내야 한다는 압박에 시달리는데, 디지털 솔루션이 지난 6년간 경제 전반에 걸쳐 연간 2퍼센트 이상 평균 노동생산성을 향상시켜 왔다는 것을 알고 있다.[1] 많은 사람이 테크놀로지가 자신에게 새로운 힘을 불어넣어 줄 수 있을지 궁금해한다. 이렇다 보니 학교도 테크놀로지를 고려할 수밖에 없는 상황이다.

그러나 테크놀로지에 대한 긍정적 투자를 전망할 때 두려운 생각이 들 수도 있다. 계획대로 효과가 있을지, 더 나은 결과를 얻을 수 있을지 그 누구도 알 수 없다. 테크놀로지 투자 제안을 넘어서서 테크놀로지 플랜을 기획하고 실천으로 옮기는 것은 훨씬 더 두려운 일이다. 많은 사람이 어디서부터 시작해야 할지 몰라 어려워한다. 이때 가장 흔한 실수는 테크놀로지가 현재의 불만스러운 문제에 전략적으로 적용되었을 때 얻을 수 있는 개선점에 대한 관심에서 시작하기보다 화려한 테크놀로지를 선호하는 데서부터 시작한다는 것이다. 유감스럽게도 그 결과 그렇지 않아도 이미 복잡한 삶을 사는 학생과 교사에게 더 많은 전자기기, 스크린, 기자재, 소프트웨어를 억지로 우겨넣게 되었다.

하와이 호놀룰루의 어느 학교에서 전자칠판 구입을 위한 기금을 모으기 위해 학부모회가 수고하는 것을 보았다. 이들은 전자칠판이 큰 변화를 가져올 거라는 기대감으로 수고를 아끼지 않았다. 학부모는 학생이 각 학급에 설치된 커다란 전자칠판의 터치스크린을 실제로 경험해보길 원했다. 분명 이런 투자는 학생의 수업 참여와 교사의 효율성을 높여줄 것이다. 학생은 선물 포장지를 팔고 학부모는 박스 탑스(Box Tops) 쿠폰(학교가 제품의 쿠폰을 학생한테서 모아 기업에 전달하면 일정 기금을 받을 수 있음)을 오려 챙겨놓았다. 심지어 유치원생도 코인 드라이브(coin drive, 학교 기금 모금을 목적으로 동전을 모아 학교에 기부하는 캠페인)에 동참했다. 결국 이 학교는 충분한 기금을 모았다. 그러나 처음 몇 달간 많은 교사는 전자칠판을 출석 확인용(아침에 등교하면 학생들은 전자칠판의 자기 이름을 터치하는데, 이것이 행정실로 자동 전송되는 시스템)과 영상을 보여주기 위한 정도로만 사용했다. 몇몇 전자칠판은 파손되기도 했는데, 어떤 교사는 심지어 자신의 교실에 있는 전자칠판 화면 위에 포스터를 붙여놓았다.

전자칠판이 가진 테크놀로지의 장점에도 호놀룰루 학교에서 바뀐 것은 거의 없었다. 이 멋진 전자칠판은 이미 물건으로 가득 찬 도시 학교의 교실 위에 덧씌워진 것에 불과했다. 교사들은 교육 성과를 거의 만들어내지 못하는 테크놀로지 '솔루션'을 어떻게든 사용해 보려고 애쓰면서 소중한 교수 시간과 비용을 허비했다.[2]

[그림 3.1] 미국 K-12 일대일 컴퓨터 프로그램 지도

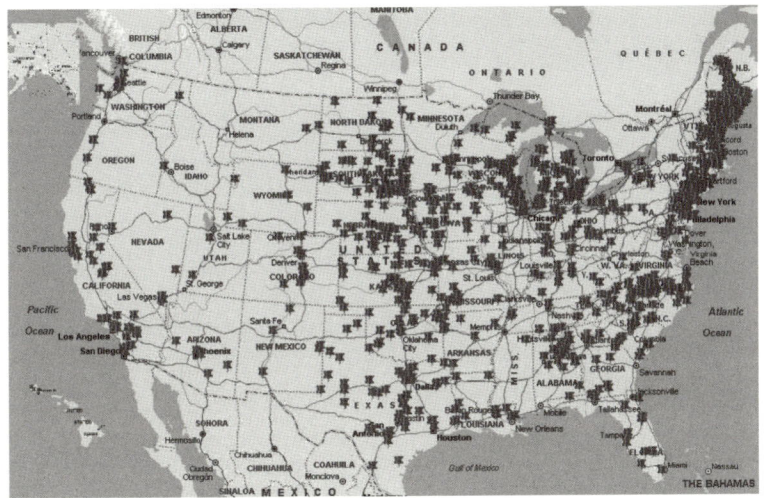

출처: 원투원 인스티튜트 웹사이트(2013년 10월 1일 현재)

이와 관련된 문제는 상당히 큰 규모다. 개인용 컴퓨터가 나온 지 40년이 되었고 대부분의 학교에 도입되었다. [그림 3.1]은 미국 내 K-12에서 일대일 컴퓨터 프로그램(학생 한 명이 한 대의 컴퓨터를 사용하는)을 가진 학교를 표시한 지도다. 표시된 학교들은 모든 학생이 컴퓨터를 이용할 수 있도록 만들기 위해 투자하는 중이다. 1981년에는 학생 125명당 컴퓨터 한 대가 있었다. 1991년에는 18명당 한 대였고, 2009년에 이르러는 5명당 한 대가 되었다.[3]

분명 이런 일대일 프로그램 중 일부는 교육에서 긍정적 성과를 내고 있다. 예를 들어 원투원 인스티튜트(One-to-One Institute)는 학생의 성취도를 끌어올리는 개별 맞춤화 학습 기회를 만들기 위한 컴퓨터 사용에 초점을 맞추고 있다. 그러나 불행한 진실은 대대적인 투자에도 컴퓨터는 교사가 가르치고 학생이 배우는 방식에 거의 영향을 끼치지 못하고 있다는 것이다. 비용을 늘리고 학교의 다른 우선순위 사업에서 자

금을 가져가는 것 빼고는 말이다.⁴ 래리 큐번(Larry Cuban)은 『과도한 판매와 저조한 사용: 교실의 컴퓨터들(Oversold and Underused: Computers in the Classroom)』에서 그의 연구에 나오는 방대한 표본 학교에서 컴퓨터가 학생의 학습 방식에 거의 또는 전혀 영향을 주지 못하고 있다고 말했다.

교사는 여전히 전달식 수업을 하고 있으며, 학생은 컴퓨터를 워드 프로세서나 보고서 작성을 위한 인터넷 검색, 교육용 게임(drill-and-kill games)을 위해 사용하고 있다. 큐번은 "결국 (연구원도 포함해) 학교의 테크놀로지 지지자들과 비판자 모두 강력한 소프트웨어와 하드웨어가 종종 제한된 방식으로 사용되어 현재의 교수 방식을 바꾸기보다 유지시키는 정도라고 이야기한다"⁵는 결론을 내렸다.

사실 제대로 된 전략이 뒷받침되지 않으면 좋은 의도에서 시작된 일대일 프로그램이라도 심각한 문제에 맞닥뜨릴 수 있다. 2013년 로스앤젤레스 교육청은 10억 달러를 들여 지역 내 모든 학생에게 678달러짜리 애플 아이패드를 공급하려고 노력했다. 그러나 공급이 이루어진 뒤 첫 반응은 혼란 그 자체였다. 300명이 넘는 학생이 보안 필터를 벗어나 허가받지 않은 콘텐츠에 접근했다. 어느 학부모는 "이것은 개인 음란물 시청 도구입니다"라고 말했다. 또 다른 학부모는 아이패드를 제공받은 처음 몇 주간 학생이 분실하거나 망가뜨린 아이패드에 대한 비용을 부모가 책임져야 하는지 걱정했다.⁶

마구잡이식 투입의 대안

로스앤젤레스에 있었던 전자기기의 악몽 같은 공급은 뉴스에 나올 만했다. 학교가 교실 상황을 고려하지 않은 채 일단 컴퓨터를 투입하고 그다음에 안 쓰고 버린다면 사업이란 게 늘 그렇듯 즉시 수거해 가는 건 흔한 일이다. 무조건 투입하는 현상은 학교 사회가 의도적인 전환을 통해 규범을 바꾸기 위한 조치를 취하지 않을 때마다 발생한다. 가장 성공적인 블렌디드 러닝 프로그램은 훨씬 더 신중하게 진행되고, 대부분 공통의 출발점을 공유한다. 즉 이들 프로그램의 첫 출발은 해결해야 할 문제를 인식하거나 성취해야 할 목표를 인식하는 것이며, 분명한 구호를 가지고 시작한다는 것이다.

문제점이나 목표를 가지고 시작한다는 생각은 처음에는 당연하게 인식되지만, 최근 몇 년 동안의 주요 교육 기자재 구입을 훑어보면 테크놀로지로부터 시작하려는 유혹이 만연해 있음을 알 수 있다. 전자기기는 학교 개선 교부금을 신청하기 위해 사람들을 앞다투어 달려가게 만들었는데, 이는 누구나 소유해야 할 것 같은 태블릿과 휴대용 기기의 연속 출시를 시작한 애플에게 어느 정도 책임이 있다. 레노버(Lenovo), 델(Dell)을 비롯해 대부분의 다른 컴퓨터 제조업체는 테크놀로지 패키지 상품을 교육 분야에 판매하기 위해 적극적인 마케팅을 펼치고 있다. 구글의 크롬북은 소매가격 300달러에 판매되는데, 과열경쟁을 부추기고 있는 실정이다. 이들 기업이나 전자기기 가운데서 그 자체로 나쁜 것은 없다. 그러나 멋진 사용 환경과 화려한 제품에 대한 유혹은 사람에게 문제 해결보다 제품에 대해 더 열광하게 만들 수 있다. 컴퓨터의 힘으로 무엇을 이루어낼 것인지에 대한 분명한 목표와 진술이 없다면 학교는 큰돈을 일대일 프로그램에 투자하고 싶은 유혹에 빠지게 된다.

미국에서 최고의 블렌디드 프로그램은 매우 다르게 사용된다. 어떤 프로그램은 뉴올리언스의 6학년 학생에게 수학을, 어떤 프로그램은 네바다의 고등학생에게 과학을, 어떤 프로그램은 캘리포니아의 언어 학습자에게 영어를 제공한다. 그러나 가장 성공적인 프로그램을 주도하고 있는 이들은 거의 예외 없이 문제점이나 목표를 명시할 때 테크놀로지라는 말을 넣지 않고 시작하기 때문에 '테크놀로지 자체를 위한 테크놀로지'의 덫을 피하고 있다. 다시 말해 전자기기나 '21세기 도구'의 부족이 해결되어야 할 문제라고 말하는 것은 테크놀로지 자체를 위해 테크놀로지에 집중하도록 만드는 순환 참조(상호 참조하도록 함으로써 서로 참조할 수 없는 상태가 됨)다. 대신에 문제나 목표는 학생의 결과물이나 향상 가능성을 끌어올리거나, 더 적은 자원으로 더 많은 것을 해내거나, 교사의 업무 능력을 향상시키는 등 교육 효과를 개선하는 데 뿌리를 두어야 한다.

문제 정의하기 또는 목표 진술하기

가장 성공적인 블렌디드 프로그램은 일반적으로 다음 4가지에서 시작한다. 첫째, 개별 맞춤화를 통해 학생들의 성취도와 삶의 질을 끌어올리려는 바람이다. 둘째, 접하기 어려웠던 학습 과정과 기회를 제공하려는 바람이다. 셋째, 학교의 재정 상황을 개선하려는 바람이다. 넷째, 앞서 말한 3가지의 조합에 대한 반응에서 시작한다. 학교는 때때로 이런 부분과 관련해 블렌디드 러닝 쪽으로 슬슬 밀고 가는 직접적인 필요나 문제점을 발견하기도 한다. 그 외의 경우에는 가능성을 포착하면 일단 시도하기로 결정을 내리기도 한다.

정의된 문제에서 시작하기

필라델피아에서 북쪽으로 72킬로미터 정도 떨어진 퀘이커타운 커뮤니티 교육청(Quakertown Community School District)은 명확한 문제에 대한 대응으로 테크놀로지를 도입한 교육청 사례 가운데 하나다. 펜실베이니아의 특징 가운데 하나는 사이버 차터 스쿨이 12개 이상 존재한다는 것이다. 이들 학교는 학생이 학교에 등교하지 않고 원격으로만 출석하는 정규 학교다. 학생이 펜실베이니아 교육청 학교를 떠나 사이버 차터 스쿨을 가게 되면 교육청은 학생의 입학금을 부담해야 한다. 주 의회는 사이버 차터 학교에 대한 기금 지원 방식에 대해 거의 매년 논의하기는 하지만, 평균적으로 펜실베이니아 교육청은 사이버 학교에 다니는 일반 학생 한 명당 대략 9,200달러를, 특수 교육 대상 학생 한 명당 1만 9,200달러를 지불하고 있다.[7]

펜실베이니아 주의 교육청들은 사이버 차터 스쿨로 떠나는 학생을 교육시키느라 곤란을 겪지는 않지만, 매년 줄이기 힘든 고정 비용 문제가 발생해 사이버 차터 스쿨로 떠나는 학생을 위한 재정 지원금의 손실 때문에 골머리를 앓고 있다. 퀘이커타운 역시 그런 교육청 중 하나다. 2007년 이런 손실로 발생한 재정 문제를 어떻게 해야 할지 결정하기 위해 교육청 관계자들이 모였다. 그들의 솔루션은 인피니티 사이버 아카데미(Infinity Cyber Academy)를 시작하는 것이었다. 이것은 사이버 차터 스쿨의 대안으로 집에서 보는 교육청 자체 제작 온라인 학습 프로그램이다. 교육청은 교사 연수 프로그램의 도움으로 지역 내 교사들을 활용해 80개가 넘는 형태의 온라인 학습 과정을 개발하여 제공했다. 그리고 고등학교 한 곳을 리모델링해서 카페, 편안한 책상과 소파, 충전대 등을 갖춘 개방된 넓은 공간을 만들었다. 교육청은 학생들이 인피니티 사이버 아카데미에 등록하기 전 그들의 학습 성공 가능성을 결정하여 선별한다. 시간제 학생이든 전일제 학생이든 등록하는 모든 학생은 학교 응원 모임, 스포츠팀, 학교 무도회에 참가할 수 있다.[8]

그 결과 퀘이커타운은 이 지역의 모든 6~12학년 학생에게 (전일제 가상학교뿐 아니라) 지역 교육청 소속 학교를 떠나지 않고도 블렌디드 러닝의 알라카르테 모델에 참여할 수 있는 기회를 제공하고 있다. 퀘이커타운의 전 교육감 리사 안드레이코는 시행한 지 4년이 지난 뒤 인피니티 사이버 아카데미 덕분에 250만 달러 넘는 금액을 확보할 수 있었다고 생각한다. 그 금액은 학생들이 사이버 차트 스쿨로 떠났거나, 거기서 계속 공부했다면 지출했을 돈이다.

열망하는 목표 갖고 시작하기

많은 학교와 공동체에서 블렌디드 러닝을 실시하기로 한 결정은 그리 갑작스럽지 않다. 큰 문제와 맞닥뜨리지도 않는다. 대신 관리자들은 학생을 위해 실현하고자 하는 교육 목표를 가지고 있으며, 온라인 학습을 그에 대한 답이라고 여긴다.

퍼스트라인 스쿨은 뉴올리언스에 기반을 둔 차터 관리기구로 학교를 회생시키는 일을 하고 있다. 이들은 중재 반응(RTI, Response-to-Intervention) 방법을 사용하여 학교의 회생 상황에서 흔히 나타나는 문제인 학습장애 학생에게 초기 단계에서 체계적 도움을 제공한다. 2007년 아서 애시는 차터 스쿨을 개교했을 때 퍼스트라인의 노력으로 입학생의 시험 성적을 백분위 25위에서 50위 또는 60위로 끌어올렸는데, 뉴올리언스의 가장 높은 특수 학급 학생 비율을 가진 학교에서 이것은 결코 미미한 성과라고 볼 수 없다.[9] 그러나 첫 성적 상승 이후에는 성적을 크게 올리지 못했던 것 같다. 게다가 과거 퍼스트라인은 소그룹 지도를 돕기 위해 큰 규모의 보조 교사와 개입 교사(interventionist, 학습에 뒤처지는 학생을 위해 정규 수업 시간에 교실 내에서 도움을 주는 교사—옮긴이) 팀에 의존해 왔는데, 이 방법은 퍼스트라인이 더 많은 학교를 회생시키고자 노력하는 것에 비춰볼 때 지속적으로 실행해 나가기에 비용이 많이 드는 것으로 드러났다.[10]

퍼스트라인은 두 가지 측면에서 더 높은 목표에 도달할 수 있는 기회로서 블렌디드 러닝을 알게 되었다. 리더들은 두 가지 목표를 세웠다. 첫째는 일제고사 결과를 토대로 주(州)에서 학교에 점수를 부여하는 방식인 학교 성과 점수(School Performance Score)에서 학생의 성취도를 올리는 것이고, 둘째는 재정적으로 지속 가능하고 달성 가능한 방식으로 첫 목표를 달성하는 것이다.

2011년 8월 퍼스트라인 팀은 아서 애시 차터 스쿨에서 랩 순환 모델을 시험적으로 시작했다. 이 디자인은 이제 학교 전체에 표준이 되었는데, 컴퓨터 랩실을 온라인 소프트웨어와 함께 사용해 학생들이 이미 알고 있는 내용을 다시 가르쳐 시간을 낭비하는 일이 없도록 하고, 더 빠르게 학년에 맞는 수준에 도달하도록 이끈다. 학생들은 컴퓨터 랩실을 순환하며 온라인 학습을 하고 소그룹으로는 교사와 직접 만나 필요한 부분만 지도를 받는다. 교사들은 올바른 개입을 위해 증거에 기반한 결정을 내리고자 수학, 의료, 행동 데이터를 검토하고 나서 그것을 토대로 소그룹 과제를 만든다.

도입한 첫 해인 2011~2012학년도가 끝나갈 무렵 아서 애시 스쿨은 학생 한 명당 지원금 적자를 2,148달러에서 610달러로 72퍼센트까지 줄였다. 다음 해 아서 애시 스쿨의 학생은 퍼스트라인의 학교들 가운데 블렌디드 러닝을 도입하지 않은 학교의 학생과 비교했을 때 수학에서 4배 높은 성장세를 보였다. 그리고 학교 성과 점수에서 12점을 더 받았다. 이 결과는 학교의 성장 측면에서 아서 애시 스쿨을 시에서 상위 3개 학교 가운데 하나로 끌어올렸다.

학교를 새로 시작하고자 하는 사람들의 목표는 종종 기존 사업을 운영 중인 퍼스트라인 같은 기구의 목표와 다른 것 같다. 새 학교는 흔히 커뮤니티에 새로운 비전과 철학 또는 새로운 모델을 가져다줄 야망을 가지고 시작한다. 제프와 로라 샌더퍼는 2장에서 소개한 액턴 아카데미를 설립했는데, 후자에 속한 경우다. 그들의 큰딸은 텍사스 오스틴의 최상위 고등학교에 다녔던 반면 아들은 학생이 스스로 배움을 이끌도록 많은 자유를 허락하는 몬테소리 학교에 다녔다. 어느 날 부부는 딸아이의 선생님에게 아들을 몬테소리 학교에서 일반 학교로 옮겨야 할지에 대해 의견을 물었고, 그 교사는 몬테소리가 허용하는 자유에 길들여지기 전에 아이를 가능한 한 빨리 옮겨야 한다고 대답했다.

그러나 샌더퍼 부부는 그 선생님의 조언과 반대되는 결정을 내렸다. 그들은 일반 학교에 아들을 등록시키지 않았을 뿐 아니라 학습자 주도 교육을 전 세계로 확대시키기 위한 수천 개의 작은 학교를 세우려는 목표를 세웠다.

어떤 리더들은 다음과 연관된 것을 목표로 삼는다. 학생 참여도 끌어올리기, 멘토링 확대, 교사 연수 개선, 학력 격차 없애기, 결석자 학업 손실 줄이기, 직업·진로 교육 강화, 대학 교육 준비시키기 등.[11] 여기서 중요한 것은 블렌디드 러닝을 시작하기 전에, 교구에 투자하기 전에 먼저 목표를 진술하는 과정을 거쳐야 한다는 것이다.

SMART로 말하라

문제와 목표에 대한 모든 진술이 공평하게 만들어지지는 않는다. 리더들은 아이디어를 SMART(Specific, Measurable, Assignable, Realistic, and Time-related)한 목표로 정의함으로써 한 단계 더 발전시킬 수 있다. SMART 목표에 대해 처음 글을 쓴 사람 가운데 한 명인 조지 듀랜에 따르면 조직은 목표를 구상할 때 다음 기준을 고려해야 한다.

- Specific: 개선을 위해 구체적인 부분에 초점을 맞추고 있는가?
- Measurable: 진행 정도를 수량화하거나 지표로 제시할 수 있는가?
- Assignable: 누가 책임지고 맡을 것인가?
- Realistic: 가용 자원이 주어진다면 현실적으로 성취 가능한 결과인가?
- Time-related: 언제까지 목표를 달성할 것인가?[12]

퍼스트라인 스쿨이 아서 애시 학교의 학교 성과 점수를 재정적으로 지속 가능하고 성취 가능한 방법으로 올리기 위해 블렌디드 러닝을 사용하고 싶다고 말했을 때 그들은 SMART 목표 수립에 근접한 상태였다. 그들은 목표를 다음과 같이 진술해 훨씬 더 나은 목표로 쓸 수도 있었을 것이다.

우리 목표는 보조 교사와 개입 교사에 대한 의존도를 20퍼센트 줄임으로써 아서 애시의 학교 성과 점수를 10포인트 올리기 위해 블렌디드 러닝을 사용하는 것이다. 개별 맞춤화 학습을 위한 교육 테크놀로지 책임자 크리스 리앙-베르가라가 팀을 이끌 것이다. 우리는 이 성과를 다음 학년도 말까지 이루어 낼 것이다.

프로젝트를 적합한 리더에게 맡기는 일을 다음 단계인 팀 구성(4장에서 다룰 내용) 때까지 기다려야 할 수도 있지만, SMART 슬로건을 먼저 설정하는 것은 학교가 블렌디드 러닝에 대한 열망을 좀 더 확실한 해결책을 통해 구체화시키도록 돕는다. 향후 학생 중심 학습 환경에서 학생들이 자신의 개인 학습 목표에 대해 곰곰이 생각할 때 SMART 프레임워크를 이용하는 것도 도움이 된다.

존속적 슬로건 vs 파괴적 슬로건

이전 장에서 우리는 블렌디드 러닝의 몇 가지 모델이 대개 기존의 교실 수업을 개선하는 존속적 혁신임을 보여주었다. 존속적 혁신은 주요 과목 수업에 참여하는 다수의 일반 학생 사이에서 시작된다. 그리고 기존 시스템과 똑같은 일을 좀 더 잘해낼 뿐이다. 한편 블렌디드 러닝의 다른 모델은 공장형 모델을 모두 교체하기 시작하는데, 특히 고등학교에서 두드러지게 나타나며 중학교에서도 어느 정도 나타나고 있다. 파괴적 혁신은 대안이 전혀 없던 비소비자에게 새로운 기회를 가져다준다. 그리고 시간이 지나면서 점차 개선되다가 마침내 다수의 일반 소비자가 이용하게 된다.

그렇다면 무엇이 가장 좋은 방법인가? 리더는 파괴적 혁신이 공격하기에 가장 좋은 비소비 영역의 문제와 목표를 규정해야 하는가? 또는 주요 핵심 영역에서 존속적 혁신으로 시작한다는 게 의미 있다고 생각하는가?

우리는 둘 다 필요하다고 생각한다.[13] 학생은 주요 교육과정의 대부분을 공장형 모델을 통해 경험하고 있고, 앞으로도 그럴 것이다. 특히 초등학교에서 그렇다. 블렌디드 러닝이 수학이나 독서 등 주요 과목의 어려운 문제점을 성공적으로 해결하고 있다는 증거가 점점 늘고 있다. 이 사실은 리더들이 블렌디드 러닝이 일반 교실 수업에 영향을 끼치게 될 장점에 특별히 주목해야 함을 의미한다. 이미 가진 것을 기반으로 개선시킬 수 있음에도 이를 굳이 모른 척할 이유는 없다.

동시에 파괴의 패턴은 교육에서도 적용되고 있다. 온라인 학습은 미국의 교실 수업을 파괴하는 중인데, 특히 중학교와 고등학교에서 그렇다. 리더들은 이 새로운 파괴적 혁신에 대해 모른 척 눈을 감아버릴 수도 있고, 이것을 이용해 변화를 만들어 그 혜택을 학생에게 가져다주고 부작용으로부터 학생을 보호할 수도 있다. 지금 시범적으로 시작해 실험 단계에 있는 이들은 추후 학생 중심 학교의 운영 요구가 확산될 때 우위를 점할 수 있다. 더욱이 다른 대안을 가지지 못한 사람들, 즉 심화 교육 과정 수강이 불가능한 경우, 집에만 머물러야 하는 경우, 학점 회복이 필요한 경우 블렌디드 러닝의 파괴적 혁신 모델을 제공하는 데 있어 머뭇거릴 필요가 없다. 샌더퍼의 사례를 보면 주류에 속한 이들에게도 파괴적 혁신은 충분히 매력적으로 변해 가고 있다.

양쪽의 기회를 전략적으로, 의미 있게 다루기 위한 핵심은 파괴적 목표와 존속적 목표를 두 개의 카테고리로 나눠 브레인스토밍을 하는 것이다. 두 카테고리를 각각 살펴보는 더 큰 이유는 존속적 혁신과 파괴적 혁신이 각기 다른 목적을 갖고 있으며, 다른 패턴을 따르기 때문이다. 어설프게 이 두 개를 합쳐 서로 간에 대립적으로 평가하게 만든다면 각각의 가능성을 있는 그대로 바라보는 능력을 왜곡시킬 수 있다.

이런 이유로 우리는 리더들에게 SMART 목표를 두 단계에 걸쳐 브레인스토밍하길 권한다. 먼저 존속적 혁신을 손쉽게 이루기 위한 핵심 문제와 목표를 확실히 파악하고, 그다음에는 비소비 문제와 목표를 파악한다. 이때 비소비 문제와 목표에는 파괴적 전략이 효과적이다.

핵심 기회를 파악하는 방법

몇몇 문제와 목표는 주요 교육 과정과 과목에서 대다수 교사와 학생이 느끼는 니즈와 관련이 있다. 앞서 서문에서 얘기했던 KIPP 임파워는 설립 전 몇 달간 핵심 문제에 직면했는데, 관리자들이 캘리포니아주가 학급 규모 축소 프로그램에 대한 예산을 대폭 삭감함으로써 예상했던 재정 10만 달러를 받을 수 없게 되었다는 소식을 접한 것이다. 예산 부족 사태로 이들은 작문, 수학, 과학 시간에 일반 학생이 소그룹 지도를 받을 때 교사당 학생 비율이 낮아 발생하는 비용을 낮추기 위한 방법으로 스테이션 순환 모델의 사용을 고려할 수밖에 없었다.

샌프란시스코의 동쪽에 위치한 대도심 지역인 오클랜드 교육청도 핵심 기회를 추구하기 위해 블렌디드 러닝을 사용했다. 로저스 패밀리 재단(Rogers Family Foundation)은 오클랜드 교육청에 학생 참여도를 높이고 결석률을 낮춰 궁극적으로 더 높은 학업성취도라는 결과를 극대화할 수 있는 테크놀로지 투자 방법을 보여주기 위해 시험적으로 집단을 만들어 보자고 제안했다. 로저스는 시험 집단으로 40개 학교 가운데서 4개 학교를 선정했다. 4개 학교 모두 스테이션 순환이나 랩 순환 계획을 선택했다. 가설에 따르면 순환 모델에서는 교사가 더 작은 규모의 모둠에 집중할 수 있고, 그 외 다른 학생은 개별 맞춤화된 맞춤식 콘텐츠를 받을 수 있다. 또한 그 콘텐츠는 교사가 굳이 만들지 않아도 되고, 각 학생에 대한 유용한 정보를 제공해준다. 이것이 가능해지면 확인된 문제점을 해결하는 데 진전을 볼 수 있다.[14]

다음 사례는 단지 두 가지 예일 뿐이다. 다른 핵심 기회는 다음 사항을 포함할 수도 있다.

- 독서 능력 격차를 지닌 유치원생과 전 학생의 니즈를 다루는 것
- 작문 과제물의 개인 피드백을 위해 좀 더 많은 시간을 교사에게 제공하는 것
- 예산 부족에도 고등학생에게 더 많은 과학 실험 시간을 제공하는 것
- 숙제를 마무리하는 데 있어 가정의 협조가 부족한 중학생을 돕는 것

이들 사례에 대해 대부분의 미국 학교는 이미 적절한 프로그램을 가지고 있다. 그러나 학생에게 더 유익한 교실 수업이 되도록 도와주는 혁신을 통해 교실 수업은 그 혜택을 볼 수 있다. 이런 환경에서는 교사가 블렌디드 러닝을 이용해 존속적 혁신을 실행할 수 있는 많은 기회를 가질 수 있다. 이미 수백만 명의 학생이 이런 핵심 문제점을 해결하도록 도와주는 스테이션 순환, 랩 순환, 거꾸로교실, 그 외 블렌디드 러닝의 조합된 형태를 이용하여 혜택을 누리고 있다. 몇몇 사례에서 교사들은 파괴적 모델이 핵심적 난국(難局)에 대한 설득력 있는 해결책이 되어가고 있음을 발견했다. 리더들은 문제를 정의 내리거나 블렌디드 러닝이 해결했으면 하는 목표를 진술하는 데 있어 주의 깊게 핵심 기회 목록을 작성해야 한다.

비소비 기회를 파악하는 방법

비소비 기회는 블렌디드 프로그램의 목표를 찾으려고 할 때 별개의 중요한 고려 사항이다. 비소비는 학교가 학습 경험을 제공할 수 없을 때 생겨난다. 제공할 수 없을 때는 하지 않는 것이 가장 쉬운 것이긴 하다. 플로리다의 남쪽 끝에 위치한, 미 전역에서 네 번째로 큰 교육청인 마이애미-데이드(Miami-Dade) 카운티 공립학교들은 2010년 여름 그런 상황에 직면했다. 이 교육청은 8,000명의 고등학교 학생이 제때 졸업하기 위해 필요한 학습 과정을 수강하도록 해줘야 했는데, 이를 해결하기에 교사 수가 턱없이 부족하다는 사실을 깨달았다. 많은 교사를 고용하기가 불가능했기에 마이애미-데이드 학교들은 플로리다 가상학교(FLVS, Florida Virtual School)을 도입하여 여름 몇 달간 수십 개의 학교에 가상학습실(Virtual Learning Labs)을 만들었다(어떤 사람은 '매우 큰 학습실Very Large Labs'이라고 별명을 붙였다). 각각의 가상학습실은 도서관이나 컴퓨터실 등 학교 건물 내 사용 가능한 개방된 공간에 적어도 50명의 학생을 수용할 수 있어야 했다. 가상학습실에서 학생은 플로리다 가상학교의 카탈로그에 나와 있는 120개가 넘는 학습 과정 중 제때 졸업하기 위해 필요한 어느 것에나 접근할 수 있었다.

2013년 현재 마이애미-데이드 카운티의 392개 학교 가운데[15] 56개 넘는 학교가 학교 내 학습실을 이용해 FLVS 과정을 마이애미-데이드의 학생 1만 명에게 제공했다. 그러자 플로리다의 다른 교육청이 그 뒤를 따랐다. 팜비치(Palm Beach) 카운티 교육청의 선코스트 커뮤니티(Suncoast Community) 고등학교는 자신들이 제공하지 못하는 대학과목선이수제 과정을 대신 제공해줄 것을 FLVS에게 요청했다. 홈즈 카운티 교육청의 폰스 드 리온(Ponce de Leon) 고등학교는 FLVS를 이용해 외국어 과목을 확대 개설했는데, 이 교육청은 알라카르테 모델을 통해 그들의 격차를 줄였다는 사실을 알게 되었다.[16]

학교들이 찾아낸 그 외 비소비 기회에는 다음 사항이 포함된다.

- 학교를 중퇴한 학생을 돕는 것
- 제때 졸업하기 위해 학점을 회복하도록 돕는 것
- 언어 치료나 행동 치료를 제공하는 것
- SAT/ACT 테스트를 준비시키는 것
- 교과 외 활동에 따른 결석으로 생기는 학업 손실을 줄이는 것

이런 고민을 갖고 브레인스토밍을 하다 보면 리더는 학생이 겪고 있는 비소비 상황이 상당하다는 사실에 놀라게 된다. 그러나 이런 격차가 전화위복을 만들어줄 수도 있다. 이 격차 때문에 학교가 파괴적 혁신을 실험할 기회를 가질 수 있기 때문이다. 단원과 학점 회복을 위한 플렉스 학습실을 설치하는 것이나 스와힐리어를 배우는 데 여념이 없는 학생에게 스와힐리어 알라카르테 과정을 제공하는 것, 또는 11학년 학생들에게 SAT에 대비해 가상학습 강화 코스를 이용하도록 해주는 것에 반대할 사람은 거의 없다. 이것은 기존 시스템에 대한 큰 저항 없이 학생 중심 모델을 실험해보기 위한 진입점이 된다. 이런 문제점의 해결은 학생이 놓친 학습 기회를 제공할 뿐 아니라 공장 모형을 넘어서는 방법을 학교가 실험해보는 기회를 제공한다.

비소비 기회는 슬로건을 선택함에 있어 중요하면서도 뚜렷하게 구분되는 고려 사항이다. 리더는 블렌디드 러닝으로 진입할 때 핵심 기회

와 비소비 기회 둘 모두 쫓는 두 갈래 전략을 채택해야 한다.[17]

위기 vs 기회

우리는 많은 리더가 파괴적 혁신이 교육을 공장 모형에서 학생 중심 시스템으로 변형시키는 데 있어 결정적이라 믿고 있음에도 조금 전 기술했던 두 갈래 전략을 실행하는 데 썩 내켜 하지 않는 모습을 지켜봐 왔다. 대부분은 핵심 기회, 즉 존속적 혁신 기회에만 집중하길 원한다. 리더는 핵심 기준에서 매년 어느 정도의 발전을 만들어야 하는 책임이 있고, 소비 영역보다 비소비 영역에 집중하기 위해 애를 먹는데, 그것이 당면한 급선무처럼 느껴지기 때문이다. 그들이 가진 모든 자원과 절차, 우선순위는 기존의 교실 수업을 존속시키면서 향상시키는 데 초점을 맞추고 있는데, 학교는 어떻게 파괴적 혁신과 학생 중심 모델로의 변형에 초점을 맞출 수 있을까?

통찰력을 가진 일련의 연구를 통해 클라크 길버트(Clark Gilbert)[18]는 조직이 파괴적 혁신을 위해 자원을 투자하도록 리더가 확신을 심어주는 방법을 제시했다.[19] 그는 누군가가 개인이나 단체에서 일어난 어떤 현상을 외부의 위협으로 규정한다면 똑같은 현상을 기회로 규정하는 것보다 훨씬 더 강렬하고 활발한 반응을 이끌어낼 수 있다고 말했다.[20] 그 의미는 공장 방식의 교실 수업을 바꾸고자 하는 리더들은 비소비 문제를 외부의 위협으로 규정하고 나서 시작한다는 것이다. 퀘이커타운의 안드레이코 교육감이 가장 좋은 예인데, 그는 교육청이 매년 사이버 차터 스쿨에 수십만 달러를 허비한다는 사실에 대해 목소리를 높였다. 그녀는 교육청에서 어떤 조치를 취하지 않으면 일자리가 사라질 위기에 처할 거라는 사실을 확실히 인지하고 있었다.

길버트의 권고 내용 가운데 두 번째는 최초에 위협 요소를 규정한 후 리더는 그 문제를 기회로 재규정해야 한다는 것이다. 이것이 중요한 이유는 어떤 조직이 문제를 위협 요소로만 여긴다면 '굳어진 위협(threat rigidity)'이라고 불리는 반응이 나타나기 때문이다. 가변적이기를 그치는 대신 훨씬 더 끈질기게 기존 모델을 보강하고 강화시켜 위협 요소에 대항하려고 모든 자원을 집중시키는 게 본능이다. 1인 1디바이스 계획에 투자하고 있는 교사들은 이런 결실 없는 패턴을 따르고 있다. 그들은 온라인 학습이 기존 시스템을 위협하고 있다는 것을 알고 앞다투어 컴퓨터를 주요 과목을 듣는 일반 학생에게 투입한다. 그럼으로써 파괴적 혁신을 완전히 놓쳐버리고, 대신 기존 교실에 컴퓨터만 채워 넣는 결과를 얻는다.

더 나은 전략은 위협 요소를 다루고 있는 팀이 그것을 무한한 가능성을 가진 기회로 재정의하도록 돕는 것이다. 퀘이커타운 팀은 해당 교육청 소속의 모든 교사에게 그들이 원할 경우 온라인으로 가르칠 수 있는 기회를 주고, 80개가 넘는 신규 온라인 과정을 학생에게 제공하며, 상당한 보조 수입을 거둬들일 자체 사이버 아카데미를 계획했다. 위협 요소를 기회로 여김으로써 실행팀은 창의적인 방법으로 학습 과정을 확대하고, 다른 교육청의 학생에게 서비스를 제공하고, 인피니티 사이버 아카데미를 자랑할 만한 것으로 만들어냈다.

학교가 파괴적 혁신을 만들어 학생 중심 학습의 잠재력을 맛보길 간절히 원하는 리더들은 비소비 기회를 정의하고, 그것에 착수하는 데 우선순위를 두어야 한다. 지역 공동체의 후원과 충분한 재원을 확보하기 위해 처음에는 이런 기회를 강력한 위협으로 규정할 필요가 있다. 후원을 확보한 다음 리더들은 독립된 팀에 이 프로젝트를 주어야 한다. 그리고 팀은 그 프로젝트를 융통성 있고 기회주의적 실행 계획으로서 가치를 지니는 순전한 기회로 재구성해야 한다.

요약

- 테크놀로지 관련해 학교가 저지르기 쉬운 가장 흔한 실수는 테크놀로지 자체에 빠져든다는 것이다. 그렇게 되면 디바이스를 마구 투입해 기존의 교실 모델 맨 위에 테크놀로지를 한 층 더 쌓아올리는 셈이 된다. 그래서 비용은 추가되지만 결과는 개선되지 않는다.

- 블렌디드 러닝의 효과를 극대화하려면 해결해야 할 문제점이나 성취해야 할 목표를 파악하는 것부터 시작하라. 이것은 그 조직의 슬로건이다. SMART 방식으로 그것을 진술하라. 구체적이고 측정 가능하며 일을 배정할 수 있고 현실적이며 기한이 정해져 한다.

- 주요 과목에서 다수의 일반 학생을 위해 기존 시스템이 개선되길 바란다면 블렌디드 러닝을 존속적 혁신으로 도입할 수 있는 기회를 찾아보라. 기존 시스템에서 개선할 수 있는 기회를 굳이 무시할 필요는 없다.

- 또한 비소비 영역의 간극을 메우기 위한 기회에 대해 브레인스토밍을 하라. 비소비 문제를 해결하는 것은 학생들에게 이전에는 가질 수 없던 학습 기회를 제공할 뿐 아니라 학교가 공장 모형을 넘어서서 나아갈 방법을 실험해볼 수 있도록 해준다.

- 리더는 처음에 비소비 문제를 위협 요소로 규정하고, 그다음에는 실행팀이 비소비 문제를 희망적인 기회로 재규정하도록 도움으로써 파괴적 혁신을 위한 지지와 재원을 확보할 수 있다.

토론을 위한 질문

1. 블렌디드 러닝을 통해 학교의 예산 부족 가운데 일정 부분을 해결할 수 있다면 그것은 예산의 어떤 영역이며, 그 이유는 무엇인가?
2. 저자는 블렌디드 러닝을 우선적으로 시행한 학교들이 설정했던 목표 몇 가지를 나열했다. 여기에는 개별 맞춤화를 통해 학생의 성취도를 끌어올리는 것, 학생에게 주도권을 부여하는 것, 교사의 능력을 향상시키는 것 등이 포함된다. 당신이 속한 공동체에서는 어떤 항목이 가장 중요한지 사례를 들어 말해보라.
3. 만약 (1) 교실의 대다수 학생을 대상으로 하는 존속적 혁신으로 전통적 교실을 개선하는 것과 (2) 비소비적 영역을 위한 새로운 해결법을 제시할 파괴적 모델을 소개하는 것 중 한 가지를 선택해야 한다면 그것은 무엇이며, 그 이유는 무엇인가?

4장

혁신을 위해 조직하라

앞 장에서 사람들은 존속적이고 파괴적 문제들을 규정하고 조직의 슬로건 역할을 해줄 목표를 정의 내림으로써 블렌디드 러닝을 향해 한 발 내디디는 법을 알게 되었다. 이번 장에서는 다음 단계, 즉 슬로건을 구체적이고 영향력 있는 계획으로 바꿔놓을 제대로 된 팀 구성법을 다루려고 한다.

우리는 대도시의 근교에 위치한 어느 교육청의 기술팀 관리자들과 전화 통화를 하고 나서 제대로 된 팀 구성의 중요성에 대해 집중하게 되었다. 미국 교육부는 2010년 그 교육청에 혁신 투자 교부금 대회(Innovation grant competition)를 통해 수백만 달러를 투자금으로 교부했다. 해당 교육청은 그 지원금을 개별 맞춤화 학습에 사용하겠다고 약속했는데, 이는 슬로건을 위한 강력한 첫 출발점이었다. 그 목적을 이루기 위해 교육청은 성취 기준 기반 학습자 계획, 권장 콘텐츠, 관리 도구, 학생과 교사와 학부모가 사용 가능한 매력적인 사용자 환경을 통합한 최신 정보 시스템을 개발했다. 그러나 몇 년이 지나 어느 정도 시행된 시점에서 관리자들은 이 시스템에 확신을 가질 수가 없었다. 통화 중 어느 관계자는 우리에게 새로운 시스템을 보급하기 위한 방대한 교사 연수와 지역 교육청의 지원에도 교육청 관리자가 보고 싶어 하는 교실 안의 커다란 변화를 만들기 위해 교육청이 제작한 시스템을 몇몇 교사만이 사용하고 있다고 말했다. 그녀는 "이제 우리는 어떻게 해야 하죠?"라고 말했다.

그 교육청은 슬로건을 설정한 다음 단계인 성공적 블렌디드 러닝의 전략을 세우는 두 번째 단계에서 난관에 부딪혔던 것이다. 학생 중심 교육 시스템을 만들기 위해 요구되는 많은 변화는 한 교실만의 문제가 아니기 때문에(그 한 가지 예로, 2장에서 보았듯이 완전한 개별 맞춤화 학습과 역량 기반 학습으로 이끈 많은 블렌디드 러닝 모델[1]은 교실을 완전히 없애버렸음) 한 교사의 힘으로는 한계가 있다. 교사에게 교실 내 문제를 해결하기 위해 완전한 자율권을 부여하는 것은 어떤 특정한 문제 해결에서는 중요할 수 있어도, 그런 접근법은 교사가 학교 구조나 교육청 프로세스를 바꾸지 못할 때는 한계에 부딪힐 수밖에 없다. 그 교육청의 걸림돌은 혁신을 진행시킬 제대로 된 팀 구성을 위한 좀 더 적절한 전략이 부족했다는 것이다. 이와 마찬가지로 학생 중심 학습을 향해 나아가려고 준비하는 교사나 학교에게는 교실 수업을 개선하기 위해 각 교사가 취할 수 있는 실질적이고 즉각적인 많은 방법이 있다. 변화를 희망하는 수준을 진단하고, 이를 통해 어떤 유형의 팀이 필요하며, 궁극적으로 누가 그 팀에 합류할 것인지 결정하는 것이 비결이다.

팀 구성을 위한 프레임워크

중요한 문제점을 파악했고 문제 해결을 위해 블렌디드 러닝을 사용하려는 마음을 가졌다면 해결책을 찾기 위한 논의의 테이블에 누구를 앉히고 싶은가? 교사 스스로 알아서 블렌디드 러닝을 시작하면 될까? 교장이나 교육감이 얼마나 관여해야 할까? 지역 내의 다른 구성원은 또 어떤가? 우리는 지금 단순히 작전 수행에 대해 이야기하고 있는 걸까? 아니면 블렌디드 러닝을 확립하기 위해 미 해군 특수부대 수준의 작전 수행이 필요한 걸까? 다음 프레임워크는 이런 질문에 답하도

[그림 4.1] 프로젝트 유형과 팀 유형 사이의 관계

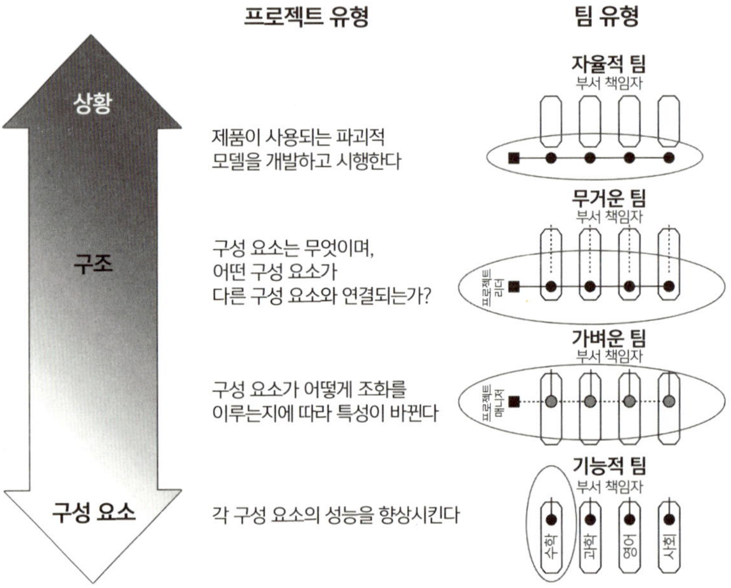

* ●은 사람, ―는 직접 보고 관계, ---는 간접 보고 관계, ○(타원)은 팀

록 도와준다. 이것은 혁신에 참여하는 사람들이 문제나 과업의 4가지 범주에 직면해 있다는 전제와 함께 출발한다. 각 유형에 대해 관리자는 각 문제를 성공적으로 해결하기 위한 각기 다른 팀을 구성할 필요가 있다. [그림 4.1]을 보면 4가지 문제를 아래쪽 구성 요소 레벨의 문제에서부터 위쪽의 구조적이고 상황적인 문제로, 수직 연속선상에 배열해 놓았다.[2]

기능적 팀(Functional Teams)

가장 단순한 문제 유형은 기능적 문제라고 불린다. 이 문제는 제품의 일부분이나 과정의 한 단계 정도를 향상시키는 것과 관련이 있다. 어떤 작업은 그 작업 자체의 문제이므로(그 작업이 조직 내의 다른 부서에 영향을 주지 않는다는 의미임), 각 부서 내의 문제로 한정된다.

기능적 문제를 분명하게 살펴보기 위해 도요타가 어떻게 보급형 2014 렉서스 GS 350 RWD 승용차의 표준 운전대를 약 1만 2,000달러 더 비싸게 팔리고 있는 고급형 렉서스 GS 450h 열선 운전대로 바꾸었는지 생각해보자. 양쪽 차 모두 2.8미터 전장에 1.8미터 전폭 그리고 1.4미터 전고를 가졌다. 이들 차는 본질적으로 동일한 차량이다. 단 하나의 차이라면 GS 450h가 가진 열선 운전대를 포함한 구성 요소 차원의 업그레이드에 있었다.

그 고급형 운전대를 만들기 위해 운전대 디자인을 담당한 도요타 기술팀은 팀 내의 다른 멤버하고만 함께 일한다. 이렇게 기술팀은 다른 팀과 분리되어 있어 시트나 전조등을 만드는 다른 팀의 구성원과 함께 일할 필요도 없고 그들에 대해 알아야 할 필요도 없다. 도요타는 차의 다른 부속품을 바꾸지 않고도 GS 450h에 더 나은 부속품을 바꿔 넣을 수 있다. 엔지니어들이 이전에 각 부품에 대해 요구되는 성능 표준을 하나하나 만들어놓아서 다른 GS 모델과도 플러그 호환성이 있기 때문이다. 또한 엔지니어들은 각 부품이 어떻게 다른 부품과 결합하고 들어맞는지 뿐만 아니라 성능 표준을 만족시키기 위해 각 부품을 어떻게 제조하는지도 자세히 명기해놓았다. 이런 세세한 사양은 엔지니어와 제조 파트의 직원이 부품 업데이트를 할 때마다 공동 작업을 해야 하는 필요를 최소화시킨다. 차량이 일반형이든 고급형이든 또는 그 사이의 어떤 종류든 딱 맞는 크기와 형태의 GS 차량 부품을 만들기 위해 무엇을 해야 하는지 모두가 알고 있다. 이는 도요타가 조정간접비를 거의 들이지 않고 일반 모델의 구조도 바꾸지 않으면서 열선 운전대를 바꿔 끼울 수 있도록 해준다.

기능적 팀은 구성 요소 레벨에서 제품 향상을 위한 최고의 성과를 낸다. 우리는 이런 타입의 팀을 [그림 4.1]의 오른쪽 아래쪽에 묘사했다. 도요타는 각 파트별 문제를 해결하기 위해 재무팀, 마케팅, 제조, 기술 개발 등 기능적 팀을 운용한다. 세부적 규정은 각 기능적 그룹이 어떤 일을 수행하며, 다른 그룹의 업무와 어떻게 협업해야 할지를 말해준다. 도요타가 이것에 대한 규정을 미리 만들고 그룹 간의 상호의존도가 없는 한 각 그룹은 독자적이면서도 효율적으로 일할 수 있다. 조정 간접비를 거의 들이지 않고 말이다. 업무가 다른 팀의 업무와 상호의존적일 때 사람들은 따로 분리되어 일하는 것에 대해 불평하지만, 이런 상호의존성이 없다면(대부분의 조직 내에서 이런 경우가 빈번함) 기능적 팀이 가장 좋은 방식이다. 많은 노력과 시도를 얽매는 관료적 간섭을 피할 수 있기 때문이다.

가벼운 팀(Lightweight Teams)

혁신가들이 직면하는 과업의 두 번째 유형은 개선을 이루고자 하는 과정에서 어느 그룹이 다른 그룹의 일하는 방식에 영향을 줄 때 생겨난다. 그룹 간에 예측 가능한 상호의존성이 존재할 때 그 프로젝트를 처리하기 위해 매니저들은 가벼운 팀을 조직해야 한다. 2013년 10월 도요타는 2012년형과 2013년형 캠리(Camry), 벤자(Venza), 아발론(Avalon)의 일부에서 운전자 자리의 에어백이 안전에 심각한 위험을 표시하는 경고 표시 없이 갑자기 펼쳐진다는 사실을 발견한 뒤 가벼운 팀을 구성해야 했다. 기능적 팀만으로는 당면한 문제를 해결하기에 충분치 않았는데, 해결책을 조율하기 위해 도요타의 몇몇 부서가 함께 일할 필요가 있었기 때문이다.

몇 개 부서의 대표가 회의 테이블에 모였다. 그들은 예측 가능한 역할을 했지만 그들의 결정은 상호의존적이었다. 엔지니어들은 무엇이 우발적인 에어백 오작동을 야기했는지 조사했는데, 놀랍게도 문제의 원인은 거미였다. 거미와 거미줄이 에어컨의 배수관을 막았고, 이로 말미암아 물이 에어백 제어 부품 위로 넘쳐흘렀던 것이다. 임시로 꾸린 이 팀의 멤버 중 사내 변호사가 있었는데, 비록 3건의 에어백 사고와 35건의 경고등 표시 사례가 접수되었지만 '뒤늦은 후회보다는 안전이 우선'이라는 취지로 80만 3,000대 차량의 리콜을 약속했다. 이 결정으로 홍보부가 참여하게 되었고, 차량 구입자들을 위한 커뮤니케이션 계획이 만들어졌으며, 매체를 통해 피해 대책을 세워 나갔다. 도요타는 뉴스를 통해 기술팀이 생각해낸 거미의 침입을 막는 밀폐 처리와 물이 흘러내리는 것을 막는 덮개 설치를 위해 차량을 리콜 조치한다고 알렸다.[3]

이 일을 처리하는 동안 도요타는 중간 조율 매니저 또는 가벼운 팀의 매니저가 문제 상황을 살펴본 뒤 여러 부서가 참여해 신속히 문제를 해결해 나가도록 할 필요가 있었다. 가벼운 팀의 매니저들은 일이 제대로 진행되는지를 확인하기 위해 그룹 사이를 오가며 살폈는데, 그들의 역할은 [그림 4.1]에 매니저와 가벼운 팀을 연결하는 점선으로 묘사되어 있다. 그러나 주된 업무는 그림의 수직선이 보여주듯 기능적 부서에 있다. 가벼운 팀의 팀원이 가져야 할 사고방식은 그들이 여러 부서와 함께 일하는 상황에서 자신이 속한 부서의 능력과 관심 사항을 제시해야 한다는 것이다.

무거운 팀(Heavyweight Teams)

지금까지 우리는 제품의 부품을 향상시키거나 수리하는 것과 관련된 문제에 대해 살펴보았다. 그러나 조직은 때때로 뚜렷하거나 획기적인 개선을 원하는데, 그 개선은 제품 자체의 구조를 재고해보는 것이다. 이 과정에서 기존 부품을 결합하거나 제거하기도 하고, 새로운 부품을 추가할 수도 있다. 또한 기존 부품이 제품 성능에 있어 다른 역할을 할 수도 있다. 다시 말해 부품과 그 부품을 책임지고 있는 사람들은 이전에 없던 새로운 방식으로 상호작용해야 할 필요가 있다는 뜻이다. 이런 상호의존성 문제를 잘 해결한다는 것은 최적의 시스템 성능을 얻기 위해 어떤 부서의 이익을 포기하고 다른 부서의 이익을 쫓아야 하는 것을 의미한다.

이런 어려움을 해결하려면 조직은 반드시 무거운 팀을 만들어야 한다.[4] 이 세 번째 유형의 팀은 구성원이 기능적 조직이라는 범위를 넘어서서 다른 방식으로 상호작용하도록 해준다. 효과를 높이기 위해 무거운 팀의 구성원은 종종 함께 일해야 하며, 강력한 영향력을 가진 매니저가 그 팀을 이끌어야 한다. 구성원은 그들의 기능적 전문지식을 가지고 팀에 합류하되, 팀원과 함께 검토하는 동안 자신의 부서 이익을 대변하려고 해선 절대 안 된다. 오히려 팀원은 프로젝트의 전반적 목표를 달성하기 위해 합심하여 더 나은 방법을 찾는 공동 책임을 가졌다고 생각해야 한다.

도요타가 프리우스 하이브리드 차량을 개발했을 때, 이 차량은 완전히 다른 제품 구조를 필요로 했기 때문에 기능적 팀이나 가벼운 팀을 사용할 수 없었다. 새로운 부품은 다른 새로운 부품과 새로운 방식으로 결합되도록 개발해야 했다. 이 문제를 해결하기 위해 도요타는 각 부서로부터 핵심 인력을 뽑아 새로운 장소에 투입하여 무거운 팀으로 일하도록 했다. 그들은 자신들의 기능적 전문지식을 팀 내로 가져왔지만, 그들의 역할은 자신이 속한 부서의 이익이나 요구를 대변하는 것이 아니었다. 그들은 함께 멋진 차를 만들어냈다.[5] 내연 기관은 추진 장치와 전기 모터, 양쪽을 조율하게 된다. 제동 장치는 단지 차량의 속도를 늦추는 것이 아니라 전기를 발생시킨다. 이것으로 말미암아 배터리의 역할이 완전히 바뀐 것이다.

도요타는 차량 구조를 개선하고 시스템의 각 부분이 서로 어떻게 작동하는지를 확실히 알아내기 위해 프리우스의 모델이 두 세대를 더 거치는 동안에도 해체하지 않고 무거운 팀을 유지했다. 그러나 엔지니어들이 충분히 파악하고 나서는 차세대 프리우스를 조정간접비를 최소화할 수 있는 기능적 팀에서 디자인을 하도록 각 부품의 제조법과 서로 영향을 주고받는 부품의 결합 방식을 체계적으로 정리하기 시작했다. 무거운 팀은 제품 구조를 다시 디자인하기 위한 목적 하에 일시적으로 만들어진 팀이므로 조직 내에서 영원히 존속하는 팀이 되어선 안 된다.

자율적 팀(Autonomous Teams)

네 번째 유형의 팀은 자율적 팀이다. 당면한 과업이 파괴적 모델의 시행을 포함하고 있다면 자율적 팀은 대단히 중요한 역할을 하게 된다. 새로운 혁신으로 수익을 내고자 하는 메커니즘이 회사의 기존 이윤 공식과 맞아떨어지지 않을 때 기업은 자율적 팀을 꾸린다. 자율적 팀은 새로운 시장에서 수익이 발생하도록 새로운 경제 모델을 만들어내는 도구다.

도요타가 순수 전기차를 언젠가는 사람들이 운전하는 방식을 바꿔놓을 파괴적 혁신이라고 믿는다고 가정해보자. 하이브리드 프리우스를 이미 판매하고 있지만 스타트업 경쟁자들로부터 방해받기보다는 전기만으로 달리는 차를 상품화함으로써 순전한 파괴(pure disruption)를 개척하고 싶어 한다. 몇 번의 계산 끝에 도요타의 매니저들은 순수 전기차는 사업 가치가 없다고 결론을 내린다. 고객이 구입할 전기차를 도요타가 생산하기에는 배터리 기술이 아직 충분하지 않다는 것이다. 고속도로에서 배터리를 사용할 수 있게 만들려면 막대한 선행 투자가 필요하다. 그리고 도요타는 수익을 내기 위해 높은 가격을 책정해야 할 것이고, 친환경사업 보조금을 정부로부터 따내야 할 것이다. 도요타의 운영진은 순수 전기차 사업에 괄목할 진출을 이루어낸 미국 기업 테슬라(Tesla)의 퍼시픽(Pacific)을 보면서 그들의 예측을 확신했다. 2006년 테슬라의 첫 제품 로드스터(Roadster)는 최저 가격 10만 9,000달러에 시장에 나왔는데, 입소문이 났음에도 테슬라는 계속 손실을 냈다. 이전 정

부의 보조금과 시행중인 전기차 구입 소비자를 위한 보조금 지급에도 불구하고 말이다.[6]

이런 가정은 실제 사실과 크게 다르지 않다. 2013년 도요타 회장 우치야마다 타케시는 전기차에 대해 "순수 전기차를 출시하지 않는 이유는 시장성이 없다고 믿기 때문이다"라고 말했다. 그는 전기차가 상용화되려면 배터리 기술에서 두 세대 정도의 기간이 필요하리라고 예측했다.[7]

그 어떤 기능적 팀, 가벼운 팀, 무거운 팀 일지라도 도요타의 사업 모델 내에서는 전기차를 성공시키지 못할 것이다. 도요타는 자율적 팀을 만들 필요가 있었다. 기존의 조직(디자이너와 엔지니어로부터 판매원과 대리점 연결망에 이르기까지)은 일반 도로 운전자들에게 차를 판매하기 위한 구조에 맞춰져 있었기 때문이다. 이런 상황에서 도요타는 순수 전기차를 판매해서는 수익을 올릴 수 없다. 그러나 도요타가 기회를 놓쳤다고 해도 다른 경제 모델을 가진 새로운 참가자들이 주류 시장의 바깥에서 순수 전기차 판매에 성공하고 있다. 예를 들어 스타 이브이(Star EV)는 골퍼, 나이 많은 사람, 공항과 대학 캠퍼스, 창고의 경비원을 대상으로 전기차를 판매한다. 고객들은 느린 속도로 재충전하는 차량을 위해 기꺼이 디젤 차량과 가솔린 차량을 처분하고 있다. 스타 이브이는 틈새시장에서 일 년 동안 5,000달러 가격의 전기 카트 수천 대를 팔았다. 그리고 도요타는 기존의 자동차 시장에서 일 년 동안 1만 4,000달러 가격에 900만 대 넘게 판매하는 데만 집중했다.

조직이 스스로를 파괴하지 못하는 이유는 성공적인 조직은 현재 그들의 경제적 모델과 관련된 이윤을 키울 수 있는 혁신만을 우선적으로 받아들이기 때문이다. 따라서 조직이 파괴적 기회를 추구하는 가장 좋은 방법은 새로운 기회가 매력적이라는 사실을 발견해내는, 서로 다른 모델을 가진 자율적 조직 단위를 만드는 것이다.[8]

자율적이라는 단어가 이 맥락에서 갖는 의미는 무엇일까? 핵심 사업으로부터 분리되는 것은 자율성의 중요한 특성이 아니다. 자율성의 중요한 특성은 방법, 우선순위와 관련이 있다. 파괴적인 프로젝트는 새로운 방법을 만들어낼 자유와 새로운 우선순위를 개발해낼 자유가 필요하다.[9] 사람들은 업계의 선두주자들과 경쟁하고 싶은 그 어떤 유혹에도 굴하지 않고 한결같이 파괴적 기회를 우선순위에 둠으로써 이점을 취해야 한다.

팀 프레임워크 적용하기

블렌디드 러닝 프로젝트를 이끌 올바른 팀 구성을 위한 열쇠는 원하는 수준의 변화를 이끌어낼 수 있는 팀의 유형과 해결할 문제점을 우선적으로 연결하는 것이다. 이 시점에서는 어떤 블렌디드 모델을 사용하길 원하는지, 어떤 디자인의 프로그램이어야 하는지를 정확히 알아야 할 필요는 없다. 그러나 실현하기 원하는 변화의 범위에 대한 판단은 꼭 필요하다. 기존 방법에 대해 근본적인 변화나 예측할 수 없는 변화를 요구하지 않는 교실 수준의 프로젝트라면 기능적 팀이나 가벼운 팀이 가장 잘 어울린다. 각기 다른 그룹 사이에서 새로운 유형의 상호작용과 조율을 원하는 구조적 변화는 무거운 팀을 필요로 한다. 교실을 모두 없애버리고 새로운 학습 모델로 대체하는 파괴적 프로젝트는 새로운 맥락에서 해결책에 접근할 수 있고, 다른 종류의 우선순위 체계에서 일할 수 있는 자율적 팀이 가장 어울린다. [그림 4.2]는 팀 프레임워크가 학교라는 상황에서 어떻게 적용되는지를 보여준다.

기능적 블렌디드 러닝팀

때때로 각 교실의 교사 또는 각 교과 부서는 자신의 교실에서 수업을 개선하고 블렌디드 러닝을 실천함으로써 내재한 문제와 맞붙길 원한다. 이런 상황에서는 기능적 팀이 효과적인데, 각각의 수업이 학교 내 다른 수업과 어떤 관계가 있는지를 누구나 잘 알고 있기 때문이다. 기능적 팀은 존속적 혁신에 가장 적합한데, 이런 문제의 해결책은 다른

[그림 4.2] 학교에서 프로젝트 유형과 팀 유형 사이의 관계

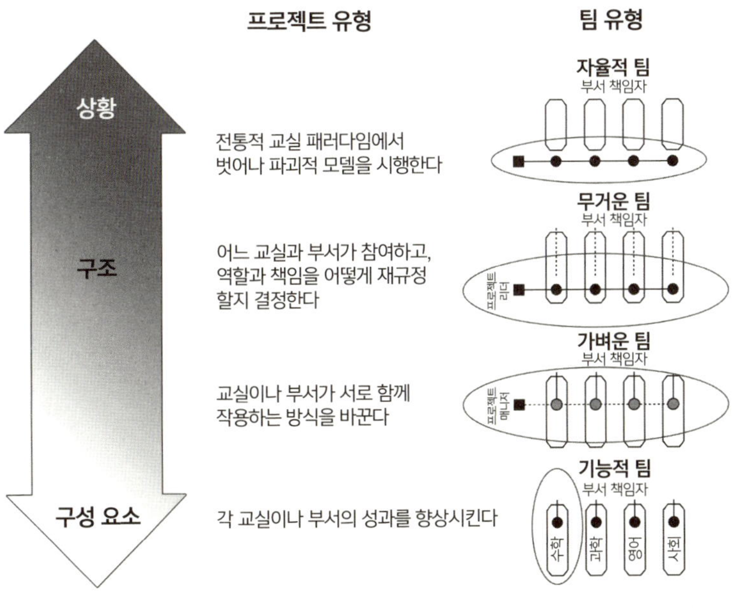

* ● 은 사람, ─는 직접적 보고 관계, ---는 간접적 보고 관계, O(타원)은 팀

교사 집단이나 부서들과의 조율이 필요하지 않기 때문이다.

각 교실의 교사로부터 중·고등학교의 과목별 교사, 초등학교의 학년별 교사에 이르기까지 학교에는 다양한 기능적 팀이 있다. 이런 기능적 팀은 학교 내 다른 사람에게 영향을 주지 않으면서도 항상 변화를 만들어낸다. 예를 들어 과학과에서 새로운 화학 실험을 도입한다고 해도 실험 활동과 관련해 다른 과목 부서와 조율할 필요가 없다. 해당 과목 내에서만 변화가 생기기 때문이다.

만약 교사가 거꾸로교실을 해보길 원한다면 그냥 하면 된다. 교실 운영 방식을 바꾸기만 하면 되는데, 다른 교과 수업에는 어떤 영향도 없다. 학생용 하드웨어를 공급해주거나 수업용 영상을 촬영해주는 등의 도움을 받을 필요 없다고 가정한다면, 그 교사 한 명으로 구성된 기능적 팀은 잘 작동할 것이다. 오늘날 전 세계의 수많은 교사가 혼자서 그 결정을 하고 있다. 실제로 교사는 스스로 기능적 팀으로 일하면서 학교시간표가 여러 번의 순환 학습에 충분한 시간을 제공해주고 교실에 필요한 하드웨어와 인터넷 접속 시설이 마련되어 있다면 스테이션 순환 모형을 기존 교실에서 실시할 수도 있다. 그 예로 캘리포니아 남부의 리버사이드(Riverside) 통합 교육청에서는 릭 밀러 전 교육감이 중학교 교사들이 수업을 혁신하도록 도왔는데, 그 결과 수십 개의 거꾸로교실과 스테이션 순환 수업이 생겨났다.

기능적 팀은 다음 문제에 대한 해결책을 만들어내는 데 있어 최고의 방법이다.

- 생물 수업 시간에 학생들은 직접 실험을 해보는 기회가 충분하지 않다. 교사는 온라인상에 강의 영상을 올려 학생들이 집에서 강의를 듣

고 학교 수업 시간에 실험할 시간을 확보하길 원한다.
- 3학년 학생들이 혼자 수학 숙제를 하는 데 어려움을 겪고 있다. 3학년 교사들로 이루어진 팀은 기존의 수학 숙제를 중단하고 학생들이 집에서 학습 진도를 시청할 수 있는 짧은 온라인 수업으로 대체하고 연습 문제 풀이를 교사로부터 직접 도움을 받을 수 있는 수업 시간에 하는 것으로 바꾸길 원한다.
- 교육청의 교육정보과에서 학교 전체에 와이파이를 설치했으나 인터넷 접속이 불안정하여 교사들로부터 불평을 사고 있다. 기술팀이 공유기를 설치할 최적의 장소를 알아낼 필요가 있다.
- 중학교 학생들은 이미 일주일에 3번 영어 교사와 컴퓨터실로 가서 철자와 독해를 연습하고 있다. 그러나 영어 교사들은 학생들이 교실로 돌아왔을 때 컴퓨터실에서의 데이터를 이용해 그들에게 맞는 모둠과 과제를 정해주는 데 애를 먹고 있다.

마지막 예에서 학생들이 컴퓨터실과 교실을 번갈아 가며 순환하는데, 교사들은 이 수업을 좀 더 개선하길 원한다. 준비가 안 된 상태에서 랩 순환 수업을 시행하는 경우 학교에서 기대하는 변화의 수준에 따라 가벼운 팀이나 무거운 팀이 필요하다. 그러나 이 경우 기본적인 순환 수업이 이미 자리를 잡았으며, 교사들은 단지 이것을 조금 바꾸길 원할 뿐이다. 이때는 기능적 팀이 이 프로젝트를 담당하는 것이 좋다.

대부분 기능적 팀은 그들의 문제에 대한 해결책을 찾고 실행하는 데 팀 회의와 동일한 문제를 가진 다른 팀이 무엇을 하는지에 대한 조사와 교사 연수로 충분하다는 것을 알고 있다. 이와 반대로 아무리 조사하고 교사 연수를 실시해도 가벼운 팀, 무거운 팀, 자율적 팀을 필요로 하는 문제를 해결하는 데는 충분치 않다.

가벼운 블렌디드 러닝팀

그 외 문제는 가벼운 팀이 해결하는 것이 적합하다. 일반적으로 학교에는 몇 개의 가벼운 팀이 있다. 고등학교에는 다양한 과목의 활동을 조율하기 위해 부장들이 종종 가벼운 팀을 구성한다. 비슷한 예로 4학년 교사들이 새로운 방식으로 큰 자릿수 나눗셈을 가르치기로 결정했다면 가벼운 팀이 먼저 파악해 이로 말미암아 향후 5학년 수학 수업에 어떤 변화를 줘야 하는지 결정할 수 있다. 또한 가벼운 팀은 교육청 차원에서도 적용될 수 있는데, 교직원 건강 관리 계획의 변화가 어떤 식으로 수당, 회계, 인사과에 영향을 주는지 조율하는 데 도움이 된다.

가벼운 팀은 문제를 해결하기 위해 두 개 이상의 그룹이 협업해야 하는 상황에 알맞다. 그러나 두 그룹 사이의 상호의존성은 예측 가능하다. 기능적 팀과 마찬가지로 가벼운 팀은 존속적 혁신을 일으키기에 가장 효과적이다. 캘리포니아 북부의 밀피타스(Milpitas) 교육청은 일찍부터 앞장서서 블렌디드 러닝 솔루션을 사용해 왔다. 캐리 마츠오카 교육감은 이를 위해 다양한 전략을 사용해 왔다. 그중 버넷(Burnett) 초등학교는 혁신을 원해 자발적으로 모인 교사들이 주도적으로 자신만의 블렌디드 러닝 모델을 개발하고, 이를 위해 교육청 직원과 함께 필요한 하드웨어와 교실 내 집기를 마련하기 위한 작업을 하는 상향식 접근 방법을 사용했다. 4학년 교사인 앨리슨 엘리존도는 교육청의 지원을 받아 개발한 스테이션 순환 모델을 이용해 학생이 스스로 공부하고, 목표를 정하고, 친구와 협업하고, 자신의 학습 상황을 챙기기 위해 피드백을 활용하도록 하고 있다.

가벼운 팀은 다음 문제에 대해서는 최고의 해결책이다.

- 교사들은 학생이 학습실을 일주일에 3번 이용하길 원하므로 학습실 사용이 가능하도록 학교는 다른 교사들과의 협의를 통해 시간을 조정할 필요가 있다.
- 중학교 교사들은 각 강의의 일정 부분을 온라인 학습으로 대체하길 원하지만 교실의 컴퓨터 설치와 인터넷 접속을 위해서는 교육청 교육정보과의 지원이 필요하다.
- 1학년 교사들은 5학년 수업 시간에 일부 학생이 온라인으로 읽기 연습을 하거나 소그룹으로 교사와 함께 학습하는 동안 일부 학생이 1학년 학생을 위해서 리딩버디(책을 읽어주는 도우미)로 활동해주길 원한다. 기본적인 순환 수업은 이미 정착되었지만 리딩버디 프로그램은 새로운 요소다.

각각의 상황에서 가벼운 팀의 매니저는 각 부서를 오가면서 모두 서로 잘 맞춰 가고 있는지를 확인한다. 팀원들은 함께 일하는 동안 자기 부서나 교실의 관심을 대변해야 한다.

무거운 블렌디드 러닝팀

어떤 문제는 교실이나 부서가 협업하는 방식을 넘어서기도 한다. 이런 문제는 학교나 교육청 자체의 구조를 바꿀 것을 요구하기도 한다. 수업 모형 개발과 교실 내에서 사용할 소프트웨어 선택에 대해 교사에게 전적으로 자율성을 부여한다는 것이 어떤 특정한 문제를 해결하는 데 중요할 수 있다. 그러나 말처럼 쉽게 교사들이 학교시간표 운영 등

학교의 어떤 구조나 교육청의 일처리 방식을 바꿀 수 없다는 점에서 그런 접근 방식은 한계성을 지닌다. 이런 경우 변화를 이끌 가장 좋은 집단이 바로 무거운 팀이다. 무거운 팀의 구성원은 같은 장소에 함께 모여야 하고, 큰 영향력을 가진 매니저가 팀을 이끌어야 한다. 팀을 위한 가장 중요한 규칙은 각 부서의 관심은 잊어버리고 대신 프로젝트의 목표를 달성하기 위해 단결해야 한다는 것이다.

학교는 학교 내의 다양한 집단으로부터 전문가를 선발하여 무거운 팀을 만들 수 있다. 대부분은 교사와 관리자이겠지만 카운슬러나 다른 교직원, 학부모도 참여할 수 있다. 교육청도 무거운 팀을 구성할 수 있는데, 다양한 형태가 있겠지만 차터 스쿨이나 파일럿 스쿨이 가장 흔하다. 이런 학교들은 학습을 위한 새로운 구조를 만들어내기 위해 교사들에게 기존의 학교가 가진 부서 구조에서 한 발 벗어나는 자유를 부여한다. 무거운 팀은 학교를 위한 새로운 방식과 획기적 변화를 구상하는 데 어울리지만, 기존의 교실 수업을 더 이상 사용하지 않는 '파괴'를 이끄는 데는 자율적 팀이 더 낫다. 무거운 팀은 원칙적으로 학교나 교육청 내부의 교실 수업, 부서, 다른 요소들의 혁신적 환경을 디자인하는 데 잘 어울린다.

팀에 대한 이 모든 설명이 의미하는 바는 결국 성공은 올바른 형태의 팀 선택에서 오는 것이 아니라 그 팀에 적합한 사람을 구성하는 데서 온다는 뜻을 담고 있다. 기능적 팀이나 가벼운 팀 수준의 변화를 위해서는 혁신과 문제 해결을 원하는 준비된 교사가 많은 경우에 주도권을 가질 수 있다. 특히 교장이나 교육감이 그들에게 힘을 실어줄 때 그렇다. 무거운 팀의 수준에서는 상당한 의사결정권을 가진 인물이 필요한데, 이는 공식적 리더의 역할을 하고 있는 사람이 참여해야 한다는 것을 뜻한다. 예를 들면 학교가 학생들이 기존의 학교 수업 시간보다 좀 더 많은 학습 시간을 가져야 한다거나, 다른 과목을 가르치는 교사들과 다르게 구성된 공간에서 학습하길 원한다면 대부분의 교사에게는 이런 변화를 만들어낼 의사결정권이 없다. 혁신을 만드는 데 이미 신이 난 팀원들로 팀을 제대로 구성하는 것이 중요한데(무거운 팀의 프로젝트를 실패하지 않기 위해 회의론자들을 팀에 포함시켜 그들의 의견을 듣는 것도 중요함), 이는 어려운 일이기도 하고 균형을 잘 맞춰야 한다.

밀피타스 교육청은 일부 학교에서의 변화를 이끌기 위해 가벼운 팀뿐 아니라 무거운 팀도 이용해 왔다. 그 예로 몇 년 전 케리 마츠오카는 교사들과 교장들에게 "만약 이상적인 학교를 디자인한다면 그 학교는 어떤 학교입니까?"라는 질문을 던졌다.[10] 교육청 지도부의 설계 변수와 아이디어가 준비되자 교사와 관리자로 이루어진 각 팀은 3개월의 디자인 작업에 착수했고, 이후 그들의 새로운 모델을 마츠오카와 그의 각료들 그리고 교원단체에 내놓았다. 가장 큰 어려움은 그 교육청 내 절반이 넘는 학생이 이민자임을 감안할 때, 학생들의 각기 다른 니즈를 위해 학습을 개별 맞춤화하는 것이었다. 랜들(Randall) 초등학교와 웰러(Weller) 초등학교에서는 블렌디드 러닝 환경으로 전환하고자 제안했고, 이들 학교가 선정되었다. 그리고 이 두 학교는 대규모의 재설계 작업에 착수했다.

무거운 팀은 특히 다음 문제를 해결하는 데 효과적이다.

- 교장은 독서와 수학 성적의 향상을 목적으로 블렌디드 러닝 솔루션을 실행하길 원하고, 이를 위해 시간표 운영과 업무 분장, 교육 과정을 재조정하고 싶어 한다.

- 교육감은 모든 학교가 시간 기반 수업 시스템에서 역량 기반 시스템으로 전환함으로써 학력 격차를 줄이기를 원한다.
- 고등학교의 교장은 주요 교과목 수업에서 학생들이 온라인 학습과 면대면 모둠 학습을 번갈아 하는 소모둠 수업을 하길 원하는데, 이를 위해서는 학교시간표의 근본적 변화가 필요하다.

이 장을 시작할 때 우리는 테크놀로지 사용의 효과를 강화하길 원하는 교외 지역 교육청에 대해 다루었다. 우리는 그 교육청이 블렌디드 러닝 프로그램을 실행하기 위해 무거운 팀을 조직해야 했음에도 기능적 팀에 의존했다는 사실을 살펴보았다. 기능적 팀(즉 학교에 존재하는 교사의 개별 팀)은 성실하게 교사 연수에 참석했고 새로운 시스템과 툴을 자신들의 기존 프로그램에 잘 엮어 넣으려고 노력했다. 비록 변화가 분명 교실 내에서 생겨났지만, 그 변화가 얼마나 폭넓은가 하는 것에는 한계가 있었다. 무거운 팀이었다면 일상적 일과로부터 멀찍이 떨어져 최고의 해결책을 만들어내려는 공동의 노력에 기반을 두고 시간표 운영, 업무 분장, 교육 과정에 엄청난 변화를 만들어냈을 수도 있다. 또한 훨씬 더 포괄적이고 전략적 방법으로 테크놀로지를 도입할 수도 있었을 것이다.

자율적 블렌디드 러닝팀

기능적 팀, 가벼운 팀, 무거운 팀 프로젝트와 대조적으로 몇몇 계획은 기존의 교실 수업을 완전히 새로운 교육 모델로 대체시키는 것이 목적이다. 기능적 팀과 가벼운 팀, 무거운 팀은 일반적으로 핵심 기회 슬로건을 다루는 데 알맞은 반면 비소비 기회는 다른 팀 구조를 필요로 한다. 리더들은 자율적 팀을 만드는 것으로 파괴적 변화를 불러올 수 있는데, 이 팀은 예산과 교원 수급 계획, 시설 디자인, 교육 과정을 밑바닥부터 재정립할 수 있는 자유를 가진다. 이런 성공적 파괴는 첫째 새로운 테크놀로지, 둘째(이긴 하지만 더 중요할 수도 있는) 새로운 상황 등 두 부분으로 이루어져 있는 게임이다 보니 자율성이 매우 중요하다. 새로운 상황이 없다면 테크놀로지는 종래 모델 위에 얹히는 정도로 끝나버린다. 그리고 그 위에 먼지가 앉게 되면 이전과 거의 차이가 없다. 수년 넘게 미국이 교육 테크놀로지에 막대한 비용을 투자했음에도 공장형 교실 수업이 거의 동일한 형태로, 비슷한 결과를 낳으며 끊임없이 반복되는 이유가 바로 여기에 있다.

이 투 파트(two-part) 게임을 이해하려면 입법부의 일하는 방식을 생각해보면 된다.[11] 어느 국회의원이 압력을 가하고 있는 사회적 요구를 인지하고 완벽한 법안을 작성했다. 그러나 예산심의위원회가 예산 범위 내에서 그 법안을 유지하고자 수정안을 내놓는다. 이때 상공회의소가 지지를 조건으로 몇 가지 수정을 요구하면서 이 법안이 기업들의 이익을 침해하지 않도록 만든다. 코네티컷 출신의 힘 있는 상원 의원이 자신의 지역 유권자에게 이 법안이 매력적으로 보이도록 몇 가지 더 바꿀 것을 강력히 주장한다. 그러면 대통령이 사인하는 최종 법안은 국회의원이 최초에 제안한 내용과 전혀 다른 것이 되어 있을 것이다. 이런 일이 생기는 것은 관련된 사람들 가운데 누구의 악의 때문이 아니라 각각의 사람이 합법적 이익을 주장하고 지키려고 하기 때문이다. 그 결과 모든 사람이 그 법안에 동의하기 위해, 그 법안이 그들의 이해관계에 큰 해악이 되지 않으리라는 확신이 필요하다.

이와 마찬가지로 새로운 테크놀로지는 공장 기반 교실 수업을 완전한 학생 중심 모델로 전환시킬 수 있는 가능성이 있었을지도 모른다. 그러나 테크놀로지를 선택한 어느 교사는 새 교실 집기를 구입할 여력이 없어 종래의 교실 환경을 그대로 유지할 수밖에 없다. 어느 누구도 시간표를 조정하는 데 관심이 없다 보니 그녀는 개별 학생의 니즈에 따른 탄력적 시간표에서 테크놀로지를 사용하는 것이 어렵다. 교장이 강의식 수업 능력에 기반을 두고 교사들을 평가하기로 계획을 세워 그녀는 종래의 교실 수업을 그대로 유지해야만 한다. 한 번 더 수업 모델을 조정해보기도 한다. 결국 최종적 수업의 실행 모습은 원래 수업 모형과 매우 유사하다. 맨 위에 테크놀로지만 첨가되었을 뿐이다. 어떤 테크놀로지가 아무리 획기적일지라도 기존 시스템의 맥락 안으로 들어오면 종래의 시스템은 그 테크놀로지를 자신의 영역 안에서 조화를 이루도록 만들어 버린다.

반대로 그 교사가 종래의 상황에서 벗어나 교장과 함께 협의하고, 다른 교사들과 '학교 안의 학교'(종래의 학교 시스템 안에 새로운 학교 시스템을 도입한 상황을 의미함)를 만들기로 한다면 그녀의 아이디어는 훨씬 더 빛을 발할 수 있다. 교장이나 관리자는 분명한 목표와 결과를 확인하기 위해 팀과 협업 작업을 해야 한다. 그다음에는 법이 허용하는 범위에서 가능한 한 그 팀에 예산, 직원 채용, 시설 디자인, 교육 과정에 대한 자율성을 부여해야 한다. 자율적 팀의 장점은 기존의 확립된 우선순위이라는 강력한 속박으로부터 벗어날 수 있고, 새로운 맥락에서 새롭게 출발할 수 있는 자연스러운 구조를 제공한다는 것이다.

시스템을 통해 파괴 프로젝트를 이끌어갈 힘을 갖기 위해서, 종래의 학교 형태로 되돌리려는 이들로부터 프로젝트를 지키기 위해서는 학교 모델의 이런 요소들에 대해 상당한 권한을 가진 선임 관리자가 필요하다. 어떤 교장은 운이 좋아서 학교 안의 학교가 가지는 자율성을 만들고 지킬 만큼의 지배력을 가지고 있다. 하지만 이런 경우는 드물다. 대부분의 경우 교육청과 학교 이사회는 파괴 프로젝트를 위한 재정을 승인하고 확보하는 데 관여하려고 한다. 물론 자율적 팀에게서 기존의 투입 기반 규제를 없애주어야 한다.[12] 몇몇 경우에 주 정부는 규정으로부터 벗어날 자유를 보장해주어야 하며, 학교 자체 자율적 팀들을 만들어줌으로써 학교 변화의 분위기를 조성할 수 있다. 그리고 혁신으로 변화를 이끌어가길 원하는 사람들은 이런 조직 구조가 갖는 권한을 활용해야 한다.

리더들은 다음의 가상 시나리오와 같은 문제를 해결하기 위해 자율적 팀을 사용할 수 있다.

- 오클라호마 시골의 몇몇 고등학교는 학생들이 상위권 대학을 진학할 때 필수조건을 만족시켜줄 대학과목선이수제교육 과정을 충분히 제공해주지 못하는 어려움을 겪고 있다. 교장들은 면대면 학습을 보완해줄 온라인 교육 과정을 이용하도록 사이버 아카데미를 만들기 위해 힘을 합치길 원한다.
- 상위권 고등학교에 다니는 자녀를 둔 학부모는 자녀가 다른 영역의 심화된 전문지식을 학습할 시간을 벌기 위해 몇몇 과목을 빨리 끝내길 원한다. 그러나 학교가 이것에 크게 신경을 쓰지 않기 때문에 학부모는 고등학교 인근에 부속 학습 시설을 설치해줄 수 있는지 궁금해한다. 학생들이 언제든지 거기에 들러 특별 블렌디드 프로그램에 참여하도록 말이다.
- 어느 교육청은 고등학교 중퇴자 문제로 골머리를 앓고 있는데, 특히

십대 임신에 따른 중퇴가 많다. 교육감은 이런 학생들을 찾아내어 졸업을 돕기 위해 새로운 학습센터를 세우길 원한다.

앞서 언급한 사례는 구성 요소의 수준이나 구조의 수준보다 더 깊은 수준의 변화를 만드는 것과 관련이 있다. 이들 사례는 학교 시스템에 속한 교사, 관리자, 그 외 교직원의 우선순위를 바꿀 것을 요구한다. 이들은 매일 재정과 노력을 어떻게 배정할 것인지에 대한 수십 개의 결정과 맞닥뜨리게 된다. 교장은 얼마큼의 시간을 학생 훈육에 쏟아야 되는지, 예산을 조정해야 할지, 언제 교내를 순시해야 할지 결정해야 한다. 교사들은 어떤 기준을 강조할지, 특정 학생에게 언제 관심을 기울여야 할지, 연말에 볼 시험에 대해 얼마나 걱정해야 할지 결정해야 한다. 학교 시스템 내의 각 참여자는 어떤 문제를 해결하기 위해 우선 관심 사항을 정하고 또다시 정한다. 이런 우선 관심 사항이 문화로 뿌리내릴 때까지 말이다.

자율적 팀에 거부감을 가지는 것은 대체로 기존의 교실 수업에서 융통성 있는 학생 중심 수업으로 전환하여 학생들이 배움의 속도를 스스로 조절하고 있는 학교들의 예를 실제로 찾기 어렵기 때문이다. 높은 성과를 내는 차터 스쿨의 운영자를 지원하여 영향력을 확대시키려는 목적을 가진 비영리단체인 차터 스쿨 성장 기금(Charter School Growth Fund)의 파트너 알렉스 에르난데스는 "자신만의 속도로 배우는 아이들을 발견하기란 빅풋(Bigfoot, 설인)의 모습을 어렴풋이 목격하는 것과 같다. 우리 모두가 빅풋에 대해 알고 있지만 몇 장의 흐린 사진만으로는 그들이 실제로 야생에서 빅풋을 목격했다고 말할 사람은 별로 없다"라고 말했다. 기존의 교실 문화는 정해진 속도에 따른 표준화된 일괄 처리 방식에 너무 깊이 적응되어 있다 보니 융통성과 자기 속도 조절을 위해 새로운 우선순위를 설정한다는 것은 대단히 어려운 일이다. 그러나 직원 구성, 예산, 시설, 교육 과정을 조정할 자유를 가진 자율적 팀은 이 두 가지 상황 사이에서 필요한 만큼의 여유를 갖고 기존의 모든 방법과 우선순위를 바탕으로 밑바닥부터 시작하여 새 우선순위를 설정하고 문화를 재창조해 나갈 수 있다.

복합팀 사용하기

학교, 교육청 또는 차터 관리기구가 다양한 문제를 해결하고 시스템 전반에 걸친 전환을 위해 애쓸 때마다 서로 다른 시기에 서로 다른 목적을 이루려면 각기 다른 몇몇의 팀을 사용해야 할 수도 있다. 그 예로 뉴욕 시 교육국은 아이존 이니셔티브(iZone initiative) 프로그램을 통해 학생들이 개별 맞춤화 학습으로 옮겨 가도록 복합팀을 사용하고 있다. 아이존 이니셔티브는 혁신에 박차를 가하기 위해 학교, 교육산업계, 정책 입안자, 교육국과 협업한다. 아이존 팀은 학교 내부의 필요한 혁신을 일으키려면 3가지 수준에서 일해야 한다는 것을 알게 되었다. 먼저 교사, 교장, 행정실 직원 등 실행가를 갖춘 무거운 팀을 사용하여 새로운 학습 모델을 디자인하고 시험하면서 이들 실행가가 새로운 전제를 갖고 이 일에 접근하도록 돕는 것이다. 둘째는 정책 입안자, 행정실 직원들과 협업하여 기존의 규제에서 벗어나고 혁신을 저지하는 스스로 옥죄던 오래된 방식으로부터 떠나는 것이다. 기존의 기능적 팀들이 상호작용하는 방식과 일하는 방식을 교육청이나 주 정부 차원의 팀들이 바꾸려고 한다면 가벼운 팀이 필요하다. 한편 감독 부서와 감독 직원의 상호작용 방식에 대한 문제뿐 아니라 이상적으로 어떤 감독 부서와 감독 직원이 존재해야 하는가에 대해 재고해야 한다면 무거운 팀이 우선 필요하다. 마지막으로 아이존은 요구사항을 모으기 위해 교육업체, 학교와 긴밀하게 협업할 팀이 있어야 한다고 결정을 내렸다. 그럼으로써 교육업체는 문제의 해결을 돕고, 교육청은 일하는 데 있어 수용적인 곳이 된다. 이 경우 프로젝트 매니저는 조정자로서의 역할을 하기 때문에 학교, 교육국, 교육업체 사람들로 구성된 가벼운 팀이 필요하다.[13]

잘못된 실행의 대가

블렌디드 러닝을 시도하기 전 리더가 전략적으로 준비하지 않으면 좋은 기회를 놓치고 수천, 수백만 달러의 재원을 낭비할 수도 있다. 가장 흔한 실수 가운데 하나는 교사에게 개별 맞춤화 학습을 위해 테크놀로지를 사용하라고 요구한 뒤 그들이 완전히 바뀐 학습 모델을 고안하기를 기대하는 것이다. 기능적 팀은 종래의 교실 수업 방식을 완전히 버리거나 파괴적 모형을 독자적으로 실행에 옮길 만한 영향력과 힘을 가지고 있지 않다. 최상의 교사 연수와 테크놀로지 예산을 투입하더라도 말이다.

다른 한편으로 어떤 학교는 기능적 팀이나 가벼운 팀이 더 효율적으로, 관료적으로 잘 해결할 수 있는 문제를 위해 무거운 팀이나 자율적 팀을 만든다. 관리자가 동의를 뜻하는 고갯짓만 살짝 해준다면, 테크놀로지를 대충 갖다가 재치 있게 쓸 수만 있다면 많은 교사는 혼자 힘으로 교실 안에서 거꾸로교실을 시작하거나 스테이션 순환 수업을 만들어낼 수 있다는 사실을 알게 되었다. 사실 우리는 교사 학회나 연수를 통해 블렌디드 러닝에 대해 알고 집으로 돌아가 주말에 수업을 설계해 거꾸로교실이나 스테이션 순환 수업을 실험적으로 시작한 몇몇 교사의 이야기를 들었다. 물론 우리는 수업을 전환하기 전에 좀 더 철저한 계획 단계를 가질 것을 권장한다. 그리고 많은 경우 스테이션 순환 수업은 상당한 구조적 변화를 불러올 수 있는데, 이를 위해서는 무거운 팀이 필요하다는 것을 강조한다. 그러나 요점은 교사들이 교실 수준에서의 개선을 이루기 위해 스스로 기업가적으로 단호하게 행동할 수 있고, 그래야 한다는 것이다. 양질의 교사 연수와 수업 전환에 필요한 재정적 지원은 이들의 신념에 도움이 되겠지만 무거운 팀은 오히려 방해만 될 것이다.

유념해야 할 또 다른 원칙은 무거운 팀과 자율적 팀은 효과적인 방식으로 움직여야 한다는 것이다. 무거운 팀에서 보면 함께 모여 팀의 리더로서 의사결정을 내릴 상당한 영향력과 힘을 가진 인물을 지명하고, 각 교실이나 부서의 이익은 제쳐두고 집단적 이익을 대변하기로 약속할 필요가 있다. 자율적 팀의 성공은 직원 구성, 예산, 시설, 그들이 맡고 있는 학생들의 교육 과정을 결정할 수 있는 권위 확보에 달려 있다. 게다가 가장 높은 자리의 리더는 존속적 혁신을 위해 재원을 사용하기 원하는 이들로부터 아직 걸음마 단계에 있는 파괴적 혁신 프로젝트를 지키고 방어해줘야 한다. 기존 시스템을 추구하는 많은 사람은 기금과 시간을 비소비 문제를 위해 전용하기보다 종래의 교실 수업과 공장형 모델에 필요한 재원을 더 많이 확보하기 위해 싸울 것이다. 가장 훌륭한 수석 리더는 미래를 주의 깊게 살피고, 파괴적 혁신이 시스템에 가져올 유익을 보며, 확고한 자세로 자율적 팀 프로젝트를 지켜낸다. 3장 마지막에서 우리가 다루었듯 수석 리더는 파괴적으로 행동하지 않는 것이 조직의 성공에 실질적 위협을 만든다는 사실을 알려야 한다. 그리고 프로젝트를 이끌 자율적 팀을 구성한 다음에는 위협에 대해 신경 쓰지 말고, 대신 이 프로젝트가 학생과 교사, 공동체 전체에 굉장히 좋은 기회를 가져다준다는 것을 알려야 한다. 수석 리더는 파괴적 혁신 프로젝트라는 춤의 안무를 지혜롭게 구상하여 학교, 특히 학생들이 파괴적 혁신의 기회를 통해 혜택을 받도록 꼭 필요한 역할을 해야 한다.

요약

- 슬로건을 정한 후 리더는 프로젝트를 이끌 적합한 팀을 구성해야 한다. 핵심 기회가 슬로건인 경우 기능적 팀과 가벼운 팀, 무거운 팀이 가장 적합하고, 슬로건이 비소비 기회인 경우에는 자율적 팀이 필요하다.

- 기능적 팀은 제품의 부품 중 하나 또는 공정 단계 중 하나를 개선하는 데 가장 적합하다. 도요타는 기능적 팀을 사용해 동일한 기본 모델 차량의 다양한 버전에 다양한 종류의 전조등, 운전대, 내장품을 서로 바꿔 장착했다. 학교는 학교 내 다른 부서와 상호의존성이 없는 변화를 만들어내려면 동일 부서 내의 교사나 직원으로 구성된 기능적 팀을 사용해야 한다.

- 가벼운 팀은 어떤 부서가 다른 부서의 일처리 방식에 영향을 끼치는 개선점을 만들어내기로 결정하거나 부서들의 관계가 예측 가능할 때 효과적이다. 도요타

는 거미와 거미줄이 어떤 특정한 모델에서 차량 에어컨의 배수관을 막는 사안에 대응하기 위해 가벼운 팀을 사용했다. 학교는 둘 이상의 교사 집단과 관련된 프로젝트를 조율할 때, 하지만 그 방식이 예측 가능할 때 가벼운 팀을 사용해야 한다.

- 무거운 팀은 서로에게 책임을 지는 요소, 사람들이 예측 불가능한 방식으로 또는 사전에 파악할 수 없는 새로운 방식으로 상호작용할 필요가 있을 때 가장 적합하다. 다시 말해 문제점이 새로운 구조를 요구하는 경우다. 도요타는 기존 가솔린 엔진 차량과는 완전히 다른 구조를 필요로 하는 프리우스를 디자인하기 위해 무거운 팀을 사용했다. 학교는 교실 수업과 부서들이 상호작용하는 방식을 근본적으로 다시 설계할 것을 요구하는 존속적 혁신을 실행하기 위해 무거운 팀을 사용해야 한다.
- 자율적 팀은 파괴적 혁신을 위해 필수적이다. 자율적 팀은 혁신가들이 기존의 맥락(직원 구성, 예산, 시설, 교육 과정)에서 벗어나 개별 맞춤화, 접근성, 비용 관리 등 장점에 기반한 새로운 모델을 개척하도록 해준다. 도요타가 언젠가 전기차 생산을 통해 가솔린 차량 시장의 파괴에 뛰어들기로 결심한다면 적당한 때 전기차 판매 수익 기회에 관심을 가진 자율적 팀을 구성할 필요가 있다. 학교는 공장 모델에 기반한 교실 수업을 완전히 없애고 파괴적 블렌디드 러닝 모델로 교체하기를 원할 때 자율적 팀을 사용해야 한다.
- 리더는 어떤 블렌디드 러닝 모델을 사용해야 할지, 프로그램의 디자인이 어떻게 될지에 대해 현 단계에서는 알 필요가 없다. 그러나 실현하고자 하는 변화의 범위에 대한 인식은 분명히 할 필요가 있다. 블렌디드 러닝을 향해 다음 단계로 나아가기 전에 적합한 팀 구성을 위한 시간을 가져야 한다.

토론을 위한 질문

1. 현재 자신의 상황에서 가장 시급하게 해결해야 할 문제는 무엇이며, 그 이유는 무엇인가? 그리고 이 문제를 해결하기 위해 당신이 꾸리길 원하는 팀의 유형은 무엇인가? 누가 이 팀의 팀원으로, 팀장으로 배치되어야 한다고 생각하는가?
2. 복합팀을 통해 혁신을 시도했던 뉴욕의 사례를 생각해보라. 그들의 접근 방식이 성공적이었다고 생각하는가? 자신이 처한 상황에 비춰볼 때 규제를 완화하는 것이 중요하다고 생각한다면 적용하길 원하는 팀의 유형은 무엇이며, 그 이유는 무엇인가?
3. 개인적으로 무거운 팀과 기능적 팀 가운데 어떤 팀에 속하길 원하며, 그 이유는 무엇인가?

3부
디자인하기

5장

학생에게 동기를 부여하라

　마음속에 슬로건을 품었고, 최적의 팀이 구성되었다면 블렌디드 러닝 솔루션 설계를 시작할 준비를 마친 것이다. 결국 그 솔루션은 직원 구성, 기기, 콘텐츠, 시설, 수업 모형, 문화에 대한 전략 등 많은 측면을 포함한다. 그러나 이것에 대한 고려에 앞서 설계를 위한 첫 출발은 학생의 머릿속으로 들어가 그들의 눈으로 학교를 바라보는 것이다. 이번 장의 핵심 전제와 블렌디드 모델 설계를 위한 가장 중요한 사실 중 하나는 학교가 학생의 관점에서 올바른 설계를 할 때, 학교가 학생에게 의미 있는 것에 관심을 가졌다고 느낀다면 학생은 배움의 동기와 의지를 갖고 등교한다는 것이다. 학생을 중심에 둔 학교의 학부모들로부터 자녀가 토요일이면 월요일까지 기다리는 게 싫다고 불평한다는 이야기를 듣는 것은 그리 이상한 일이 아니다.
　반면 학교 개선을 위해 만들어진 팀이 학생의 관점을 고려하지 않고 학교를 설계할 때, 그들은 자신들의 서비스 대상인 학생들로부터 거센 저항을 받게 된다. 어떤 학생들은 동의하고 받아들일 만큼 순응적이거나, 주어진 설계가 운 좋게도 그들의 성격에 맞을 수도 있다. 그러나 상당수는 수업을 곱지 않은 시선으로 바라볼 것이다. 이 경우 학교는 전쟁터가 된다. 어느 중학생은 불행하게도 "내가 학교를 싫어하도록 만든 것은 바로 학교다"라고 말했다.

따라서 블렌디드 러닝팀의 첫 과제는 학생의 관점을 이해하고 학생의 동기를 지침으로 삼고 설계하는 것이다.

학습 자발성의 중요성

한 학교의 개학식에 참석했는데 20명의 아이가 ABC 깔개 위에 서 있는 새로 오신 앨런 선생님을 둘러싸고 있었다. 방학이 끝나고 학교로 돌아온 아이들을 환영한 후 앨런 선생님은 물이 가득 찬 주전자를 들어 올린 뒤 그 안에 담겨진 물은 앞으로 일 년 동안 아이들이 흡수해야 할 멋진 지식이라고 설명했다. 아이들이 탐구해보고 싶어 할지도 모를 모든 것이 그 물 안에 가득 차 있다고 했다.

그러고 나서 앨런 선생님은 투명한 그릇을 들어 올린 뒤 "이것은 너희의 두뇌란다"라고 설명했다. "이 그릇은 비어 있는 상태이고, 컵 모양이라서 이 지식들을 담기에 좋단다. 그런데 어떤 학생들은 학교에 올 때 이런 모습으로 오지." 이 말을 마치고 선생님은 그릇을 거꾸로 뒤집었고 그 위에 주전자의 물을 쏟았다. 물은 그릇 옆으로 흘러내리더니 바닥으로 쏟아졌다. 아이들은 선생님이 그처럼 많은 물을 깔개 위로 쏟는 것을 보고 놀라 소리를 질렀다. "어떤 학생은 배우지 않으려는 쪽을 선택하는데, 그건 그들에게 정말 슬픈 일일 거야. 저기 버려진 지식들을 보렴."

그러고 나서 앨런 선생님은 그릇을 치우더니 주전자의 물을 곧장 깔개 위에 쏟았다. "또 어떤 학생은 학교에 가지 않겠다고 결심하지. 잠을 잘 못 잤거나 가족들이 학교에 관심이 없어 이 아이들은 종종 지각을 한단다. 얼마나 슬픈 일이니. 저기 버려진 지식을 보렴."

마지막으로 앨런 선생님은 그릇을 똑바로 세우고 말했다. "교실에 이 그릇 모양의 두뇌를 가진 학생들이 가득 차 있는 것이 보이는구나." 선생님은 남은 물을 그릇이 완전히 채워질 때까지 부었다. "수업 시간에 너희를 기다리고 있는 온갖 흥미진진한 것으로 머리를 채우려는 게 보이는구나. 모두가 이 그릇처럼 배울 준비가 되었으면 좋겠어."

앨런 선생님처럼 대부분의 교사는 학생들이 주어진 하루를 헛되이 보내지 않고 방대한 배움의 기회를 붙잡으려는 열정을 공유한다. 미국은 2014 회계연도에 유치원에서부터 고등학교까지 공교육에 6,730억 달러를 지출했다.[1] 미국의 교사는 해마다 수업에 1,000시간 이상을 투자하는데, 이것은 전 세계의 어느 나라보다 많다.[2] 도서관에는 책이 쌓여 있고, 책가방은 책으로 가득 차서 학생들은 여행 가방을 끌어야 할 지경이다. 지금 인터넷으로 접할 수 있는 지식의 양은 무한대다. 학생들이 똑바로 세워놓은 그릇처럼 된다면, 쏟아지는 지식을 기꺼이 붙잡으려고 할 것이다.

그러나 슬프게도 대부분의 교사는 학생들에 대해 가장 힘든 부분이 학습에 대한 동기 결여라고 말한다. 2013년 5,000명의 교사를 대상으로 설문조사를 벌였을 때 가장 힘든 것으로 학생들의 동기부여, 그다음으로 학습 태도, 수업 중 산만함, 수업 중 나쁜 행동이 뒤를 이었다.[3]

미국이 학습이라는 음식을 차려내는 데 그토록 열심이라면, 왜 그처럼 많은 학생이 제공된 음식을 다 먹지 않으려고 하는 것일까?

해결과제(Jobs-To-Be-Done) 이론

일반 소비자가 자진해 달려들어 삼킬 만한 제품을 기획하느라 열심인 것은 학교만이 아니다. 매년 신제품 가운데 75퍼센트 이상이 실패한다. 심지어 대기업, 인기 브랜드, 공격적 광고 마케팅으로 지원하는데도 말이다. 이런 사례 가운데 대표적인 예로 엠에스엔 머니(MSN Money)는 최고로 망한 상품 톱 10에[4] 맥도날드의 아치 디럭스(Arch Deluxe)를 올렸다. 부자연스러운 둥근 모양의 후추 친 베이컨 조각이 올라가 있는 프리미엄 샌드위치인데, 1996년 라떼를 즐겨 마시는 세련된 입맛을 가진 성인을 주 대상으로 출시했다. 맥도날드는 광고에 1억 달러를 지출했지만 그 제품은 비참하리만치 실패했다.

고객의 관점에서는 고객이나 제품 종류를 통해 시장이 구조화되는 것이 아니기 때문에 기업들은 특정 인구통계 범주 내의 고객이 새 제품을 구입할 것인지 예측하기 위해 가히 필사적이다.[5] 고객에게는 해결해야 할 과제가 생기게 된다. 고객은 정기적으로 해결책이 필요한 과제가 생기면 도움이 될 제품이나 서비스를 '선택'하기 위해 주위를 둘러본다. 이것이 고객이 살아가는 방식이다. 아치 디럭스 샌드위치는 사람들이 해결하려고 했던 과제에 대해 강력한 해결책을 제공하지 못했던 것이다.

다른 한편으로 몇몇 기업은 계속 성공적인 제품과 서비스를 출시한다. 그들에게는 고객이 처한 상황을 이해하는 노하우가 있으며, 고객의 시선으로 세상을 바라보는 재주가 있다. 이로써 그들은 고객이 맞닥뜨리는 해결이 필요한 과제를 알아내고, 그 해결책으로 그들이 만든 제품이 선택되었을 때 고객이 얻고자 하는 결과를 인식하게 된다. 해결과제이론은 고객 인구통계 조사가 할 수 없고, 고객의 니즈 분석은 더더욱 할 수 없는 가장 제대로 된 질문을 던진다. 성공적인 새 제품의 도입 사례는 대부분 판매자가 해결할 과제를 (암시적으로든 명시적으로든) 이해하고 나서 사람들이 그 과제를 좀 더 효과적으로, 수월하게, 신속하게, 경제적으로 해결하도록 도와주는 방법을 발견해낸 결과다. 이런 종류의 제품이 가진 다른 이름은 그 과제를 멋지게 해치우는 해결책이라는 뜻의 킬러 앱(killer app)인데, 고객은 이전에 그 해결책이 없었을 때 어떻게 살았는지 기억도 못 할 정도다.

 기업과 조직은 종종 제품이나 서비스가 고객에게 도움을 제공할 수 있다고 여겨 고객이 그것을 받아들일 거라는 생각의 덫에 빠지곤 한다. 이것은 특히 교육, 건강, 환경보호 등 사회적 사명을 띤 조직에서 그렇다. 소위 사회적 기업은 반박할 여지 없이 효과적이고 가치 있는 해결책을 찾아내긴 하지만, 그 해결책이란 것이 사람들이 이전부터 해결하려고 애썼던 일을 경제적으로, 편리하게, 효과적으로 처리하도록 도와주지 못한다면 효과 없는 해결책에 불과하다. 실패한 제품의 무덤은 사람들이 원했어야 하는 제품으로 가득 차 있다. 이들 제품이 사람에게 유용하다는 사실을 확신시켜줄 수 있었다면 좋았을 텐데 그렇게 하지 못한 것이다.

밀크셰이크 과제 해결하기

『교실수업 파괴하기』에서는 해결과제이론을 패스트푸드 체인점이 밀크셰이크의 판매고를 올리고자 노력하는 이야기로 설명하고 있다. 그 예는 대표적인 방식으로 과제 기반 설계의 정신을 잘 포착하고 있으며, 되풀이해 반복적으로 말할 가치가 있다.

어느 패스트푸드 체인점이 밀크셰이크의 판매고를 올리기로 결정했다.[6] 판매자는 밀크셰이크를 다른 곳과 비교해 얼마나 판매하는지 조사했고, 여태껏 밀크셰이크를 가장 많이 구입한 고객의 통계를 확인해 보았다. 그러고 나서 이 특성에 부합하는 사람을 초대해 농도가 더 짙은 것, 가격이 더 저렴한 것, 덩어리가 있는 것 등 어떤 변화를 주면 밀크셰이크가 더 인기를 끌 수 있는지 평가를 부탁했다. 응답자들의 피드백은 분명했으나, 제품에 대한 후속 개선 조치는 판매량에 전혀 영향을 주지 못했다.

그러자 새로운 연구원이 와서 새로운 접근 방식으로 조사를 했다. 그는 식당 체인점 가운데 한 곳에서 하루 종일 지켜보며 고객의 관점에서 상황을 바라보려고 노력했다. 그는 밀크셰이크의 절반이 아침 일찍 판매된다는 사실을 발견하고 놀랐다. 이들 고객은 거의 혼자였고, 다른 것은 구입하지 않았으며, 자기 차로 돌아가기 위해 밀크셰이크를 들고 곧장 매장을 떠났다.

그 연구원은 다음 날 아침에 다시 찾아와 고객들이 밀크셰이크를 들고 매장을 떠나려고 할 때 말을 슬쩍 돌려 물었다. "실례지만 여기 밀크셰이크를 사러 올 때 무엇을 하던 중이었는지 말해줄 수 있나요?" 그들이 대답하려고 고심하고 있을 때 연구원은 대답에 도움이 되는 질문을 던졌다. "최근 똑같은 과제를 해결하려는 동일한 상황에 있었을 때를 생각해보세요. 밀크셰이크를 사러 여기에 오지 않았을 때 당신은 대신에 무엇을 구입했나요?" 그들 대부분이 본질적으로 동일한 문제를 해결하기 위해 밀크셰이크를 구입했다는 사실이 드러났다. 그들은 장거리 출근을 해야 하는 상황이었고 출근 시간을 좀 더 재미있게 해줄 무언가가 필요했다. 그들은 배가 고프지는 않지만 오전 10시가 되면 배가 고플 거라는 것을 알고 있었으며, 12시까지 배고픔을 참을 수 있게 해 줄 무언가를 먹고 싶어 했다. 그리고 그들에게는 몇 가지 제약이 있었는데, 시간에 쫓기고 작업복을 입고 있었고 (운전하느라) 한 손밖에 쓸 수 없었다.

이 문제를 해결하기 위해 다른 어떤 것을 또 구입했는지에 대한 그 연구원의 물음에 고객들은 때때로 베이글을 구입했다고 했다. 그러나 베이글은 딱딱하고 맛이 없었으며, 운전하는 동안 베이글 위에 크림치즈를 바르는 것은(안전 운전에—옮긴이) 심각한 문제를 불러왔다. 때로 이 통근자들은 바나나를 구입했다. 그러나 출퇴근 시간의 지루함을 해결해줄 만큼 충분히 오래가지 않았을뿐더러 10시쯤 되면 배가 고파 죽을 지경이었다. 도넛은 너무 끈적거려 운전대를 지저분하게 만들었다. 밀크셰이크는 이 경쟁 상품보다 과제를 더 잘 해결했음이 드러났다. 사람들이 가느다란 빨대로 걸쭉한 밀크셰이크를 빨아먹는 데는 20분 정도 걸렸고, 운전하는 동안 놀고 있는 한 손으로 충분히 먹을 수 있었다. 고객들은 밀크셰이크의 성분이 무엇인지 알지 못했다. 그러나 밀크셰이크를 구입해 해결하려는 과제가 건강이 아니었기 때문에 그것은 문제가 되지 않았다. 그들이 아는 것이라고는 밀크셰이크를 구입한 날은 오전 10시에 배가 고프지 않았다는 것이다. 그리고 밀크셰이크를 담은 컵은 차량 컵홀더에 딱 들어맞았다.

그 연구원은 하루 중 다른 시간대에는 주로 부모들이 아이들을 위한 식사와 함께 밀크셰이크를 구매한다는 사실을 알아냈다. 부모들은 무엇을 원했던 것일까? 그들은 자녀에게 안 된다고 반복해 말하는 데 지쳐 있었다. 자녀를 달래는 무해한 방법의 하나로, 사랑하는 부모로 보이기 위해 그들은 밀크셰이크를 구매했다. 연구원들이 보기에는 이 방법이 그리 효과적이지 않았지만 말이다. 연구원들은 부모들이 자신의 식사를 끝내고 자녀가 걸쭉한 밀크셰이크를 가느다란 빨대로 힘들게 빨아대며 마시는 동안 초조하게 기다리는 모습을 보았다. 동일 집단의 고객들은 다른 두 가지 목적을 위해 밀크셰이크를 구매하고 있었다. 판매자는 아침 시간에 시간 때우기용 밀크셰이크가 필요한(그리고 이후에는 아주 다른 이유로 밀크셰이크를 구매한) 어느 분주한 아버지에게 밀크셰이크의 어떤 부분을 개선해야 할지 물었는데, 그의 대답은 동일 집단의 다른 사람들의 대답과 비슷했다. 이로 인해 두 가지 해결 과제 모두 다 잘 해내지 못하는 어디에도 쓸모없는 제품(one-size-fits-none)이 만들어졌다.

그러나 고객이 원하는 것을 판매자가 이해하고 난 뒤 밀크셰이크가 다른 목적을 더 잘 수행하기 위해 어떻게 개선되어야 하는지와 어떤 개선 사항이 의미가 없는지 분명해졌다. 그들은 어떻게 지루한 아침 출근 과제에 맞서 싸울 수 있었을까? 밀크셰이크를 훨씬 더 걸쭉하게 만들어 녹지 않은 상태에서 더 오래 마실 수 있게 만들고, 아주 작은 과일 조각을 넣어 운전자들이 때때로 그 조각을 빨아먹도록 하는 것이었다. 그렇게 하면 단조로운 출근길에 불가측성과 기대감이라는 요소를 추가할 수 있다. 그들은 자판기를 카운터 앞으로 옮겨와서 고객에게 선불 전자 카드를 판매해 고객들이 급히 들어와 차에 기름을 넣고 바로 떠나도록 했는데, 이것 역시 중요한 과제였다. 그러나 또 다른 문제를 해결하기 위해서는 아주 다른 제품과 다른 경험이 필요했다.

체육관 과제 해결하기(또는 회피하기)

올바른 밀크셰이크 경험을 디자인하면 패스트푸드 체인점은 더 많은 사람이 밀크셰이크를 구입하도록 유도할 수 있다. 그러나 이 사례는 학생이 수용해야 하는 교육 경험을 디자인하는 방법과 상당히 거리가 있어 보인다. 의료 관리 분야는 어떻게 하면 사람들을 도와서 혜택을 누리도록 할까 하는 문제로 씨름하고 있기 때문에 교육 분야와 비슷한 면이 있는데, 의료 관리 분야의 한 사례는 해결과제 이론을 가깝게 느끼도록 해준다.

교사가 학생이 열의를 가지고 즐겁게 학습하도록 하기 위해 애쓰는 것처럼 많은 기업이 직원들 스스로 건강을 관리하도록 동기부여를 하려고 애쓰고 있다. 직원의 의료 비용을 최소화하려는 기업에는 직원의 건강 관리가 기업의 중요한 목표다. 미국의 대기업 가운데 몇 곳은 직원이 체중을 줄이고 건강을 유지하도록 격려하기 위해 피트니스 클럽 회원권 비용을 보조해준다. 하지만 일부 직원만 참여하고, 참여자 대부분은 모두 건강한 상태다. 문제는 오직 소수의 사람만이 건강 유지를 삶의 우선순위로 둔다는 점이다. 그 외 사람들은 아프고 나서야 건강을 우선순위에 둔다. 기업들은 운동하라고 직원을 설득할 수도 있겠지만, 이런 메시지가 직원이 해결하려는 과제와 맞지 않는다면 회원권 비용은 모두 낭비로 끝날 수밖에 없다.[7]

그러나 기업이 직원들의 과제를 이해하고 회사의 과제뿐 아니라 그들의 과제를 해결할 방법을 만들어 제공한다면, 양쪽 모두 원하는 것을 이룰 수 있다. 그 예로 컴퓨터 제조업체인 델은 직원의 상당수가 '신체적 건강 유지'보다 '재정적 건강 상태 개선'을 더 중요하게 여긴다는 사실을 알아냈다. 2014년 델은 직원들이 목표를 세우고 이를 실천에 옮겨 건강이 개선된 경우, 그들에게 의료 비용 가운데 975달러를 할인해주었다. 많은 직원이 975달러를 받는 대가로 더 건강해졌다. '델에서의 건강(Well at Dell)' 프로그램은 직원들의 과제에 부응하는 것으로 델의 과제를 해결했다.[8]

학생의 해결 과제

'신체 건강 유지하기'를 우선순위에서 아래쪽에 두었던 사람들의 경우와 비슷하게 많은 학생이 학교에서 그냥 시간만 보내거나 아예 등교조차 하지 않는데, 이것은 학생의 해결해야 할 과제가 교육이 아니기 때문이다. 그들에게 교육은 과제를 해결하기 위해 선택할 수도 있는 어떤 것이지 과제 그 자체가 아니라는 말이다. 학생의 마음을 좀 더 사로잡을 만한 수업, 매체, 학생 응답용 리모컨을 사용하면 학생들에게 동기부여를 할 수 있으리라는 희망을 갖고 교사들은 더 나은 것을 만들어내려고 열심히 노력한다. 그러나 학생이 우선 해결 과제가 아닌 것을 더 잘할 수 있도록 돕는 게 교사의 목표라면 그 노력은 헛된 것이다. 물론 학교는 학생에게 학습을 강제하기 위해 처벌과 보상의 방법을 이용할 수도 있다. 그러나 이것이 학교가 해줄 수 있는 최선이라면 많은 학생은 자기 삶에 일어나는 그 과제를 해결하기 위해 다른 해결책을 선택할 것이다. 그리고 학교는 우선순위에서 점점 아래로 추락할 것이다.

이것은 학교가 학생들의 마음에 어떤 핵심 지식이나 역량, 성품을 서서히 주입해선 안 된다는 말이 아니다. 그보다는 이런 목표를 달성하려면 학교는 학생을 위해 본질적 동기를 부여할 수 있는 경험을 만들어내야 한다. 학교는 학생이 배움의 즐거움을 발견할 수 있는 장소가 되어야 한다. 핵심은 학습자의 입장이 되어 그들의 관점에서 그들의 상황(불안감, 당면한 문제, 고유한 열정을 포함해)을 살펴보는 것이다. 해결과제 이론은 교사가 그렇게 할 수 있도록 돕는 도구 역할을 한다.

우리는 대부분의 학생에게 가장 우선적인 두 가지 핵심 과제가 있음을 알았다. 첫째, 학생들은 성취감을 원한다. 그들은 반복적으로 실패하거나 벽에 부딪치기보다는 진전을 보이고 무언가를 이루어내고 있음을 느끼고 싶어 한다.[9] 둘째, 친구들과 즐거운 시간을 보내길 원한다. 또래, 교사, 코치, 조언자, 그 외 친구가 될 만한 사람 등 타인과 함께하는 긍정적이며 보람찬 사회적 경험을 원한다는 뜻이다.

아침 출근 시간에 밀크셰이크가 바나나, 도넛, 베이글과 경쟁하는 것처럼 학교는 학생을 두고 불량 서클과 경쟁하고 있다. 학생이 성공을 경험하고 친구들과 즐거운 시간을 갖기 위해 선택할 수 있는 것들 가운데 하나가 불량 조직에 가입하는 것인데, 그 외 학생이 선택할 수 있는 것으로는 직장을 다니기 위해 학교 중퇴하기, 비디오 게임하기, 길거리 농구 하기, 기타 학업과 관계없는 것이 있다. 학교는 자주 이런 대안에 대해 불운한 경쟁자가 되곤 한다. 공장형 교실 수업에서는 구조적으로 모든 학생에게 교사가 매일 그들의 학습 상황에 대해 개인적인 피드백을 해줄 시간이 충분하지 않다. 학생은 과제와 시험에 대한 간헐적인 피드백을 기다려야만 하고, 대부분의 교사에게는 학생의 노력에 대해 등급이나 점수를 부여하는 정도의 시간밖에 없다. 많은 학생이 성적을 받을 때 성공적인 경험에서 얻는 긍정적 동기를 느끼지 못하고 있다. 대부분의 교사는 의도적으로 성적이 가장 좋은 학생에게 성취감이라는 특권을 부여하고, 나머지 학생에게는 A학점보다 못한 어떤 것을 줘서 집으로 보낸다.

또한 공장형 교실 수업에서는 학생이 친구들과 즐겁게 학습하는 데 많은 어려움이 따른다. 해리스 여론 조사(Harris Poll, 미국의 여론 조사기관)에 참여한 응답자 가운데 60퍼센트가 학교에서 집단 괴롭힘을 직접 경험했거나 아는 사람이 경험했다고 말했다. 게다가 K-12 학년의 자녀를 둔 학부모 가운데 3분의 1 이상이 집단 괴롭힘이 자녀의 학교생활에 문제가 되고 있다고 믿는다.[10] 비록 모든 학생이 이런 극단적이고 부정적인 관계를 경험하지는 않겠지만, 다음과 같은 의문이 떠오른다. 종래의 교실 수업은 학생들이 긍정적인 관계를 형성하도록 최적화되어 있는가? 교사는 다양한 사고를 하는 학생으로 구성된 무리를 가르쳐야 하는 책임이 있고, 각 학생과 일대일로 마주하기에는 시간적 제약이 따른다. 강의식 수업은 수업 시간 도중 학생 간에, 학생-교사 간에 관계를 형성할 기회를 거의 제공하지 못한다. 한편 학교는 학업, 방과 후 활동, 사회봉사 등 모든 것을 제공해야 한다는 압박감에 시달리고 있다. 집단 괴롭힘 근절과 안전하고 긍정적인 학습 환경을 보장하기 위한 기회를 놓칠 수도 있는 것이다.

자신의 과제를 해결하기 위해 학교를 선택하지 않고 대신에 교육 외의 것에 관심을 가진 학생은 열의가 없는 것이 아니다. 학생은 성취감과 즐거운 친구관계에 대해 열의에 차 있다. 문제는 놀랄 만큼 많은 수의 학생이 삶에서 성취감을 느끼지 못하고 있으며, 의미 있는 관계를 만들어가지 못하고 있다는 것이다. 학교는 오히려 그들이 학업적으로,

사회적으로 또는 둘 모두에서 패배자로 느끼도록 만들고 있다.

과제의 구조

과제의 구조에는 3가지 단계가 있다. [그림 5.1]은 이 구조를 묘사하고 있는데, 학생들이 선택하고 싶은 해결책으로 교육을 디자인하는 것은 이 3가지 단계를 교사가 각각 올바르게 이해하느냐에 달려 있다.

가장 근본적 단계에는 과제 그 자체가 있다. 고객이 얻고 싶어 하는 본질적 결과인 것이다. 밀크셰이크를 선택하는 다수의 아침 출근 운전자에게는 해결해야 할 과제가 장거리 운전의 지루함을 누그러뜨리고 아침의 시장기를 없애는 것이다.[11] 이 구조의 두 번째 단계는 판매자가 제공해야 하는 제품 구입과 사용의 모든 경험으로 이루어져 있고, 이들 경험이 모여 과제를 완벽하게 해결하게 된다. 혁신가들이 이 경험이 어떤 것이어야 하는지 이해할 수 있다면 그들은 과제의 구조 중 세 번째 단계를 실행할 수 있다. 즉 올바른 자산을 함께 결합하여 적절하

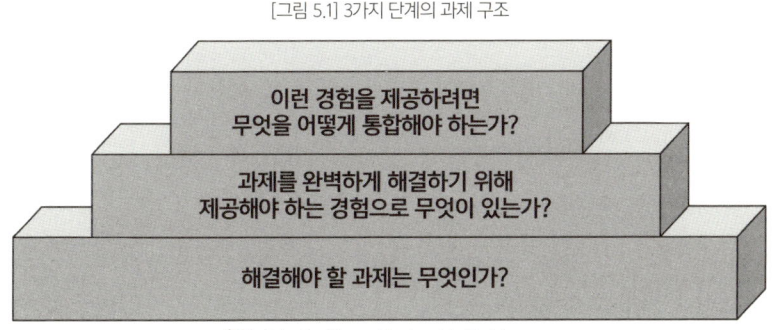

[그림 5.1] 3가지 단계의 과제 구조

출처: Adapted from Clayton M. Christensen, "Module Note: Integrating Around the Job to be Done", Harvard Business School, 2010.

게 통합할 수 있는 것이다. 여기서 자산이란 인적 자원, 테크놀로지, 인체공학적 특성, 포장, 훈련, 지원과 서비스 능력, 유통과 판매 구조, 상표와 광고 전략을 말한다. 이것은 문제를 완벽하게 해결하기 위해 필요한 각각의 경험을 제공한다.

이른 아침 밀크셰이크의 판매량을 늘리고 싶어 하는 패스트푸드점이 완벽한 고객 경험을 디자인하기 위해 〔그림 5.1〕의 프레임워크를 단계별로 적용한다고 가정해보자. 어떤 디자인으로 결정될까? 우선 그림의 아래쪽부터 살펴보자. 일을 시작할 때 아침 출근자들을 관찰해 밀크셰이크를 사기 위해 길을 돌아서 가도록 만드는 근본적 과제를 확인할 것이다. 그 패스트푸드점은 아침 출근과 관련된 과제를 완벽하게 해결하기 위해 모든 경험을 브레인스토밍할 것이다. 과제를 안고 있는 고객이 이 밀크셰이크 브랜드를 처음 접하게 할 때 어떤 경험이 필요할까? 사람들이 매일 구입할 때는 어떨까? 그리고 그들이 밀크셰이크를 마시기 위해 차로 돌아갔을 때 어떤 경험을 하도록 해야 할까? 그 밀크셰이크가 좀 더 걸쭉하거나 좀 더 부드러워야 할까? 건강에 좋은 것이어야 할까, 아니면 좋지 않아도 되는 걸까? 어찌 됐든 상관없는 걸까? 종이컵이 좋을까, 아니면 플라스틱 컵이 좋을까?

최종적으로 그림의 맨 위 단계가 보여주듯 패스트푸드 체인점은 기존의 작업을 살펴볼 것이고, 어떻게 이 모든 것을 통합할 것인지 묻게 될 것이다. 밀크셰이크를 좀 더 걸쭉하게 만들어 출근길에 운전하는 내내 녹지 않게 만들려면 어떤 새로운 재료를 넣어야 할까? 또는 밀크셰이크를 좀 더 덩어리지게 만들려면 레시피를 어떻게 바꿔야 할까? 자판기를 카운터 앞쪽으로 옮겨 고객이 줄서서 기다릴 필요 없이 알아서 구입하도록 해야 할까? 과제를 가진 고객에게 필요한 경험을 제공하려면 광고와 용기 디자인부터 직원 교육과 유통에 이르기까지 최적화하기 위해 시스템을 어떻게 바꿔야 할까?

이 체인점은 다른 과제를 지닌 다른 고객을 대상으로 밀크셰이크 판매를 늘리려면 새로운 상황에 대해 똑같이 3단계 분석을 반복할 필요가 있다. 결국 직관에 반하겠지만 고객에 대한 이해보다 과제에 대한 이해가 더 중요하다.[12]

학생의 과제 해결하기

해결 과제의 관점은 학생이 기꺼이 선택하고 싶어 하는 블렌디드 모델을 디자인할 때 도움이 된다. 어느 학교의 학부모들은 우리에게 이제는 학생들이 블렌디드 모델을 경험한 이상 공장형 모델로 다시 돌아간다는 것은 상상하기 어렵다고 말한다. 이 학교의 학생들은 학교에 등교해 학습할 준비를 하는데, 심지어 학습을 하고 싶어 할 정도가 되어 있다. 이것은 교육이라는 게임에서 큰 강점, 즉 킬러 앱이다.

많은 학생이 해결하려는 과제의 구조 3단계를 차례로 살펴보고, 더 나은 블렌디드를 디자인하기 위한 내재된 의미를 살펴보자.

맨 아래 단계로 보면, 이번 장 앞부분에서 대부분의 학생이 가장 중요하게 생각하는 두 가지 과제가 성취감과 발전, 친구와 즐거움을 나누는 것이라고 말했다. 교육 그 자체는 이루어야 할 목표가 아니다. 오히려 그들의 과제를 해결하기 위해 학생이 고를 수 있는 하나의 선택인 것이다.

과제 구조의 다음 단계는 학생의 과제를 해결하기 위한 매력적인 해결책을 그들에게 제공하기 위해 교육 활동이 필요로 하는 모든 경험을 떠올려보는 것이다. 캘리포니아의 레드우드 시티(Redwood City)에 기반을 둔 차터 스쿨 연합인 서밋(Summit) 공립학교는 학생이 날마다 발전하고 친구들과 즐겁게 지내도록 돕는 경험을 제공한다는 점에서 신기원을 이룬 혁신가들 사이에서도 두드러질 정도다. 학교가 학생에게 교육을 선택하고 싶도록 만들 수 있는 모든 방법을 강구할 때 리더가 고려할 수 있는 경험의 한 가지 예로 이 학교를 언급하곤 한다.

몇 년 전 실리콘밸리에 사는 한 무리의 학부모가 대학 입시 준비와 졸업 이후 삶에 대한 준비를 철저히 시키고자 하는 목표를 가지고 중·고등학교의 경험을 다시 디자인하려고 찾아왔다. 그들은 마운틴 뷰 고등학교의 전 교감이었던 다이앤 타베너를 영입해 서밋 공립학교를 설립하여 CEO의 역할을 하도록 했다. 다이앤은 서밋의 대표 학교를 2003년에 열었고, 그 후 추가로 5개 학교를 설립했다. 학생 수가 6학년부터 12학년까지 대략 1,600명 정도 되었다.

2011년에 이르러 서밋 공립학교는 전국적으로 인정을 받게 되었다. 《뉴스위크》는 서밋 공립학교를 미국에서 가장 큰 변화를 보인 고등학교 가운데 하나로 선정했고, 이들은 꾸준히 캘리포니아 학력지수(API)에서 다른 학교들을 능가했다.[13] 그러나 그해 가을 차터 스쿨 연합의 리더들은 변화를 주기로 결정했다. 그들은 서밋 공립학교에 다니는 대부분의 학생이 대학에 진학하지만, 어떤 학생들은 대학에 가서 힘겨워한다는 사실을 보여주는 자료를 놓고 고민했다.[14] 이들은 대학에서나 대학을 졸업한 뒤 삶에서 성공하려면 내용 지식, 인지 기술, 성공 습관, 진짜 세상에 대한 연습이 필요하고 이런 것들로 학생을 더 잘 준비시킬 수 있는 경험을 디자인할 방법에 대해 생각하기 시작했다. 처음에 그들은 2개 학교에서 수학 과목을 스테이션 순환 모형으로 실험했으나 시간이 지나면서 훨씬 더 개별 맞춤화된 플렉스 모델을 서밋 공립학교의 모든 과목에 제공하는 쪽으로 발전시켰다. 실험을 진행하고, 깨우치고, 그에 맞게 다시 적용하기를 계속하는 과정에서 그들의 노력은 이미 성과를 내고 있다.

서밋 공립학교의 SMART 목표는 학습을 개별 맞춤화하여 100퍼센트의 학생이 대학과 인생에서 성공하도록 준비시키는 것이다. 그 목표에 도달하고자 서밋 공립학교는 학생이 학습할 준비가 된 상태로 등교하기 위해서는 우선 학습하고자 하는 마음을 갖도록 도와줄 경험을 만들어냈다. 이번 장의 목적과 관련해 서밋 공립학교가 학생의 관점에서 봤을 때 중요하다고 확인한 8가지 일반적 경험을 설명하겠다.

1. **학생주도성** 서밋 공립학교는 학생이 성취감을 느끼고 매일 발전하기 위해선 한 가지 필수적 요소가 있는데, 그것은 학생에게 자신만의 개인적인 학습 계획을 세우고 개인별 학습 목표를 설정하도록 권한을 부여해 매일 그들에게 개인의 목표를 향해 나아갈 수 있는 충분한 시간과 올바른 프로세스를 제공하는 거라고 믿고 있다. 교직원은 학생이 자신의 학습 방향에 대해 개인적 결정을 내리는 경험과 필요한 개념을 배우기 위해 여러 가지 선택권 가운데서 고르는 경험을 할 필요가 있다고 믿는다. 서밋 공립학교는 학생주도성을 더 확대해 학교 설계의 개선을 위해 학생의 피드백을 포함시키고 교사들이 개설한 수업 목록을 학생들에게 평가하도록 요구한다.

2. **개별 완전학습** 서밋의 교직원은 학생의 후속 학습 준비도에 따라 빨리 또는 천천히 성장해야 한다고 생각한다. 그리고 각 학생의 속도는 개인

적이어야 하며 집단적이어서는 안 된다. 타베너의 말처럼 현재의 학교 교육 시스템이 얼마나 불합리한지 깨달았을 때(학습 목표에 도달했는지 상관없이 학생은 시간에 기반을 두고 진도를 나가는데, 이것은 향후 학업에서 성공할 확률에 심각한 악영향을 줌), 그리하여 학생에게 합리적이며 역량 기반 학교 교육 시스템을 제공할 때(학생이 성공하도록 만들어졌기 때문에 이치에 맞는 시스템임) 학생은 그것을 더 원하게 된다. 이런 생각에는 학생들이 현재 자기 능력보다 '약간 높은' 스킬을 학습한다는 뜻이 담겨 있다. 너무 어렵지도 않고 너무 쉽지도 않은, 때때로 전력을 다하거나 스스로에게 도전하는 기회를 갖고 말이다.[15]

3. **실행 가능한 데이터와 신속한 피드백에 대한 접근성** 학생주도성과 개별 완전학습을 좇아가면서 서밋 공립학교는 학생들에게 성과에 대한 신속한 피드백과 데이터를 주는 것이 성취감이라는 문제를 해결하는 데 중요한 경험이라는 결론을 내렸다. 데이터가 없다면 학생은 자신이 어떻게 하고 있는지 알 수 없을 것이고, 성공을 위해 무엇을 해야 하는지 모를 것이다. 실행 가능한 데이터와 신속한 피드백이 갖춰져 있다면(어떤 부분에서 좀 더 열심히 해야 하고 실력을 향상시켜야 하는지를 알아내기 위해 데이터와 피드백을 사용할 수 있다는 의미) 학생은 성공을 향해 나아갈 수 있을 것이다.[16] 또한 학생은 데이터를 가지고 있다면 또래 친구에서부터 교사에 이르기까지 함께하는 긍정적 경험을 가질 수 있다. 앞으로 나아가는 방법에 대해 생산적으로 협업할 수 있기 때문이다.

4. **학습 목표의 명확성** 서밋 공립학교는 학생이 성공의 의미를 이해하도록 돕기 위해서, 짜여진 수업에서가 아니라 서밋 공립학교에서의 전체 학업 활동에 대해 그들이 무엇을 성취하고자 노력하고 있는지에 대한 명확한 견해를 제공하는 것이 중요하다고 생각한다. 이 말의 의미는 학

생이 어떤 능력을 습득해야 하는가에 대해 확실히 이해하고 시간 감각을 가져야 하는데, 삶의 성공을 위한 폭넓은 목표를 계속 성취하기 위해선 이런 능력을 반드시 습득해야 한다는 것이다.

5. **지속적인 조용한 개별 독서 시간** 생산적인 모둠 활동에 학생이 참여하여 팀워크 스킬을 배우고 친구들과 즐거운 시간을 갖는 기회를 만드는 것이 필요하긴 하지만, 학생이 책 속에 빠져들 수 있는 조용한 시간을 학교가 제공해야 한다는 중요한 사실을 자주 간과하고 있다는 것이 서밋 공립학교의 생각이다. 집에서는 독서하기가 어려운데, 학교에서마저 독서할 기회가 없다면 학교 교육의 많은 부분을 잘해내기 위해 필요한 독서 능력을 갖는 데 어려움을 겪을지도 모른다. 서밋 공립학교가 생각하기에는 학생에게 독서 시간 계획을 세우도록 훈련시키는 것이 성공적인 학업 수행을 위해 꼭 필요한 경험인 것이다.[17]

6. **의미 있는 학업 경험** 서밋 공립학교의 가설은 학습 경험이 지식 습득과 삶의 성공 능력을 연결하는 데 도움이 된다면 학생은 학교를 선택할 가능성이 더 크다는 것이다. 학교는 학생의 삶과 관련성이 있을 때 더 좋은 곳이 된다. 타베너가 말했듯 학생들은 영리하다. 학생은 자신이 원하는 것을 이루는 데 어떤 것이 도움이 안 된다고 생각하면 학교가 그렇다고 말하지 않는 이상 거기서 손을 떼버린다. 이 말의 의미는 학교는 가능성이 있는 직업 기회와 인생의 여러 갈림길에 대해 학생이 이해하도록 돕고, 목표를 성취하는 데 학습이 얼마나 중요한지를 알도록 도와야 한다는 것이다. 그러면 학생은 어른들이 현재의 삶에서 이룬 것들을 넘어서서 나중에 성인이 되어 하고 싶은 일의 폭넓은 개념을 발달시킬 수 있다. 학교에서의 활동을 향후 성공적인 삶과 연결하는 것뿐 아니라 학생들에게 친구, 교사, 지역사회의 사람과 함께 즐겁게 협업할

기회를 제공하는 것 모두 이 경험에 포함된다.

7. 멘토링 경험 멘토링은 서밋 공립학교에서 상당히 중요하다. 학교의 리더는 분명하고 도달 가능한 목표를 향해 학생이 앞으로 나아가도록 돕는 데 멘토가 필수적이라는 것과 멘토가 훌륭하다면 학생에게 사회적 관계가 유익하다는 사실을 알아냈다. 학생이 성공을 이루어내기 위해서는 사회적 자본이나 사람과의 네트워크를 이용할 줄 알아야 하는데, 서밋 공립학교는 멘토 제도가 학생이 이런 것을 형성하도록 돕는 중요한 역할을 한다고 여긴다.

8. 긍정적인 단체 경험 서밋 공립학교는 학생들이 어려운 프로젝트를 수행해내기 위해 타인과 함께 중요한 문제에 대해 토론하는 단체 경험을 반드시 가져야 한다고 믿는다. 이런 경험을 만들어줌으로써 학생은 친구들과 즐거운 시간을 가지면서 타인과 서로 관계를 맺고 잘 지내는 능력을 쌓을 수 있다.

그 외 환경은 다음과 같다. 서밋 공립학교가 학생들이 실력을 성장시키고 타인과 잘 지내도록 돕는 데 있어 중요하다고 결론 내린 모든 경험을 나열하지는 않았다. 또한 서밋 공립학교가 모든 것을 생각해낸 것 같지는 않다. 지역사회에서 가장 좋을 만한 학생 경험에 대해 브레인스토밍을 할 때 던져야 할 중요한 질문 가운데 하나는 어떤 학습 경험이 잘 디자인되어 상당한 영향을 끼친다고 해도 그전에 개선을 간절히 바라는 상황이 있는가 없는가 하는 것이다. 예를 들어 학생들이 너무 피곤해 효과적으로 학습하기 어려운 문제 상황을 지속적으로 겪고 있는 학교가 있다. 하버드 의대의 신경정신 전문가 존 레이티(John Ratey)는 미국 청소년의 가장 큰 문제 가운데 하나는 수면 부족이라고 말했다. 그의 연구에 따르면 십대는 성인보다 더 많은 수면이 필요한데 상당수 학생이 만성적인 수면 부족을 겪고 있다는 것이다.[18]

또한 레이티는 많은 학교가 아이와 청소년에게 충분한 신체 활동을 제공하지 않는다는 사실을 발견했다. 어떤 학교에서는 많은 신체 활동을 제공하고 있지만 모든 학교가 다 그런 것은 아니다. 레이티는 학교에서의 성공 경험을 학생이 가지도록 돕는 가장 좋은 방법 가운데 하나는 충분한 운동량을 확보해주는 것이라고 조언한다. 그는 휴대용 운동장 비품(공, 세발자전거, 스쿠터 등)이 필요하다고 했는데, 이것이 운동 부족이 문제인 학교에서 매일 하루 시작과 함께 30분간 활발한 신체 활동을 유도하는 데 운동장 시설보다 더 많은 신체 활동을 이끌어낼 수 있다고 한다.[19] 물론 이런 개선 방안을 제공하는 것이 학업의 진보로 이어진다는 의미는 아니다. 하지만 이런 필수 사항을 충족시키지 않는다면 성공으로 가는 길에서 첫 장애물을 만나게 된다.

게다가 연구자들은 어린 시절 힘든 스트레스 경험이 아이의 학습 능력에 엄청나게 해를 끼친다는 사실을 알아냈다. 이런 경험에는 신체적·성적 학대, 신체적·정서적 무관심, 수감 중이거나 정신적 질병 또는 중독증을 앓고 있는 가족 등 다양한 종류의 가정 문제가 포함된다. 나딘 버크 해리스 박사는 그녀의 샌프란시스코 병원에서 700명 이상의 환자를 조사해 어린 시절 이런 종류의 심각한 트라우마를 겪지 않은 사람은 3퍼센트만 학습장애나 행동장애를 가진다는 사실을 알아냈다. 어릴 때 4번 또는 그 이상 이런 스트레스 사건을 경험한 사람의 경우에는 51퍼센트라는 결과가 나왔다.[20]

이 연구는 학생이 겪고 있는 상황을 암울한 그림으로 그려내고 있다. 물론 학교가 이런 사회문제를 혼자 힘으로 해결할 수는 없다. 그러나 적어도 학교의 리더는 어린 시절의 역경이 학교 생활의 성취감과 성장에 걸림돌이 되는 높은 상관관계를 인식하고 있어야 한다. 추가적인 상담이나 멘토링, 사회복지 서비스는 많은 학생에게 가장 중요한 경험이며, 학교는 이런 학생이 자신의 과제를 해결하도록 돕기 위한 출발점으로 앞서 언급한 사항을 반드시 고려해야 한다.[21]

어떤 학생은 특수한 신체적 또는 정신적 니즈에서부터 방과 후 수업이나 실생활과 관련된 활동에 이르기까지 고려해야 할 다양한 상황에 처해 있다. 이 모든 것은 학습자들을 위한 올바른 경험을 디자인할 때 고려할 가치가 있다. 따라서 가장 좋은 방법을 찾는 것은 무모하다. 대신 실제 상황을 분석하고 각 상황에 적합한 학생의 경험을 디자인하는 것이 더 낫다.

연구자들은 주어진 상황에서 어떤 경험이 가장 효과적인지를 연구해 이런 노력을 도울 수 있다. 예를 들어 어떤 교사는 행동장애와 주의력결핍장애가 심각한 상황에서는 학생에게 더 많은 선택과 통제권을 부여하는 쪽으로 변화를 이끈다고 얘기한다. 그들은 입식 책상을 사용하고, 빈백 의자에 앉고, 돌아다니고, 배고프면 간식을 먹고, 학습 방식을 선택하도록 허용해 주는 것과 같이 선택권을 주는 것이 리탈린(Ritalin, ADHD 주의력결핍장애 치료약)보다 더 효과적일 수 있다고 말한다. 또 어떤 사람은 너무 쉽거나 어렵지 않게 적절한 수준으로 학생이 학습할 때와 배움이 개별 맞춤화될 때 시간이 지나면서 특수 교육 니즈의 비율과 영어 미숙 학습자의 비율이 급격히 감소한다고 말했다. 우리는 연구자들이 이런 종류의 상관관계를 연구해 특정한 상황에서 가장 효과적인 경험을 하도록 증거에 기반을 둔 권고안을 제공하기를 희망한다.

무엇을, 어떻게 통합할 것인가

문제 해결의 마지막 단계는 〔그림 5.1〕의 가장 위에 묘사되어 있듯 이전 단계에서 파악된 경험을 제공하기 위해 어떤 자원을 보유해야 하며, 어떻게 이 자원과 방법을 통합할지 이해해야 한다. 앞에서 강조한 8가지 경험을 학생에게 전해주기 위한 서밋 공립학교의 노력을 보면, 학교의 리더는 학교 시설과 교사로부터 테크놀로지와 예산에 이르기까지 서밋 공립학교가 가진 자원을 어떻게 통합할지, 어떻게 스케줄을 조정할지, 어떤 절차와 계획을 세우거나 변경할지, 어떻게 지역사회를 참여시킬지 계속 생각하는 중이다. 해답은 계속 진화하고 있지만, 어떤 해답은 잘 짜여진 계획된 프로그램을 통합할 때 주로 등장한다.[22]

학생 주도성과 개별 완전학습의 경험을 만들어내기 위해 서밋 공립학교는 그들에게 맞는 기능을 제공할 만한 소프트웨어가 없다고 판단했다. 그들은 액티베이트 인스트럭션(Activate Instruction)이라고 불리는 새로운 소프트웨어를 만들기 위해 샌디에이고의 교육 자선단체인 지라드(Girard) 교육재단, 학생 데이터 플랫폼 회사인 일루미네이트 에듀케이션(Illuminate Education), 블렌디드 러닝 환경 디자인을 돕는 알보 인스티튜트(Alvo Institute) 등 몇몇 기관과 제휴했다. 이 무료 온라인 도구는 학생이 '재생 목록'에 접근하도록 해주었는데, 이것은 교사들이 정리한 능력에 따라 구성된 다양한 학습 자료였다. 액티베이트로 학습하는 학생은 재생 목록을 통해 어떤 특정한 역량을 어떻게 학습할지에 대해 온라인 비디오부터 기사와 게임에 이르기까지 여러 선택권이 있다.[23]

그다음 서밋 공립학교는 학생들에게 일주일 동안 8시간은 학교에서, 8시간은 가정에서 하는 소위 개별 맞춤화 학습 시간이라 불리는 것을 제공한다. 이 시간에 학생은 [그림 5.2]에서 보여주는 과정을 순환하게 된다. 주간 학습 목표를 설정하고 그 목표를 달성하기 위한 계획을 액티베이트 재생 목록을 사용하여 세운다. 준비되었다는 생각이 들면 지식이나 역량을 완전히 학습했다는 것을 증명하기 위한 시험을 칠 수 있는데, 이는 언제든 가능하다. 이것은 학생이 지식을 이해했다고 믿고 있으면 초반에 시험을 치고 다음 단계로 넘어갈 수 있음을 의미한다. 시험에 통과하지 못하면 완전히 학습했음을 증명할 수 있을 때까지 개인별 재생 목록에 따라 학습한다.

　시험을 친 다음 학생은 성적에 대한 세부 설명과 함께 합격 또는 불합격이라는 피드백을 받는다. 이 짧은 주기의 피드백 회로는 학업에 대한 주도권을 갖고 꾸준히 앞으로 나아가도록 할 뿐 아니라 실행 가능한 데이터에 접근하도록 해준다. 당장 사용 가능한 이런 데이터를 갖고 금요일마다 학생은 멘토와 함께 주간별 학업 진행 상황을 살펴본다. 학습 경험을 어떻게 느끼는지, 어떤 부분이 효과적인지, 어떤 부분

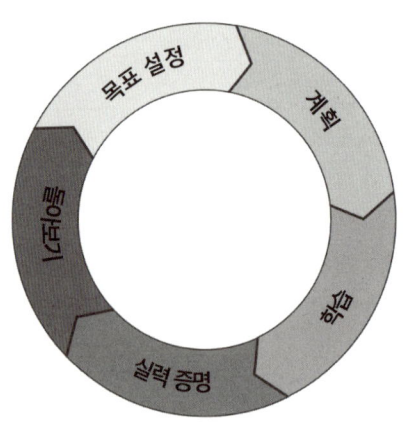

[그림 5.2] 서밋 공립학교의 학습 사이클

을 향상시켜야 하는지에 대해 이야기한다.

학생은 학습 내용을 완전히 익히면 그만큼 빨리 진도를 나가기 때문에 서밋 공립학교는 앞서서 학생이 학습해야 할 모든 역량에 대한 일관성 있는 범위, 바람직한 순서, 연관된 학습 자료 재생 목록을 만들어야 했다. K-12 모든 학년에 걸쳐서 말이다. 이 말의 의미는 전날 밤 수업 계획안을 작성하는 교사가 더 이상 없다는 것이다. 이것에 대한 부가적 장점은 학생이 앞을 미리 내다보도록 서밋 공립학교가 범위와 순서를 게시할 수 있다는 것이다. 또한 서밋 공립학교의 학생은 자신의 데이터를 확인할 수 있는 시스템에서 캘린더와 연동되는 그래프 선을 볼 수 있는데, 이것은 학생이 제때 고등학교를 마치고 싶다면 현재 자신의 학습 수준이 어디쯤 도달해야 하는지 알려주며, 거기에 맞춰 학습 과정을 조정해 나가도록 해준다.

학생에게 지속적으로 조용한 혼자만의 독서 시간을 부여하기 위해 학교에서는 서밋 리드(Summit Reads)를 만들었는데, 매일 이 시간에 학생은 자유롭게 독서를 할 수 있다. 서밋 공립학교는 이 독서 시간을 위해 전자책 독서 플랫폼 커리큘렛(Curriculet)을 사용하는데, 여기서는 질문과 퀴즈, 풍부한 미디어 주석이 탑재된 텍스트가 제공된다. 커리큘렛은 서밋 공립학교 교사가 실시간으로 이해도 테스트를 하게 해주며 퀴즈 결과, 학습한 시간, 기타 지표 등을 볼 수 있는 현황판을 제공해 좀 더 효과적으로 지도하도록 돕는다.

서밋 공립학교는 이런 경험을 사용해 학생이 프로젝트 기반 학습을 통해 '심화 학습'[24]을 할 수 있도록 상당한 시간을 확보해준다. 서밋 공립학교가 보기에 프로젝트 기반 학습이야말로 유일하게 학생의 과제를 해결하도록 돕는 목적, 대학생활과 삶에서 성공하기 위해 필요한 인지적 능력과 성공 습관을 학생이 갖도록 만들어야 하는 학교의 문제를 해결하도록 돕는 목적 이 두 가지 목적을 완수할 수 있다. [표 5.1]은 서밋 공립학교 학생의 일상 시간표인데, 프로젝트 기반 학습이 어떻게 하루 일과와 조화를 이루는지 보여준다.

게다가 서밋 공립학교는 학생에게 일 년에 8주간 '탐사 학습'을 제공한다. 그 기간에 학생은 대부분 학교를 벗어나 체험을 통해 배우게 된다. 학생은 직업 선택 가능성을 알아보기 위해 선택 과목에서부터 실제 인턴십에 이르기까지 모든 것에서 그들의 열정을 탐색해볼 수 있다. 탐사 학습은 학생에게 탐사를 맡은 교사와 지역사회 단체에 속한 사람들과의 강한 유대관계를 쌓을 기회를 제공한다. 또한 서밋 공립학교는 내부 멘토십 프로그램이 있는데, 매주 10분간 학생의 학업 코치이자 대학 진학 상담자, 가족과의 소통자, 지지자 역할을 하도록 지정된 교사와의 일대일 모임을 학생이 진행하도록 구성되어 있다. 학생은

[표 5.1] 서밋 공립학교 학생의 하루 일과

7:30	학교 도착, 개별 맞춤화 학습 계획 세우기
8:25	프로젝트 시간과 함께 일과 시작(수학과 과학)
10:20	휴식
10:35	개별 맞춤화 학습 시간
11:35	체육 또는 지속적인 독서 시간(커리큘렛 활용)
12:35	점식식사와 휴식
1:20	프로젝트 시간(영어와 역사)
3:15	일과 종료, 학교에 더 머물면서 개별 맞춤화 학습 계획 세우기 가능

주: 금요일에 학생은 하루 중 대부분을 개별 맞춤화 학습 계획을 세우고 멘토와 일대일 만남 시간으로 보낸다.

일 년에 1~3회 그들의 멘토와 가족이 함께하는 모임을 이끈다. 각 교사는 연간 대략 15명 정도 멘토링을 한다.

마지막으로 탐사와 프로젝트 기반 학습 모두 학생에게 긍정적인 모둠 경험을 하도록 충분한 시간을 제공한다. 이를 위해 서밋 공립학교는 지역사회 시간(community time)을 매주 45분간 확보하여 학생들이 소그룹으로 만나 자신에게 중요한 현안에 대해 토론하도록 한다.

학생 과제 해결에서 블렌디드 러닝의 역할

서밋 공립학교와 같은 학교는 학생의 과제 해결 관점에서 올바른 학업 경험과 사회 경험의 통합을 용이하게 만들어줄 두 가지 획기적 혜택을 잘 이용하고 있다. 첫 번째, 개발된 온라인 콘텐츠는 학생을 위한 몇몇 교육 과정이나 과목에서 학생의 학습 중추로서 역할을 해내고 있다. 온라인 플랫폼을 통해 콘텐츠를 제공할 수 있게 되면서 교사는 학생이 학교에서 사용할 수 있는 긍정적인 쌍방향 학습 경험을 만들어내는 데 전념할 더 많은 시간과 에너지를 가지게 되었다. 서밋 공립학교의 교사는 더 이상 다음 차시 수업에 신경 쓰지 않아도 되기 때문에 일대일 멘토링에 더 많은 시간을 쓸 수 있다. 대신 교사는 학생과 개인적 관계를 형성하고 자신의 관심을 학생의 성공 경험 개발에 둘 수 있다. 두 번째, 몇몇 경우 온라인 콘텐츠는 기본 역량의 완전학습을 가속화시킬 뿐 아니라 소요 시간을 단축시키고 있다. 이로 말미암아 프로젝트 시간과 소크라테스식의 토론 같은 활동을 위한 시간을 확보할 수 있다. 이런 활동은 명확하고 비판적으로 생각하는 사람을 길러내고자 하는 학교를 도와주고, 친구와 즐거움을 나누고자 하는 학생에게도 도움이 된다. 서밋 공립학교와 비슷한 사례로, 2장에서 소개했던 액턴 아카데미는 핵심적 학습을 매일 2시간 30분의 개별 맞춤화 학습 시간 안에 넣는다. 이렇게 함으로써 학교는 매주 2시간 30분의 프로젝트 학습을 위한 시간과 매일 소크라테스식 세미나를 위한 시간, 금요일의 게임 시간, 충분한 체육과 미술 시간을 확보하고 있으며 사회 경험을 위한 시간도 확보하고 있다.[25] 학교는 학생이 친구, 교사와의 즐거운 관계를 만들어 나갈 시간을 주기 위해 학습을 좀 더 효율적으로 만들어낼 수 있는 방법을 내다봐야 한다.

이에 대한 생각 가운데 하나는 디지털 학습이 어디서나 가능하게 되면서(반직관적으로 보일 수도 있지만) 학생은 더 많은 실습, 프로젝트 기반 학습을 경험할 거라는 점이다. 많은 도시에서 이미 공동체를 지향하는 창의적 공간인 핵랩스(hacklabs) 또는 해커스페이스(hackerspaces)라고도 알려져 있는 메이커스페이스(makerspace)의 증가가 목격되고 있다. 우리는 학교가 더 많은 온라인 경험을 프로그램 안에 녹여낼수록 학생이 이런 경험을 할 시간을 더 많이 확보할 수 있다는 사실을 알게 되고, 프로젝트와 탐사를 통해서만 가능한 실습 시간과 면대면 사회적 경험이 그동안 학생들이 놓쳤던 부분이라는 사실도 깨닫지 않을까 생각한다. 다행히도 프로젝트 기반 학습과 탐사 학습 경험은 아이들의 동영상 시청 시간에 대한 균형을 잡아주는 역할(많은 어른이 마음에 들어 하는 부분)을 할 뿐 아니라 학생이 우선시하는 목표의 해결을 돕는 데도 적합하다.[26]

학생에게 과제를 바꾸라는 요구의 위험

슬로건을 파악하고 혁신을 위해 조직한 후에 블렌디드 러닝팀은 학습 모형 디자인이라는 도전적이면서도 설레는 작업에 착수한다. 이번 장은 블렌디드 러닝팀에게 그들의 노력을 학생이 삶 속에서 이루려는 과제에 단단히 붙들어 매라는 강력한 권고를 하고 있다. 한 번 더 말하면 대부분의 학생에게 이런 과제는 매일 학업에서 진전을 이루는 것, 친구들과 즐겁게 지내는 것이다. 그다음 블렌디드 러닝팀은 이런 과제를 해내기 위한 모든 경험을 브레인스토밍을 해야 하고, 마지막으로는 바람직한 경험을 제공하기 위해 어떤 자원이 필요하고 어떻게 이들 자원을 통합할 것인지 고민해야 한다.

다음 장에서는 과제의 구조 가운데 세 번째 단계로 깊이 들어가서 교사, 직원, 물리적 환경과 가상의 환경, 학습 모형, 문화를 하나로 묶어 끊김없이 통합된 솔루션을 만드는 것에 대해 알아보겠다.

교육가 고 잭 프라이마이어는 "아이들이 배우길 원한다면 우리는 그들을 막을 수 없다. 그리고 아이들이 배우길 원하지 않는다면 그것 역시 우리는 억지로 시킬 수 없다"라고 말했다. 여기서 좋은 소식은 사회의 과제와 학생의 과제가 어느 정도 겹친다는 것이다. 사회는 학생이 매일 학업에 있어 진전을 이루길 원하고 건설적인 사회적 관계에 참여하길 바란다. 이런 이상이 학교 디자인의 중심이 될 때 학생 참여의 가능성이 가장 크다.

요약

- 학교는 학생이 배움의 기쁨을 발견하도록 도와주는 곳이 될 수 있다. 학교가 학생의 관점에서 올바른 학교를 디자인한다면 학생이 중요하게 여기는 것에 완벽히 부합함으로써 학생은 학습 동기와 의욕을 가지고 수업에 참여할 수 있다. 핵심은 공감을 통해 디자인해야 한다는 것이다. 해결 과제의 프레임워크는 그런 관점으로부터 디자인하도록 돕는 도구다.

- 목표의 구조 가운데 첫 번째 단계는 목표를 파악하는 것이다. 일반적으로 말해 대부분의 학생에게 가장 우선적인 두 가지 목표는 성취감을 느끼고 진전을 이루어내는 것, 친구들과 즐겁게 지내는 것이다. 여기서 교육 그 자체는 목표가 아니며, 학생이 자신의 목표를 이루기 위해 선택할 수 있는 선택지 가운데 하나이다.

- 두 학교가 목표를 완벽히 이루기 위해 제공해야 하는 모든 경험을 파악하는 것이다. 서밋 공립학교에서는 학생주도성, 개별 완전학습, 실행 가능한 데이터와 신속한 피드백에 대한 접근성, 학습 목표의 명확성, 지속적인 개별 독서 시간, 의미 있는 학업 경험, 멘토링 경험, 긍정적인 단체 경험이 이에 해당한다.

- 학생이 목표를 이루도록 돕는 경험 가운데 어떤 것은 일반적이지만 또 어떤 것은 개별 학생의 상황에 따라 다르다. 예를 들어 어떤 커뮤니티는 수면 부족과 경험 결핍, 가정에서의 트라우마를 해결하는 경험을 디자인할 필요가 있다. 상황에 따라 다른 경험이 필요한 것이다.

- 목표의 구조 가운데 세 번째 단계는 목표를 이루는 데 필요한 경험을 제공하기 위해 무엇을 어떻게 통합할 것인지 파악하는 것이다. 서밋 공립학교는 개별 맞춤화 학습 시간, 학습 주기, 프로젝트 기반 학습, 탐사, 그 외 과정과 일과를 통합

해 잘 짜여진 경험을 학생에게 제공한다.
- 학업 경험과 사회 경험은 학생이 자신의 목표를 이루는 데 있어 학교를 최적의 장소로 만들어주는데, 블렌디드 러닝은 교사가 이런 경험을 학생에게 제공하도록 해준다.

[표 5.2] 일과 예시
1. KIPP Comienza Community Prep, Huntington Park, California [27]
   유치원~초등학교 4학년 / 스테이션 순환

7:30	아침식사와 가족 글 익힘 활동
7:45	학교 전체 조례
8:05	스테이션 순환 수업, 수학
9:25	휴식
9:40	글쓰기 워크숍
10:20	영어 수업 스테이션: 파닉스(phonics), 가이디드 리딩, 단어 학습
11:30	미술, 스페인어 또는 과학
12:30	점심식사와 놀이
1:15	밸류 서클(Values Circle): 행동과 선택 살펴보기(윤리학 수업)
1:30	독서 워크숍: 독서 수준에 따라 책 혼자 읽기
2:00	강의식 독서 수업
2:45	노트 리뷰, 자유 선택 활동, 시험 대비 또는 보강
3:20	민족학 수업: 정체성, 사회학, 역사
4:00	일과 종료

2. Gilroy Prep, a Navigator School, Gilroy, California
유치원~초등학교 4학년 / 랩 순환

8:00	전교생이 노래와 함께 시작하기
8:10	테크놀로지를 활용한 수학 수업, 강의식 수업
9:10	크롬북 맞춤식 소프트웨어 수업: 개인 지도 받기
9:40	휴식
9:55	영어: 파닉스와 독서 개인 지도 받기
11:00	컴퓨터실 섹세스메이커 매스(Successmaker math, 수학 소프트웨어) 수업
11:30	과학이나 체육
12:15	점심식사
1:00	아이패드 AR(Accelerated Reader, 독서 앱) 수업
1:30	컴퓨터실 섹세스메이커 매스 수업
2:00	글쓰기 워크숍, 독서, 노트 리뷰
3:15	일과 종료
3:15	상급생 상담(필요 시)

3. Acton Academy Austin, Texas
1~12학년(6~8학년 일과 예시) / 플렉스

	활동	행동 규범
8:00	자유시간	자유시간
8:30	조례	협업
8:55	핵심 역량 수업 (읽기, 쓰기, 수학, 사회)	조용한 시간(개인 학습)
10:00	휴식	자유시간
10:15	(이어서)핵심 역량 수업	협업 (개인 학습이지만 동료의 도움을 받아서)
11:40	점심식사	자유시간
12:15	프로젝트 시간	협업
2:45	청소	협업
3:00	종례	협업
3:15	일과 종료	

주: 체육은 월요일과 목요일 점심식사 전 한 시간이고, 학생은 금요일 오후 청소 시간 전 한 시간동안 게임 시간을 가진다.

토론을 위한 질문

1. 1~5의 척도가 있고, 1이 '매우 중요하다', 5가 '전혀 중요하지 않다'인 경우 학생이 학습의 즐거움과 본질적 동기부여를 갖도록 하기 위해 학교를 디자인하는 것이 얼마나 중요한가?
2. 최근에 제품을 구입한 경험을 떠올려보고, 이 구입을 해결과제이론의 관점에서 분석해보라. 구입하던 순간 어떤 해결 과제를 위해 그 제품을 구입했는가? 당신이 물품 구매를 통해 충족시키고자 했던 부분에 대해 판매자가 어느 정도 부합한 제공을 했다고 보는가? 판매자가 추가적으로 제공했어야 하는 부분이 있는가?
3. 서밋 공립학교에서는 학생이 성취감을 느끼면서도 친구들과 즐거운 경험을 하도록 돕는 8가지 일반적 경험을 제공했다. 학생주도성, 개별 완전학습, 실행 가능한 데이터와 신속한 피드백에 대한 접근성, 학습 목표의 명확성, 지속적으로 시행되는 조용한 개별 독서 시간, 의미 있는 학업 경험, 멘토링 경험, 긍정적 단체 경험 등. 학생의 해결 과제 관점에서 보았을 때 이 8가지 가운데 가장 중요하다고 생각하는 1~2가지는 무엇인가?
4. 당신이 속한 공동체의 학생이 현재 직면하고 있는 상황 가운데 성취감을 느끼면서 친구들과 즐거움을 갖도록 도울 수 있는 경험에 대해 브레인스토밍 활동을 해보라.

6장

가르침을 고양하라

이 책에서 반복되는 주제는 블렌디드 러닝이 기존의 교실 체계 위에다 단지 테크놀로지라는 층을 쌓아올리는 것이 아니라 그 이상을 필요로 한다는 것이다. 이것은 수업 모형의 심도 깊은 재설계와 관련이 있다. 이상적으로 수업 설계 작업은 학생의 목표를 이루기 위한 남다른 헌신과 함께 시작되어야 하며, 올바른 경험을 제공하기 위해 교사부터 시설, 교육 과정, 문화에 이르기까지 학교의 모든 부분을 어떻게 통합할 것인지 고려해야 한다.

이 설계 안에 교사를 성공적으로 통합해 넣을 때 부담은 결코 적지 않다. 훌륭한 교사가 학생의 성취 결과에 지속적으로 영향을 끼친다는 것은 직관과 상당한 증거를 통해 알 수 있다.[1] 학생은 교사 통합의 실패한 실험을 경험하고 있을 여유가 없다. 미국에서만 300만 명이 넘는 성인이 교사로 근무해 왔고, 사회는 미래의 유능하고 재능 있는 사람을 지속적으로 선발하여 고용하는 데 달려 있다. 교사에게 제대로 된 설계를 해내는 것은 중요한 일이다.

크리스텐슨 연구소 웹사이트에서 가장 널리 읽히고 있는 블로그 중 하나는 "컴퓨터가 교사를 대체할 것인가"이다.[2] 이는 상당히 민감한 주제다. 모든 사람이 온라인 소프트웨어가 교육적 기능을 담당한다는 것을 알고 있는데, "이런 현상이 얼마나 갈 것인가"라는 불가피한 질문이 뒤따른다. 2장에서 온라인 학습이 모두 고개를 끄덕일 정도가 되면 학교는 각 학생에 맞춘 양질의 학습을 제공하기 위해 온라인 학습에 의존하게 될 거라고 예측했다. 그렇게 되면 학교는 다른 일에 집중할 수 있을 것이다. 그러나 학교가 학습 콘텐츠와 강의를 온라인 플랫폼에 위임함에 따라 교사들은 자신들이 대체되었고, 그다지 할 일이 없고, 그 결과 학생에게 도움을 주지 못할 거라고 생각한다. 또한 그들은 학생의 고차원적 사고력과 인성 발달에 집중하는 역할로 전환되어야 함에도 그렇게 하지 않을 위험도 제기된다. 이는 분명 위험한 일인데, 블렌디드 러닝의 성공에 교사는 매우 중요한 역할을 하기 때문이다.

지금까지 살펴보았던 훌륭한 블렌디드 러닝 프로그램에서 더는 교실의 모든 학생을 똑같은 수업으로 이끌어가지 않는 등 교사의 역할이 바뀌긴 했지만, 교사들은 여전히 다양한 방식으로 더 활발하게 수업에 참여하면서 학생과 함께하고 있다. 나쁜 블렌디드 러닝 프로그램을 살펴보면 역할을 뺏겼다고 느낀 교사들은 종종 언짢은 표정으로 학생과 교류하지 않고 교실 뒤편에 그냥 앉아 있다. 그렇게 되면 학생은 자신을 돌보는 열정적인 교사와 함께할 때 배울 수 있는 것을 배우지 못하게 된다.

교사를 위해 설계를 잘해야 한다는 책임은 대단히 무겁다. 이것은 블렌디드 러닝의 출현이 성공하느냐 실패하느냐에 대한 가장 중요한 결정 요소일 수도 있다. 이번 장에서는 우선 학생의 관점에서 교사의 역할을 긍정적으로 완성시킬 방법에게 대해 생각해보려고 한다. 그다음에는 교사의 관점에서 기회를 충분히 생각해보려고 한다. 어떻게 하면 우리는 설계를 통해 교사가 그들의 과제와 우선적 문제를 해결하도록 할 수 있을까?

학생 관점에서 교사 역할 설계하기

학생의 환경과 학습에서 요구사항은 학생만큼이나 다양하기 때문에 이상적인 교사를 단 하나의 문장으로 정의내릴 수는 없다. 그러나 오늘날 학습자에 대한 두 가지 의견은 학생의 학습과 그들의 과제 수행에 도움이 되도록 학생의 삶 속에 교사를 통합하는 방법에 대한 단서를 제공하고 있다.

강의식 수업 넘어서기

첫 번째는 우리가 이미 다루었듯 공장형 수업 모델에 의존할 경우 자신이 바라는 직업을 갖기에 적합한 준비된 학생을 배출해낼 수가 없다. 칠판이나 오버헤드 프로젝터(OHP), 전자칠판 앞에서 강의식 수업을 하며 지식을 전달하는(또는 퍼실리테이팅하는) 고전적 이미지의 교사는 지금 시대에는 적합하지 않다. 오늘날의 젊은이를 기다리고 있는 미래는 학교로부터 새로운 것을 요구한다. "단지 학교에 등교하고 수업 시간에 깨어 있다"고 해서 학생에게 보상하는 공장형 교실 수업은 더는 효과가 없다.[3]

엄격한 권위주의적 규율의 대명사로 여겨졌던 조직인 미 육군도 교육에 대한 기존의 전통적 하향식 접근법을 재고하고 있는 중이다.[4] 합동참모본부장(미 육군 최고직)인 마틴 뎀프시 장군에 따르면 미 육군은 지금까지 '체력적으로 건강하고, 교육을 제대로 받았으며, 규율이 잡혀 있는' 사람을 뽑았으나 오늘날에는 '원활한 소통이 가능하고, 탐구적인 자세를 지녔고, 협업 본능을 가진' 사람을 원한다는 것이다.[5]

실시간으로 군사 정보를 분석하고, 기업가처럼 생각하고, 주도적으로 일할 수 있는 군인에 대한 니즈를 고려했을 때 육군 교관을 훈련 담당 하사관으로 통합시키는 것이 더는 효과가 없다는 사실을 알게 되었다. 뎀프시 장군은 군의 리더가 "사람들이 앉아 있으면 훈련 담당 하사관은 고함지르고 필기나 하면서 신병 훈련소를 수료했던 방식의 '교단 위의 현자(賢者)'에서 '옆에서 도와주는 가이드'로 전환되는 중이다"라고 말했다.[6] 이제 리더는 자신을 따라 언덕을 오르라고 명령하는 종래의 단호한 지휘관이 아니라 관현악 편곡자가 되어야 하고 영감을 주는 사람이어야 한다.[7]

미 육군의 접근 방식에 대한 변화는 학교가 나아갈 길을 제시해준다. 하향식, 교사 중심의 획일적인 수업은 오늘날 기업들이 최고 연봉을 지급하며 고용하려는 기업가적이고 학구적인 문제 해결자를 배출하기에 매력적이지 못한 선택이다.[8] 미국의 많은 교사가 지난 수십 년간 강의라는 형식을 버리고자 시도해 왔음에도 공장형 모델 수업 디자인은 학생들에게 지식과 역량을 갖도록 해주고 비판적 성품과 창의성을 개발하도록 해주는 확고한 학생 중심적 접근 방식으로 나아가지 못하도록 제한하고 있다. 어떻게 교사를 블렌디드 러닝 설계 안으로 통합해 넣을 것인가에 대해 학교가 고민할 때 과거 공장노동자를 길러내기 위한 목적의 시간 기반, 강의 기반의 교사 역할을 넘어서서 생각해볼 수 있는 즐거운 기회를 갖게 된다.

서밋 공립학교의 발전 스토리는 기회 포착의 중요성을 잘 보여준다. 블렌디드 러닝 플렉스 모형을 시범적으로 도입한 해에 서밋 공립학교의 몇몇 교사는 학생은 언제나 교사의 강의를 통해 새로운 학습 내용을 전달받아야 한다고 주장했지만, 다른 사람들은 그 생각에 강한 확신을 갖지 못했다. 그래서 서밋 공립학교는 일종의 실험을 진행했다. 교사들은 새로운 학습 내용을 소개하기 위한 강의를 제공했지만, 플렉스 모델 디자인을 유지하기 위해 학생이 출석 여부를 선택하도록 했다. 처음에는 모든 학생이 강의에 출석했다. 그동안 출석해 왔던 습관 때문이었다. 그러나 시간이 지나면서 그 수가 감소하기 시작했다. 그 사이에 데이터가 나왔고, 그것에 따르면 수업에 출석한 학생들은 강의를 듣고 높은 성적을 내지 못하고 있었다. 그러자 교사들은 좀 더 나은 강의를 하고자 열심히 노력했다. 하지만 강의에 참석한 학생의 성적은 그저 그랬고, 출석률 역시 계속해서 떨어졌다.

그러던 어느 날 갑자기 상황이 역전되었다. 강의에 출석한 학생들이 놀라운 성적을 낸 것이다. 그동안 강의의 중요성을 주장했던 교사들은 의기양양해했다. 그러나 서밋 공립학교 블렌디드 러닝팀의 구성원들이 데이터를 면밀히 살펴본 결과 다른 무언가가 바뀐 것을 알아차렸다. 소수의 학생만이 강의에 참석했기 때문에 그 '강의'가 소그룹 지도나 개인 지도로 전환되어 있었던 것이다. 교사들은 더 이상 강의하지 않고 대신에 학생의 질문에 대답하는 등 토론의 퍼실리테이터를 하고 있었다. 그뿐 아니라 학생과 교사 모두 이런 수업을 즐기고 있었으며, 이런 방식의 수업이 생산적이라는 점을 발견했다. 학교가 학습 환경을 재설계하면서 교사가 어떠해야 하느냐에 대한 전제를 버리는 것은 블렌디드 러닝이 가진 가능성의 빗장을 푸는 데 매우 중요하다.

멘토링 간극 메우기

두 번째 의견은 학생이 과제를 수행하도록 돕기 위해 교사를 통합하는 것과 관련이 있다. 사회의 근본적 변화로 말미암아 대다수 학생은 교사가 긍정적인 관계 형성과 친구와 함께하는 즐거움뿐 아니라 그들이 성공적인 삶을 살아가도록 도울 수 있는 멘토로서 역할을 해줄 것을 원한다. 교육 과정의 학습 내용과 강의의 일부분을 제공해주는 온라인 학습으로 블렌디드 러닝 프로그램은 교사들이 이런 역할을 할 수 있는 더 많은 시간을 제공해줄 수 있다.

단어 '멘토'는 그리스 신화에서 알키무스의 아들 멘토르에서 유래했다. 멘토르는 오디세우스가 트로이 전쟁을 위해 원정을 떠났을 때, 오디세우스의 아들 텔레마코스를 맡아 돌보았다. 나중에 아테나가 텔레마코스를 찾아왔을 때 그녀는 멘토르의 모습으로 변장하여 텔레마코스가 대의를 위해 일어나도록 용기를 북돋웠다. 다시 말해 멘토르라는 이름의 원래 인물은 돌보는 역할만 맡았지만, 두 번째 인물인 아테나는 멘토르인 척하며 개인적 난관을 해결하도록 격려와 실질적 아이디어를 제공했다. 단어 멘토는 교사의 역할과 관련이 있고, 그 단어가 가지는 두 가지 의미와 공통점이 있다.

《뉴욕 타임스》의 전 기자 폴 터프(Paul Tough)는 훌륭한 멘토가 겉으로 봤을 때 회복 불가능한 청소년을 어떻게 변화시키는가에 대한 최고의 조사 보도를 몇 차례 한 적이 있다. 그는 17세 소녀 키사 존스의 이야기를 썼는데, 이 아이는 한때 번창했지만 지금은 그 도시에서 가장 못사는 동네의 하나로 전락한 시카고의 사우스사이드에 있는 로즐랜드에서 자란 아이였다. 키사의 엄마는 마약중독자였고 아빠는 몇 블록 떨어진 곳에 살았는데, 그 동네에만 자녀가 19명이나 되었다. 경찰이 종종 집에 들이닥치곤 했는데, 총과 마약을 찾기 위해 탁자를 뒤집고 선반 위를 쓸어버리면서 정리도 안 되고 이런저런 물건으로 비좁은 그녀의 집을 샅샅이 수색했다. 그리고 어렸을 때 그 집에서 함께 지냈던 그녀보다 나이가 많았던 친척은 그녀를 성희롱했다.[9]

고등학교는 키사가 분노를 표출하는 장소였다. 반 친구들은 그녀가 폭력적인 학교에서도 가장 폭력적인 아이들 가운데 한 명이라고 생각했다. 결국 교장은 청소년 보살핌 프로그램인 유스 애드보킷 프로그램(YAP, Youth Advocate Program)의 지역 사무소에 그녀에게 멘토를 지정해줄 것을 요청했다. YAP은 위기에 처한 학생을 위탁해 보호하기보다는 가족과 함께 생활하도록 만들기 위해 강도 높은 멘토링과 밀착 보살핌(wraparound advocacy)의 방법을 사용하는 비영리 조직이다. YAP은 키사를 시간제 보호원인 라니타 리드에게 맡겼는데, 리드는 유일하게 칙칙한 이 지역을 밝혀주는 미용실 기프티드 핸즈를 소유한 31세의 로즐랜드 주민이었다.[10]

리드는 키사에게 손님의 머리를 감기고 땋는 법부터 시작해 나중에는 손톱과 헤어스타일 정돈 등 자신의 외모를 가꾸는 방법을 가르쳤다. 그리고 나서 내면을 어떻게 가꾸어야 하는지도 가르쳤다. 이 둘은 남자친구, 헤어져 살고 있는 아버지, 마약, 분노, 기도에 대해서도 이야기했다. 리드의 도움으로 성희롱했던 친척은 구금되었고, 주 정부는 키사와 그녀의 누이들을 위탁보호소에 넣지 않아도 되었다.[11]

리드는 주위 사람들이 가망 없다고 여긴 17세의 키사가 삶에 대한 태도를 바꾸도록 도왔다. 키사는 고등학교를 졸업했고 트루먼 대학에 입학해 미용학 학위를 취득할 계획을 세웠다. 폴 터프는 멘토가 '성격을 바꿀' 수도 있고 희박한 가능성에도 예상 밖의 전환을 계속 이루어낼 수 있음을 증명하고 있다는 주장으로 자신의 기사를 끝맺는다.[12]

점점 더 많은 학생이 이런 밀착 보호와 강도 높은 멘토링을 필요로 한다. 한 가지 예로 양쪽 부모가 다 있는 안정된 가정의 아이가 이전 세대보다 더 적다는 건 걱정스러운 일인데, 이런 상황은 멘토의 중요성을 말해준다. 생후부터 17세까지 아이들 가운데 두 부모와 함께 사는 비율은 1980년 77퍼센트에서 2012년 64퍼센트로 하락했다. 2012년 남미 출신의 아이는 59퍼센트, 미국 내 흑인 아이는 33퍼센트를 기록했다.[13]

안정적인 두 부모 가정의 감소는 대체로 아이에게 상처를 입힌다. 펜실베이니아 주립대학교 사회학·통계학 교수 폴 아마토는 이혼이 아이에게 끼치는 영향에 대한 메타 연구를 실시했다. 그는 이혼한 부모를 가진 아이는 결혼생활을 유지한 가정의 아이보다 학업(학점과 시험 성적), 행실(문제 행동과 공격성), 심리적 행복(우울감과 스트레스), 자존감, 또래 관계(친한 친구의 수)에서 평균적으로 상황이 나빴다. 물론 지속적인 결혼생활을 유지한 부모 밑에서 성장한 아이라도 빈곤, 부모의 불화, 폭력, 무관심, 약물 남용과 같은 스트레스 상황에 노출된 경우 부적응의 모습을 보인다. 반면 이혼한 부모 밑에서 자란 아이라도 어려움을 이겨내도록 도와주는 환경을 가진 경우도 있다.[14] 그러나 아마토가 발견한 바로는 대체로 이혼한 부모 밑에서 자란 아이가 결혼생활을 지속한 부모의 아이보다 더 어려움을 겪는다는 것이다.

사회적 추세를 볼 때 학교는 절벽 아래서 대기하는 구급차가 되어야 한다는 요구를 더 많이 받고 있다.[15] YAP 시카고 국장인 스티브 게이츠는 "가정 문제와 아이들이 학교에서 보이는 행동 사이에는 직접적인 상관관계가 있다. 부모의 역할과 기능의 실패는 그대로 아이에게 흘러가고, 그러면 아이들은 그것을 학교로 길거리로 어디로든 가져간다"라고 말하면서 가정 붕괴 문제와 학교를 서로 연결시켰다.[16]

학교는 안정적인 환경을 제공하면서 양육을 담당하는 가정의 역할을 대신할 수 없다. 그러나 아이가 멘토를 필요로 할 때 도움을 줄 수는 있다. 많은 학교가 이미 그렇게 하고 있다. 어떤 사례를 보면 아이에게 멘토는 성공하기 위한 단 하나의 희망이다. 그리고 정상적인 가정의 아이라도 외부의 멘토로부터 도움을 받고 싶어 한다.

빅픽처 러닝(Big Picture Learning) 학교는 각 학생을 '조언자(advisory)'라 불리는 15명의 학생으로 이루어진 소규모의 학습 커뮤니티에 배정함으로써 교사를 멘토로 통합했다. 조언자는 그 모둠의 학생과 함께 공부하며 각 피조언자와 개인적 관계를 형성한다. 각 학생은 자신의 흥미를 파악하고 자신의 학습을 개별 맞춤화하기 위해 자신의 조언자와 개별적으로 학습한다. 학생은 인턴십도 경험할 수 있는데, 이를 통해 외부 멘토와 개별적으로 학습할 수 있으며, 바깥세상을 학습할 수도 있다. 학교는 학부모나 그 외 가족에게 연락해 학생이 개별 맞춤화 학습 계획을 세우는 것을 돕는다. 모든 어른의 영향력이 각 학생을 뒷받침해주는 멘토링과 관계의 근간을 형성한다.

미국 내 학교들은 다양한 방법을 통해 교사를 멘토로 통합하는 중이다. 예를 들어 어떤 학교는 학생이 몇 년간 같은 교사를 만나도록 배정하는데 그렇게 하면 학생은 삶에서 안정되고 지속적인 관계를 이어나갈 수 있게 된다. 블렌디드 러닝은 여기에 도움을 줄 수 있다. 소프트웨어가 나이와 학업 수준이 혼합된 교실의 학생들 각각에 맞춘 수업 내용을 제공할 수 있기 때문에 한 명의 교사와 학생 모둠이 여러 해를 함께하게 해줄 수 있다. 학생의 학업 능력도 발전시키면서 말이다.

시간이 지나면서 다른 학교들도 콘텐츠와 강의를 제공하기 위해 온라인 학습으로 방향을 틀 것이고, 그러고 나서 채용, 연수, 교사 평가 프로세스를 조정하여 멘토를 담당하는 많은 교사와 획일화된 방식의 수업 계획과 강의식 수업을 하는 몇 안 되는 교사로 이뤄진 팀을 만들 수 있으리라고 생각한다. 그 예로 서밋 공립학교는 교사 연수를 통해 교사가 다음 차시 수업을 어떻게 할지는 잊고 대신에 학업 코치, 대학 진학 상담자, 가족과의 소통자, 지지자 등 학생과 개인적으로 친밀한 관계를 이어가는 것에 집중하도록 함으로써 멘토제를 학교 디자인에 통합해 넣기로 했다. 멘토는 각각 10~15명 학생에 대해 책임을 지고 적어도 주 1회 만남을 가진다. 서밋 공립학교는 교원능력평가에서 측정하는 7개의 평가 요소 가운데 하나로 멘토링을 포함시키고 있다. 교사는 교장 평가, 동료 평가, 자기 평가에 기반하여 기초부터 고급 수준에 이르기까지 연속적으로 발전해 나간다. 아울러 서밋 공립학교는 교사를 지원하기 위해 각 개인에 맞춘 교사 연수 프로그램을 제공한다.[17]

교사 관점에서 교사의 역할 설계하기

우리는 학생의 관점에서 바라봤을 때 교사의 역할이 매우 중요하다는 것을 알고 있다. 그러나 교사의 동의를 얻기 위해서는 재설계된 학교가 교사에게도 반드시 좋은 점이 있어야 한다. 교사는 자신의 삶에서 이뤄야 할 개인적 과제가 있으므로, 학생과 교사 양쪽의 과제를 이루어내는 경험을 학교가 디자인할 때 비로소 마법이 일어난다. 모발 염색 산업의 사례 연구는 왜 교사를 염두에 두고 디자인하는 것이 결정적으로 중요한지를 알려준다.

색상 맞추기 수수께끼

맥스 라제바디와 그의 아내 비비 카스라이는 모발 염색 사업을 시작할 계획을 갖고 있지 않았다. 그러던 어느 날 한 철물점에서 집 문틀에 칠할 페인트를 사기 위해 쇼핑하는 동안 영감이 떠올랐다. 똑같은 색상이 필요했던 맥스는 가게 점원이 그 색상을 찾는 데 도움을 주기 위해 기존 페인트가 칠해진 나무 조각을 건넸다. 부부는 그 점원이 같은 색상 규격을 찾아내기 위해 색상 센서 기기를 사용하는 것을 옆에서 지켜보았다. 그러면서 두 사람은 "비슷한 테크놀로지가 미용실에서 고객이 원하는 정확한 색상을 찾도록 해주는 용도로 사용될 수 있다면 어떨까?"라는 생각을 갖게 되었다.[18]

시장은 이 아이디어를 받아들일 준비가 되어 있었다. 많은 사람이 모발 염색약을 사용하고 있다. 맥스와 비비는 머리를 염색한 뒤 실망하거나 심지어 충격까지 받은 사람이 많다는 것을 알았다. 부부는 작은 드라이어 사이즈로 모발에 근접한 색상을 분석해 최상의 색상 규격을 추천해주는 간단한 휴대용 기기를 만들기로 결심했다. 그들은 한 개당 200~300달러에 제품을 제조하여 컬러매치(ColorMatch)라는 이름으로 판매하려고 계획을 세웠다.

딱 맞는 모발 색상을 찾고자 하는 사람의 입장에서 본다면 이 테크놀로지는 대성공이었다. 컬러매치는 모발을 염색할 때 어림짐작하지 않고 매번 정확한 색상을 찾을 수 있게 해주었다. 그러나 문제는 맥스와 비비가 컬러매치 기기 구입에 대해 미용사들을 설득시키지 못했다는 것이다. 얼마 지나지 않아 그 이유가 밝혀졌다. 모발 염색 전문가들은 자신이 하는 일을 고객이 보는 것과는 다르게 바라보았다. 고객은 자신이 원하는 머리 손질과 염색을 하려고 미용실을 찾았던 반면, 모발 염색 전문가들은 다른 이유로 미용실에 출근했다. 그들은 예술가로서의 자신을 표현할 수 있는 작업을 원했는데, 모발 염색이 그런 기회를 제공한다고 생각했다. 모발 염색 전문가는 고객 한 명, 한 명에게 딱 맞는 염색 규격을 이리저리 조합하여 찾아내는 데 자부심을 느꼈다. 고객이 결과에 만족하느냐 하는 것이 신경 쓰이긴 했지만, 이 문제를 별개로 바라보았다. 모발 염색 전문가의 관점에서 보면 그들은 예술가로서의 작업을 수행하도록 해주는 모발 제품과 염색 제품을 사용했다. 이런 관점에서 보면 스몰 원더(Small Wonder) 컬러매치는 상업적으로 실패할 수밖에 없었다. 모발 염색 전문가들이 천직이라고 믿는 이 일을 잘하도록 도와주기보다는 그 반대의 일을 했기 때문이다. 실제로 이 제품은 그들의 예술적 감수성에 피해를 줬으며, 테크놀로지가 색상을 찾아내는 섬세한 작업을 대체할 수 있다는 사실도 알려주었다.

   컬러매치로부터 얻은 교훈은 혁신이 성공하려면 여러 관계자의 수용이 필요한데, 반드시 관계자의 모든 과제를 충족시켜야 한다는 것이다. 그렇지 않다면 그 어떤 관계자에게도 쓸모없는 것이 되고 만다.[19] 학교가 혁신을 이루기에 까다로운 환경인 이유가 어느 정도 여기에 있다. 학생과 교사로부터 관리자, 이사회, 학부모, 정책 입안자까지 여러 관계자의 과제를 동시에 해결하려는 것은 6층짜리 체스 게임판 경기를 이기려고 하는 것이나 마찬가지다(6층이라는 수는 보수적으로 어림잡은 것이라고 말할 사람도 있을 것이다!). 그러나 좋은 소식은 교사의 직업만족도를 올릴 몇몇 기회 역시 학생을 위한 것이라는 점이다. 그 기회를 발견하기 위해 우리는 미국 심리학자 프레더릭 허츠버그(Frederick Herzberg)가 직원 동기부여 기법을 설명하기 위해 고안한 이론을 빌려왔다.

동기-위생(Motivator-Hygiene) 이론

프레더릭 헐츠버그는 인기를 끌고 있는 《하버드 비즈니스 리뷰(Harvard Business Review)》의 글 가운데 하나인 〈한 번 더, 어떻게 직원들에게 동기를 부여할 것인가?〉를 썼다. 이 글은 1968년 출판 이후 120만 부 넘게 팔렸는데, 직업만족도가 한쪽 끝은 행복이고 반대편 끝은 불행으로 이루어진 하나의 커다란 연속체라는 생각이 틀렸음을 말해준다. 여기서 우리는 놀랍게도 직원들은 자신의 일을 사랑하기도 하고 동시에 미워하기도 한다는 사실을 발견했다.[20]

이것은 두 가지 요인이 사람들이 자신의 일에 대해 느끼는 방식에 영향을 주기 때문이다. 첫 번째는 위생 요인라고 불리는 것으로, 직원이 자신의 일에 만족하지 않는 것에 영향을 준다. 두 번째는 동기 요인라고 불리는 것으로, 직원이 얼마나 자신의 일을 사랑하는지 그 정도를 결정한다. 허츠버그의 분류 구조에서 직업 불만족의 반대말은 직업 만족이 아니며, 불만족의 부재가 그 반대말이라는 사실에 주목해야 한다. 마찬가지로 직업을 사랑하는 것의 반대는 미워하는 것이 아니라 직업을 사랑하지 않는 것이다.

다음은 동기 요인으로, 직업만족도에 영향을 주는 것 순서로 나열되어 있다.

- 성취감
- 인정
- 직무 그 자체
- 책임감
- 승진
- 성장

이번에는 위생 요인으로, 직업 불만족에 영향을 주는 순서로 나열되어 있다.

- 기업의 정책과 경영
- 관리 감독
- 상급자와의 관계
- 직무 환경
- 급여
- 동료와의 관계
- 개인의 삶
- 하급자와의 관계
- 지위
- 안정감

그렇다면 이것이 뜻하는 것은 무엇인가? 직원이 성취를 이루고, 인정받고, 책임을 다하고, 승진하도록 만들어주는 것이 높은 급여와 좋은 사무실, 긴 휴가보다 동기부여를 해줄 가능성이 더 크다는 것이다.

그러나 거꾸로 이런 다른 요소가 사람들에게 자신의 일에 대해 불만족스러운 감정을 갖도록 만들 수도 있다. 다시 말해 교사가 맡은 일을 더 잘해 내도록 학교는 동기를 개선하는 데 노력해야 한다. 이때 금전적 인센티브와 같은 것은 그다지 효과가 없다.[21] 그러나 만족하지 못해 떠나는 교사가 생기지 않도록 학교는 적절한 위생 요인을 확보할 필요가 있다.

교사의 동기 요인을 블렌디드 디자인에 통합해 넣기

기존의 가르치는 일은 직업만족도를 높이는 데 꼭 필요한 여러 동기 가운데 상당수가 부족하다. 교사들은 종종 다른 사람과 분리된 채 일하는데, 이는 그들의 노력에 대해 인정받을 기회가 거의 없거나 극히 드물다는 것을 의미한다. 예를 들어 간호사의 경우 승진한다고 해서 의사가 될 수는 없다. 교사는 더 많은 책임을 져야 하지만 승진할 수 있는 기회가 드물다. 부서의 책임자가 되는 것을 제외하면 승진할 유일한 기회는 대부분 행정 업무로 '영전되기' 위해 가르치는 일을 그만두는 것이다.[22] 그리고 워크숍이나 의무적인 연수 프로그램을 제외하면 교사들은 임용되고 나서 몇 년 지나면 직무에 있어 성장 기회가 제한적이다.[23]

그러나 블렌디드 러닝은 그런 구조를 무너뜨릴 기회를 만들어낸다. 블렌디드 프로그램이 제대로 설계되었다면 교사의 역할은 동기 요인을 확대시킬 수 있다. 기존의 아날로그식 교실 수업에서는 어려웠던 방식으로 말이다.[24] 다음은 블렌디드 러닝을 통해 앞으로 나아갈 때 교사의 동기를 극대화하기 위해 교사의 역할을 재편할 5가지 방법을 소개하겠다.

훌륭한 교사의 활동 범위 확장하기[25]

디지털 테크놀로지는 훌륭한 교사가 더 많은 학생에게 다가갈 수 있는 가능성을 열어준다. 칸 아카데미의 설립자 살만 칸이 가장 두드러진 예다. 그의 온라인 영상 수업은 매달 1,000만 명의 사람에게 다가간다. 마찬가지로 한국에서는 메가스터디 소속의 많은 강사가 매해 수천 명의 학생을 온라인으로 만나고 수백만 달러를 번다. 강사 한 명이 연간 15만 명의 학생을 온라인으로 만나고 400만 달러의 수입을 올린다.[26] 허츠버그가 금전적 보상은 위생 요인이라고 말할지 알 수 없지만, 이 경우 수익이 성취, 인정과 보조를 같이하기 때문에(그러므로 수익은 성취와 인정에 대한 지표임) 훌륭한 교사가 학생과 폭넓게 만남으로써 더 많이 성취하고 인정받고 성장해 나갈 수 있다는 것을 보여준다. 앞선 예보다 좀 더 현실적으로 말하면 학교가 블렌디드 러닝 환경을 커뮤니티에 조성할 때 사람들이 이용하도록 거꾸로교실 수업 영상을 올리거나, 온라인 실습 커뮤니티를 관리하거나, 전형적인 교실보다는 넓은 플렉스 스튜디오에서 훨씬 더 많은 학생을 지도하거나, 전문성에 대한 주제로 온라인 교사 연수를 실시함으로써 교사가 성취감과 인정, 책임감, 승진을 경험하도록 해줄 수 있다.

개별 교사에게 전문화된 책임 부과하기

형식적, 비형식적 학습의 기회가 점점 증가하면서 교사의 역할을 개별적으로 정의 내릴 수 있게 되었다. 공장형 모델에서 교사는 교실에서 발생하는 모든 일에 책임을 지는 반면 블렌디드 모델에서는 학생이 다양한 자료를 통해 다양한 학습 형태를 경험한다. 이것은 교사가 전문화될 수 있는 기회를 만들어준다. 특히 교사가 팀을 이루어 가르치는 학교에서는 그렇다(팀티칭에 대해서는 곧 얘기하겠다). 교사들은 다음에 나온 책임 가운데서 자신이 원하는 것을 선택할 수 있다.

- 콘텐츠 전문가: 교육 과정을 개발하고 알림
- 소그룹 리더: 스테이션 순환이나 랩 순환 수업에서 직접 교수를 담당함
- 프로젝트 디자이너: 실습을 통해 온라인 학습을 보완함
- 멘토: 사회문화적으로 축적된 지식과 사회적 자본을 제공하고 지도함
- 평가자: 다른 교사들로부터 과제와 관련한 채점을 맡음(어떤 경우에는 설계 평가도).
- 데이터 전문가

이 외에도 여러 전문화된 책임이 있다. 허츠버그에 따르면 전문화는 책임감, 성장, 승진이라는 동기 요인을 가져다준다. 블렌디드 러닝을 실행하면서 학생의 학업 성과에 대해 혼자 책임을 졌던 교사도 이제 더 이상 교실의 모든 학생을 대상으로 한 수업과 수업 계획에 책임을 지지 않기 때문에 어떤 식으로든 전문화되기 시작한다. 그래서 이제 교사는 학생과의 일대일 수업이나 소그룹 수업, 멘토십, 토론과 프로젝트 수업 이끌기 등에서 전문화될 수 있다.

교사의 팀티칭 허용하기

우리가 서밋 공립학교나 티치투원, 그 외의 경우에서 보았듯이 많은 블렌디드 러닝 프로그램이 교실 사이의 벽을 무너뜨리고 있으며 다양한 역할로 더 많은 학생과 함께하는 여러 교사를 통해 학습 스튜디오를 만들어내고 있다. 비록 많은 사람이 교사들은 수업 시간에 모든 학

생이 자신만을 바라봐주는 등 교실 문을 닫고 스타가 될 수 있는 고립된 환경에서 일하기 위해 교사가 된다고 하지만, 우리는 다르게 생각한다.[27] 허츠버그의 연구가 제시하듯 많은 교사는 학생들과 이루어낸 성과물에 대해 다른 동료 교사들이 인정해줄 때 느끼는 그 기분을 즐긴다. 기존의 수업 환경은 이런 기분을 경험할 수 있는 기회에서 교사를 자주 격리시킨다. 팀 환경에서 일하는 것은 이런 기회를 만들어줄 뿐 아니라 앞서 언급했듯 팀 내의 수석 교사를 뽑는 것과 같은 승진을 위한 기회를 가져다준다.

전문성을 확보한 교사에게 작은 학위 수여하기

학생을 위한 다양한 선택을 가진 역량 기반 시스템으로의 이동 이면에 자리한 논리는 교사에게도 통한다.[28] 온라인 플랫폼을 통해 교사는 자신이 아는 것을 보여줄 수 있으며, 배지나 작은 학위로 이를 나눌 수 있다. 허츠버그는 직원들이 새롭고 더 어려운 일을 받았을 때 성장과 학습의 동기 요인을 경험한다는 것을 발견했다. 디지털 테크놀로지는 그런 대규모 시스템의 관리를 가능하게 만들어준다. 이 아이디어가 아직 충분히 개발되지 않았지만, 많은 사람이 그런 시스템을 만들기 위해 작업 중에 있다. 그중에 서밋 공립학교가 있는데, 지속적인 교사 전문성 신장을 위해 학생이 교사를 평가하도록 돕는 액티베이트(Activate) 시스템을 사용하고 있다.

블렌디드 러닝팀에게 권한 허락하기

이 책이 간략하게 설명하고 있는 블렌디드 러닝 설계와 실행 과정은 교사에게 넓은 혁신의 재량권을 부여할 수 있다. 허츠버그는 조직이 책무를 유지하는 반면, 몇몇 규제를 제거할 때 책임감과 성취라는 동기 요인이 치솟는다는 것을 발견했다. 디지털 시대는 학교가 혁신하도록 유도하고 있으며, 그 사실 자체가 리더에게 교사를 위한 폭넓은 성장의 기회를 제공할 동력을 만들어주고 있다.

학생과 교사 모두에게 좋은 일

2013년 7월 컨벤션에서 미국 내 가장 큰 노동조합인 미국교육협회(National Education Association)의 대표는 디지털 러닝을 지지한다는 정책 강령을 승인했다.[29] 학생이 학업에서 발전해 나가고 친구와 즐거움을 나누도록 온라인 학습과 블렌디드 러닝이 보여준 기회라는 측면뿐 아니라 교사에게도 유익하다는 점에서 그들이 옳은 결정을 내렸다고 생각한다. 교사의 관점에서 보면 블렌디드 러닝의 출현은 전문가적 성과에 대한 인정, 책임감, 성장 등과 관련된 본질적 동기 요인에 접근할 수 있는 폭넓고 새로운 기회를 의미한다.

4장에서 설명한 팀처럼 블렌디드 러닝팀에 합류할 교사들을 모집함으로써 그들에게 즉각적인 경력의 기회를 부여할 수 있는데, 왜 당장 시작하지 않겠는가? 학생과 교사의 요구사항을 동시에 만족시키려는 노력이 간단하지는 않지만 블렌디드 러닝은 두 대상의 과제를 모두 해결하도록 혁신시킬 몇 가지 기회를 제시하고 있다.

요약

- 교사의 질은 학생의 성취 결과에 크게 영향을 준다. 학생은 실패한 교사 통합의 실험을 경험하고 있을 여유가 없다. 교사에게 맞는 제대로 된 설계는 블렌디드 러닝의 출현이 성공하느냐 실패하느냐에 대한 가장 중요한 결정 요소일 수도 있다.
- 오늘날 학생은 하향식의 획일적인 강의를 떠나 자신들의 삶에 발생할 간극을 가이드와 멘토로서 채우고자 하는 교사의 도움을 받을 것이다.
- 동기-위생이론에 따르면 교사들은 불만스럽게 만드는 학교 정책이나 짜증나게 하는 관리자, 적절하지 못한 급여 등 위생 요인의 결과로 직업에 대한 불만족을 느낄 가능성이 높다. 이와 동시에 성취, 인정, 본질적으로 보람 있는 일에 대한 기회 등 동기 요인의 결과로 직업에 대한 만족을 느낄 가능성이 크다.
- 설계가 잘 되었다면 블렌디드 러닝 프로그램은 기존의 아날로그식 교실 수업에서는 불가능한 방식으로 동기 요인을 확대할 수 있다.

토론을 위한 질문

1. 1~5의 척도가 있고, 1이 '매우 중요하다', 5가 '전혀 중요하지 않다'인 경우 교사의 역할 가운데 학생의 멘토가 되는 것이 얼마나 중요하다고 생각하는가? 당신이 속한 공동체에서 학생의 긍정적 롤모델과 멘토에 대한 필요가 증가하고 있다고 생각하는가?

2. 대부분의 교사가 일생 동안 해야 할 역할 두 가지를 나열해보라. 왜 그것이 가장 중요한 역할이라고 생각하는가?

3. 교사들이 자신의 일에 대한 인정을 통해 동기부여를 받고, 더 이상 개인적 환경이 아닌 팀을 기반으로 한 교육으로 기쁘게 생활한다는 데 동의하는가?

4. 이상적인 교수 모델을 머릿속에 그려보라. 그곳에는 단 한 명의 교사만 있는가, 아니면 여러 명의 교사가 있는가? 그곳에서 그들의 역할은 무엇인가?

7장

온라인 환경과 현장 환경을 디자인하라

일부 독자는 이 책에서 7장이나 되어서야 여러 기기를 비롯한 기술적 부분에 대해 논의한다는 사실에 의문을 가질 것이다. 그러나 이 주제를 이처럼 뒤쪽에 배치한 데는 나름의 의도가 담겨 있다. 해결해야 할 문제와 우리의 지향점, 협업을 이루는 팀, 학생과 교사가 현장에서 경험하는 것 등은 사실상 더 중요하고 먼저 짚고 넘어가야 할 부분이었다. 그럼에도 학교는 종종 앞서 언급한 것보다 기술적인 면을 먼저 고려한다. 그럼 이제 앞에 나온 장에서 다룬 것들을 바탕으로 기술적인 문제에 눈을 돌려 보자.

1981년 오스본사를 통해 최초의 휴대용 컴퓨터 오스본(Osborne Executive)이 대중에게 성공적으로 보급되었다. 대략 재봉틀 정도의 크기였는데, 비행기 좌석 아래의 좁은 공간에 들어갈 수 있는 유일한 컴퓨터라는 점을 내세워 홍보에 열을 올렸다. 물론 이 상품의 출시는 가히 혁명적이었다. 그러나 현대 사회에서 사용되고 있는 스마트폰과 비교한다면 어떨까? 스마트폰의 100배에 달하는 무게와 500배나 큰 부피를 가지고 있을 뿐 아니라 심지어 10배나 더 비쌌다. 그럼에도 지금 스마트폰과 비교했을 때 겨우 1퍼센트에 달하는 처리 속도를 가지고 있었으며, 탑재된 기능도 몇 가지 되지 않았다.[1]

지난 수십 년간 기술은 놀라운 속도로 발전했다. 그로 말미암아 우리는 학생들의 성공적 경험을 돕기 위해 특정 소프트웨어와 기기, Wi-Fi, 가구를 비롯한 시설을 어떻게 통합할지에 대한 도전 과제를 얻었다. 이때 무조건 최신의 것을 제공하려고 한다면 그것은 무의미한 일이 아닐 수 없다. 이 같은 의도라면 그것은 제자리에 설치되기도 전에 이미 구식이 되고 말기 때문이다.

그렇다고 해도 이것에 대한 논의는 여전히 중요한데, 기술적인 것을 학교에 적절히 통합시켰는지에 대한 여부가 블렌디드 러닝의 성패를 좌우하기 때문이다. 이런 역설 가운데 이 장에서 우리의 목표는 한 발 물러나 기술이 어떻게 그리고 왜 변하고 있는지를 명확히 해줄 일련의 개념을 소개하고, 다시 한 발 다가가 당신이 실제로 영향을 받았던 상황에 대해 결론을 내리도록 이끄는 것이다. 이 장의 핵심은 상호의존성과 모듈성이라는 공학 개념인데, 다음에 나온 것을 포함하는 기술과 기반 시설에 대한 질문에 답을 제시해줄 것이다.

- 소프트웨어의 경우, 온라인으로 콘텐츠를 구입할 때 필요한 소프트웨어를 한 과목에 대해 하나의 제공처에서 구입해야 하는가, 아니면 학생에게 다양한 선택지를 제공해 선택하도록 해야 하는가? 또는 교사가 직접 온라인 콘텐츠를 개발해야 하는가? 이렇게 서로 다른 접근 방법의 절충안은 무엇인가?

- 기기의 경우 가장 중요하게 고려해야 할 것과 선택 사항은 무엇인가?
- 건축 디자인의 경우 새로운 학교를 지을 기회가 주어진다면 우리는 기존의 전통적 건축 양식을 고수할 것인가, 아니면 새로운 형태의 무언가를 지을 것인가?
- 일반적으로 기술과 기반 시설에 대해 학교는 어디를 지향점으로 삼고 있으며, 이것은 현재 어떤 영향을 주고 있는가?

이제 개념에 대한 논의에서 잠시 벗어나 앞서 언급한 문제에 대해 살펴보도록 하자. 부디 가장 적합한 선택을 하는 데 도움이 되길 바란다.

제품 구조와 인터페이스

공학 세계에서 제품의 구조는 해당 제품의 구성 요소와 하위 체계를 나타내고, 그것이 어떻게 조화를 이루는지 보여준다.[2] 예를 들어 테이블 램프의 구조는 전선, 램프의 몸체, 전구를 끼우기 위한 소켓, 전등갓으로 구성되어 있다. 여기서 제품의 두 가지 구성 요소가 함께 조화되어 작동하는 지점을 우리는 인터페이스라고 칭한다. 테이블 램프의 경우 소켓에 전구가 끼워지는 것이 인터페이스가 될 수 있다.

상호의존 구조

제품이 처음 개발되면 그것이 상호의존적이라는 관점에서 볼 때 제품의 각 부분 사이에서 인터페이스는 꽤 복잡하게 얽혀 있다. A 부분을 디자인하고 제작하는 것은 B와 C의 디자인과 제작에 반드시 영향을 주도록 되어 있다. 그 반대의 경우도 마찬가지다. 게다가 이것은 예측 불가능한 경향을 띤다. 각각의 A, B, C 부분이 어떻게 서로에게 영향을 주는지 확실한 것도 아니다. 제품을 제작하는 회사는 디자인과 제작의 모든 측면을 두루 제어하기를 원하는데, 갑작스럽게 맞닥뜨릴 수 있는 생산상의 오류나 성능 문제 등의 위험 요소에 대한 것만이라도 제어할 수 있기를 바란다. 록히드마틴사의 새로운 첨단 군용 항공기인 F-22 전투기가 이런 유형에 속하는 제품의 예가 될 수 있겠다. F-22의 제작에는 새로운 고성능 기기를 만드는 과정에서 필연적으로 발생하는 미지의 문제 상황을 함께 조정해 나갈 세계 최고의 엔지니어들이 투입되었다. 그 결과 세계에서 가장 탁월한 성능을 가진 전투기가 제작되었다. 그러나 그것을 유지하는 것이 최대 관건이었다. 언제든 F-22가 고장 나면 현지의 항공 정비사가 새로운 부품을 제작해 수리할 수 있어야 하는데 그것이 불가능했기 때문이다. 록히드마틴사가 아닌 다른 누군가가 부품을 쉽게 만들고 조립할 수 있는 매뉴얼 자체가 없었던 것이다.

이런 상황에서 각각의 부분이 모두 정확히 맞물려 작동하도록 하려면 불가피하게 록히드마틴사가 시스템에 속한 모든 주요 부품에 대한 디자인과 생산의 일거수일투족을 제어해야만 했다. 이 같은 회사 내의 통합은 제품의 기능성과 신뢰성을 극대화하는 기반을 마련해주는데, 회사가 자체적으로 제품 제작 과정의 각 단계를 제어하는 동시에 새로운 제품의 성능을 가능한 한 최대로 끌어올릴 수 있기 때문이다. 한 가지 단점은 이런 상호의존 구조 제품은 맞춤 제작 과정을 거치므로 생산 단가가 높게 책정된다는 것이다. 다양한 판매자가 호환 가능한 부품을 제작하도록 해주는 분명한 기준이나 매뉴얼이 없기 때문이다.[3]

모듈형 구조

시간이 지나면서 제품의 부품들 사이 인터페이스는 처음보다 더 정돈되고 보편적으로 쉽게 이해 가능하도록 변한다. 한 가지 예로, 누구든 전구를 밝히고자 하면 램프의 소켓에 꼭 들어맞는 전구의 크기와 모양에 대한 사양을 쉽게 찾을 수 있다. 이런 제품의 경우 상호의존 구조라기보다는 모듈형 구조에 더 가깝다고 할 수 있다. 모듈형 구조 속의 각 요소는 누가 만들든지 간에 지정된 규격에만 맞추면 보편적이고 명확한 방법으로 서로 맞물려 작동한다. 모듈성을 가진 요소는 대개 플러그 호환성을 가지는데, 이는 쉽게 말해 다양한 모듈을 설치하거나 제거하는 것만으로 간편하게 원하는 맞춤 설정을 할 수 있다는 것을 의미한다. 프린터, 카메라, USB 메모리 같은 저장매체뿐 아니라 벽에 있는 콘센트에 꽂아 사용할 수 있는 다양한 전자기기, 심지어 사이즈뿐 아니라 다양한 브랜드와 색상, 스타일의 신발을 제공하는 신발가게도 모듈성의 예가 될 수 있다.

산업은 일반적으로 상호의존 제품의 기능성과 신뢰성이 고객의 요구를 충분히 만족시키고도 남을 만큼 증진된 경우 모듈성을 갖도록 전환된다. 이때 제조사는 기능성과 신뢰성보다는 또 다른 방향의 경쟁으로 유인된다. 소비자는 제품이 원래 가진 성능에서 눈을 돌려 제품 활용

[표 7.1] 상호의존성과 모듈성 사이의 주요 차이점

상호의존 구조	모듈성 구조
· 기능성과 신뢰성의 극대화 · 회사 내 통합을 요구함 · 산업 규격과 사양은 존재하지 않음 · 독점적 구조와 유사함	· 유연성과 사용자 개별 맞춤 극대화 · 외부 위탁을 허용함 · 산업 규격과 사양은 필수임 · 개방형 구조와 유사함

이 유연한지, 각 개인의 요구에 맞춘 개별 설정이 용이한지를 뜯어보기 시작한다.

앞에 나온 [표 7.1]은 상호의존 구조와 모듈형 구조의 주요 차이점에 대해 정리한 것이다.[4]

개인 컴퓨터 구조의 변화

1980년대 초반 애플사는 동종 업계에서 가장 좋은 개인용 컴퓨터를 판매했다. 애플사는 제품의 디자인, 조립, 운영체제, 운영 소프트웨어 등 기기의 세세한 모든 부분을 직접 개선하고 발전시키기 위해 통합적 방법을 택했다. 이른바 '수직적 통합형'의 입장을 취한 애플은 모듈성을 띠고 있는 경쟁사들을 성능 측면에서 무너뜨리고, 독점적이고 상호의존적인 구조를 계속 발전시켜 나갔다.[5] 애플의 컴퓨터는 편리한 사용성과 더불어 시스템 충돌 가능성이 가장 적은 데스크톱임을 내세우며 빠른 속도로 최정상의 자리에 올랐다. [그림 7.1]의 가장 왼쪽을 세로로 가로지르는 부분은 애플이 그들의 세련된 고성능 기기 속의 모든 요소와 인터페이스를 컨트롤하기 위해 수직적 통합을 했다는 사실을

[그림 7.1] 개인 컴퓨터 산업에 있어 통합성에서 모듈성으로의 변화

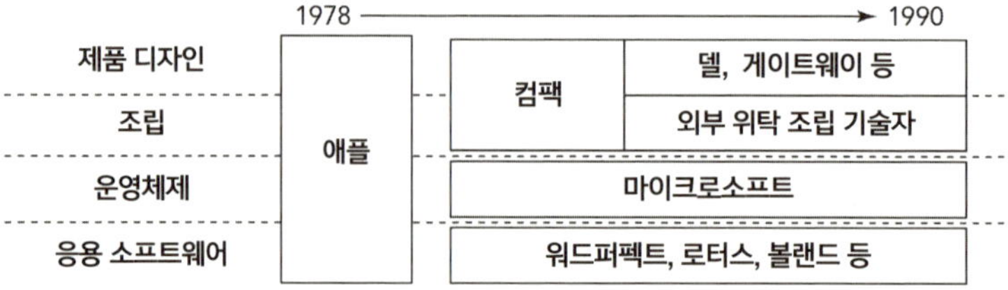

	1978		1990
제품 디자인	애플	컴팩	델, 게이트웨이 등
조립			외부 위탁 조립 기술자
운영체제		마이크로소프트	
응용 소프트웨어		워드퍼펙트, 로터스, 볼랜드 등	

보여준다.

그러나 1980년대 중반 시장에도 변화가 찾아왔다. 데스크톱 컴퓨터는 기본적 기능성과 신뢰성의 측면에서 충분히 좋아졌고, 소비자는 다른 무언가를 요구하기 시작했다. 예를 들면 워드퍼펙트(Word Perfect)와 로터스(Lotus)처럼 설치에 유연성을 가진 비(非)애플 소프트웨어 같은 것 말이다. 이들 제품은 다행스럽게도 알기 쉽도록 정의된 인터페이스를 가진 마이크로소프트사의 도스(DOS) 운영체제와 플러그 호환이 되었고, 소비자의 주목을 받게 되었다. 소비자가 더 향상된 성능과 신뢰성을 가진 상품을 더 저렴한 가격에 구입하기를 바랄수록 [그림 7.1]의 오른쪽처럼 모듈형 해법을 제공한 회사에게로 이익이 돌아갔다. 애플은 이 시점에서 마이크로소프트의 윈도우즈의 급부상을 가로막기 위해 모듈화하는 대대적 결정을 내리고, 그들의 운영체제도 다른 컴퓨터 조립 기술자들에게 공개할 수도 있었다. 그러나 당시 애플은 그렇게 하지 않았고 마이크로소프트, 델(Dell) 등 공급 회사들이 시장을 주도하게 되었다.

하버드 경영대학원 교수 클레이튼 크리스텐슨은 [그림 7.1]에서 볼 수 있는 현상에 대해 "마치 산업이 볼로냐(bologna) 소시지를 절단기에 밀어 넣는 것과 같다"라고 말했다.[6] 기능성과 신뢰성이 적정선 이상에 이르면 산업은 왼쪽에서 오른쪽으로 그 양상이 옮겨 간다. 그리고 상호작용의 규칙을 모듈성 구조와 산업 기준으로 규정하고 있는 전문적인 회사의 수가 반대편 끝자락의 전면에 자리하게 된다.

산업은 상호의존 구조와 모듈성 구조 사이에서 마치 추처럼 흔들리며 오가는 경향이 있다. 1990년대에는 이 추가 다시 상호의존성으로 돌아왔다. 소비자는 서로 다른 형식의 파일 사이에서도 도표 등의 상호 전송이 가능했으면 좋겠다는 등의 요구를 했다. 이렇게 해서 발생한 성능 격차는 다시 상호의존 구조로의 산업 회귀로 이어졌다. 마이크로소프트사는 그들의 소프트웨어를 통합시켜 윈도우즈 운영체제 속에 집어넣는 것으로 소비자의 요구에 반응했는데, 이런 빠른 대처로 말미암아 워드퍼펙트, 로터스 등 통합성을 지니지 못한 회사는 사장되고 말았다. 곧 살펴보겠지만 애플과 마이크로소프트의 상호의존 구조는 현재 학교의 기술적 결정에서도 영향을 미치고 있다.[7]

모듈성으로의 변화

최근 수십 년간 학교는 사회로부터 모든 학생이 기술과 능력을 완벽하게 익혀 빈곤에서 벗어나는 데 전력을 다하도록 압박을 받아 왔다. 또한 모든 미국인이 그들의 꿈을 실현시키는 것을 본질로 삼았으며, 지식경제로 발전되어 가는 세상의 경주에서 단 한 명의 아이도 뒤처지지 않도록 해야 한다고 여겼다. 그런데 최근까지도 학교 시스템은 고도의 상호의존적 구조에 머물러 있다 보니 이런 상황에서는 낙오자 예방을 위한 정밀화된 개별화 학습에 어마어마한 금액을 투입해야 한다. 학교 안의 공장 모델은 다방면에서 수직적 통합을 이루었다. 학생들은 다음 학년으로 진급하기 전 해당 학년에서 모든 내용을 이수해야만 했고, 선형적 순서에 맞춰 과목을 배워야 했다. 일개 교사의 관찰과 주관이 담긴 교육과정 등이 간섭 없이 진행되도록 말이다. 학생들의 출석과 참여는 오로지 성과를 내기 위해 지역, 주, 연방정부의 복잡한 규정을 준수해야 했다. 결과적으로는 유연성과 개별화가 배제된 셈이다.[8]

그러나 학부모와 학생, 사회 전반으로부터 요구는 변화하기 시작했다. 1980년대 중반을 떠올려 보자. 소비자는 단 하나의 선택 사항인 애플의 소프트웨어에 의지하기보다는 워드퍼펙트나 로터스처럼 다양한 소프트웨어 공급자로부터 자신이 직접 선택하기를 원했다. 유사한 상황은 K-12 교육에서도 나타났다. 그때쯤 학교들은 하루에 두 끼에서 세 끼의 식사, 아동의 치아 관리와 보육 서비스까지 제공하기 시작했다. 더 나아가 미취학 아동에게까지 혜택을 확장시켰으며, 온종일 아동을 돌봐주는 프로그램도 개설했다. 이 시스템은 기능성 측면에서 학생과 학부모가 요구하는 수준을 넘어서면서 티핑포인트를 맞게 되었다. 물론 모든 학생이 이런 과한 서비스 혜택을 받은 것은 아니었는데, 이는 주로 저소득층의 학생에게 적합한 것이었다. 이처럼 복잡하고 높은 수준의 기능적 요구를 충족시키려면 수직적으로 통합된 프로그램이 더 필요했다. 시간이 흐르면서 통합적이고 상호의존적 모델은 포괄적 기능성을 제공해야 하는 경우에만 적합하다는 목소리가 높아졌고, 이제는 개인의 선택과 유연성, 개별 맞춤을 위한 기회 등이 더 필요하다는 데 의견이 모아졌다.

학교 시스템은 학생이 여러 제공자로부터 원하는 것을 선택하도록 더 나은 모듈성 인터페이스를 제공하기 시작하는 것으로 반응했다. 2013~2014학년도에 캘리포니아의 고등학교 가운데 대략 58퍼센트의 학교에서 알라카르테 온라인 과정을 선택했는데, 이것은 48퍼센트였던 2012~2013학년도에 비해 크게 올라간 수치였다.[9] 미네소타로부터 플로리다, 위스콘신에서 유타에 이르기까지 주(state) 차원에서 학생에게 다양하고 신뢰할 만한 제공자들의 확장 과정을 제공하는 코스 액세스(Course Access) 프로그램이 각광 받고 있다.[10] 이렇듯 모듈식 교육 과정에 대한 높아진 관심은 다양한 공동체가 공장 모델에 따라 기능성을 향상시키는 대신 개별 맞춤화된 교육 과정을 더 선호하게 되는 결과를 낳았다.[11]

코스 액세스 사고방식으로의 변화는 시스템이 상호의존 구조에서 모듈성 구조로 전환되는 유일한 방법이다. 유사한 진화는 학교에서 적어도 3가지 측면에서 진행되고 있다.

- 교육 과정의 내용은 그 자체로 모듈성을 띤다.
- 학교의 컴퓨터 등 기기들은 모듈성 구조를 갖는다.
- 물리적 시설은 모듈성 디자인으로 점차 변화된다.

통합에서 모듈성으로의 변화는 연속선상에서 이루어지며, 전적으로 한 분야에 한정된 문제가 아니다. 더불어 연속선상에서는 어떤 정답도 정해져 있지 않다. 상호의존 구조는 그 나름의 장점과 단점을 가지고 있으며, 그것은 모듈성 구조도 마찬가지다. 이런 이유에서 블렌디드 러닝을 함께 구현해 나가는 팀은 주어진 상황에서 그들이 기꺼이 해낼 수 있는 영역과 그들이 원하는 교육 과정의 내용, 기기, 시설 등 모듈성 정도 사이에서 어떻게 균형을 이룰 것인지 결정해야만 한다. 이때 대안을 없애는 것이 온라인 환경과 물리적 환경을 설정하기 위한 여러 가지 옵션의 범위를 더 명확하게 파악하도록 돕는 한 가지 방법이 될 수 있다.

통합식 vs 모듈식 온라인 콘텐츠

블렌디드 프로그램을 위한 양질의 온라인 콘텐츠를 찾기 위한 전략 개발은 쉽지 않다. 이런 점에서 학교는 통합과 모듈성의 연속선상에 흩어져 있다. 많은 사람이 연속선의 한쪽 끝에서는 통합성이 제공하는 성능이 필요하다고 믿고 있다. 이에 따라 그들은 자체적 온라인 콘텐츠를 구축하거나 완전히 통합된 최소한의 라이선스 솔루션을 단일 공급자로부터 공급받는 것을 택했다. 반면 다른 한쪽 끝에서는 그 어떤 콘텐츠도 각 학생의 개별적 요구를 만족시킬 수 없다는 관점에서 접근했다. 일부 학교에서는 모듈성 접근 하에 제공하는 개별 맞춤화에 대한 욕구를 발전시켰고, 이로 말미암아 다중 공급자 옵션으로 그들의 관심을 돌리게 되었다. 〔그림 7.2〕에는 온라인 콘텐츠 확보를 위한 일반적인 4가지 전략이 연속선상에 잘 나타나 있다.

이 연속선상의 왼쪽에서 오른쪽으로 이동하며 나타난 4가지의 전략을 차례로 살펴보자.

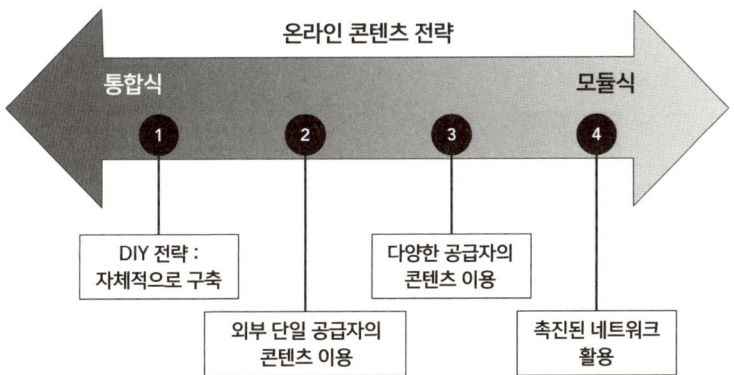

[그림 7.2] 온라인 콘텐츠 제작의 통합식/모듈식 연속선상도

전략 1. DIY(Do It Yourself, 자체적으로 구축하기)

블렌디드 러닝팀의 리더가 고려해야 하는 첫 번째 질문 중 하나는 필요한 것을 팀 내에서 자체적으로 만들어낼 것인지, 구매할 것인지의 여부다. 학교는 자체적으로 온라인 교육 과정 콘텐츠를 만들어야 할까, 제3자가 이미 개발한 상용 콘텐츠를 사용해야 할까? 이것은 학교가 필요로 하는 콘텐츠의 양과는 무관한 질문이다. 전체 과정이 알라카르테 프로그램을 위해 녹화된 온라인 강의이든 플렉스 프로그램을 위한 교육 과정이든 순환 모델에서 하나의 스테이션에 접속하기 위한 추가적 콘텐츠이든 그것은 중요하지 않다. 모델에 관계없이 리더는 DIY나 외부 위탁의 대안이 될 것을 반드시 해결하고 지나가야 한다.

많은 블렌디드 프로그램은 제3자로부터 제공 받는 콘텐츠의 가능성에 대해 조사하고 나서 자체 제작을 결정했다. 이런 결정에 대해 우리가 들은 대답은 다음과 같다. "제3자로부터 제공 받은 콘텐츠 중 가격이 적당한 것은 정교함이 떨어져요." "상용 콘텐츠는 우리의 높은 수준에는 적합하지 않아요." 간단히 말해 학교의 리더와 교사는 외부에서 들어오는 콘텐츠의 기능과 수준이 딱히 좋다고 여기지 않으며, 설사 좋은 콘텐츠라고 해도 너무 비싸다고 생각한다.[12] 결과적으로 이는 자체적으로 콘텐츠를 개발하기 위해 수직적 통합을 이룰 수밖에 없다는 말이다. 퀘이커타운은 학교의 교사가 개발한 것을 활용해 인피니티 사이버 아카데미(Infinity Cyber Academy)를 구축하기로 결정하면서 이런 선택을 했다. 거꾸로교실의 교사들은 매번 이런 선택을 통해 인터넷에 이미 올라와 있는 자료를 찾기보다는 스스로 수업 자료를 녹화해 탑재한다.

DIY 전략의 주요 장점은 다음과 같다. 콘텐츠의 품질 관리가 가능하며, 학교가 속한 지역의 기준과 평가 기준에 맞춰 디자인할 수 있다. 또한 제3자로부터 제공 받았을 경우의 높은 비용을 피할 수 있고, 동시에 수업 자료를 직접 제공한다는 의미에서 전통적 교사의 역할을 그대로 가져갈 수 있다. 더불어 일부 교사는 온라인으로 제공하는 영상이나 소프트웨어 프로그램 등 자료를 제작하는 기술을 익힐 때 흥미를 느끼고 이 작업을 누군가에게 위임하기보다 직접 해볼 기회가 주어지길 원한다.[13]

이 같은 장점에도 DIY 전략을 택하지 않는 여러 프로그램이 있다. 그들은 자체적으로 콘텐츠를 제작할 때 처음 생각한 것보다 많은 비용이 든다는 것을 알게 되는데, 양질의 콘텐츠를 위해 전문성에 투자해야 할 시간과 돈이 충분치 않다고 판단한 것이다. 온라인 콘텐츠를 개발하기 위한 자원을 한데 모으는 과정에서 자본 시장과 학교, 지역, 비영리단체 등에 대한 충분한 준비 과정 없이는 오히려 이미 준비되어 있는 디지털 교과서나 온라인 강의를 활용하는 것보다 훨씬 더 많은 비용이 들어간다.[14] 결국 그들은 제3자가 제작한 교육과정이나 모듈로 눈을 돌려 자체적으로 구축하려고 애쓰기보다 소프트웨어 제작은 제작자의 몫이라고 결정을 내린다.[15]

전략 2. 단일 공급자로부터 제공받기

블렌디드 러닝이 널리 알려져 화제가 되었던 2011년 우리는 40개의 블렌디드 러닝 프로그램을 대상으로 설문을 진행했다. 그 설문 결과에 따르면 60퍼센트에 달하는 학교가 하나의 과정이나 한 과목당 단일 공급자를 채택하는 전략 2를 따르고 있었다. 그들은 자체적 콘텐츠 구축을 위한 통합을 시도하지 않았으며, 다양한 공급자로부터의 세분화된 콘텐츠를 함께 모아 모듈화해 보려는 시도 역시 하지 않았다. 이런 전략 2는 연속선상에서 중간에 위치한다. 어떤 프로그램의 경우 전 과정을 한꺼번에 제공받기도 했다(K12, 에이펙스 러닝, 플로리다 가상학교 등). 또 다른 경우에는 좀 더 모듈화된 접근을 해서 추가적 콘텐츠 제공으로 그들의 교실 수업을 보완하기도 했다(드림박스 러닝, ST 매스, 스콜라스틱 등). 그러나 두 가지 경우 모두 여러 공급원으로부터 받은 콘텐츠를 적절히 섞어 사용하기보다 단일 공급자에만 의존하고 있다. 카르페 디엠은 에쥬뉴이티를, 플렉스 공립학교는 K12를, 위치타 공립학교는 에이펙스 러닝을 사용하는 등 이 책을 쓰고 있는 지금까지 많은 블렌디드 프로그램이 단일 공급자에 의존하고 있다.

단일 온라인 공급자로부터 받는 콘텐츠가 각 학교에 맞춤화된 공급을 하지 못함에도 이를 선택하는 학교는 단일 공급의 간편함과 신뢰성에 그 가치를 두고 있다. 이 경우 운영자는 다양한 온라인 공급자로부터 받은 데이터를 조정하는 것에 대해 걱정할 필요가 없다. 추가적으로 공급자를 선택했을지라도 오프라인과 온라인의 독립적 데이터를 사용하기 때문이다. 더 나아가 소프트웨어 공급자는 그들의 콘텐츠가 학교의 구식 교과서보다 더 맞춤 설정하기가 쉽다고 주장한다. 가장 좋은 콘텐츠 과정의 경우 각 학생의 진도에 맞추기 위해 다양한 학습 경로를 구축하기도 한다. 대형 온라인 제공 업체는 이런 정교한 과정을 구축하기 위해 필요한 비용을 훨씬 더 고정적으로 유지할 수 있으며, 결과적으로 그중 일부는 최신의 인지과학 연구에 비춰보았을 때 눈에 띄게 빠른 적응력을 보인다.

통합된 소프트웨어에도 단점은 있다. 그중 하나는 해당 기술이 어떤 장점이 있다면, 특히 맞춤화를 제공하는 경우 가격이 더욱 올라간다는 것이다. 맞춤화라는 것 자체만으로도 가격표가 하나 더 붙는 셈이다. 높은 평가를 받고 있는 한 회사의 대표는 맞춤화 기능을 포함한 일 년 과정 소프트웨어 'Soup to Nuts(하나에서 열까지)' 제작에 장장 9개월이 걸렸으며, 30명이 넘는 인원이 프로그램 개발에 투입되었다고 했다. 또 다른 제작사인 플로리다 가상학교에서는 과거에 그들의 교육과정 개발을 위해 30만 달러 정도가 투자되었다고 했다.[16] 이런 비용 충당이 가능한 콘텐츠 공급자는 학교 고객과의 대규모 계약을 위해 서로 경쟁해야만 한다. 이 사실은 그들에게 공장 시스템 전반에서 최소한의 공통 기준을 준수하고 나머지를 설계하도록 한다. 그렇게 하지 않고서는 주와 연방정부에 속한 해당 지역에서 쉽게 그 제품을 선택할 수 없기 때문이다. 그와 더불어 소프트웨어는 전통적으로 정의된 주제로 한정된다. 결과적으로 고정 비용은 온라인 학습이 뛰어넘어야 할 교육 시스템의 상호의존적 구조가 가진 견고성을 오히려 보존시키는 역할을 한다.

전략 3. 다양한 공급자로부터 통합적으로 제공받기

어떤 학교는 필요한 콘텐츠를 자체 제작하지 않기로 결정을 내렸다. 그러나 그들은 전체 교육 과정을 단일 공급자에게 의지하기보다 좀 더 유연한 해결책이 필요하다고 생각했다. 그들은 각 학생이 다양한 경로로 학습하도록 교육 과정에 모듈성을 부여하고자 했다. 2011년 초 앞서 언급한 40개의 블렌디드 러닝 프로그램을 대상으로 한 설문에서 일부 학교는 그들이 모듈식 교육 과정을 필요로 한다고 답했다. 그들은 다양한 프로그램 상품을 하나의 플랫폼에 모으기 위해 애쓰고 있었는데, 이는 학생은 단일 ID를 통한 한 번의 로그인으로 다양한 공급자의 콘텐츠에 접근할 수 있고 교사는 학생의 전반적 진도 상황을 통합된 진도표를 통해 점검할 수 있는 시스템이었다. 이 전략의 목적은 각 학생에게 맞춤 설정을 극대화하는 데 있다. 가장 효과적인 것이 무엇인지에 따라 선택지는 달라진다. 예를 들어 한 학생이 수학을 학습한다고 하자. 학생은 먼저 면적 계산을 학습하는데 드림박스 러닝(Dreambox Learning)에서 제공하는 애니메이션 양 게임을 활용한 다음, ST 매스(Math) 프로그램에서 제공하는 펭귄 게임을 활용해 분수를 학습한다.[17] 애니메이션 캐릭터에 흥미가 없는 학생은 알렉스(ALEKS) 프로그램을 통해 장제법(긴 나눗셈)을 학습한다.

이런 접근법을 취하는 학교로부터 종종 다음과 같은 불만 사항을 듣는다.

"지금 기술은 우리가 필요로 하는 수준보다 5년쯤 뒤처진 것 같다."

"소프트웨어 콘텐츠 제공사는 독점적 성격을 가진다. 그들로부터 콘텐츠를 가져오기가 너무 힘든데, 가져왔다고 해도 다른 공급자로부터 제공 받은 콘텐츠와 연결하기가 어렵다."

"개별화된 학생 재생 목록을 만드는 알고리즘은 어디에 있는가? 우리가 하기에 이것은 너무 버거운 일이다."

이런 불만 사항을 들으면 학교는 해당 업체가 스스로 전환되기를 기다리기보다 모듈성을 띠도록 마구 밀어붙이는 것처럼 보인다. 결국 그들은 아직 미숙한 기술에 상응한 두통을 앓고 있다. 그럼에도 온라인 콘텐츠에 대해 세상이 더욱 모듈화될수록 학생을 위한 개별화 학습을 실현할 학교의 힘이 더욱 가중되리라고 믿기에 많은 학교가 이 전략을 지속하고 있다.

전략 4. 촉진된 네트워크 활용하기

산업을 통합과 모듈성의 연속선상에서 오른쪽 끝으로 뒤흔들어 이동시킬 만한 잠재력을 가진 파괴적 혁신의 새 물결이 등장했다. 소프트웨어 플랫폼이 출현해 사용자 그리고 모듈식 콘텐츠의 개발과 공유, 관리 등이 촉진되었다. 이에 대한 좋은 예로 칸 아카데미 플랫폼을 들 수 있겠다. 해당 플랫폼의 개설자는 10만 개가 넘는 예제와 수천 개의 짧은 강의를 영상 형태로 유튜브를 통해 제공하고 있다. 이 플랫폼의 강점은 학교 교육을 돕기 위해 시작된 것이 아니라는 점이다. 2004년 칸 아카데미 플랫폼의 개설자 살만 칸은 사촌 동생이 수학을 공부하는 데 도움을 주기 위해 야후 사이트의 두들 메모장을 이용해 자료를 만들기 시작했다. 칸은 사촌 동생의 다른 친구들도 학습 자료를 쉽게 볼 수 있는 방법을 찾다가 유튜브에 올리는 방법을 선택했다. 얼마 후 수많은 사람이 칸의 영상을 보기 위해 접속했다. 칸은 사람들의 뜨거운 호응에 플랫폼을 더 개발시키는 것으로 보답했다. 짧은 강의를 탑재하는 것 외에도 그는 사전 평가, 연습문제 풀이와 진도를 차례로 따라갈 수 있는 지식 맵까지 만들어 탑재했다. 이 플랫폼은 완전 공개였으며, 특히 같은 규제를 걸어놓지도 않았다. 즉 다른 소프트웨어가 쉽게 접근할 수 있으며 또 쉽게 호환되는 오픈 API이었다. 다시 말해 칸은 더는 플랫폼의 콘텐츠를 제작하거나 관리할 필요가 없었다. 자원한 많은 사람이 생명과학이나 미술사학, 컴퓨터공학 등 새로운 주제로 플랫폼을 발전시켜 나갔고, 이것은 또다시 다른 언어로 번역되어 널리 제공되었다.[18]

칸 아카데미처럼 이런 새로운 파괴적 혁신의 물결은 통합 교육 과정 도구보다는 개인 학습 도구에 가까워 보인다. 학습 도구라고 해서 중앙에서 무조건 교실로 밀어 넣는 대신 교사와 학부모, 학생이 직접 자기 진단 과정을 거쳐 사용하도록 하는 것이다. 이렇듯 교사와 학부모, 학생이 또 다른 교사와 학부모, 학생에게 학습 콘텐츠를 제공하도록 허용하는 방식이 생겨났는데, 이것을 소위 말해 '촉진된 네트워크'라고 한다.

촉진된 네트워크의 등장은 우리에게 큰 장점 두 가지를 가져다주었다. 첫 번째 장점은 극대화된 개별 맞춤화다. 언젠가는 모듈식 플랫폼에 수백만 개의 짧은 강의 자료, 학습자의 요구에 맞는 평가 도구 외에도 다양한 학습 콘텐츠가 쌓일 것이다. 이렇게 누적된 자료는 학습자가 각자의 필요를 기반으로 검색하고 선택함으로써 개별화된 교육 과정을 구성하도록 해준다. WGU(Western Governors University)에서는 고등교육 과정에 이런 부분을 포함시켜 운영하고 있다. 학생이 WGU의 플랫폼에 로그인하면 방대한 학습 콘텐츠가 탑재되어 있는 도서관에 접속된다. 이 가상 도서관은 학위 과정과 학습 목표 등을 통해 아주 엄격하

[그림 7.3] 6학년 학생의 영어/언어 과목에 가상으로 적용한 통합식에서 모듈식으로의 변화

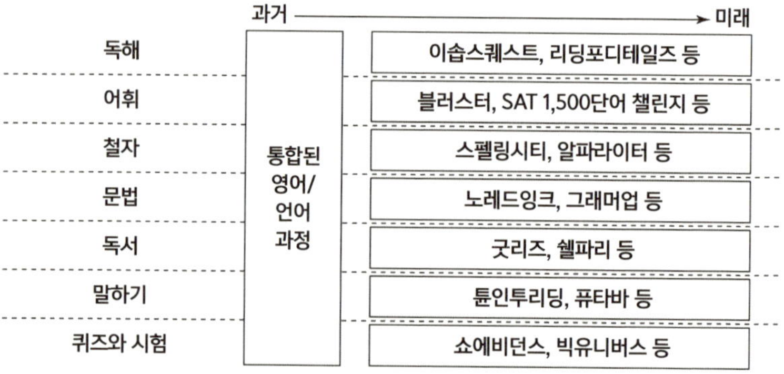

	과거	미래
독해		이솝스퀘스트, 리딩포디테일즈 등
어휘		블러스터, SAT 1,500단어 챌린지 등
철자	통합된 영어/ 언어 과정	스펠링시티, 알파라이터 등
문법		노레드잉크, 그래머업 등
독서		굿리즈, 쉘파리 등
말하기		튠인투리딩, 퓨타바 등
퀴즈와 시험		쇼에비던스, 빅유니버스 등

게 관리되고 있다. 이곳에서 학생은 본인이 원하는 항목을 적든 많든 간에 자유롭게 선택할 수 있다. 그러고 나서 준비되면 과제를 해결하거나 시험을 치르는 것으로 학습 목표를 완수하고, 다음 단계로 나아가는 것이다.

촉진된 네트워크의 두 번째 강점은 경제성이다. 독점적이고 통합된 소프트웨어 콘텐츠와 비교했을 때 촉진된 네트워크를 통한 콘텐츠 제작에는 평균적으로 훨씬 적은 비용이 들며, 그 결과물은 대부분 무료로 사용이 가능하다. 야후의 두들 메모장을 예로 들겠다. 이런 종류의 도구를 이용하면 사용자는 아주 간단하게 모듈을 만들 수 있다. 그리고 시간이 지나면서 이 도구는 더 정교한 콘텐츠 생산이 가능하도록 해준다. 이 같은 도구의 유용성은 진입 장벽을 허물어 시장에 엄청난 양의 콘텐츠를 공급시켰다. 그에 따라 콘텐츠 구입을 위한 비용은 자연히 절감되었다. 최종적으로는 다양하고도 정교한 양질의 모듈식 콘텐츠를 대단히 저렴한 가격으로 구입할 수 있게 되었다.

유연성과 경제성이라는 두 가지 강점은 마치 전통적 교실과 통합교육 모델을 볼로냐 소시지 절단기 안으로 마구 밀어 넣는 것처럼 보인다. [그림 7.3]에서는 6학년 학생에게 영어·언어 과목이 어떻게 적용될지 가상으로 보여주고 있는데, 이것은 다른 분야에서도 유사한 패턴으로 나아가는 것을 볼 수 있다.

가장 가능성 있는 시나리오는 다음과 같다. 시간이 갈수록 독점적 소프트웨어 프로그램에 포함된 드림박스 러닝이나 ST 매스 등의 경우와는 반대로, 많은 사용자가 플랫폼의 표준을 준수해 콘텐츠를 직접 제작하는 칸 아카데미 같은 촉진된 네트워크가 등장해 블렌디드 프로그램이 갖고 있던 모듈성 문제의 해결책을 제시해줄 것이다. 지금 이 글을 쓰고 있는 동안에도 몇 개의 플랫폼이 탄생하고 있는데, 사용자는 곧 해당 플랫폼에 글을 작성하고 콘텐츠를 추가하는 등의 작업을 할 것이다. 블렌디드 프로그램이 직접적으로 다음과 같은 몇몇 양질의 제 3자 플랫폼에 안착하면서 콘텐츠 제공업체들 사이의 인터페이스가 잘 운용되도록 해주는 사양이 실질적으로 일반화될 것이다.[19]

소프트웨어를 선택하는 데 고려해야 할 12가지[20]

필요한 콘텐츠를 직접 만들거나 사거나 여러 가지를 통합할 것인지 여부를 결정하는 문제 말고도 우리가 고려해야 할 사항이 존재한다.

1. **기존에 보유한 자원**: 이미 가진 것에는 어떤 항목이 있는가? 학교는 종종 소프트웨어와 웹사이트 서비스에 대한 정기 사용권을 가졌음에도 이를 사용하지 않고 있다.

2. **운영 시간**: 몇 시간 분량의 콘텐츠가 필요한가? 전체 교육 과정에 적용할 만큼 충분한 분량을 원하는가, 교육 과정의 보충적 요소로 일부 분량만 필요한가?

3. **가격**: 금전적으로 얼마나 여유가 있는가? 평이하고 순차적으로 구성된 콘텐츠는 대부분 무료로 제공되고 있지만, 어느 정도 조정이 가능하고 프리미엄 서비스를 제공하는 콘텐츠는 비용을 지불해야 한다.

4. **학생의 경험**: 학생 스스로가 어느 지점에 있으며, 어떤 것을 성취했는지, 그다음에 무엇을 해야 하는지 알고 있는가? 학생은 그들의 평가 지표에 대해 알고 실시간 피드백을 받을 수 있는가? 학생은 서로 다른 다양한 학습 경로 가운데

자신에게 적합한 것을 선택할 수 있는가? 학습 시간 전반에 대해 학생은 본질적으로 동기부여가 되어 있는가?

5. **조정 가능성과 배정 가능성**: 각 학생의 성과에 따라 진도를 조절하고 최적화할 수 있는 소프트웨어가 필요한가? 각 교사에게 어떤 모듈을 배정할지 선택하는 제어 소프트웨어가 필요한가? 또는 두 가지 기능을 모두 가진 소프트웨어가 필요한가?

6. **데이터**: 소프트웨어는 교사에게 실행 가능한 데이터를 제공하는가? 데이터는 온라인과 오프라인 학습을 원활하게 연결시켜 주는가? 자신과 콘텐츠 공급자 가운데 데이터를 소유한 쪽은 누구인가? 자신이 필요로 하는 모든 데이터에 대한 접근 권한을 공급자가 제공하는지 확인하라.

7. **유효성**: 해당 소프트웨어가 다른 학생이 목표한 학습 성과를 달성하는 데 도움을 주었다는 것을 입증하는 연구 결과를 찾아보라. 공급자에게 해당 제품이 잘 작동했을 경우와 덜 효과적이었던 경우를 명시하도록 요청하라. 그리고 평균 수준의 학생이 이 소프트웨어에 몇 시간을 할애해야 하는지 확인하라.

8. **유연성**: 해당 소프트웨어가 학생이 어디서나 접속할 수 있는 클라우드 기반으로 되어 있는가?

9. **호환성**: 자신의 기기와 호환이 잘 이루어지는가? 학습 관리 시스템 등과 함께 사용해야 하는 소프트웨어와 상호 운용할 수 있는가?

10. **정렬**: 주요 교육 과정이나 다른 적용 가능한 기준에 맞춰져 있는가?

11. **권한 설정 관리**: 학생 정보 시스템에서 소프트웨어에 직접 연결해 새로운 사용자에게 ID와 비밀번호를 제공하는 것이 어느 정도로 쉬운가?

12. **단일 인증 로그인**: 학생이 그들의 ID와 비밀번호를 단 한 번 입력해 로그인하

는 것으로 학교에서 제공하는 모든 소프트웨어에 접속할 수 있는가? 또는 소프트웨어에 따라 여러 번 로그인하는 과정을 거쳐야 하는가?

정리하면 자신이 선택한 모델에 대해 이해하고, 소프트웨어를 그 모델 디자인에 일치시켜야 한다. 다음 장인 8장의 내용을 통해 블렌디드 모델을 최종적으로 선택하고 나면 앞서 언급한 질문을 다시 확인하고 싶다는 생각이 들 것이다.

그리고 BLU(Blended Learning Universe)는 그들이 사용하는 소프트웨어에 대한 검색 가능한 정보를 제공한다.

통합식 vs 모듈식 운용 시스템

교육적 콘텐츠를 선택할 때 통합식과 모듈식을 비교하는 것으로 이점을 얻을 수 있다. 그러나 기기를 선택할 때는 어떻게 해야 하는가? 기기에 대한 문제를 대할 때 우리는 또 다른 사고방식을 취해야 한다. 가장 일반적으로 학교에서 기기를 선택할 때는 데스크톱, 노트북, 넷북, 태블릿 등 4가지 형태의 기기에 대한 토론으로 시작한다. 2012년 후반기 애플사에서 판매하기 시작한 아이패드 제품이 K-12 시장의 주류를 이루고 있긴 하지만, 여전히 많은 학교에서는 노트북과 넷북을 선택하고 있다.[21] 노트북과 넷북을 선택한 학교의 관리자는 태블릿도 좋은 콘텐츠 소비재이긴 하지만 콘텐츠를 창조해 내기에는 형편없다고 말한다. 반면 태블릿을 선택한 측에서는 태블릿이 기능적 한계를 갖고 있긴 하지만, 휴대성과 터치스크린이라는 강점으로 특히 어린 아이에게 유용하다고 주장한다. 또한 기능적 한계는 물리적 키보드를 연결하는 것으로 어느 정도 보완이 가능하다.

기기의 형태에 대한 문제 역시 중요하다. 그러나 끝에 가서는 모듈성이 토론의 결정적 부분으로 자리 잡게 된다. 최근까지 대부분의 학교는 애플의 운영체제인 OS X가 탑재된 애플 기기 또는 PC라고 불리는 윈도우즈 운영체제가 탑재된 기기를 구매해 왔다. 애플의 기기가 좀 더 그렇다는 정도의 차이만 있을 뿐이지 두 운영체제 모두 독점적이었으며 통합적이었다. 애플 기기는 OS X와 특정 애플 소프트웨어 사이뿐 아니라 기기 자체와 운영체제 사이에서도 상호의존적 인터페이스를 보인다는 특징을 가졌다.[22] 해커들은 비(非) 애플 기기에서도 OS X를 구동하는 방법을 찾기 위해 기술을 발전시켜 왔는데, 그 과정에서 온갖 어려움을 겪었다. 간단히 말해 애플의 소프트웨어는 오직 애플의 기기만을 위해 디자인되었다.

애플의 이런 독점적 구조가 많은 학교에게는 매력적으로 다가왔다. 애플의 엔지니어는 외부에서 요구하는 산업 기준에 맞추려고 애쓰지 않아도 되었고, 기계를 설계하는 데 있어 무엇이 가능한가에 대한 기술적 한계를 자유롭게 뛰어넘을 수 있었다. OS X는 충돌이 없고, 팝업 대화창의 방해가 없으며, 바이러스 감염의 위험성이 아주 낮다는 등의 신뢰할 만한 기능을 가진 것으로 널리 알려졌다.

그와 달리 윈도우즈 기반의 기기를 선택한 학교도 많다. 윈도우즈는 OS X와 비교했을 때 훨씬 더 모듈적 성격을 띠고 있다. 제3자로부터의 하드웨어와 플러그 호환성을 갖도록 하기 위해 모듈식 인터페이스를 택한 것이다. 델, HP, 레노보, 아수스 등 다양한 회사의 제품이 윈도우즈 운영체제를 사용한다. 그런데 윈도우즈가 하드웨어의 인터페이스에서는 모듈식일지 몰라도 윈도우즈와 소프트웨어 사이에서의 인터페이스는 또 다른 이야기다. 마이크로소프트는 자체 소프트웨어인 마이크로소프트 오피스 프로그램과 인터넷 익스플로러 브라우저를 사용해 운영체제와 소프트웨어 사이의 이질감이 없도록 설계했다. 이런 방침은 소프트웨어의 인터페이스를 사용하기 쉽게 만들기에는 조금 폐쇄적이었다. 따라서 마이크로소프트의 경쟁사는 기존의 마이크로소프트의 프로그램처럼 신뢰할 만하며, 윈도우즈에서 구동이 가능한 오피스 프로그램과 인터넷 브라우저를 개발하는 데 열을 올렸다.

수십 년간 윈도우즈가 소프트웨어의 수준에서는 상호의존적 구조를 취해 왔다는 사실을 대부분이 인지하고 있지도 신경 쓰지도 않았다. 그러나 이것도 변해 가고 있다. 컴퓨터 분야는 점점 인터넷 중심으로 되어가고 있다. 실제로 작업하는 사람은 클라우드에 저장된 애플리케이션과 콘텐츠를 이용해 컴퓨터 작업을 하길 원한다. 이는 개인 컴퓨터의 하드드라이브를 사용하는 대신 인터넷을 통한 원격 서버의 네트워크를 활용하는 것을 의미한다. 따라서 소프트웨어를 사용하는 대부분의 사람이 클라우드 기반의 온라인 서비스를 원한다면, 운영체제에 묶여 있는 독점적이고 통합적인 마이크로소프트나 애플의 소프트웨어를 누가 사용하려고 하겠는가? 이렇듯 인터넷을 중심으로 한 컴퓨터 활용의 변화는 컴퓨터 운영체제와 소프트웨어 사이의 분리를 향해 나아가는 수요를 낳았다.

애플과 마이크로소프트에 이어 여러 학교의 주목을 한 몸에 받은 세 번째 옵션을 살펴보도록 하자. 2011년 6월 구글은 처음으로 크롬 운영체제에서 구동되는 개인 컴퓨터 크롬북 판매를 발표했다. 2013년 크롬북은 미국의 K-12 프로그램을 위해 구입하는 모바일 컴퓨터에서 다섯 손가락 안에 꼽힐 만큼 대중적이었다.[23] 구글에서 주로 웹 애플리케이션을 구동하기 위해 설계한 크롬 운영체제는 리눅스 기반의 시스템을 갖고 있었다. 크롬의 이런 운영체제는 크로뮴 OS라는 오픈소스 프로젝트를 통해 만들어졌는데 운영체제의 테스트와 결함의 수정, 개선 과정은 전 세계 개발자들의 지원을 받아 이루어졌다. 이 과정은 크롬북이 시간이 갈수록 더 개선되는 데 큰 도움을 주었다. 마이크로소프트와 애플에서 각각 그들의 윈도우즈와 OS X를 개선하기 위해 막대한 고정 비용을 들였던 것과는 상반된 모습이다. 게다가 크롬북은 인터넷 브라우저와 미디어 플레이어, 파일 매니저를 제외하고는 어떤 소프트웨어도 기기의 하드드라이브 자체에 설치하도록 하지 않았다. 이렇듯 크롬북에서는 기기 자체에 저장되어 소프트웨어를 이용한 문서 작업을 기대할 수는 없지만, 그 대신 전적으로 인터넷에 의존해 사용자가 웹 애플리케이션에 접속하고 원하는 작업을 하도록 지원하고 있다. 그것이 이메일을 보내는 일이거나 문서를 만드는 일, 온라인 학습을 수강하는 것 등 그 어떤 것도 가능하도록 말이다.

이런 구조를 선택한다면 긍정적 면이 많다. 그중 한 가지는 크롬북은 한 대가 300달러도 안 될 만큼 저렴하게 공급되고 있다는 점이다. 또한 기기 자체는 제한적 기능만 가지기 때문에 부팅 시간이 10초면 될 정도로 굉장히 짧다. 윈도우즈 기반의 기기와 비교했을 때 리눅스 기반이라는 점은 바이러스 감염으로부터 자유로운 환경을 제공한다는 부분에서 강점을 보인다. 마지막으로 크롬북은 늘 최신의 상태로 유지되는데, 구글은 크롬 OS가 자동으로 업데이트되도록 하여 사용자에게 별도의 작업을 요구하지 않는다.

상호의존성과 모듈성의 문제가 암시하는 것이 있는데, 그것은 크롬북과 같은 기기로 말미암아 향후 몇 년 내로 폐쇄적 구조를 가진 기기가 경쟁에서 살아남기 어려울 거라는 점이다. 웹 애플리케이션과 클라우드 저장 공간에 초점이 맞춰진 인터넷 중심의 컴퓨터 작업은 제품 구조에서 점진적 발전을 가져올 것이다. 충분치 못했던 이점을 가졌던 상호의존적이며 독점적인 구조의 시대로부터 모듈식 설계의 성능 과잉 시대로 옮겨 가는 것이다.[24] 그렇다고 해서 크롬북이 모든 방면에서 좋다고 말하는 것은 아니다. 크롬북을 사용하려면 무선 인터넷이 보급되어야 하고, 어림잡아 1,000명의 학생당 적어도 100Mbps의 광대역이 필요하다.[25] 또한 웹 호환의 소프트웨어만 지원하기 때문에 소프트웨어를 다운로드해서 쓰고자 하는 학생에게는 적합하지 않다. 그럼에도 우리가 기대하는 것은 갈수록 증가하는 블렌디드 프로그램이 크롬북으로 말미암아 소개된 개방형 구조를 많이 택하게 되리라는 점이다.

통합식 vs 모듈식 물리적 공간

온라인 환경의 통합을 분리하고 모듈화하려는 시도는 물리적 환경에도 영향을 미친다. 미적 감각으로 보았을 때 공장 유형 학교의 전통적 구조는 신뢰성을 가지고 정돈된 모습을 보이긴 하지만 독점적 디자인을 중심으로 하여 개방성과 유연성 측면에서는 부족한 면이 있다. 스탠퍼드 대학의 린다 달링 해먼드는 전통적 학교 구조를 다음과 같이 특징지었다.

맨 먼저 눈에 띈 것은 학교에서 가장 조용하고, 동시에 좋은 시설을 갖춘 사무실이다. 이 공간은 직원 외에는 들어갈 수 없도록 길고 높은 카운터로 구별되어 있다. 그다음으로 시선이 향하는 곳에는 유리로 된 트로피 케이스와 다양한 소식을 전해주는 게시판이 있다. 길고 깨끗한 복도 주변에는 달걀 상자처럼 교실이 배치되어 있고, 그 사이에는 간혹 사물함이나 작은 게시판이 위치해 있다. 각 교실을 보면 앞쪽에 교사용 책상이 있고 학생이 사용하는 책상이 열을 맞춘 채 놓여 있다.[26]

성취의 건축(Architects of Achievement)의 창시자이자 책임자인 빅토리아는 전통적 건물에 대해 이렇게 말했다. "립 반 윙클이 지금 깨어난다고 해도 그는 여전히 우리의 학교 건물을 학교로 인식할 거예요. 우리는 산업시대에서 정보화시대로 옮겨 왔어요. 그리고 이제 혁신의 시대로 나아가고 있죠. 우리 학교를 한번 보세요. 학교는 여전히 칸칸이 나뉜 교실과 시간을 알리는 종이 존재하는 공장 모델을 하고 있어요. 상급 학년으로 갈수록 이 양상은 더욱 심해져요."[27]

스테이션 순환, 랩 순환, 거꾸로교실 등을 통해 전통적 교실을 지속적으로 개선하려고 하는 많은 사람에게는 현재처럼 계란 상자 같은 기본 형태의 교실 배치가 적합할 수 있다. 그러나 많은 블렌디드 프로그램은 가구를 비롯한 물리적 공간을 재배치하여 유연성과 그들의 새로운 모델에서 핵심이 되는 선택 등과 맞춰 나간다. [표 7.2]에는 물리적 공간에 대해 고민한 몇몇 학교의 사례를 정리해두었다. 이들 사례 가운데 일부는 블렌디드 프로그램을 진행하지 않는 학교다.

학교가 그들의 블렌디드 프로그램을 위한 계획에 착수하면서 세운 원칙과 목표를 달성하기 위해 물리적 공간을 맞춰 나가는 것으로 변화를 시도할 때 가장 큰 장벽은 재정 문제다. 이런 문제에 부딪혔을 때 할 수 있는 최선은 현재 있는 공간을 간단한 작업을 통해 변형시켜 주는

[표 7.2] 개방적 구조로 학교를 변화시킨 사례

프로그램	설명
서밋 공립학교	서밋 공립학교 가운데 두 학교는 약 650제곱미터 개방형 구조의 학습 시설을 위해 벽을 없앴다. 각 학습장에는 200여 명의 학생이 개인 학습 공간과 4개의 소그룹 워크숍을 이용할 수 있다.[28] 학교에서는 현재 재배치가 용이한 바퀴 달린 가구를 선호하는데, 이케아의 4X4 책장에 바퀴를 부착하고 뒷면에 화이트보드를 부착함으로써 가구 모듈을 다양한 상황에서 적용하도록 했다.[29]
메리스빌 게첼 고등학교	시애틀 외곽에 위치한 이 학교에는 각 건물의 가장 바깥쪽에 하중을 지닌 벽을 가진 4개의 건물이 있다. 따라서 내부에 위치한 벽은 없앨 수도 있고, 건물 구조의 안정성을 신경 쓰지 않고 옮길 수도 있다. 또한 교실에서 복도까지 내부에 창이 있는데 이것이 건물 내부로 자연광을 끌어들이고, 접을 수 있는 테이블과 의자를 활용해 공간의 유연성을 확보했다.
헬레루프 학교	덴마크 코펜하겐 교외에 위치한 이 학교의 4층짜리 건물에는 위층의 관리 사무실을 제외하면 거의 벽이 없다. 이렇듯 개방적 디자인과 교실의 부재로 말미암아 모든 학년의 학생이 자유롭게 섞일 수 있다. 건물 중앙에 개방된 도서관은 회의 등 모임이 있을 경우 학생의 앉은 자리로 경계가 지어져 평소보다 두 배 가까이 확장된다.[30]
콜럼버스 시그니처 아카데미	오하이오의 콜럼버스에 위치한 이 학교에서 사람들은 더 이상 '교실'이라는 단어를 사용하지 않는다. 대신 모든 공간을 '스튜디오'라고 부른다. 각 스튜디오의 면적은 일반 교실의 두 배에 달하며, 두 명의 교사에게 소속된 두 그룹의 학생에게 이 공간이 제공된다. 건물의 내부 구조를 살펴보면 복도와 스튜디오, 과외 활동을 하는 공간 등을 구분하는 일반적인 벽도, 유리로 구분된 벽도 없다.[31]
더 메트	더 메트는 미국 전역에 걸쳐 60개 이상의 사이트를 운영하고 있다. 그들의 학습 환경에는 분리가 가능한 벽과 학생의 프로젝트를 위한 충분한 여유 공간이 있다. 이들 장소는 학생에게 조용한 공간, 회의 공간, 공동 공간, 자문 공간 등 선택에 따라 다양하게 활용하도록 제공되고 있다.[32]
뉴 러닝 아카데미	영국의 켄트 카운티에 위치한 이 학교는 120명의 학생을 수용할 수 있는 넓은 학습 광장을 구축한 것이 특징이다. 학교는 이 광장을 크게 5가지 활동 모드에 따라 유연하게 사용한다. (1) 캠프파이어: 학급 활동, (2) 물웅덩이: 소그룹 활동, (3) 동굴: 개인 학습 활동, (4) 스튜디오: 프로젝트 활동, (5) 다중 지능: 다양한 모드 공존[33]
리지 중학교	오하이오 멘토에서 교사로 일하는 토미 드와이어는 개방적 공간을 만들기 위해 교실에서 책상을 없앴다. 그는 학생이 작업할 수 있도록 교실 벽에 아크릴 판을 사용했다. 학생은 그룹별로 테이블 주위에 둘러앉아 있는데, 의자에 바퀴가 달려 있어 언제든 벽의 아크릴 판으로 이동해 벽을 활용할 수 있다.[34]

것이다. 그리고 더 큰 변화를 시도할 만큼의 재정이 모일 때까지 기다린다. 안타깝게도 여기서 기회를 놓친다면 리더가 새로운 건물을 짓거나 오래된 건물을 보수할 때 또다시 통합된 공장 모델을 취할 수 있다. 학교 건물을 이미 지나가버린 20세기의 형태로 짓겠다고 한다면 누가 찬성하겠는가?

전략을 상황에 맞춰 조정하기

지금까지 학교에서 모듈식 구조로의 변화가 미래의 학습에 굉장히 중요하다고 주장했다. 업계의 표준과 플랫폼이 개발되어 공유가 촉진되고, 모듈식 인터페이스의 사양이 통합되면서 사용자는 최상의 구성 요소의 조합을 통해 개별 학생의 독특한 요구에 능숙하게 대처하는 것이 가능해지고 있다. 기기들은 지난 시절의 독점적 운영체제를 가졌던 기기들의 비용 가운데 극히 일부에 해당하는 비용으로 인터넷의 본질적 모듈성에 다가서게 될 것이다. 물리적 구조는 온라인 구조를 가능케 하는 개방성과 선택 등에 맞춰 조정될 것이다.

그러나 블렌디드 러닝의 초기 단계에서는 기술적으로 모듈성이 항상 가능하지는 않을 것이다. 물론 모듈식의 세계에 즉각적으로 도약하고 싶을 것이다. 그럴수록 리더는 적당한 시기를 가려내기 위해 개별적 상황을 관찰하고 목록을 작성해야 한다. 적절한 타이밍을 찾는 것은 학생과 교사가 하려는 것을 지원하는 학교의 기반 시설을 통합하는 데 있어 가장 중요한 부분이라고 할 수 있다.

요약

- 상호의존적 구조는 기능성과 신뢰성의 측면에서는 최적화되어 있지만 한 곳에서 상품을 제작하고 조립하는 모든 과정을 통합해 진행해야 한다. 모듈식 구조는 유연성과 맞춤화에 최적화되어 있다. 모듈식에서는 표준화된 인터페이스를 사용하는데, 이로 말미암아 독립적 조직이 각 구성 요소를 교환 가능하도록 만들어 조립하게 되었다.

- 학교의 공장 모델은 수직적으로 통합되어 있어서 모든 것을 하나의 패키지로 제공한다. 많은 학생에게 포괄적 기능성을 제공할 때는 완전히 통합된 모델이 더 적합하다. 그런데 지금에 와서는 개인의 선택과 맞춤화, 모듈성에 대한 요구가 커지고 있다.

- 학교는 그들의 블렌디드 프로그램을 운영하는 데 있어 필요한 온라인 콘텐츠 확보를 위해 통합과 모듈식의 사이에서 크게 4가지 전략을 취한다. 그 4가지는 자체적으로 구축하기, 단일 공급자로부터 제공받기, 다양한 공급자로부터 통합적으로 제공받기, 촉진된 네트워크 활용하기 등이다. 여기서 4가지 전략은 각기 다른 장점과 단점을 가진다.

- 학교는 그들이 택한 운영체제의 모듈성이 어느 정도의 수준인지 고려해야만 한다. 애플의 기기는 완전히 통합되어 있으며, 윈도우즈 운영체제는 그보다 덜하고, 구글의 크롬북은 뛰어난 모듈성을 가진다. 개방형 구조의 기기는 향후 몇 년 안에 독점적 기기를 몰아낼 것이다.

- 미적 측면에서 보았을 때 공장 유형 학교의 달걀 상자 구조는 맞춤화와 유연성이 결여된 독점적 디자인을 보여주고 있다. 많은 블렌디드 프로그램은 가구를

비롯한 물리적 공간을 재배치하여 유연성과 그들의 새로운 모델의 핵심이 되는 선택 등과 맞춰 나가려고 한다.

토론을 위한 질문

1. 삶의 모든 부분에서 모듈성으로 말미암아 더 많은 유연성과 개별 맞춤이 허용되었다는 점에 대해 이야기를 나눠보라.
2. 저자는 어떤 학생에게는 완전히 통합되고 상호의존적인 모델이 통합적 기능을 제공한다는 측면에서 더 적절하다고 말한다. 그리고 지금은 선택과 유연성, 개별 맞춤에 대한 기회 제공에 대한 폭발적 수요가 있다. 개인적으로 생각하기에 자신이 속한 공동체의 모든 학생에게 이것이 적용되리라고 보는가?
3. 학교가 자체적으로 온라인 콘텐츠를 구축하는 것과 촉진된 네트워크를 활용하는 것 가운데 개인적으로 어떤 것을 더 선호하며, 왜 그렇게 생각하는가?
4. 학교 건물의 물리적 구조 측면에서 전통적 달걀 상자 구조와 열린 공간의 유연한 학습 스튜디오 구조 가운데 어떤 것을 선택하겠는가? 그리고 두 가지 구조가 가진 각각의 장점과 단점은 무엇인가?

8장

모델을 선택하라

지금까지 해결하고자 하는 문제를 파악하고 그것을 위해 팀을 조직했다. 그리고 학생에게 제공하고자 하는 경험, 교사가 얻었으면 하는 기회, 학교에서 확보했으면 하는 기술과 물리적 공간에 대해서도 설계했다. 이제는 이 비전을 어떻게 운영할 것인지에 대해 알아보도록 하자. 가장 가능성 있는 방법은 우리가 1장에서 소개한 블렌디드 러닝 모델 가운데서 선택하고, 자기 자신의 비전을 실현할 수 있도록 맞춤화하는 것이다.

2013년 토드 서틀러와 브룩 피터스, 미셸 힐리는 브루클린에 있는 그들의 차터 스쿨을 위한 사례 연구를 위해 미국과 핀란드, 이탈리아를 방문하기로 계획을 세웠다. '오디세이 이니셔티브(Odyssey Initiative)'라는 배너를 내세운 이 팀은 여러 기관을 방문했으며, 학생들과 대화도 나누고, 70개 이상의 혁신 학교에 근무하고 있는 교사들을 대상으로 설문도 진행했다.[1] 같은 해에 시티브리지(CityBridge) 재단과 새로운 학교 벤처 펀드(New Schools Venture Fund)도 비슷한 일정을 후원했는데, 워싱턴 D.C. 소재의 학교에서 실제로 블렌디드 러닝을 시행하기 전 블렌디드 러닝 프로그램을 견학하도록 12명의 교사를 파견했다.

다양한 곳을 견학하는 것은 분명 현실적이지도 않고 모두에게 필요하지도 않겠지만 자신이 속한 환경에 가장 적합한 모델을 찾으려면 이것만큼 좋은 방법도 없다.[2] 5년 전만 해도 우리는 이런 접근법을 사용하라고 조언하기가 어려웠다. 블렌디드 러닝의 기본 모델 자체가 확실한 형태를 띠고 있지 않았으며, 극소수만이 그 효과를 증명해 보일 수 있었기 때문이다. 당시 해줄 수 있는 최고의 조언은 빈 종이에서 시작하라는 것이었다. 누군가의 잠재적 창조력을 빌려 학생의 활동, 교사의 자원과 기회, 사용 가능한 기술과 기타 이해관계자의 선호를 모두 끌어 모아 하나의 블렌디드 러닝 모델로 종합하는 것이었다.

그러나 오늘날 많은 학교와 프로그램은 새로운 무언가를 만들어내기보다 모두가 그 속에서 이득을 얻을 수 있는 이미 알려진 다양한 모델을 시행하고 있다. 한마디로 말해 성공적인 블렌디드 러닝의 다음 단계는 모방하는 것이다. 성공적인 블렌디드 러닝 모델의 사례로부터 아이디어를 얻는 것은 이미 '현재 진행 중'이다. 물론 기존의 모델을 자신의 필요와 상황에 맞게 맞춤화하고 결합하는 것은 굉장히 중요한 일이다. 이것은 앞서 5, 6, 7장을 거치며 브레인스토밍 작업을 한 이유이기도 하다. 하지만 맞춤화에 앞서 기본 모델이나 모델이 가진 기본 형식을 먼저 선택하는 것이 좋다. 미래에 어떤 혁신적인 사람의 머릿속에 갑자기 떠오른 영감이 영향을 주어 완전히 새로운 모델을 제안할 수도 있다. 그러나 이것은 굉장히 예외적인 상황이며, 대부분의 경우 기존의 양식을 빌리는 것이 더 간단하다. 어떤 모델은 이미 충분히 훌륭할

뿐 아니라 학생에게 제공하고자 하는 경험에도 꼭 들어맞는다.

이 장에서는 6가지 질문을 차례로 제시할 것이다. 이들 질문은 최근 주목받는 모델인 스테이션 순환, 랩 순환, 거꾸로교실, 개별 순환, 플렉스, 알라카르테, 가상학습 강화 모델로부터 각자의 필요에 가장 적합한 모델을 선정하는 데 도움을 줄 것이다. 이 책을 앞에서부터 읽어 왔다면 6가지 질문에 대해 이미 생각해 보았을 것이다.

1. 해결하고자 하는 문제가 무엇인가?
2. 그 문제를 해결하기 위해 어떤 형태의 팀이 필요한가?
3. 학생이 어떤 것을 제어하기를 바라는가?
4. 무엇이 교사의 주요 역할이 되기를 바라는가?
5. 지금 사용할 수 있는 물리적 공간은 어떤가?
6. 인터넷에 연결할 수 있는 기기를 얼마나 확보할 수 있는가?

결정할 때는 다른 요소들을 서로 비교해 볼 것이다. 그러나 팀에게 도움을 줄 앞서 나열된 6가지 질문은 그들의 처한 상황과 제약, 이상에 꼭 맞는 선택을 분명하게 가리키고 있을 것이다. [표 8.7]과 [부록 8.1]은 이런 질문에 대답하기 위해 브레인스토밍을 해왔던 모든 생각과 블렌디드 모델 만드는 것을 한꺼번에 도와줄 것이다.

문제 유형에 맞춰 보라

가장 먼저 해야 할 질문은 팀이 주요 과목에서 다수의 학생과 관련된 문제와 씨름하고 있는지, 비소비적 격차를 해결하고 있는지 하는 것이다. 3장에서 몇몇 핵심 문제의 예시에 대해 강조했다. 예를 들면 독해력에서 심각한 차이를 보이는 지역으로 이주해 온 유치원생의 니즈나 고등학교 과학실의 자금 부족 등이다. 비소비적 문제에는 몇가지 예를 들면 학점 회복을 위한 니즈, 강의 목록(수강 편람) 이외의 강의를 수강하는 것, 결석한 뒤 보충학습을 받는 것 등이 있다.

일반적으로 오늘날 블렌디드 러닝의 존속적 모델은 핵심적 문제의 해결에 더 적합하다. 반면 블렌디드 러닝의 파괴적 모델은 비소비적 문제의 해결에 더 적합하다.[3] 온라인 학습과 블렌디드 러닝의 파괴적 모델이 발전하면서 변화가 시작된다. 그러나 파괴적 혁신이 시작되면 대부분의 경우 접근 가능한 해결책이 없거나 조금 복잡한 모든 문제에 적합해지는 경향이 나타난다.

다양한 분야의 조직과 회사는 이 교훈을 어렵게 배워 왔다. 1947년 미국의 전화전신회사인 AT&T의 벨연구소 연구원들은 트랜지스터(전기의 이동을 제어하는 장치임)를 개발했다. 이 개발은 앞선 기술인 진공관에 대한 상대적 파괴였다. 트랜지스터는 진공관보다 작고 내구성이 더 좋았다. 그러나 초기의 트랜지스터는 테이블 라디오나 바닥에 세우도록 만든 텔레비전 등 1950년대의 전자제품에 필요한 전력을 조절하기에 턱없이 부족했다. 그 당시 라디오와 텔레비전 제품은 큰 관심을 받고 있어 기업들은 트랜지스터의 품질을 높이기 위해 수억 달러를 투자했는데, 진공관을 트랜지스터로 대체함으로써 그들의 핵심 소비자를 만족시키기 위해서였다. 이런 엄청난 투자에도 당시에는 진공관의 기능이 더 좋았고, 트랜지스터로 그 자리를 대체하지 못했다.[4]

이런 투자는 현존하는 파괴적 기술을 배치하기 위한 시도의 전형적인 모습을 보여준다. 그러나 이런 초기 형태의 파괴적 기술은 기존 시스템과 비교했을 때 설비 자체가 부족했기 때문에 기업들은 어마어마한 돈과 시간을 투자해 고객을 위한 상품을 개선해 나가려고 했지만 대부분 실패로 돌아갔다. 그렇다면 투자 부족이 실패 요인이었을까? 그것은 아니었다. 기업들은 규모가 크고 확실한 시장에 도전했다. 이 시장에서 소비자는 기존의 제품보다 획기적인 새로운 기술이 도입된 경우에만 긍정적으로 반응한다. 그런데 이곳에 기업들이 파괴적 제품을 억지로 밀어 넣었기 때문에 실패할 수밖에 없었다. 새로운 기술은 기대되면서도 새롭기도 한 아이디어에 대해 실망스러운 고성능의 걸림돌이 되었다.

　파괴적 혁신이 영향력을 발휘하도록 하기 위한 더 쉬운 방법은 바로 비소비적 영역에 적용하는 것이다. 앞서 언급한 트랜지스터의 경우를 살펴보자. 트랜지스터가 처음으로 상업적인 성공을 거둔 분야는 전자제품 시장이 아니었다. 트랜지스터를 사용한 제품은 바로 보청기였는데, 전력 공급을 위해 주먹 크기의 진공관이 아닌 더 작은 무언가가 필요했기 때문이다. 몇 년이 지난 1955년 소니사는 세계 최초로 배터리 구동 포켓 트랜지스터 라디오를 출시했다. 당시 잡음이 심해 포켓 트랜지스터 라디오는 고급스러운 테이블 라디오의 상대가 되지 못했다. 그러나 머지않아 소외되어 왔던 소비자 그룹인 십대를 대상으로 상업성을 갖게 되었다. 작고 투박하고 이따금 소음이 나기도 했지만 트랜지스터 라디오는 배터리로 구동되어 어디든 가지고 다닐 수 있다는 점에서 큰 매력을 갖게 되었다. 시간이 지나 트랜지스터는 텔레비전과 라디오의 전력도 제어할 수 있을 만큼 개선되었다. 몇 년 지나지 않아 진공관을 기반으로 한 사업은 트랜지스터에 투자했음에도 모두 사장되고 말았다.

　비소비적 영역에 초점을 맞춘 블렌디드 러닝의 파괴적 모델은 두 가지 면에서 마법처럼 작용했다. 첫째, 학교 공동체의 기준에는 특정 학습 기회와 관련해 선택의 여지가 없기 때문에 기대되지만 새로운 해결책에 대해 반색할 가능성이 크다. 따라서 파괴적 모델이 해결해야 할 성능 장애는 비교적 쉬운 것이다. 초기의 온라인 강의도 아무것도 없을 때보다 나았다. 반면 대다수 학생을 위한 핵심 강의는 양질의 것을 제공해야 한다는 장벽이 있었는데, 이는 학교 공동체가 파괴적 모델이 전통적 교실에서 가장 우수한 모형이 되어야만 이것을 받아들일 것이기 때문이다.

　둘째, 비소비를 다루는 데 파괴적 모델을 사용하지 않는 것은 부끄러운 일이다. 이런 교육 시스템은 발전하고 확장되어 가는 사회적 요구에 대응하기에 충분치 않은 자원으로 말미암아 오랫동안 고통을 받았다. 학교 건물은 시간이 지나면서 더 많은 사회적 서비스와 식사, 특수 교육, 방과 후 돌봄 등을 제공하기 위해 확장되어 왔다. 블렌디드 러닝의 파괴적 모델은 눈에 띄는 기회를 부여한다. 마침내 학교에서의 개별화 학습과 접근 확장이 가능해지고, 이런 혁신이 일어나기 전에는 불가능해 보였던 방법으로 비용을 절감할 수 있게 되었다. 비소비적 문제를 해결하기 위한 파괴적 혁신에 대한 전망을 무시하는 것은 자원 제한적인 시스템 속에서 역사적이면서도 오래 기다려 왔던 긍정적 측면을 간과하는 처사다.

　정리하면 적합한 블렌디드 러닝 모델을 선택할 때 던져야 할 첫 번째 질문은 다음과 같다.

질문 1: 해결하고자 하는 문제가 무엇인가?

A. 대다수 학생과 관련된 핵심 문제

B. 비소비적 문제

여기서 A라고 대답한다면 가장 쉬운 시작점은 스테이션 순환이나 랩 순환, 거꾸로교실 등 존속적 모델 가운데 한 가지를 선택해 전통적 교실에 적용해 보는 것이다. 만약 B라고 대답한다면 개별 순환이나 플렉스, 알라카르테, 가상학습 강화 모델 등 파괴적 모델을 적용할 만한 충분한 이유가 있다. [표 8.1]은 A와 B의 경우 각각 어떤 모델이 적합한지를 보여준다.

그러나 모든 팀이 [표 8.1]의 추천 사항에 따라 모델을 문제 유형에 맞춰 선택하지는 않는다. 이것 역시 나쁘지 않은 선택이다. 예를 들면 어떤 학교는 주요 과목에 대해 플렉스 모델을 이용해 재편성하기로 했다. 처음부터 스테이션 순환 모델에 비해 플렉스 모델이 개별화 학습과 역량 기반 학습에 훨씬 적합했기 때문이다. 학교가 비소비적 문제에 존속적 모델을 적용하거나 핵심 문제에 파괴적 모델을 적용할 때 한 가지 주의해야 할 사항이 있다. 이렇게 적용하려면 학교 공동체를

[표 8.1] 해결하고자 하는 문제가 무엇인가

	존속적 모델			파괴적 모델			
	스테이션 순환	랩 순환	거꾸로 교실	개별 순환	플렉스	알라 카르테	가상 학습 강화
A. 대다수 학생과 관련된 핵심 문제	√	√	√				
B. 비소비적 문제				√	√	√	√

설득하고 준비하는 과정에서 반대의 선택을 한 경우와 비교했을 때 훨씬 더 많은 노력을 기울여야 한다. 그래도 양쪽 모두 성공 가능한 선택 사항이며, 팀은 이 첫 번째 질문의 우선순위를 낮출 수 있다. 시간이 지나면서 주류와 핵심까지 파괴적 모델을 긍정적으로 받아들이면 파괴적 모델은 점점 나아질 것이다. 어떤 사람들은 이것이 이미 실현되고 있다고 믿고 있다. 파괴적 모델이 지속적으로 개선되면서 첫 번째 질문과의 관련성은 점차 줄어들 것이다.

이 장의 끝부분에는 6가지 질문에 각자의 요구에 가장 부합하는 모델의 집계를 내보는 [표 8.7]을 제공한다.

팀 유형에 맞춰 보라

블렌디드 러닝의 모델을 선택할 때 두 번째 질문은 문제 해결을 위해 조직한 팀이 어떤 형태인가에 대한 것이다. 4장에서 다루었던 내용인 특정 형태의 팀은 조직이 원하는 변화의 수준과 관련된 특정 문제를 해결하는 데 적합하다는 사실을 떠올려 보라.

만약 문제를 해결하기 위해 팀을 꾸리되 기능적 팀이나 가벼운 팀을 구성했다면 그 팀으로는 학교 운영의 전반적 변화를 요구하는 블렌디드 러닝 모델을 시행할 수 없을지도 모른다. 기능적이고 가벼운 팀은 스스로의 힘만으로는 완전히 새로운 학습 모델을 만들어낼 수 있는 힘이 부족하다. 마찬가지로 무겁고도 자율적인 팀의 경우 범위가 좁은 문제에 대해 비효율적이며 관료적으로 대응하게 된다.

질문 2: 그 문제를 해결하기 위해 어떤 형태의 팀이 필요한가?

A. 기능적 팀: 문제가 교실이나 과목, 학년 수준 등에 국한된 경우

B. 가벼운 팀: 문제 해결을 위해 학교의 다른 부분과 교실 밖, 교과 외의 것, 같은 학년 지도 교사 등을 조정해야 할 경우

C. 무거운 팀: 문제 해결을 위해 학교의 구조에 변화를 주어야 할 경우

D. 자율적 팀: 문제 해결을 위해 완전히 새로운 교육 모델이 필요한 경우

이 질문에 답하기 앞서 4장을 다시 한 번 살펴본 뒤 서로 다른 유형의 문제에 최적화된 팀의 특징을 파악하는 것이 나름 도움이 될 수도 있다.

[표 8.2]에는 이런 선택에 적합한 모델이 나열되어 있다. 앞서 언급한 선택 사항 A의 기능적 팀은 학교의 다른 부분으로부터 특별한 자원을 공급받지 않아도 되는 스테이션 순환 모델이나 거꾸로교실 모델을 적용하기에 적합하다. 특히 거꾸로교실은 기능적 팀에 잘 들어맞는다. 많은 교사는 관리자로부터 간단한 허락을 얻은 뒤 팀의 도움을 받지

[표 8.2] 그 문제를 해결하기 위해 어떤 형태의 팀이 필요한가

	존속적 모델			파괴적 모델			
	스테이션 순환	랩 순환	거꾸로 교실	개별 순환	플렉스	알라 카르테	가상 학습 강화
A. 기능적 팀	✓		✓				
B. 가벼운 팀	✓	✓	✓				
C. 무거운 팀	✓	✓					
D. 자율적 팀				✓	✓	✓	✓

않고 그들 스스로 교실을 뒤집곤 한다. 때때로 이 두 모델은 다른 유형의 팀을 필요로 하는 경우가 있지만 이것에 대해서는 다음에 다루도록 하겠다.

선택 사항 B의 가벼운 팀은 스테이션 순환, 랩 순환, 거꾸로교실 모델을 적용하기에 적합하다. 건축 등 물리적 구조의 변화 없이 새로운 학사 일정이나 직원 채용 등 학교의 각 부분에 대한 조정이 필요한 경우다. 랩 순환 모델의 경우 컴퓨터실과 교실 또는 조직의 다른 부분과 조정이 필요하므로 무거운 팀의 구성이 어려울 경우 적어도 가벼운 팀이라도 조직해야 한다. 거꾸로교실의 경우 전문적인 개발과 기술적 지원, 전환 기금 등을 제공함으로써 가벼운 팀의 장점을 취할 수 있다.

선택 사항 C의 무거운 팀은 교실과 교과목을 비롯한 학교 내 기타 요소의 혁신적 배치를 요하는 스테이션 순환이나 랩 순환 모델을 적용하기 위한 가장 이상적인 조직 구조라고 할 수 있다. 거꾸로교실에서는 학교 수준에서 구조적 변화를 좀처럼 요구하지는 않지만 대다수의 스테이션 순환 모델이나 랩 순환 모델은 학교에서 새로운 프로세스와 획기적 변화를 갈망하며 무거운 팀의 리더십이 제 역할을 잘해 내길 원한다.

선택 사항 D의 자율적 팀은 파괴적 모델에 가장 적합한 팀 형태다. 자율적 팀은 전통적 교실 구조로부터 예산의 재편성, 채용 계획, 시설 디자인, 교육 과정까지 전반적인 부분에 대해 자율성을 지닌다. 따라서 팀의 리더는 자율적 팀을 구성함으로써 가장 큰 파괴적 변화를 이끌어낼 수 있다.

원하는 학생의 경험에 맞춰 보라

모델을 선택할 때 던져야 할 세 번째 질문은 학습과 관련된 시간, 장소, 경로, 진도 등 전반적인 사항에 대해 학생이 어느 선까지 조절하도록 할 것인가 하는 것이다. 온라인 학습은 30명의 학생과 한 명의 교사로 이루어진 전통적 교실 상황에서는 불가능했던 학생의 개별화 과정에 대한 가능성을 열어주었다. 이로 말미암아 학생은 본인이 얼마나 빨리 학습하느냐에 따라 멈추거나 되감거나 건너뛰는 등 학습 진도를 조절할 수 있다. 온라인 학습은 학생이 학습하는 과정을 제어할 수도 있다. 예를 들면 나눗셈을 학습하기 위해 칸 아카데미, 텐마크(Tenmarks), ST 매스, 알렉스, 교과서 또는 소그룹 스터디 가운데 어떤 것을 활용할지 학생 스스로가 결정할 수 있다는 것이다. 또한 동영상 강의를 볼 것인지, 상호적인 도전과제를 시도해 볼 것인지, 아이디어를 얻을 것인지, 아니면 평가 문항을 해결할 것인지 등의 교육 수준도 학생이 제어할 수 있다. 더불어 온라인 학습은 학생이 시간과 장소에 대한 것도 제어가 가능하도록 해준다. 과거에 학생이 접했던 강의는 면대면 현장 강의에 한정되어 있었지만, 오늘날 학생은 어디서나 인터넷 연결을 통해 강의와 함께 다양한 교육적 경험에 접근할 수 있게 되었다.

교육자는 어떤 형태로 어느 수준까지 학생이 제어하도록 할 것인지 선택해야 한다. 블렌디드 러닝 모델에 따라 학생이 강의와 과목의 일부에서 학습 진도와 과정을 제어하도록 하거나, 전체 강의에 대해 학습 진도와 과정을 정하도록 했고, 일부 모델의 경우에는 학생이 학습 진도와 과정뿐 아니라 오프라인 강의를 건너뛸 수 있는 재량권까지 허락했다. 이제 세 번째 질문과 함께 대표적인 몇 가지 대답을 보도록 하자.

질문 3: 학생이 어떤 것을 제어하기를 바라는가?
A. 강의 가운데 온라인에 해당하는 부분에 대한 학습 진도와 과정을 제어함
B. 강의 전반에 해당하는 학습 진도와 과정을 제어함
C. 때때로 오프라인 강의를 건너뛰는 유연성을 동반한 강의 전반에 해당하는 학습 진도와 과정을 제어함

[표 8.3]에는 이런 선택 사항에 적합한 모델이 무엇인지 잘 드러나

[표 8.3] 학생이 어떤 것을 제어하기를 바라는가

	존속적 모델			파괴적 모델			
	스테이션 순환	랩 순환	거꾸로 교실	개별 순환	플렉스	알라 카르테	가상 학습 강화
A. 강의 가운데 온라인에 해당하는 부분에 대한 학습 진도와 과정을 제어함	✓	✓	✓				
B. 강의 전반에 해당하는 학습 진도와 과정을 제어함				✓	✓		
C. 때때로 오프라인 강의를 건너뛰는 유연성을 동반한 강의 전반에 해당하는 학습 진도와 과정을 제어함						✓	✓

있다. 모든 순환 모델은 학생이 강의 가운데 온라인 영역의 학습을 하는 동안 학습 진도와 과정을 제어하도록 한다(선택 사항 A). 플렉스 모델의 경우 개별 순환 모델처럼 학생이 강의 전반에 걸쳐 학습 진도와 방향을 제어하는 것이 가능하다(선택 사항 B). 알라카르테와 가상학습 강화 모델에서는 학생이 강의 전반에 걸쳐 학습 진도와 방향을 제어하는 데 그치지 않고 학생 스스로 오프라인 강의에 참여할 것인지 여부를 제어할 수 있는 유연성까지 부여한다(선택 사항 C).

좀 더 세부적인 것은 이런 가이드라인(기준)과 예외 사항을 더 명확하게 해준다. 스테이션 순환, 랩 순환, 거꾸로교실 모델은 학생이 학습 활동을 스스로 제어하는 것을 어느 정도 제한한다. 스테이션 순환 모델과 랩 순환 모델에서 학생은 컴퓨터 앞에 앉아 학습할 때 그들이 원하는 만큼 빨리 진행할 수 있다. 그러나 교사가 다음 단계로 넘어가도록 지시할 경우(랩 순환 모델에서는 교실로 돌아갈 것을 지시할 경우) 학생은 더는 학습 진도에 있어 자율성을 갖지 못하고, 해당 그룹의 학습 진도를 따라가게 된다. 이때 학생이 자신과 비슷한 학습 수준을 가진 학생과 한 모둠을 이루도록 편성했더라도 결과는 크게 달라지지 않는다. 거꾸로교실의 경우 학생은 자신이 선택한 진도에 맞춰 밤에 온라인 학습을 할 수 있다. 그러나 다음 날 등교해서 교실로 가면 종종 자기 반의 학습 진도로 옮겨 가는 현상을 보인다. 학습 과제가 교사가 준비해 온 면대면 활동에 따라 각 학생의 수준에 맞춰 개별화되었더라도 이런 모습이 나타난다.

물론 예외는 존재한다. 일부 교사는 거꾸로교실에 다른 모델의 일부 요소를 통합해 진행하기도 한다. 예를 들면 학생이 면대면 프로젝트를 진행하는 동안 개개인의 진도와 경로를 따라가도록 플렉스 모델을 활용하기도 한다. 또 다른 예로 스테이션 순환 또는 랩 순환 모델에서 온라인 학습 스테이션(학습장)과 별도로 여러 과목의 진도를 스스로 조절할 수 있는 스테이션을 둘 수 있다. 이렇게 특성화하고자 하는 우리의 의도는 양질의 관찰 결과를 제공하려는 것인데, 기본적인 모델 양식을 선택하는 데 있어 팀이 실제 현장에서 이런 모델이 얼마나 잘 작동하는지를 보기 위해 모든 모델의 적용 예시를 직접 보러 방문하지 않도록 돕기 위해서다. 예외적 상황도 있긴 하지만 일반적으로 독립형 모델의 형태를 보이는 가장 보편적인 스테이션 순환, 랩 순환, 거꾸로교실 모델에서는 면대면 학습 활동이 이루어지는 동안 다른 모델과 비교해 진도와 경로에 대한 학생의 결정권이 다소 적다.

이제 파괴적 모델을 살펴보도록 하자. 우리는 파괴적 모델을 적용해 보고자 하는 리더가 다양한 수준의 학생 통제 수준 가운데 원하는 것을 선택할 수 있음을 보았다. 개별 순환 모델은 온라인상에서 학생이 스스로 자기 학습 진도와 과정을 제어하도록 한다는 점에서 다른 순환 모델과 비슷하지만, 정해진 시간에 따라 자신이 속한 학급의 진도와 과정으로 돌아간다는 특징을 가진다. 예를 들어 카르페 디엠에서 학생은 자신이 어떤 스테이션에 속해 있거나 다음에 어떤 스테이션으로 가고 싶은지에 상관없이 매 35분마다 새로운 스테이션으로 순환한다. 각각의 학생은 스테이션 가운데서 개별 시간표에 따라 움직이기 때문이다. 그러나 전반적인 경험은 학생에게 스테이션 순환이나 랩 순환 모델에서보다 진도와 경로를 결정할 기회를 더 많이 부여한다. 반면 플렉스 모델의 경우 학생이 고정된 시간표에 따르지 않고 자율적으로 원하는 콘텐츠와 다양한 학습 방식 사이를 이동하도록 한다. 위치타 공립학교 중퇴자 지원 센터(Wichita Public Schools dropout recovery center)에서 학생들은 개별적인 학습장에 앉아 자기 진도에 따라 에이펙스 러닝 강의를 이수한다. 현장에 있는 교사는 집단 토의나 면대면 개별 지도를 위해 학생을 따로 불러내기도 하지만 이런 상호작용은 그 순간의 필요에 따라 이루어질 뿐 정규 시간으로 편성되어 있지는 않다.

알라카르테와 가상학습 강화 모델은 학생이 진도와 과정, 학습 시간과 장소까지 제어하길 원하는 팀을 위한 선택 사항이다. 알라카르테의 학생은 반드시 학교에 가지 않아도 된다. 모든 알라카르테의 강의가 학습에 있어 진도와 과정에 대한 제어권을 반드시 학생에게 줘야 하는 것은 아니지만, 완전히 동기화된 상태라면 보통 알라카르테 모델에서는 이 지침을 따른다. 이런 방식은 보통 자기주도적으로 학습하는 학생에게 적합하다. 학교에서 다른 수업을 이수하느라 정해진 수업 시간에 시간을 낼 수 없거나 정해진 교과목 외의 특별 활동 때문에 결석이 잦은 학생, 학교에 해당 과정을 가르칠 수 있는 교사가 없는 등의 문제로 특정 교과목의 이수가 어려운 학생이 이에 해당된다. 가상학습 강화 모델의 경우도 필수적인 것은 아니지만 학생이 자신의 학습 진도와 과정에 대한 제어권을 가질 수 있다는 점에서 유사하다. 알라카르테와의 뚜렷한 차이점은 학생이 적어도 일주일에 3일, 한 달에 3일 오프라인 강의에 출석해야 하는 최소 횟수 조건을 지켜야 한다는 것이다. 이 방식은 학교의 시설 이용률을 높여주며, 교사를 직접 만나지 않고 원격으로 강의 가운데 일부를 학습하고자 하는 자기주도적인 학생에게 효과적으로 작용할 수 있다. 이 모델은 종종 안전하지 못한 양육 환경에 놓여 있거나 학교 밖에서 그들의 학습을 지원하고 지도해줄 사람이 없는 학생에게는 제대로 적용되지 못할 수도 있다.

교사의 역할에 맞춰 보라

훌륭한 교사야말로 학교가 학생에게 제공할 수 있는 가장 중요한 자원이라는 사실에 대해 이의를 제기하는 사람은 없다. 몇몇 연구 결과는 유대감이 강한 가족과 트라우마 없는 어린 시절이 긍정적으로 큰 영향을 미친다는 것을 보여주었다. 그러나 학교에서 제공하는 요소 측면에서 보면 훌륭한 교사와 만날 수 있다는 것이 가장 중요하다.

온라인 학습이 시작되면서 교사의 역할에 큰 변화가 생겨났으며, 소프트웨어를 통한 학습과 온라인을 통해 교사의 지도를 받는 학습, 면대면으로 직접 교사에게 지도를 받는 학습 등 각각의 방법에 잘 맞는 학생의 차이점까지 세세한 것까지 비교되고 있다. 존 버그만은 자신의 강의를 비디오로 녹화해 업로드하고 학생이 그것을 집에서 보고 올 수 있다는 사실을 깨닫기 전까지 중학교와 고등학교 학생에게 과학 강의를 하는 데 24년을 소비했다. 그 후 교실 수업은 좀 더 학습자 중심, 탐구 중심, 프로젝트 기반의 모습으로 재설계되었다.

어떤 특정 상황에서는 분명 학생 앞에서 직접 강의하는 것이 교사가 학생을 위해 할 수 있는 최선일 수 있다. 그러나 다른 경우를 보자. 온라인 환경 속에서 자라고 있다면 학생에게 가장 도움이 되는 교사의 역할은 바로 앞에서 강의하는 대신 교단에서 내려와 각 학생의 학습 디자인을 돕고 다양한 지원과 멘토, 튜터링 등을 제공하고 토론과 프로젝트를 도우며 학생의 수행과 그 결과를 평가하고 보완해주는 것이다. 전 세계의 학습자에게 온라인 강의로 전문지식을 제공하는 온라인 교사가 되는 것도 좋다.

그렇다면 이제 적합한 블렌디드 모델을 선택하는 데 고려해야 할 네 번째 질문을 던져 보자.

> 질문 4: 무엇이 교사의 주요 역할이 되기를 바라는가?
> A. 학생에게 직접 강의하는 것
> B. 온라인 강의를 보완하기 위해 면대면 개인 지도, 안내, 보충을 제공하는 것
> C. 온라인 강의를 제공하는 것

교사는 각각의 역할을 갖게 될 것이다. 그러나 모델을 선택하기 위한 연습이 목적이기 때문에 자신이 실제로 적용하고자 하는 강의나 교과에서 대표 교사의 경우만 고려하도록 하겠다. 개인적으로 무엇이 교사의 역할이 되기를 바라는가? 앞선 질문과 마찬가지로 어떤 모델도 이 질문에 대한 답변과 완벽하게 들어맞지 않는다. 많은 순환 모델과 플렉스 모델, 알라카르테 모델, 가상학습 강화 모델에서 교사는 다양한

[표 8.4] 무엇이 교사의 주요 역할이 되기를 바라는가

	존속적 모델			파괴적 모델			
	스테이션 순환	랩 순환	거꾸로 교실	개별 순환	플렉스	알라 카르테	가상 학습 강화
A. 학생들에게 직접 강의하는 것	√	√					
B. 온라인 강의를 보완하기 위해 면대면 개인 지도, 안내, 보충을 제공하는 것			√	√	√		√
C. 온라인 강의를 제공하는 것						√	

역할을 갖게 된다. 어떤 학교는 교사의 역할을 늘리기 위해 둘 이상의 모델을 섞어 적용하기도 한다. 그러나 모델 실행의 토대가 되는 기본적 뼈대를 만들기 위해 우리는 교사의 주된 역할이 [표 8.4]에 나타난 패턴을 따라 달라진다는 것을 관찰해 왔다.

스테이션 순환 모델과 랩 순환 모델에서 교사는 전형적으로 소규모 그룹이나 전체 학급을 대상으로 면대면 강의를 하는 데 수업 시간을 보낸다(선택 사항 A). 그리고 다른 스테이션과 상황을 감독하기도 한다. 우리가 연구한 대부분의 스테이션 순환과 랩 순환 모델 사례에서는 면대면 강의가 중요한 요소로 부각되었다.

반면에 거꾸로교실과 개별 순환, 플렉스, 가상학습 강화 모델 상황에서 교사들은 더 이상 수업에서 주요 요소가 아니라 학생이 사전에 온라인으로 학습해 온 지식과 능력을 활용하도록 도움을 주는 가이드로 그 역할이 바뀌었다(선택 사항 B). 콜로라도의 우드랜드 파크 고등학교의 교사 애런 샘즈는 거꾸로교실을 시작했을 때 학생을 위해 온라인 강의를 만들긴 했지만 수업 시간에 강의하는 것을 완전히 그만두고 대신 모둠 실험과 탐구 기반 프로젝트를 진행할 때 돕는 역할을 했다. 현재 그의 교실 수업은 매 시간 강의가 주를 이루었던 이전과는 완전히 달라졌다. 보안경을 쓴 학생들은 실험 결과를 갖고 모여 앉아 있을 때 샘의 역할은 떠들썩한 모둠 시간을 관리하고 지휘하는 것으로 바뀐다. 개별 순환 모델이 중심 교육과 선택 과목의 뒷받침이 된 카르페 디엠에서 학생의 학습은 완전히 에쥬뉴이티에서 제공되는 온라인 강의로 이루어진다. 그들은 온라인 학습을 돕기 위해 순환하면서 학생과 직접 대면하여 세미나 또는 프로젝트 기반 학습 등을 돕긴 하지만 이것이 주된 교수 방법은 아니다.

비슷하게 액턴 아카데미는 핵심 역량 시간에 수학과 철자, 문법 과목에 적용된 플렉스 모델에서도 교사 대신 가이드에 의존하고 있다. 가이드의 역할은 학생이 주간별 목표를 설정하고, 개인의 향상 그래프를 작성하며, 포트폴리오를 보관하는 것이다. 그리고 학생이 특정 부분에 정체되어 있으면 생각을 전환시키는 질문을 하는 것으로 도움을 준다. 가상학습 강화 모델에서의 교사도 전형적으로 비슷한 역할을 한다. 학생을 돕기 위해 직접 대면하고 각 학생의 온라인 학습을 보완해준다. 다만 그날의 기본 강의는 하지 않는다.

마지막 선택 사항의 경우를 살펴보자. 알라카르테 과정의 몇몇 사례에서 본 교사의 적합한 역할은 온라인 강의를 제공하는 것이었다. 특정 과목에서 훌륭한 교사가 없거나 일정상 다른 문제가 있는 학교의 경우 적절한 대안은 보통 온라인상에서 평판이 좋은 강의나 교사를 찾아보는 것이다. 어떤 학교는 학생의 온라인 강의 개설 요청에 큰 비용을 지불하기보다 그들만의 온라인 강의를 만들고 교내 직원을 고용하는 방법을 택했다. 퀘이커타운의 경우 교원단체에서 다른 지역의 온라인 강사를 고용하는 것을 극구 반대했기에 지역 차원에서 고등학교 교사들이 온라인 강사로 활동할 수 있게 교육을 해야 했다.

물리적 공간에 맞춰 보라

블렌디드 모델을 선택할 때 고려해야 하는 중요한 한 가지 제약이 있다. 바로 현실적으로 사용 가능한 시설의 물리적 공간이다. 서밋 공립학교의 레이니어 캠퍼스에서 2012~2013학년도가 마무리되어 갈 때 캘리포니아 새너제이의 수학 교사 잭 밀러는 안타까워하며 이렇게 말했다. "지난 2011~2012학년도에 블렌디드 과정에서 가장 아쉬웠던 부분은 학생들이 다양한 수준의 능력과 학습 격차를 가지고 있음에도 천편일률적으로 진도를 나가야 한다는 점이었어요. 그래서 늘 '만약 저 벽을 부술 수만 있다면⋯'이라고 생각했죠." 이는 플렉스 모델을 위해 확보되어야 할 학생의 유동성이 방해받는 교실 벽과 격자형의 건물이 주는 물리적 제약을 말한 것이다.

결국 그해 여름, 이 학교는 벽을 허물었다. 가을에 학기가 시작되면서 학생들은 650제곱미터(약 200평) 넓이의 열린 학습 공간에 들어갔다. 이 학습장은 200명의 학생을 위한 개별적인 학습 공간을 비롯해 소그룹 학습과 일대일 지도, 워크숍, 세미나 등을 위한 4가지 유동적 공간을 포함하고 있다.[5]

다른 경우를 보면 물리적 공간은 제약이 되기보다 오히려 기회가 되기도 한다. 어드밴스패스 아카데믹(AdvancePath Academic)의 CEO인 존 머리는 중퇴자들을 위한 센터를 캠퍼스에 설립하게 해달라고 지역에 요청했다. 그는 "고등학교 졸업자들을 배출할 테니 나에게 278제곱미터(약 85평) 넓이의 공간을 주시오"라고 말했다. 지역에서는 현재 사용하지 않는 시설을 물색해 이에 적합한 공간을 만들었다. 그 후 머리가 이끄는 팀은 그곳을 학부모와 방문자 접대실, 컴퓨터실, 읽고 쓰기를 위한 오프라인 공간, 교사가 소그룹을 지도하는 공간 등 4개의 공간으로 구분된 학습 시설로 개조했다.[6]

학교는 공간을 임대하든 새롭게 짓든 개조하든 사용 가능한 어떤 방법을 선택해 현실적으로 물리적 공간에 대해 대응해야 한다. 그러므로 다음 다섯 번째 질문은 적합한 블렌디드 모델을 선정하는 데 도움이 될 것이다.

질문 5: 사용할 수 있는 물리적 공간은 어떤가?
A. 기존 교실
B. 기존 교실과 컴퓨터실
C. 넓고 열린 학습 공간
D. 안전하고 지도가 가능한 그 어떤 공간

〔표 8.5〕에는 각각의 블렌디드 모델에 적합한 전형적인 물리적 환경이 정리되어 있다. 대부분의 스테이션 순환과 거꾸로교실은 기존 교실에서 진행된다(선택 사항 A). 이 두 모델의 경우 종종 가구들을 재배치하기도 하고, 때로는 전기 콘센트를 새롭게 설치하기도 한다. 그러나 대부분은 기존의 전통적인 교실 구조만으로도 잘 적용된다. 랩 순환 모델은 전통적 방식의 면대면 강의 요소를 위해 주로 전통적인 교실 구

[표 8.5] 지금 사용할 수 있는 물리적 공간은 어떤가

	존속적 모델			파괴적 모델			
	스테이션 순환	랩 순환	거꾸로 교실	개별 순환	플렉스	알라 카르테	가상 학습 강화
A. 기존 교실	✓		✓				
B. 기존 교실과 컴퓨터실		✓					
C. 넓고 열린 학습 공간				✓	✓		✓
D. 안전하며 지도 가능한 그 어떤 공간						✓	

조에 의존하는 편이다. 그러나 동시에 온라인 학습을 위한 컴퓨터실 또는 정보실이 필요하다(선택 사항 B). 학교에 이런 별도의 공간이 없으면 랩 순환을 적용하기가 어렵다.

이처럼 전통적인 교실 벽에 갇히는 것과 다르게 개별 순환과 플렉스, 가상학습 강화 모델에서는 더 넓고 열린 학습 공간을 필요로 한다(선택 사항 C). 넓은 교실 공간은 학생에게는 다양한 상황에서 물리적 유연성을 부여하고, 교사에게는 개별 학습 공간과 학습 모둠이나 휴게실에 있는 학생들 사이를 쉽게 오갈 수 있도록 해준다. 전통적 교실 공간이 반드시 필요한 경우도 있다. 그러나 이 모델의 경우에는 더 크고 유동적인 공간이 훨씬 더 적합하다. 가상학습 강화 모델의 특징은 개별 학생과 직접 대면하는 시간에 대한 요구가 크게 줄어들었다는 것인데, 이로 말미암아 기존의 공간을 더 많은 학생을 돕는 데 사용하도록 한 혁신적인 스케줄링 모델의 적용이 가능해졌다.

알라카르테 모델은 공간의 제약에 대해 가장 적용하기가 좋다. 이 모델의 경우 전통적 교실이나 컴퓨터실, 학교 도서관을 비롯해 학교 안이든 밖이든 인터넷이 되는 안전하고 지도 가능한 공간이라면 어디든 동일하게 적용이 가능하다(선택 사항 D). 한 가지 예외가 있다면 알라카르테 과정에 참여하는 여러 학생에게 학교가 편안하면서도 관리 받는 환경을 제공하려면 넓은 공간이 필요하다는 것이다. 3장에서는 한 사이트에 50명을 수용할 수 있는 가상학습실을 도입한 플로리다의 마이애미-데이드 지역에 대해 언급했다. 큰 규모의 학습 공간은 지역에서 이런 학생들이 플로리다 가상학교(FLVS, Florida Virtual School)를 통해 알라카르테 과정을 완수하는 데 효과적으로 학생을 관리하도록 도움을 주었다. 또한 많은 알라카르테 모델은 학생이 친구들과 함께 학습하는 인터넷 카페 같은 모습을 띠고 있다.

인터넷 디바이스의 사용 가능성에 맞춰 보라

물리적 시설과 마찬가지로 인터넷에 연결이 가능한 기기도 블렌디드 러닝의 모델을 선택하는 데 있어 하나의 결정적 요소가 될 수 있다. 왜냐하면 때에 따라 이것이 지배적인 제약 사항이 될 수도 있기 때문이다. 학생의 기기 접근성이 떨어질수록 적용 가능한 모델 수가 적어진다. 따라서 모델을 선택할 때 고려해야 하는 여섯 번째 질문은 다음과 같다.

> 질문 6: 인터넷에 연결할 수 있는 기기를 얼마나 확보할 수 있는가?
> A. 일부 학생이 사용하기에 충분함
> B. 전 학생이 수업하는 동안 사용하기에 충분함
> C. 전 학생이 수업 시간뿐 아니라 방과 후의 시간과 집에서도 사용하기에 충분함

인터넷 디바이스는 데스크톱과 노트북, 태블릿, 핸드폰을 모두 포함한다. 그런데 그중 태블릿과 핸드폰의 경우 편리하긴 하지만 그것을 이용해 무언가를 제작하기에는 적합하지 않다. 다시 말해 이들 기기를 온라인 영상이나 다른 매체를 접하는 데 사용하기에는 유용하지만 학생이 에세이를 작성하거나 디지털 프로젝트를 생산하기에는 적합하지 않다. 일반적인 크기의 키보드와 화면이 없는 경우도 마찬가지다(많

은 학교가 이런 단점을 극복하기 위해 태블릿에 물리적 키보드를 연결하는 방법을 사용하고 있다).

블렌디드 러닝의 일부 모델은 학생 수만큼의 기기가 있지 않아도 잘 적용되고 있다. 반면 다른 모델은 수업 시간뿐 아니라 집에서까지 한 학생당 한 대의 기기가 필요하다. 각 상황에 부합하는 모델이 [표 8.6]에 잘 정리되어 있다.

한 가지 중요한 발견은 학생이 개별적인 기기를 사용하지 않고도 많은 블렌디드 프로그램이 잘 진행되고 있다는 것이다(선택 사항 A). 로스앤젤레스의 유명한 아카데미 KIPP와 코미엔자 커뮤니티 프렙(Comienza Community Prep)의 경우에도 대략적으로 두 학생당 한 대의 기기가 주어진다.[7] 그럼에도 이 과정이 제대로 작동하는 이유는 일반적으로 온라

[표 8.6] 인터넷에 연결할 수 있는 기기를 얼마나 확보할 수 있는가

	존속적 모델			파괴적 모델			
	스테이션 순환	랩 순환	거꾸로 교실	개별 순환	플렉스	알라 카르테	가상 학습 강화
A. 일부 학생이 사용하기에 충분함	√	√					
B. 전 학생이 수업하는 동안 사용하기에 충분함				√	√		
C. 전 학생이 수업 시간뿐 아니라 방과 후의 시간과 집에서도 사용하기에 충분함			√			√	√

인 학습 스테이션에 있는 학생에 한해 컴퓨터에 접근하도록 한 그들의 스테이션 순환 디자인 때문이다.[8] 한 가지 예로 어떤 학교는 무려 6개에 달하는 스테이션으로 스테이션 순환을 하도록 계획해 기기 수요를 크게 감소시키기도 했다. 랩 순환 모델을 위해서도 학교는 학생 수에 맞는 기기를 반드시 구비하지 않아도 된다. 한 학교의 학습실은 언제가 됐든 130명의 학생을 수용할 수 있으며, 이것은 그들의 순환 모델로 말미암아 전체 600여 명의 학생 수에 충분하다.[9]

반면 개별 순환과 플렉스 모델에서 학생은 컴퓨터를 통해 블렌디드 전 과정과 과목에 접속해야 한다(선택 사항 B). 인터넷은 이 두 가지 모델에 있어 학습의 근간을 제공하며 학생은 자신의 순서를 기다리지 않고서도 온라인 콘텐츠와 강의에 접근할 수 있어야 한다.

다음 3가지 모델을 통해 학생은 기기에 한 걸음 더 접근할 수 있다. 거꾸로교실과 알라카르테, 가상학습 강화 모델은 학생이 학교에서의 블렌디드 과정 전체와 그들에게 부과된 온라인 수업 활동을 마치기 위해 기기를 사용하고자 할 경우 가장 적합하다(선택 사항 C). 어떤 경우 학교의 관리자는 학생이 학교 내에서 컴퓨터를 이용해 알라카르테 과정을 이수하기를 기대한다. 그러나 이것은 학교 수업 시간 외의 시간에도 더 많은 학습을 할 수 있는 학생의 능력을 제한시킨다. 일반적으로 거꾸로교실과 알라카르테, 가상학습 강화 모델을 위한 최고의 기기 사용법은 모든 학생이 집과 학교에서 모두 인터넷 사용이 가능한 기기에 접근하도록 하는 것이다.

우선순위 매기기와 선택

앞서 나온 6가지 질문을 거치고, 여러 선택 사항에 대한 분석을 고려해 보았다면 이제 하나의 블렌디드 러닝 모델을 선택할 준비가 된 것이다. [표 8.7]을 통해 분석했던 6가지 질문의 우선순위를 정하는 것으로 시작해 보자. 지금 자신이 처한 상황에 어떤 질문이 가장 중요한가? 어떤 제약 사항이 존재하는가? 우리가 조언했던 가톨릭 학교의 어떤 그룹은 블렌디드 시범 계획에 넣고 싶었던 한 학생당 1디바이스를 갖추지 못했다. 그들에게는 질문 6이 가장 중요하게 여겨졌을 것이다. 펜실베이니아 주의 몇몇 학교는 온라인 학습이 전통적 교실을 대체한다는 생각 자체에 반기를 드는 지역사회와 부딪히기도 했다. 그들의 경우 질문 1이 가장 중요한 고려 대상이 되었다. 로드아일랜드 주의 한 학교는 새로운 시설을 건설하는 중이었는데, 이때는 질문 5를 특별히 고려해야 했다.

일단 가장 중요하게 여기거나 걸림돌이 되는 사안에 대해 우선순위를 매기기 시작하면 6가지 질문에 대한 자신의 답에 근거해 각 모델에 대한 점수를 합산해 보라.[10] 이 결과를 통해 6가지 차원 전반에 적합한 각 모델의 방법이 몇 가지인지 그 수를 알 수 있다. 가장 적합한 모델은 최우선순위를 만족시킬 뿐 아니라 대부분의 상황에서 사람들의 필요에 상응해야 한다는 두 가지 기준에 있어 상대적으로 최고점이 매겨질 것이다. 참고로 이 장의 마지막에 위치한 [부록 8.1]을 통해 6가지 질문의 관점에서 모델이 어떻게 비교되는지를 제시했다.[11]

[표 8.7] 자신의 상황에 적합한 모델을 선택하라

각 질문에 대해 당신의 필요에 부합하는 모델에 점수를 주라	존속적 모델			파괴적 모델			
질문	스테이션 순환	랩 순환	거꾸로 교실	개별 순환	플렉스	알라 카르테	가상 학습 강화
1. 해결하고자 하는 문제가 무엇인가?							
2. 그 문제를 해결하기 위해 어떤 형태의 팀이 필요한가?							
3. 학생이 어떤 것을 제어하기를 바라는가?							
4. 무엇이 교사의 주요 역할이 되기를 바라는가?							
5. 지금 사용할 수 있는 물리적 공간은 어떤가?							
6. 인터넷에 연결할 수 있는 기기를 얼마나 확보할 수 있는가?							
합계							

다중 모델로 나아가기

어떤 모델을 선택할 때 복잡하게 하는 요소는 분명 존재한다. 그러나 그런 요소는 동시에 다양한 창의성에 대한 기회를 제공하기도 한다. 우리는 많은 학교가 한 가지 모델을 선택하는 것을 넘어 그들의 처한 상황과 요구에 따라 모델을 선택하는 진행 과정을 만들어 나갔다. 한 가지 예로 캘리포니아 주의 호손(Hawthorne)에 위치한 다빈치 학교(Da Vinci School)는 거꾸로교실과 랩 순환 모델을 함께 적용했다. 교사는 학생이 집에서 온라인으로 접속해 새로운 콘텐츠를 제공받도록 했으며, 다음 날 학교에서는 학생이 소그룹 지도와 협력 그룹 활동, 개인적 자문, 인턴십, 프로젝트실, 온라인 학습실 등을 순환하도록 했다.[12]

디트로이트의 '미래를 위한 학교(SFF, Schools for the Future)'는 학생이 개별 순환에 진입하도록 해주는 하루를 계획하고, 학생은 수업과 개별 워크스테이션, 인턴십, 공동체 경험 등 개별화된 시간표에 따라 움직인다. 그리고 SFF의 상위 단계로 진급하면서 학생은 더 많은 독립성을 얻게 되며, 어떻게 어디서 무엇을 배울 것인지에 대해 폭넓은 선택지를 얻게 된다. 그들의 이런 '무한한 캠퍼스(Limitless Campus)'는 다양한 알라카르테의 고등학교와 대학교 과정을 포함하고 있다.[13]

켄터키 주 댄빌 자립학교(Danville Independent School)는 학생이 역량 기반 핵심 교육 과정을 완수하는 것을 돕기 위해 랩 순환 모델을 도입했다. 이는 기준 기반의 평가와 수행 과제, 교사의 추천 등을 통해 역량을 시험해 본다. 주립대학 입학과 직업 준비 기준을 충족시킨 학생은 자신의 학습에 초점을 맞추고 스스로 선택한 영역의 개별화된 진로에 따라 학습을 진행하며, 알라카르테 과정에도 자유롭게 참여한다.[14]

학교와 교실이란 단어는 아마 구식일 것이다. 각 학습자의 요구에 따른 다양한 포트폴리오를 제공하는 학교들이 가지고 있는 개념을 얻기 위해 교육학자들은 학습 스튜디오를 비롯한 학습 광장과 홈베이스에 대해 말하기 시작했다.[15] 전체적인 메뉴 개발을 위해 모델을 선택하는 과정과 그 이후의 과정은 계속 진행되어야 할 것이다.

요약

- 자원을 끌어 모아 새로운 블렌디드 러닝 모델을 설계하려고 하기보다는 스테이션 순환, 랩 순환, 거꾸로교실, 개별 순환, 플렉스, 알라카르테, 가상학습 강화 모델 등 이미 검증된 모델 가운데 하나를 선택해 자신의 상황에 맞춰 적용하는 것이 좋다.
- 짚고 넘어가야 할 첫 번째 질문은 '당신이 해결하고자 하는 문제가 무엇인가?' 하는 것이다. 일반 학생에 대한 것을 포함한 핵심 문제는 종속적 모델을 적용하는 것이 좋다. 반면 비소비적 문제는 파괴적 모델을 적용하는 것이 적합하다.
- 두 번째 질문은 '그 문제를 해결하기 위해 어떤 형태의 팀이 필요한가?' 하는 것이다. 파괴적 모델은 자율적 팀을 구성하면 잘 적용되는 반면 3가지 혼합 모델의 경우에는 더 많은 유연성이 요구된다.
- 세 번째 질문은 '학생이 어떤 것을 제어하기를 바라는가?' 하는 것이다. 3가지 모델은 학생이 학습 과정 중 온라인을 통해 학습하는 동안 자신의 진도와 과정을 제어하도록 했다. 나머지 모델은 학생에게 더 넓은 범위의 제어를 허용한다.
- 네 번째 질문은 '무엇이 교사의 주요 역할이 되기를 바라는가?' 하는 것이다. 어떤 모델은 교사를 면대면 강의의 자원이 아니라 수업의 안내자 또는 온라인 강사로 보았다.
- 다섯 번째 질문은 '지금 사용할 수 있는 물리적 공간은 어떤가?' 하는 것이다. 스테이션 순환과 거꾸로교실을 제외한 모든 모델은 비전통적 형태의 교실 공간이 도움이 되었다.
- 여섯 번째 질문은 '인터넷에 연결할 수 있는 기기를 얼마나 확보할 수 있는가?'

하는 것이다. 스테이션 순환과 랩 순환 모델은 일부 학생만이 컴퓨터에 접근할 수 있는 경우 잘 적용되었다.

- 팀은 어떤 모델이 자신들이 처한 대부분의 경우와 최우선순위에 따른 요구를 만족시킬 수 있는지에 대한 분석을 통해 모델을 선택하는 것이 좋다.
- 혁신적 학교는 학생을 위한 모델과 선택 사항의 메뉴를 개발하기 위해 이런 과정을 여러 번 반복해 나간다.

토론을 위한 질문

1. 해결하고자 하는 문제가 무엇인가?
2. 그 문제를 해결하기 위해 어떤 형태의 팀이 필요한가?
3. 학생이 어떤 것을 제어하기를 바라는가?
4. 무엇이 교사의 주요 역할이 되기를 바라는가?
5. 지금 사용할 수 있는 물리적 공간은 어떤가?
6. 인터넷에 연결할 수 있는 기기를 얼마나 확보할 수 있는가?
7. 앞선 질문 가운데 자신이 처한 상황에서, 또는 자신이 생각하기에 가장 중요하게 고려해야 할 질문은 무엇인가?
8. 앞선 질문 가운데 필요한 변화에 대해 자신이 가진 권한 밖의 질문은 무엇인가?

[부록 8.1] 어떤 블렌디드 러닝 모델이 지금 상황에서 가장 적합한가

질문	해결하고자 하는 문제가 무엇인가?	그 문제를 해결하기 위해 어떤 형태의 팀이 필요한가?	학생들이 어떤 것을 제어하기를 바라는가?
스테이션 순환	대다수 학생과 관련된 핵심 문제	기능적 팀, 가벼운 팀, 무거운 팀	강의 가운데 온라인에 해당하는 부분에 대한 학습 진도와 과정을 제어함
랩 순환	대다수 학생과 관련된 핵심 문제	가벼운 팀, 무거운 팀	강의 가운데 온라인에 해당하는 부분에 대한 학습 진도와 과정을 제어함
거꾸로 교실	대다수 학생과 관련된 핵심 문제	기능석 팀, 가벼운 팀	강의 가운데 온라인에 해당하는 부분에 대한 학습 진도와 과정을 제어함
개별 순환	비소비적 문제	자율적 팀	강의 전반에 해당하는 학습 진도와 과정을 제어함
플렉스	비소비적 문제	자율적 팀	강의 전반에 해당하는 학습 진도와 과정을 제어함
알라 카르테	비소비적 문제	자율적 팀	때때로 오프라인 강의를 건너뛰는 유연성을 동반한 강의 전반에 해당하는 학습 진도와 과정을 제어함
가상학습 강화	비소비적 문제	자율적 팀	때때로 오프라인 강의를 건너뛰는 유연성을 동반한 강의 전반에 해당하는 학습 진도와 과정을 제어함

질문	무엇이 교사의 주요 역할이 되기를 바라는가?	사용할 수 있는 물리적 공간은 어떤가?	인터넷에 연결할 수 있는 기기를 얼마나 확보할 수 있는가?
스테이션 순환	학생에게 직접 강의하는 것	기존의 교실	일부 학생이 사용하기에 충분함
랩 순환	학생에게 직접 강의하는 것	기존의 교실과 컴퓨터실	일부 학생이 사용하기에 충분함
거꾸로 교실	직접 개인 지도를 하고(튜터링) 추가적인 온라인 강습을 제공하는 것	기존의 교실	전 학생이 수업 시간 뿐 아니라 방과 후의 시간과 집에서도 사용하기에 충분함
개별 순환	직접 개인 지도를 하고(튜터링) 추가적인 온라인 강습을 제공하는 것	넓고 열린 학습 공간	전 학생이 수업 시간 동안 사용하기에 충분함
플렉스	직접 개인 지도를 하고(튜터링) 추가적인 온라인 강습을 제공하는 것	넓고 열린 학습 공간	전 학생이 수업 시간 동안 사용하기에 충분함
알라 카르테	온라인 강의를 제공하는 것	안전하며 지도가 가능한 환경이라면 어떤 공간이라도 가능	전 학생이 수업 시간뿐 아니라 방과 후의 시간과 집에서도 사용하기에 충분함
가상학습 강화	직접 개인 지도를 하고(튜터링) 추가적인 온라인 강습을 제공하는 것	넓고 열린 학습 공간	전 학생이 수업 시간 뿐 아니라 방과 후의 시간과 집에서도 사용하기에 충분함

4부
실행하기

9장

문화를 만들라

겉은 아주 훌륭하지만 실제로는 죽어 있는 것 같은 학교에 가본 적이 있는가? 그곳에 다니는 학생은 자신이 해야 할 것을 하지 않고, 교사는 항상 피곤해 보이며, 시설은 엉망으로 관리되고 있다. 창조적인 교육 혁신을 위한 모든 브레인스토밍과 디자인이 완벽히 끝났다고 해도 여전히 실행이 가장 중요하다. 그리고 학교 문화가 올바르지 못하거나 아직 미비한 경우, 이는 실행을 방해하는 요소로 작용한다.

문화는 많은 경우 블렌디드 러닝을 디자인하고 현장에 구현하는 것을 주제로 삼은 책에서 짧게 애매한 주제로 다루어지곤 한다. 사람들은 조직 문화는 그 공간의 공기와 같은 것이라고 에둘러 표현하기도 하고, 종종 "당신이 그것을 느끼게 되면 문화를 알게 되죠"라고 말하기도 한다.

그러나 문화는 어떤 블렌디드 러닝 프로그램이든 간에 성공하느냐 실패하느냐를 판가름하는 결정적 요소다. 다음은 블렌디드 스쿨에 근무하는 사람이 해준 말이다.

"블렌디드 러닝은 좋은 문화를 가속시키고 더 좋게 만들 수 있어요. 하지만 동시에 나쁜 문화를 가속시키고 더 나쁘게 만들 수도 있답니다."[1]

문화는 블렌디드 프로그램에서 특별히 유용하기도 유해하기도 한 부분인데, 블렌디드 러닝은 학생에게 더 많은 학습 제어권과 유연성을 부여하면서 진행되기 때문이다. 학생의 학습 과정과 문화적 규범에 대한 이해가 부족하면 개별화 환경으로의 전환은 오히려 역효과를 낳을 수도 있다.[2] 이런 문화에 대한 부분을 다루지 않는 것은 블렌디드 러닝 프로그램을 디자인하는 데 있어 가장 중요한 사항을 놓치는 것이라고 할 수 있다. 정말 중요한 것임에도 학교가 이를 간과한 것이다.

이는 팀이 물리적·가상적 환경에 대한 학생과 교사의 경험으로부터 블렌디드 모델의 모든 측면을 디자인하고 난 뒤에도 그들의 작업이 끝나지 않았다는 것을 뜻한다. 실제로 팀 멤버가 그들의 디자인에 부합하는 강력한 문화 규범을 만들고 디자인하는 것에 주의를 기울이지 않는다면 그들의 노력은 분명 미흡한 수준에 머물게 될 것이다. 팀이 기능적이거나 가볍게, 무겁게, 자율적으로 노력을 기울이기 시작했더라도 그들의 노력은 결국 바르게 형성된 문화의 정교함을 통해 드러나게 된다.

이처럼 문화가 중요하긴 하지만 개념만큼이나 막연한 것이라면, 팀은 어떻게 이런 문화를 제어하고 다듬어 성공의 기회를 극대화시킬 수 있을까? 이것에 대한 이해는 우리에게 "문화란 무엇인가?"라는 질문을 던진다. 그리고 이런 문화가 블렌디드 러닝을 진행해 나가는 데 정말 중요하다면 우리는 어떻게 '좋은' 문화를 만들 수 있을까?

문화란 무엇인가

MIT의 명예교수 에드가 샤인(Edgar Schein)은 조직문화 연구로 유명한 학자들 가운데 한 명이다.[3] 그는 조직문화를 다음과 같이 정의했다.

"문화란 공동 목표를 향해 함께 일해 나가는 방식이며, 이것은 빈번하게 사람들이 다른 방식으로 일을 시도하려는 생각조차 하지 않게 만든다. 하나의 문화가 자리를 잡았다면 사람은 자동적으로 성공을 위해 그들이 해야 할 일을 할 것이다."[4]

공동 목표를 향해 함께 일하고자 하는 본능은 하룻밤 사이에 이루어지지 않는다. 이것은 시간의 흐름에 따라 조직 안에서 문제 해결을 위해 함께 일하고 무언가를 완수해 나가며 점차적으로 발전한다. 모든 조직에는 처음으로 발생하는 문제가 있다. 학교에서 처음 발생하는 문제에는 다음과 같은 것이 있다.

"교사 휴게실이 엉망이에요. 도대체 누가 이곳을 책임지고 청소해야 하죠?"

"학부모가 제기하는 민원에 어떻게 대응하면 좋을까요?"

"존이 올해에만 벌써 학교를 열 번이나 빠졌어요. 어쩌면 좋죠?"

"어떻게 하면 식당에서 발생하는 소음을 줄일 수 있을까요?"

각각의 문제나 해결 과제가 발생하면 책임자는 무엇을, 어떻게 해야 할지 결정을 내려야 한다. 그들이 내린 해결책이 적절했다면 다음에 비슷한 상황이 발생했을 때 같은 방법을 써서 해결하면 될 것이다. 그러나 학생의 반항 또는 교사의 저항을 불러오거나 교장으로부터 질책을 받는 등 좋지 못한 결과로 나타난다면 다음에는 다른 방식의 해결책을 찾아야 할 것이다. 이런 시행착오가 반복되면서 책임자는 조직에서 무엇이 중요하고 우선순위가 어떻게 되는지, 그 과정을 어떻게 실행해 나가야 할지 알게 된다. 어떤 행동이 조직에 득이 되고, 실이 되는지를 파악하는 것이다.

결국 시스템은 이런 과정과 우선순위가 반영되도록 내면화된다. 늘 하던 것이 충분히 잘 돌아가고 있다면 그것을 굳이 바꿀 필요가 있겠는가? 문화는 자연스럽게 그 행동 주위로 합쳐지기 시작한다.

학교는 시간이 지나면서 공유된 문화로 합쳐질 수 있는 많은 과정과 우선순위를 갖고 있다. 학교 관리자는 학생의 스케줄을 편성하는 과정이 잘 작동했다는 사실을 알게 되면 다음에 스케줄을 편성할 때도 같은 과정을 다시 사용할 것이다. 시간이 지나면서 그 방식은 학생의 스케줄을 편성할 때 깊이 생각할 필요성조차 느끼지 못할 만큼 하나의 문화로 자리 잡게 된다. 또 다른 예로 교사가 수업을 시작할 때 토론하는 것이 학생의 참여도를 높인다는 사실을 알게 되었다면 이런 기술을 다시 사용할 것이다. 앞선 사례와 동일하게 시간이 지나면서 이것은 교실의 한 문화로 자리 잡게 된다.[5] 마지막으로 복도를 얌전히 걸으면 항상 칭찬을 받지만 요란하게 달릴 때 항상 혼이 났다면, 시간이 지나 문화적 규범이 만들어져 학생은 복도를 지날 때 자신의 속도를 스스로 통제하기가 훨씬 쉬워진다.

문화가 가진 힘은 조직을 이루는 구성원이 어떤 방식으로 성공을 위해 함께 일해 나갈지에 대한 패러다임을 공유하고, 궁극적으로는 서로에게 무엇을 해야 할지를 묻기 위해 멈출 필요가 없어진다. 그들은 그저 자신들이 해온 것이 제대로 작동하기 때문에 그대로 하면 된다고 생각하며 일해 나간다. 다시 말해 그 방식은 조직의 우선순위와 가치에 부합했다는 것이다. 결과적으로 그 조직은 구성원이 성공을 위해

자동적으로 일을 함에 따라 '자기관리'가 되는 조직으로 바뀌게 된다.[6]

어린이 문화의 힘

어린 아이로 이루어진 조직은 어린 구성원들이 공익을 위해 자발적으로 헌신하도록 돕는 노력을 기울일 때 특히 발전한다. 에어(Eyre) 가족의 이야기는 어린 아이가 있는 조직에서의 강력한 문화가 가진 힘을 보여준다.

9명의 자녀를 둔 리처드 에어와 린다 에어는 어떻게 하면 화목한 가족을 이룰 수 있는지에 대한 강연과 저서로 유명해졌다. 이들은 오프라쇼(Oprah Show) 등 수많은 텔레비전 프로그램에 출연했다. 아이의 책임감을 다룬 책에서 린다는 자신의 경험을 이야기하고 있다. 세 아이를 키우는 아직 어린 엄마였을 때 그녀는 아이들이 스스로 침대를 정리하지 않는 것으로 몹시 화가 났었다고 한다. 그녀에게는 깔끔하게 정돈된 집이 최우선순위여서 어떻게 하면 아이들에게 이런 생각을 이해시킬 수 있을지 곰곰이 생각했다. 가장 먼저 시도한 방법은 침대가 정돈되어 있지 않은 것을 발견할 때마다 아이들에게 잔소리를 하는 것이었다. 이 방법은 린다와 아이들 모두를 화나게 하는 방법이라는 것이 머지않아 드러났다. 그다음으로 시도한 방법은 지저분한 상태를 무시하는 것이었다. 아이들이 자라면서 깨우치기를 바라면서 말이다. 그 후로 얼마의 시간이 지나고 그 방법도 실패로 돌아갔다. 화를 내는 방법과 무시하며 참는 방법 등 두 가지 접근법 모두 실패로 끝났다.

마침내 린다는 해결 방법을 찾았다. 먼저 아이들에게 침대 정리를 어떻게 하는지 가르쳐주었다. 매일 아침 그녀는 한 명씩 아이 손을 잡고 "침대 정리하러 함께 가자"라고 말했다. 이 방법이 어느 정도 자리를 잡아 가자 부부는 아이들을 한 곳에 불러놓고 집안일을 함께하는 것이 개인의 삶을 행복하게 만드는 데 얼마나 중요한지에 대해 대화하는 시간을 가졌다. 그러고 나서 아이들에게 침대 정리, 방 청소, 양치질 등에 대해 스스로 자신의 목표를 설정하도록 했다. 열네 살 아이는 일주일간 매일 침대를 정리하는 것을 목표로 삼았다. 린다는 아이가 목표로 세운 일주일 가운데 4일간 그 방에 들어가 침대가 정리되어 있는지를 확인했다. 그러고 나서 나머지 3일간은 목표를 상기시켜 주는 간단한 언급만으로도 침대 정리를 하는 결과가 나타났다.

린다는 시행착오와 사고 과정을 여러 차례 거치면서 가족이 화목하게 지낼 수 있는 방법을 찾아냈다. 먼저 아이에게 어떻게 해야 하는지 가르치고, 아이들 스스로 목표를 설정하도록 하는 것이었다. 부부는 침대 정리에 대한 것뿐만 아니라 아침식사를 거드는 것, 설거지 등 다른 집안일에 대해서도 이 과정을 몇 번이고 반복했다. 이윽고 이 반복된 행동은 집안일을 함께하는 데 있어 가족 내의 문화로 자리 잡게 되었다.[7]

학교 문화의 힘

회사와 집처럼 학교에서도 문화는 그들의 목적을 달성하도록 도와주는 중요한 요소로 작용한다. 1990년대 중반 샌프란시스코에서 학교를 개교한 한 친구가 학교 문화를 변화시킬 필요가 있다고 이야기한 적이 있다. 그 친구의 학교도 다른 많은 학교가 부딪혔던 문제에 직면하게 된 것이다. 지친 하루 일과 후 교사들이 정말 원치 않았던 것은 회의에 끝까지 참석하는 것이었다. 그들은 다음 날 해야 할 학교 업무와 수업을 준비하기 위해 처리해야 할 일이 남아 있었고 퇴근하고 싶다는 유혹도 있었다. 이런 측면에서 봤을 때 회의는 집중을 분산시키는 쓸모없는 것일 수도 있다.

그러나 회의는 학교 전체의 활동에 대해 소통하고, 교사들에게 자신의 수업 계획을 조정하는 시간을 준다는 점에서 중요한 역할을 한다. 여기서 주어진 도전 과제는 어떻게 하면 회의를 생산적으로 할 수 있으며, 교사의 참여도를 높일 수 있는가 하는 것이었다.

이 학교에서는 이런 문제를 해결하기 위해 새로운 과정을 도입하기로 결정했다. 이 과정에는 글로벌 리더십 개발 회사인 IA(Interaction Associates)에서 회의 진행을 개선하기 위해 만든 방법이 포함되었다. 그 방법은 회의를 효과적으로 만들어주는 다양한 구조에 대해 소개하고 있는데, 특히 교사가 회의 시간을 즐겁게 받아들임으로써 첫 단추를 잘 채우도록 돕는 기술을 가르쳐주었다. 회의는 교사들 간에 축하하는 시간을 가지거나 유대감을 만드는 것으로 시작된다. 앞서 언급한 그 친구는 회의할 때 축하하는 시간과 유대감을 만드는 행위에 대해 이렇게 말했다.

> 축하하는 시간은 교사들이 동료로부터 축하를 받거나 인정받고 서로 연결되어 있다는 느낌을 가질 때 훨씬 더 생산적인 모임을 갖게 된다는 연구 결과에 기인한 것입니다. 서로를 축하함으로써 회의 분위기가 밝아지고, 회의가 쓸모없는 것에서 무언가 가치 있는 것으로 바뀌게 됩니다. 축하하는 행위는 동

료나 학생, 가족 구성원 등 어떤 관계에서도 이루어질 수 있습니다. 이때 누군가 나서서 요란하게 이야기할 필요도 없습니다. 3~5분 정도 축하할 거리를 공유하면 됩니다. 이것만으로도 회의 진행이 많이 달라집니다. 유대감을 만드는 행위는 무언가 나쁜 일이 일어났거나 9·11 테러, 자살사건 직후 등 축하를 나누기엔 부적절해 보이는 때에 이루어집니다. 이때는 '자신이 무엇과 연결되어 있다고 느끼나요?'라는 질문이 따라오겠죠.

이런 과정은 학교가 회의 시간에 이 기술을 반복해 사용할수록 더 잘 작동할 것이며, 결국에는 하나의 문화로 정착할 것이다. 그 친구는 얼마 후 새로운 학교를 개교하기 위해 다른 곳으로 떠났다. 12년 뒤 다시 그 학교를 방문한 그는 깜짝 놀랐다. 학교의 직원들과 교사들이 여전히 회의 때 서로 축하하는 시간을 갖고 있었기 때문이다. 왜 그런 시간을 가지는지 물었지만 아무도 그 이유가 뭔지 대답하지 못했다. 이것이 바로 무언가가 이루어지는 방법이다. 문화로 자리 잡은 그것은 그가 떠난 이후에도 오랜 시간 남아 있었다. 이 사례는 조직에서 문화는 오랫동안 유지된다는 것을 단적으로 보여준다. 이렇듯 한번 자리 잡은 문화는 오래가기 때문에 문화를 만들어 나갈 때는 이 점에 주의를 기울여야 한다.

어떻게 문화를 만드는가

앞서 언급한 두 가지 사례인 에어 가정과 학교의 축하하는 전통은 리더가 조직 문화를 만드는 데 큰 역할을 한다는 것을 말해 준다. 학교와 관련지어 생각해 보면 학교 내에서의 문화에 대한 사례는 이미 존재하지만 대부분 제대로 작동하지 않은 경우다. 학생은 원하는 궤도에 있지 않았고, 교사는 잘못된 문화로 말미암아 혼란스러워했다. 이런 경우 리더는 일반적으로 잘못된 문화 자체를 공격하고, 문화를 변화시켜야 한다는 등의 반응을 보인다. 그러나 문화에 대해 이야기하는 것은 효과적인 방법이 아니다. 몇몇 리더의 경우를 살펴보자. 특히 최근 몇 년간 지역의 교육감을 맡았던 그들은 문화를 바꿈으로써 그들의 지역에 충격을 주고자 '변화하지 않으면 살아남지 못한다'라는 위기감까지 조장했다. 그러나 그들은 격렬한 저항에 부딪혔고, 그저 보여주기 위한 작은 변화 정도의 효과만 거두었다.[8] 그나마 좋은 소식이라면 그 리더들은 변화를 기다리거나 강요할 필요 없이 조장된 위기 자체가 변화에 대한 충분한 이유가 되었다는 것이다. 이때 좀 더 관리된 과정을 활용한다면 그들은 문화를 바꿀 수 있다.

교육자들이 다음 규칙을 따른다면 의도적으로 문화를 조성하는 것이 가능해진다. 첫 번째로 해야 할 일은 늘 반복되어 발생하는 문제를 규정하는 것이다. 과거 학교에서 그 문제를 해결하던 방식은 잠시 내려놓아야 한다. 여기서 생각해야 할 것은 새롭지만 문제 해결에 더 탁월한 방식으로 시도해 보는 것이다.

다음 단계는 조직 내에서 어떻게 하면 그 문제를 해결할 수 있을지 함께 고민할 팀을 꾸리는 것이다. 그 팀에서 진행한 일이 실패한다고 해도 괜찮다. 다른 방식으로 다시 한 번 접근해 보자고 요청하면 된다. 나중에 팀의 해결 방법이 성공한다고 해도 그 팀을 해체시켜선 안 된다. 문제가 또다시 발생했을 때 문제를 해결하는 전담반 역할을 하도록 해야 하는 것이다. 그 문제를 같은 방식으로 해결해서 매번 성공한다면 팀은 문제가 발생했을 때 반사적으로 해결할 수 있게 된다. 문화는 이처럼 반복을 통해 만들어진다. 문제는 대부분의 경우 갑자기 발생하는데 해결법이 바로 제대로 작동했다면 조직 내 논의도 끝나고, 팀도 해체될 것이다. 만약 해결법이 제대로 작동하지 않는다면 리더는 팀을 질책하거나 구성원을 교체하기도 한다. 그러나 이 두 가지 접근법 모두 문화를 조성하는 데는 적합하지 않다.[9]

문화가 조직에 적용되기 시작했다면 그것을 자주 사용하거나 언급해야 한다. 학교의 리더들은 자신들이 주변에 알리기 위해 그들의 문화를 명문화시킬 필요가 있다는 것을 안다. 액턴 아카데미의 제프 샌더퍼와 로라 샌더퍼는 모든 구성원에게는 적합하지 않더라도 공동체에 적합한 액턴 아카데미만의 문화 핵심이 되는 측면을 규정짓고 홍보하는 데 최선을 다했다. 그 문화는 다음 사항을 포함한다.

- 구성원은 누구나 학습자가 될 수도 안내자가 될 수도 있다. 지도 임무는 최선의 공급과 수요가 서로 조화를 이루는 자발적인 교환 시스템을 통해 공동체 전체에 퍼져 있다.
- 수행 결과물은 동료들의 평가를 받고, 종종 세계적 수준의 사례들과 비교되거나 스튜디오 전시를 통해 방문객에게 평가를 받는다. 가장 훌륭한 결과물은 전자 문서나 인쇄 문서 형태의 포트폴리오로 제작되고 학생이 수습 기간을 거치는 동안 사용된다.
- 안내자는 학생과 학부모를 소중한 파트너로 여기며 그들을 돕는다. 학생과 학부모를 대상으로 주간 고객만족도 설문이 익명으로 이루어지며, 그 결과는 게시된다.[10]

그러나 단순하게 그들의 문화를 적용하고 말하는 것만으로는 충분하지가 않다. 리더는 결정을 내릴 때 완전히 그 문화에 맞춰진 결정을 내려야 한다. 그렇게 하지 않은 한 가족의 예를 살펴보자. 부모는 아이들에게 "이것은 우리 가족이라면 마땅히 해야 할 일이야"라고 말한 뒤 그에 따른 보상과 벌에 대해 일관성 없이 대처했다면 어떻게 되겠는가? 물론 소통하는 것도 중요하다. 하지만 그 소통을 유지하고, 이미 정한 것을 따르는 것이 훨씬 더 중요하다.

우리는 조직 문화가 건강하게 자리 잡았는지 다음 질문을 통해 알 수 있다. "무슨 방식을 선택해야 할 때, 조직의 구성원이 문화에 따라 그 결정을 내리고 있는가? 그리고 그들이 받게 되는 피드백은 늘 일관성을 유지하고 있는가?"

나쁜 문화를 바꾸는 규칙과 처음부터 새로운 문화를 조성하는 규칙은 동일하다. 새로운 조직에서 해결해야 하는 문제를 찾아내고 규정한 후 그것을 해결하면 된다. 만약 해결 방법이 성공적이었다면 그 과정과 우선순위가 조직 문화에 반영될 때까지 여러 차례 반복한다.

다음은 새로운 문화를 만들거나 이미 있는 문화를 변화시키기 위해 꼭 필요한 규칙을 정리한 것이다.

문화를 어떻게 조성할 것인가
- ✓ 지속적으로 발생하는 문제를 규정한다.
- ✓ 문제를 해결할 팀을 조직한다.
- ✓ 그들이 실패할 경우 다른 방법으로 다시 시도해 볼 것을 권한다.
- ✓ 성공할 경우 같은 문제가 다시 발생할 때마다 그 과정을 반복하도록 요청한다.

✓ 조성된 문화에 대해 정리하고 홍보해야 한다.
✓ 일관성을 갖고 그 문화가 반영된 결정을 해야 한다.

블렌디드 러닝을 실행하는 문화의 힘

어떤 학교든 문화를 조성하는 것은 중요한데, 특히 블렌디드 러닝을 실행하는 학교라면 더욱 중요하다. 올리버 시캣은 USC 하이브리드 고등학교의 CEO로 재직한 지 6개월 되었을 때 이렇게 말했다.

우리가 1세대 차터 스쿨에서 배운 것이 있다면 그것은 문화에 대한 것입니다. 모든 구성원이 한 줄로 서서 걸어가는 그런 문화에 대해 이야기하는 것이 아닙니다. 저는 학생의 행동에 대한 높은 기대감을 가지는 것과 우리가 용납하지 않는 모든 긍정적이고 부정적인 행동에 대해 변명의 여지없이 보상과 결과를 받아들이는 것에 대해 이야기하고 있습니다. 이것은 열린 학습 환경을 구축하는 중이라면 훨씬 더 중요한 것이 됩니다. 조성하기 원하는 문화를 위해 우리는 어떤 계획을 세우고, 모델을 만들고, 훈련시키고, 또 학생과 교직원을 이끌어야 합니까? 우리는 배움이 일어나도록 우선순위를 세울 필요가 있습니다.[11]

중요한 것은 어느 정도 정리되었다. 이번에는 우리를 다시 원점으로 돌려놓을 3가지 사례를 보도록 하자.

애너코스티어 고등학교(Anacostia High School)

애너코스티어 고등학교는 워싱턴 D.C.에 위치한 총 697명의 학생이 재학 중인 타이틀 I 학교로, 오랫동안 이 지역에서 실력이 뒤처진 학교들 가운데 한 곳이었다. 미국기업연구소(American Enterprise Institute)에서 작성한 보고서를 보면 블렌디드 러닝 환경으로 탈바꿈하기 위한 이 학교의 노력이 강조되어 있다. 이 보고서의 저자는 학생이 학습을 위해 멀티미디어 도구 모음과 즉각적인 결과를 제공하는 즉답 평가에 접근하도록 해주는 온라인 포털을 통해 넷북을 어떻게 활용하는지 기술해 놓았다. 또한 학생 자신의 고유한 비밀번호를 이용해 로그인함으로써 교사들이 각 학생의 진행 상황을 어떻게 추적해 나가는지에 대해서도 언급했다.

그러나 실제로 교실에서 관찰한 바에 따르면 학생은 각각의 고유한 ID로 로그인하는 것이 아니라 통합된 하나의 ID로 로그인했다. 일부 학생은 그것조차도 어려워했는데, 비밀번호를 입력하는 데만 5분이 소요되었다. 온라인 평가 시스템을 이용하는 대신 교사는 주로 종이로 된 활동지를 사용했다. 그리고 학생이 특정 단어를 이해하지 못하는 경우, 컴퓨터 사전이나 구글 등을 활용하는 대신 책장에 있는 사전을 뒤적이며 도움을 받는 방법을 택했다.[12]

이런 상황은 리더가 적극적으로 문화를 조성해 나가지 않고 그저 흘러가는 대로 두었을 때 모습을 보여준다. 이 학교는 반드시 지켜야 할 3가지를 놓쳤다. 첫째, 학생과 교사와 직원이 블렌디드 환경에서 맞닥뜨리게 될 문제의 범위를 규정짓지 않았다. 둘째, 문제를 해결하기 위한 성공적인 방법을 모색할 팀을 조직하지 않았다. 셋째, 팀이 없다 보니 문화를 조성하고 강화시키도록 같은 문제에 대해 같은 방법으로 계속 해결하도록 요청할 수가 없었다. 결과적으로 학생이 온라인 포털에 로그인하는 데만 5분이 소요되고, 학생마다 개별적인 ID를 사용하지 않으며, 온라인을 활용하는 대신 느린 속도로 사전에서 단어를 찾느라 학습 시간이 부족해지는 것 등을 자연스럽게 받아들였다. 어느 누구도 올바른 과정을 수용하려고 하지 않았고, 그 결과 실질적으로 학교 문화는 혼란에 빠졌다.

길로이 프렙 학교(Gilroy Prep School)

애너코스티어 고등학교와 대조되는 캘리포니아 길로이에 위치한 차터 스쿨 중 하나인 길로이 프렙 학교는 랩 순환 모델을 차용했다. 이 학교의 학생들은 일단 교실에 들어가면 12초 내로 자기 자리에 앉아 칠판에 쓰인 'Do Now' 활동을 해야 한다는 사실을 알고 있다. 학생들이 컴퓨터실에 들어갈 경우에는 15초 내로 입실해 자리에 앉아 헤드폰을 착용하고 소프트웨어 프로그램에 로그인하는 것을 완료해야 한다. 학생은 자신이 학습 환경 안에 있을 때 잠시라도 지체되는 시간이 없다는 것을 알고 있다. 학생은 하루 동안 5~6회 정도 새롭게 구성된 그룹으로 순환하는 동안에 짧은 시간 휴식을 취하거나, 다음 과제를 준비하는 시간을 가진다. 물론 이 학교의 문화가 모든 구성원에게 적합하다고 말할 수는 없지만 차터 스쿨로서 첫 해였던 2011~2012학년도에 978점이라는 캘리포니아에서 가장 높은 API 점수를 기록한 것으로 보아 의식적인 문화 조성이 적절히 작동했음을 알 수 있다.[13]

카르페 디엠(Carpe Diem)

1장에서 소개한 블렌디드 러닝 학교인 카르페 디엠의 핵심적 성공

요인은 바로 문화라고 할 수 있다. 카르페 디엠의 창시자인 릭 오그스턴은 학교의 직원과 교사, 학생과 함께 학습의 우선순위를 정하고 학생의 요구를 존중하기 위한 성공적인 과정을 개발하기 위해 발생하는 반복적인 과제와 상황에 어떻게 대처할지 많은 시간을 할애해 고민했다. 카르페 디엠 모델에서 학생은 매 35분마다 다음 활동으로 순환한다. 이때 학생이 활동과 활동 사이에 효과적으로 움직이도록 했는데, 비학습 활동에서 학습 활동으로 이동하는 것은 그들이 도착해 다음 활동을 준비하느라 소중한 학습 시간을 낭비하지 않는다는 측면에서 매우 중요했다. 릭은 학생이 활동과 활동 사이에 어떻게 이동하면 좋을지에 대해 학습할 수 있는 성공적인 과정을 개발했다. 다음은 카르페 디엠에서 이 과정을 관찰했던 사람의 이야기다.

릭은 학생에게 아침 등교하는 법을 직접 보여준 후 학기 초에 그것을 반복 훈련시켰다. 바깥 날씨가 섭씨 38도에 이르는 더운 날씨에도 말이다. 그의 문화는 가히 신성시되었다. 주어진 과정을 완수하는 것이 무엇보다 중요했다. 학생들이 올바르게 행동하며 다양한 상황에서 무엇을 어떻게 해야 할지 알 수 있을 정도로 모든 사항이 세세했다.

이는 교사와 직원에게도 마찬가지로 적용되었다. 카르페 디엠에 방문했을 때 몇몇 학생이 책상에 머리를 대고 잠시 낮잠을 자고 있었다. 우리는 릭에게 교사가 그 학생들을 어떻게 지도하는지 물었고, 그는 두 가지 질문을 우리에게 던지는 것으로 대답했다.

"잠시 낮잠을 청하며 휴식을 취한 적이 없었나요? 만약 그때 누군가 와서 질책했다면 과연 그것이 당신의 생산성에 도움이 되었을까요?"

릭은 직장에서 일할 때와 마찬가지로 학생도 짧은 휴식이 필요하다고 했다. 그가 교사들과 하는 일은 휴식 시간이 너무 길어지면 학생이 그 상황을 괜찮다고 여기는지 체크하는 것이었다. 학생의 대답에 따라 모든 상황이 괜찮다고 판단이 서면 교사는 학생에게 학습 활동을 다시 시작하기 전에 좀 더 휴식을 취하라고 말할 수 있다. 물론 이미 보았듯이 학생들은 고개를 잠시 숙였다가도 1~2분 뒤 다시 학습하는 자세로 돌아왔다.

릭은 학생이 가져야 할 책임과 블렌디드 학습자로서 마주하게 될 도전 과제에 대한 반응에서 어떤 과정이 받아들여지고 받아들여지지 않을지 설명해주었다. 자신들이 성공의 문화를 개발하도록 도와주는 바로 그 과정에서 학생들은 카르페 디엠이야말로 자신을 존중하고 자신이 성공하기를 바라는 곳임을 느끼게 된다.

블렌디드 러닝 환경 아래서 가장 큰 변화 가운데 하나는 같은 스튜디오에 다니는 학생들이 서로 다른 상황에 참여하고 다양한 기술을 습득한다는 것이다. 이런 분위기를 만들려면 문화가 이 같은 유연성을 뒷받침해줘야 한다. 이처럼 새로운 환경 아래서 블렌디드 러닝을 위해 교사에게 꼭 필요한 것은 문화를 높은 기대감과 학생의 학습 주도권으로 만들 수 있어야 한다는 것이다. 문화가 제자리를 잡으면 교사는 학생이 개별 학습 시간에 친구들과 대화를 나눌 때 경고를 줄 필요가 없다. 물론 교실이 소란스러울 수는 있지만 교사가 분명한 기준과 기대를 가지고 문화를 만드는 데 애쓴다면 그 문화는 제대로 구조화되어 어떤 갑작스러운 상황에서도 분명한 방법으로 작동할 것이다. 중요한 사실은 학교는 항상 조용하지도 떠들썩하지도 않다는 것이다. 학생은 자신의 학습 효과를 최대치로 끌어올리기 위해 조용해야 한다면 혼자서 학습하고, 떠들썩한 분위기에서 서로 협업해야 한다면 그렇게 하면 된다.

지금도 늦지 않다

이 책을 읽으면서 누군가는 절망스러워하며 두 손을 든 채 너무 늦었다고 생각할지도 모른다. 별로 좋게 여기지 않는 학교 문화가 이미 고정되어 버렸기 때문이다.

그러나 여기서 좋은 소식은 이미 뿌리내린 문화를 바꾸는 것은 거대하고 제대로 작용하지 않는 문화를 어떻게 바꿔야 할지에 대한 걱정으로 시작하지 않는다는 것이다. 앞서 말했듯이 문화를 조성하는 것은 한 번에 하나의 문제에서 시작된다. 학생이 건물에 들어갈 때 '어떻게 하면 좋을까?'와 같은 질문이 될 수도 있다. 일부 사람을 지정하여 해당 과제에 대한 해결법을 모색하고, 이런 과정을 반복하며, 사람들이 그 일을 물고 늘어지도록 만들라. 학생들로 이루어진 팀을 조직하는 것도 가능하다. 그리고 다음 단계로 넘어가면 된다.

우리가 방문한 캘리포니아의 한 학교는 문화를 만드는 데 있어 중요한 사실을 발견했는데, 그것은 우연히 발견한 것이 아니었다. 이 학교에서는 플렉스 모델을 차용하긴 했지만 카르페 디엠의 디자인을 경험한 후로 다양한 방식의 모델을 만들어냈다. 그러나 일 년 뒤 학생의 학력 저하라는 뚜렷한 결과를 얻었다. 과연 무엇이 잘못되었던 걸까? 학교는 여름에 너무 빨리 개학해서 직원들이 대규모의 열린 학습 환경과 관련된 일을 처리하는 데 필요한 시간이 턱없이 부족했다. 그 결과 교사와 직원, 학생은 스스로 자신의 과정을 개발해야만 했다. 학생의 성공을 중심으로 분명하게 설정한 우선순위에 대해 조직이 동의하지 않았기 때문에 이런 임시방편의 과정은 학생과 직원이 문제를 해결하도록 돕기는 했지만 이 학습적 성공을 홍보할 만큼은 아니었다. 많은 경우 직원과 학생은 블렌디드 러닝 환경에서는 성공하기 어려운 기존 교육 환경과 비슷한 과정으로 돌아갔다. 그리고 문화를 만들려는 의식적 노력이 없다 보니 결국 학교는 일 년의 학교생활을 통해 뒤처진 학생이라는 결과를 갖게 되었다.

다음 해를 위해서라도 문화를 변화시키기 위해 노력하는 것은 나름 의미가 있지만, 극복하기에는 대단히 어려운 문제였다. 따라서 교장은 매일 일어나는 상호작용과 활동, 학교에서 기대하는 도전 과제에 대해 생각해 보도록 팀을 꾸렸다. 예를 들면 바른 행동에 대한 추적 시스템을 통해 학생이 어떻게 기대하는 행동을 할 수 있도록 훈련시킬지, 그런 행동을 했을 때 어떻게 격려하고 그 반대의 경우에는 어떻게 해야 할지, 학교의 과정과 우선순위에 어떻게 교사와 직원을 참여시킬 수 있을지 등을 생각할 수 있다. 이것은 학생이 하루를 보내는 동안 맞닥뜨리게 되는 상황, 지각을 한다거나 수업 도중 화장실을 간다거나 컴퓨터에 문제가 생기거나 차단된 웹 사이트에 접속하거나 질문을 하는 등 모든 도전 과제를 아우른다는 의미를 갖고 있다.

학교가 설정한 이 과정은 언제나 예측 가능한 것이 아니다. 특정 문제에 대해 학교는 수신호를 만들어 직원이 문제 해결을 위해 교실을 돌아다니며 다른 학생을 방해하는 것을 막을 수 있다. 학생이 학습과 관련된 질문을 한다면 교사에게 질문하기 전 온라인을 통해 또는 친구를 통해 해결 방법을 먼저 찾아보도록 가르친다. 교사가 질문에 답해 주는 경우에는 그냥 정답을 제공하기보다는 학생이 스스로 학습하고 해당 질문에서 더 나아가도록 또 다른 질문을 함으로써 학생을 훈련시켰다. 이때 해결에 필요한 과정이긴 하지만 그리 중요하지 않고 너무 어려운 부분은 피해 가도록 도움을 주었다. 문화에 대한 관심은 결국 성과를 보이기 시작했다. 시작 단계가 워낙 좋지 않았기에 여전히 극복하는 중이지만 이 학교는 극적으로 성장하는 모습을 보여주었다.

우리는 이 학교를 통해 문화는 좋은 면과 그 반대 면으로도 굉장히 큰 힘을 가졌다는 교훈을 얻었다. 이런 생각을 활용하는 것은 리더가 블렌디드 러닝 프로그램을 적용하기 위한 가장 강력한 방법 가운데 하나인데, 블렌디드 러닝을 위해서는 구성원이 성공하기 위해 해야 할 것을 자발적으로 해야 하기 때문이다.

요약

- 올바른 문화를 형성하는 것은 성공적인 블렌디드 러닝 모델을 위해 매우 중요한 일이다.
- 에드가 샤인 교수는 문화란 공동 목표를 향해 함께 일해 나가는 방식이며, 이것은 빈번하게 사람들이 다른 방식으로 뭔가 시도하려는 생각조차 하지 않게 만든다고 정의했다.
- 문화는 조직에서 함께 일하는 방식이나 우선순위 등 과정과 결정을 내리기 위해 공유하는 기준을 포함한다.
- 문화를 만들려면 먼저 해결해야 하는 문제를 규정짓고, 그다음 그 문제를 하나씩 해결해 나갈 팀을 조직해야 한다. 그 팀이 문제를 해결하지 못했다면 다시 시도해 보도록 격려하고, 성공했다면 같은 문제가 발생할 때마다 동일한 방법으로 반복하여 그 문제를 해결함으로써 그것이 하나의 문화로 뿌리내리도록 한다. 그리고 형성된 그 문화를 홍보하고 보완해 나가며, 사안이 발생할 때마다 이

문화에 따라 일관성 있게 결정을 내린다.
- 블렌디드 러닝 환경에서는 무수히 반복되는 활동과 불거지는 문제가 있다. 어떤 과정이 필요한지에 대한 의도적 노력과 조직이 생각하는 우선순위는 학생의 성공을 이끌어줄 문화를 형성하는 데 아주 중요한 요소다.
- 이미 만들어진 문화를 바꾸는 것은 광범위하고 제대로 작용하지 않는 문화를 어떻게 바꿔야 할지에 대한 걱정에서 시작하지 않는다. 문화를 만드는 것은 한 번에 하나의 문제로 시작한다. 더 나은 과정과 우선순위를 만들어 나가기에 아직 늦지 않았다.

토론을 위한 질문

1. 자신이 속한 조직 문화 가운데 건강한 측면으로 통합된 절차나 규칙이 있다면 말해 보라. 그것의 어떤 부분이 좋았는가?
2. 자신이 속한 조직 문화 가운데 성공적이지 못했거나 해로운 절차 또는 규칙이 있다면 말해 보라. 그 대신 더 잘 적용될 수 있는 다른 과정이 있는가?
3. 자신의 블렌디드 모델을 성공시키기 위해 검증해 보고 싶은 새로운 절차가 있는가?

10장

성공을 위한 자신만의 방법을 발견하라

리더는 종종 아이들과 관련된 혁신 사업에 우려를 표한다. 혁신은 실험적이고 불확실해 보이기 때문이다. 파괴적 혁신과 함께 존속적 혁신을 돌파하는 것은 학교가 추구하기에는 학생들의 행복이 달려 있다는 점에서 너무 위험하다고 생각하는가? 시인 로버트 번스(Robert Burns)는 시를 통해 "쥐와 사람의 계획은 아무리 철저히 세웠다고 해도 빗나가기 쉽다"[1]라고 표현했다. 그리고 교육자들은 실제로 학생에게 용기를 갖고 새로운 계획을 적용했을 때 그것이 성공하기 정말 어렵다는 사실을 이미 알고 있다.

물론 어떤 경우에는 일을 그르칠 위험성이 낮고, 리더가 학교 전체에 걸쳐 혁신적 요소를 빠른 속도로 배치할 수도 있다. 그러나 그것은 다음 3가지 조건을 만족시킬 경우에 한정된다.[2]

- 첫째, 자신이 세운 가설이 정확하다는 강한 확신으로 성공을 위한 모든

주요 세부 사항을 고려해 계획을 세우고, 실제로 이를 구현할 책임자는 각각의 중요한 사항에 대해 반드시 이해하고 있어야 한다.
- 둘째, 계획을 세운 사람과 마찬가지로 조직 구성원도 주변 상황을 자기 상황에 맞춰 보기 때문에 계획은 최대한 많은 구성원을 납득시킬 수 있어야 하고, 모두가 적절하고 일관되게 행동하도록 해야 한다.
- 셋째, 지역 공동체와 학생의 반응이나 다른 학교 또는 프로그램과 기술이 미치는 영향 등 외부 세력은 계획이 진행되면서 어느 정도 안정적이고 예측 가능한 것이어야 한다.

이 3가지 조건을 모두 만족시킬 수 있다면 지금 당장 착수해도 좋다! 그러나 대부분의 경우 블렌디드 러닝 프로그램을 구현하고자 하는 팀은 아주 다른 실행 과정으로 나아가야 한다. 특히 처음 시도하는 팀이라면 더욱 그렇다.

발견이 이끄는 계획 세우기

관련 지식이 별로 없는 낯설고 예측하기 어려운 일에 착수할 때 교육자들은 계획과 디자인하는 과정을 변화시킬 필요성을 느낀다. 표준 계획을 수립하는 과정은 이렇다. 계획을 세운 뒤 그 계획으로부터 나오는 결과를 가정하고, 가정된 결과가 바람직할 경우 실제로 적용해 보는 것이다. 그런데 이런 표준 계획을 수립하는 과정은 결과를 가정하는 것이 명시적이고도 암시적이라 종종 결과를 잘못 짚어 실패로 돌아가기도 한다.[3] 그렇다 보니 파괴적으로 또는 존속적으로 변화를 이끌어내고자 하는 대담한 새로운 계획은 시작부터 실패할 가능성이 높다.

이 책에서 우리가 살펴본 블렌디드 러닝과 관련해 가장 성공한 사례들조차 운영해 나가는 동시에 그들이 처음 세웠던 계획의 많은 부분을 수정해야 했다. 블렌디드 러닝을 성공으로 이끈 열쇠는 그들이 세운 가설을 검증하고, 더 많은 정보를 얻을수록 그들의 계획을 지속적으로 반복하는 능력일 것이다.

이와 관련된 사례를 한번 살펴보도록 하자. 서밋 공립학교는 블렌디드 러닝 모델 개발을 안내하기 위해 성공을 향해 빠르게 반복적으로 나아가는 방법인 '린 스타트업(Lean-Startup)'을 사용했다. 이 학교 네트워크는 처음에 실험적으로 수학 수업에 활용하기 위해 칸 아카데미에서 적용하던 스테이션 순환 모델을 도입했다. 이 모델을 도입하고 일 년 뒤 학생이 학습에 있어 충분한 개별화와 제어권을 갖도록 해주지 못했다는 판단을 내리면서 이듬해에는 서밋 공립학교 가운데 두 학교의 수학 수업에 시범적으로 플렉스 모델을 적용했다. 일 년 내내 서밋 공립학교는 데이터를 검토하고 학생 중심 그룹의 의견을 수집해 모델을 반복했다. 이런 정보를 통해 서밋 공립학교는 학습 환경과 학생을 어떻게 안내할지 내용 지식과 프로젝트 기반 학습 사이의 상호작용 등 물리적 구조에서 극적인 변화를 이끌어냈다. 다시 일 년이 지난 뒤에는 완전히 다른 모습의 플렉스 모델이 공개되었다. 이는 모든 서밋 공립학교의 전 과목에 적용되었는데, 이것은 무엇을 학습해야 하는가에 기반을 두고 있었다. 그 후에도 여기에 만족하지 않고 더 많은 데이터와 경험이 모일수록 그들의 블렌디드 모델을 더 발전시켜 나갔다.

랩 순환 모델로 유명한 로켓십 에듀케이션은 학생이 무언가를 할 때 교사와 함께하는 것과 온라인을 통해 하는 것 사이의 관계가 강화되는지를 확인하기 위해 그들이 사용하던 모델을 잠시 내려놓았는데, 이를 위해 그들은 학습실 대신에 학생의 핵심 교사들과 함께 온라인 학습을 진행하도록 했다. 로스앤젤레스의 블렌디드 러닝 차터 스쿨인 USC 하이브리드 고등학교는 첫해를 보낸 직후 그들의 모델에 극적 변화를 주었다. 카르페 디엠에서는 기존의 것으로부터 그들의 물리적 공간과 순환적 스케줄을 지속적으로 조정해 나갔다. 새로운 것에 착수할 때는 어떤 것이 효과적이고, 또 그 반대일지를 아는 것이 어렵다. 이때는 모델 속에 내재된 가설을 지속적으로 업데이트해 유연성을 갖는 것이 핵심이다.

그런데 학교에서 아이들과 함께일 때만은 이것이 통하지 않는다. 심지어 성공한 기업들로부터의 연구 결과도 대략 90퍼센트는 창립자가 당초 의도했던 전략과 다른 방법으로 성공했음을 보여준다.[4]

이런 이유로 교육자들은 그들이 예전에 늘 해왔던 것과는 다른 새로운 무언가를 만들어내기 위해서는 계획을 수립할 때 새로운 방식으로 접근해야 한다. 아이들과 함께 교육을 혁신할 때처럼 실패에 대한 내성이 낮고 주의를 많이 기울여야 하는 경우에는 특히 그렇다.

콜롬비아 비즈니스 스쿨의 리타 건서 맥그래스 교수와 펜실베이니아 대학 와튼 스쿨의 이안 C. 맥밀런 교수는 이런 상황에서 계획을 수립하는 데 가장 유용하게 사용할 수 있는 방법 가운데 하나가 될 수 있는 '발견이 이끄는 계획 수립(Discovery-Driven Planning)'에 대해 처음으로 소개했다.[5] 발견이 이끄는 계획 수립 방법은 앞서 언급했던 새로운 디자인 방법론인 '린 스타트업'과 다소 비슷한 부분이 있다. 린 스타트업은 2003년 스티브 블랭크(Steve Blank)가 처음으로 개념화했는데, 발견이 이끄는 계획 수립 방법의 일부 개념을 기반으로 하고 있다. 대부분의 학교는 신입생을 찾는 신생 회사가 아니기 때문에 기존의 학교에 대한 기대감을 가지고 있는 학생과 학부모, 교사는 이미 협력 구조를 이루고 있다. 따라서 우리는 발견이 이끄는 계획 수립의 체제가 혁신의 위험성을 낮추는 데 도움을 주고, 블렌디드 러닝 모델을 디자인하는 많은 학교의 리더와 교사를 납득시킬 수 있는 방법이라고 생각한다.

발견이 이끄는 계획 수립 과정에서 열쇠는 바라는 결과로부터 시작하는 것이다. 그곳에서 시작한 뒤 다음으로 내디뎌야 할 단계는 원하는 결과를 실현하기 위해 반드시 입증하고 넘어가야 하는 모든 가설을 작성해 보는 것이다. 그런 다음 앞서 작성한 가설을 가지고 최소한의 시간과 비용을 들여 시범적으로 이 계획을 적용해 본다. 이 과정을 통해 가설이 합리적인지 여부를 판별한다. 가설이 사실로 판별되면 조직은 전략을 실시할 수 있다. 가설이 틀렸거나 불명확한 경우 조직은 너무 멀리 벗어나기 전에 상황에 따라 변화를 주거나 테스트를 이어 나갈 수 있다.

다음에 자세히 언급하게 될 이들 단계의 순서는 여러 방면에서 이 책의 구조를 반영하고 있다. [자료 10.1]을 보면 이 단계가 잘 요약되어 있다.

[자료 10.1] 발견이 이끄는 계획 수립 과정

1단계: 원하는 결과의 목록을 작성하라.
2단계: 결과를 실현하기 위해 입증해야 하는 가설의 진위 여부를 판별하라.
3단계: 중요한 가정이 합리적인지를 확인하기 위해 그 계획을 적용해 보라.
4단계: 핵심 가정이 사실로 판별되었다면 세운 전략을 실행하라.

이 과정을 언제 사용하면 좋을까? 낯설고 예측하기 어려운 무언가를 구현해야 할 때 이 과정을 활용하면 좋다.

결과물로 시작하라

먼저 원하는 또는 예상되는 결과에서 시작하라. 모든 구성원이 혁신을 가치 있게 해줄 만한 결과가 무엇인지 알고 있다면 이것은 해볼 필요도 없이 이미 이긴 게임이다.[6] 혁신에서 최종적으로 해야 할 것은 무엇인가? 이루고자 하는 것은 무엇인가? 그리고 성공했다는 것을 어떻게 알 수 있는가? 여기서 핵심은 3장에서 설명했듯 SMART 목표를 설정하고, 결과를 측정함으로써 목표에 도달했는지 판단하는 것이다.

이것을 보여주는 예로, 서밋 공립학교는 학생의 졸업률을 55퍼센트에서 100퍼센트로 대폭 높이는 것을 목표로 삼았다. 3장에서 소개되었던 차터 네트워크인 루이지애나의 퍼스트라인 공립학교는 25백분위라는 저조한 성적을 기록한 학생의 학력을 50에서 60백분위 사이로 끌어올렸는데, 당시 이것보다 더 높은 목표를 갖고 있었다.[7] 1장에서 소개되었던 펜실베이니아에 위치한 학교인 퀘이커타운은 풀타임 사이버 차터 스쿨을 다니기 위해 지역을 떠나는 학생들을 되찾아오기 위해 혁신을 단행했다.

가설 체크리스트 만들기

두 번째 단계는 실제 작업이 시작되는 단계다. 원하는 목표와 결과가 구별되면 가설 체크리스트에 따라야 한다. 먼저 원하는 결과를 실현시키기 위해 반드시 입증해야 하는 모든 가설의 목록을 만들어야 하는데, 이 과정에서는 하나도 빠짐없이 써놓아야 한다. 학교에서의 시간 사용과 시간표, 공간, 직원에 대한 것까지 모든 가설을 표로 작성해보라. 이런 가설을 전체적으로 파악하는 한 가지 방법은 이 책을 구간별로 참고하여 디자인 요소를 모두 한곳에 펼쳐놓는 것이다. 그 요소에는 혁신을 구현해 내는 팀의 유형과 누가 그 팀에 소속되어 있는지, 학생과 교사의 경험, 소프트웨어와 하드웨어, 기반 시설을 비롯한 시설, 블렌디드 러닝 모델과 그것이 적용되는 곳이 학구열이 높은 지역인지 또는 비소비적 지역인지 같은 특성, 조직 문화 등이 포함될 수 있다. 이 모든 항목과 그것에 내포된 근본적 요소를 카탈로그화함으로써 가설의 종합적 목록을 모을 수 있다. 이것은 수학 시간에 사용되는 소프트웨어의 엄격한 적용에서부터 교사의 개입, 학생이 교육 과정을 끝낼 수 있도록 주어야 하는 충분한 시간 등 모든 것을 의미한다.

서밋 공립학교의 사례를 살펴보도록 하자. 이 학교에서는 처음에 스테이션 순환 모델을 통해 학생의 학습 전반에서 걸쳐 충분한 개별 맞춤과 대행 서비스를 제공한다면 그들이 성공적인 대학생활을 준비할 수 있으리라고 가정했다. 이어서 그들은 재빨리 더 극적인 무언가를 해야 한다는 결정을 내렸다. 이제 서밋 공립학교에서 구현했던 학교 모델이 아직 현실의 것이 아니라 이 책에서 우리가 디자인한 계획에 불과하다고 상상해 보자. 우리는 어떻게 하면 이 블렌디드 학교가 작동할지에 대한 여러 가설에 대해 브레인스토밍을 할 수 있을 것이다. 높은 수준에서 서밋 공립학교는 학생의 경험과 관련해 다음에 나온 사항을 포함한 많은 것을 가정할 수 있다.

- 학생은 스스로 자신의 진도를 조절할 수 있다.
- 프로젝트 기반 학습은 학생의 깊은 사고와 인지 능력, 뭔가 해냈다는

성취감 등을 기르는 데 가장 좋은 방법이다.
- 서밋 공립학교는 규격화된 상품을 구매하는 대신 영리 회사인 '일루미네이트(Illuminate)'와의 제휴를 통해 그들의 학습 관리 시스템인 '액티베이트'를 더 효과적으로 구축할 수 있다.
- 각 학생에게 주어진 멘토와의 시간은 매주 금요일 10분이면 충분하다.

서밋 공립학교 교사들의 경험은 다음과 같은 몇 가지 가설을 만들어낸다. (1) 다른 전문적인 활동과 함께 학생 인솔 프로그램이 일 년에 4회 진행되는데, 이는 학생의 데이터를 읽고 학생의 인지적·비인지적 능력을 기르는 데 초점을 맞춘 새로운 역할로 전환하기에 충분한 횟수다. (2) 1주에 2회 교사끼리 하나의 팀으로 회의하는 것은 그들이 자신의 수업을 돌아보고, 학생의 데이터를 이용해 결정을 내릴 수 있는 유효한 시간을 제공해줄 것이다. 서밋 공립학교에서는 물리적 환경 역시 몇 가지 가설을 만들어낸다. (1) 교실을 벗어나 벽이 없는 열린 공간은 그들의 새로운 교육 모델 안에서 잘 작용될 것이다. (2) 학교에서만 사용하도록 각 개인에게 제공된 크롬북은 이 모델을 위한 적절한 기술이다. 마지막으로 한 가지 예를 들면 '문화'에서도 가설 설정이 가능한데, 학생 초점 집단은 반복되고 향상될 수 있는 가치 있는 정보를 생산할 거라는 가설이다.

퍼스트라인의 학교도 그들의 목표를 실현하기 위해 반드시 입증해야 하는 몇 가지 가설을 가졌다. 예를 들어 초기에 퍼스트라인 학교는 그들의 온라인 학습실에 대해 학생이 영어를 비롯한 언어 학습을 하는 데 가장 좋은 방법이라고 가정했다. 그러나 학교는 머지않아 해당 과목에 대해 블렌디드 러닝 모델을 없애는 결정을 내렸다. 이 학교가 아직 만들어지지 않았고 여전히 계획 단계에 있다면 퍼스트라인 모델에서 학생의 경험에 대해 우려하는 것과 관련해 이런 가설을 또다시 세울 수 있다. 유치원 과정(미국 학제 중 Kindergarten 과정—옮긴이)부터 3학년 학생에게 주어지는 온라인 학습 시간 60분과 4~8학년 학생에게 주어지는 온라인 학습시간 100분은 그들이 학습 목표를 달성하기에 적절한 양이며, 컴퓨터 앞에서 너무 오랜 시간을 보낸다는 예상치 못한 일이 발생하지 않을 것이다. 다음으로 교사들의 경험 측면에서 퍼스트라인 모델이 할 수 있는 가설은 학습실에서 근무하는 전문 보조 교사는 깊이 있는 지식이 필요하지 않지만 동기유발 능력을 반드시 가져야 한다. 그리고 블렌디드 러닝의 책임자, 프로젝트 매니저와 함께하는 금요일 120분가량의 전문성 개발을 위한 시간은 적절하다. 처음에 퍼스트라인 학교는 교사에게 온라인 회의를 통한 학습 랩 소프트웨어로 전문성을 개발하도록 제공하는 것이 효과적일 거라고 가정했다. 그러나 곧 그것이 효과적이지 않다는 사실이 드러났고, 그들은 노트북 롤링 카트 위에 노트북을 올려놓고 사용할 수 있는 소프트웨어를 구입하는 것으로 방향을 전환했다. 그러나 노트북을 그런 방식으로 사용하는 것이 기기에 손상을 줄 수 있다는 점이 드러났다.

  모든 학교와 마찬가지로 퍼스트라인 학교도 재정적 측면의 가설을 세웠다. 재정에 대한 부분은 이 책에서 그리 많이 언급하지 않았지만 모든 학교에서는 지속 가능한 방식으로 자신만의 재정 계획을 이행할 수 있어야 한다. 여기서 열쇠는 사용 가능한 전체 예산에서 시작하는 것이다. 그러고 나서 재정적인 것을 역순에 따라 추산해 보라. 퍼스트라인 학교의 사례를 통해 보면, 이 학교에서는 블렌디드 러닝을 구현하기 위해 예산을 설정해 놓았으므로 그 숫자에서부터 시작하면 되었다. 재정에 대한 계획 수립에서 3가지 가설은 다음과 같다. 교실 규모를 키우지 않고 보조 직원의 수를 줄인다면 학교 컴퓨터를 구입할 수 있는 재정적 여유가 생길 것이다. 이 같은 가설은 재정에만 국한되는 것이 아니라 학습 모델 스스로의 실행 가능성과도 연관이 있다.

유사하게 퀘이커타운에서도 교사들의 능력, 온라인 매체로의 면대면 기술의 이동 가능성과 관련해 다음과 같은 가설을 세운 적이 있다.

- 교사는 좋은 온라인 강의를 어떻게 만드는지 알고 있다.
- 학생이 제대로 학습하도록 지도하기 위한 멘토는 각 학교에 한 명이면 충분하다.
- 한 사람이 기술과 전문성 개발 모두를 지원하는 이중적 역할을 맡아 수행할 수 있다.
- 교사는 학생과 직접 마주한 강의와 온라인 강의 등 모든 방법으로 가르칠 수 있다.
- 교사는 온라인 강의를 준비할 때 자신이 교실 강의에서 사용한 콘텐츠를 그대로 사용할 수 있기 때문에 오랜 시간을 할애할 필요가 없다.

마지막 가설은 재정 부분을 내포하고 있다. 이 가설이 잘못되었다면 퀘이커타운은 그 내포된 가설과 맞닥뜨리게 된다. '교사들이 그들의 강의를 개발하는 데 들이는 추가적 시간에 대해 수당을 지불할 필요가 없다'라는 내포된 가설이 잘못된 것으로 입증되었기 때문이다.

이렇게 가설을 나열해 보는 과정은 하루가 걸릴 수도 이틀이 걸릴 수도 있다. 어느 때는 가설 목록을 작성하는 이 단계에서 100개가 넘는 가설이 나올 수도 있다! 다음에는 여러 부서와 관점을 대표하는 사람들과 함께 테이블에 둘러앉아 브레인스토밍을 할 것을 추천한다. 이로써 가설 목록을 빠짐없이 완벽하게 작성할 수 있고, 리더가 조직 구성원이 무엇에 동의하고 동의하지 않는지를 이해하는 데 도움을 줄 수 있다. 브레인스토밍을 할 때 고려할 만한 가설을 [그림 10.1]을 통해 정리해 보았다.

[그림 10.1] 광범위한 가설에 대한 예시

팀	- 적합한 사람들이 함께하고 있는가? - 팀의 리더는 적정 수준의 권한을 가지고 있는가? - 팀을 지원해주는 중견의 리더가 충분히 있는가?
학생의 경험	- 성공을 위해 일부 학생이 조금 다른 경험을 원하고 있지는 않는가? - 학습 과정 가운데 학생들이 친구와 즐겁게 어울릴 수 있는 기회가 충분히 제공되고 있는가?
교사의 경험	- 교사들에게 그들이 훈련받지 않은 것들에 대해 억지로 하도록 요청하고 있지 않는가? - 각 교사가 성공 경험을 할 수 있도록 역할 배분이 잘 되어 있는가?
소프트웨어	- 소프트웨어가 충분한 강의 시간을 제공하는가? - 콘텐츠가 정확한가? - 소프트웨어가 실행 가능하고 쉽게 이해할 수 있는 데이터를 제공하는가?
하드웨어	- 충분히 내구성이 있는 하드웨어인가? - 충분한 와이파이를 보유하고 있는가? - 업그레이드를 할 여유가 있는가? - 혹시 기계가 고장났을 경우에 대비한 백업장치가 준비되어 있는가?
시설	- 충분한 전기 콘센트가 있는가? - 가구를 비롯한 시설은 학생의 경험에 적합한가? - 공간에 대한 보강을 원하는 문화가 전반적으로 형성되어 있는가?
학습 모델	- 학생들이 순환 속에 너무 오래 머물러 있도록 하지는 않았는가? - 이 모델이 우리가 학생들에게 제공하고자 하는 경험을 충분히 제공하고 있는가?
문화	- 학습 양상의 변화 과정이 학생에게도 잘 적용되리라고 보는가? - 블렌디드 러닝이 팀원들의 최우선순위인가? - 학생들을 위한 규범이 제대로 정착되었는가?

모든 가설을 정리한 다음에는 그 가설을 중요한 순서대로 순위를 매긴다. 우리는 하나의 그룹에 각각의 가설에 대한 질문을 두 가지씩 던지는 것이 가장 성공적인 방법임을 발견했다.[8]

먼저 잘못된 가설을 했다면 어떤 일이 일어날지 묻는다. 다시 말하면 여러 가설 가운데 어떤 가설이 잘못되었다고 판명이 난 경우 프로젝트의 성공에서 얼마나 멀어지는지를 묻는 것이다. 그 가설이 잘못되었을 경우 프로젝트에 재앙 수준의 치명타를 안기는가? 이로 말미암아 계획의 주요 부분에 대한 수정이 가해져야 하는가? 영향 정도가 미약해서 조금만 손을 보면 되는가? 아니면 가설이 잘못되었어도 계획에 별다른 영향을 주지 않는가? 이런 질문을 통해 우선순위를 따져볼 수 있다. 가설의 잘못이 프로젝트에 재앙 수준의 영향을 미친다면 이것은 1영역, 크게 상관없는 경우에는 3영역, 그 중간은 2영역을 차지할 것이다.

그다음 단계에서는 각 가설이 올바르다는 사실에 얼마나 자신이 있는지를 묻는다. 사람이 얼마나 자신감을 갖고 있는지에 대한 재미있는 테스트가 있다. 가설이 틀렸을 경우 연봉을 내놓으라고 하는 것인데, 미리 결과를 알면 높은 자신감을 가진다는 사실을 알 수 있는 테스트다. 가설이 틀렸을 경우 주급이나 일당을 건다고 한다면, 그 어떤 것도 걸려고 하지 않는다면 그 가설에 대해 확신을 가지지 못하기 때문이다. 사람들은 자신감에 근거한 가치에 많은 것을 걸기 마련이다. 자신감에 근거하여 값을 매겨 보라. 3영역은 자신감을 뜻한다. 반면 1영역은 가설이 옳은지 전혀 자신이 없다는 뜻이다.

이처럼 가설의 순위를 모두 매기고 나서 각각의 가설이 가진 가치에 따라 (그림 10.2)의 그래프에 이들 가설을 배치한다. 이런 것을 가설 체크리스트라고 한다.

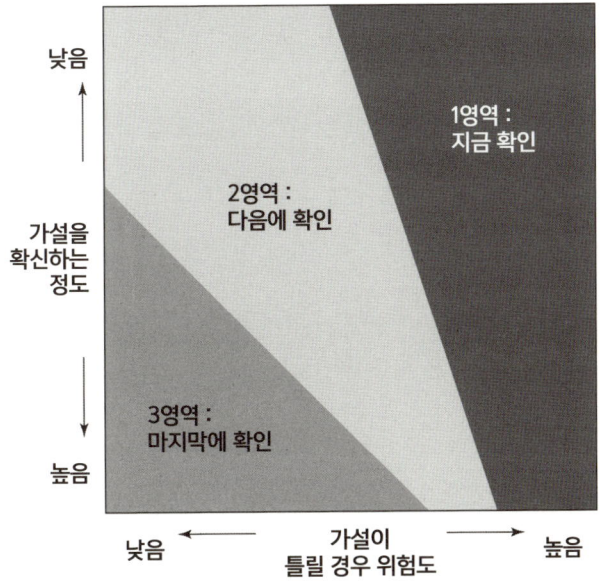

[그림 10.2] 가설과 위험 요소 우선순위 매기기

더 알기 위해 계획 실행하기

우선순위가 매겨진 가설 체크리스트를 갖고 다음으로 해야 할 것은 가설의 타당성을 검증하기 위해 계획에 적용해 보는 것이다. 먼저 1영역에 위치한 가장 중요한 가설을 검증할 계획을 세운다. 낮은 자신감을 가진 가설은 프로젝트의 성공에 있어 가장 중요하다고 여겨지기 때문이다.

계획 수립의 초기에 이루어지는 테스트는 간단하면서도 적은 비용으로 최대한 빠르게 끝내는 것이 좋다. 가장 중요한 가설에 대한 정보를 입증하거나 무효화하는 것으로 간단히 방향성을 결정짓도록 한다.

예를 들어 예정된 길에서 한참 벗어나기 전에 가설이 이치에 맞는지를 따져보기 위해 이 책에 언급된 다른 학교들의 상황에 이 가설을 비춰보는 것이다. 기존의 연구 결과를 읽어 보거나 초기에 대화를 나누는 방법, 간단하게 모형이나 프로토타입을 만들어보는 것은 좋은 방법이다. 프로토타입은 아이디어에 대해 소통하도록 도와주는 것이라면 어떤 것이라도 상관없는데, 실물 모형이나 시뮬레이션을 위한 모델, 역할극 등 모든 것을 포함한다. 종종 '최소 기능 제품'을 제작하는 것도 도움이 되는데, 이는 가능한 한 빠르게 핵심적 가설을 검증하도록 해주는 가장 간단한 제품이나 프로토타입을 대충 만들어내는 것을 의미한다.

좀 더 구체적인 예시를 통해 이야기하겠다. 핵심 가설이 수학 프로그램의 엄격한 적용에 대한 것이라고 하자. 프로그램의 엄격한 적용을 검증하기 위해 이 프로그램을 사용하고 이것에 대해 읽어 본 다른 사람과 이야기를 나누고 나서 학교는 이 수학 프로그램에 대한 하나의 라이센스를 요구할 수 있다. 그 결과 교사는 이 프로그램을 샅샅이 살펴보면서 충분할 정도로 엄격함을 가졌는지 여부를 판단하게 된다. 학교는 일 년 동안 모든 학생을 위해 이 프로그램을 구입해 사용하기 2주 전에 시범적으로 운영해 보도록 여름방학 학교나 방과 후 학교에 공간을 제공해줘야 한다. 이 과정은 다른 몇몇 프로그램에도 동일하게 적용된다. 우리는 [자료 10.2]에 참고할 만한 창의적이면서도 빠르게 가설을 검증할 수 있는 방법을 정리해두었다.

계획을 실시해야 할 때가 가까워질수록 비용이 들더라도 더 종합적이고 정밀한 검증이 이루어져야 한다. 그렇다고 해도 그 가설이 정말 맞는지 알기 전에 어림짐작하고 너무 이른 시기에 많은 시간과 자원을

[자료 10.2] 창의적 검증법

간단하게 그리고 저렴하게
- 적절한 프로토타입을 빠르게 제작하라
- 학생, 학부모와 대화하라
- 내부의 자원 역할을 하는 사람과 대화하라
- 비슷한 프로그램을 실행하고 있는 다른 학교와 대화하라
- 다른 학교를 방문해 보라
- 자신의 이력을 확인해 보라
- 연구 결과를 읽어 보라
- 초반에 설정한 목표를 확인하라
- 지속 가능한 방법을 사용하도록 업무 관리자에게 이야기하라
- 현장에서 전문가와 대화하라
- 초점 집단(Focus Group)을 진두지휘하라
- 여름학교 또는 방과 후 학교에서 먼저 시범적으로 실시해 보라

투자해선 안 된다. 검증을 위한 규칙적 변화를 만들기 위해, 더 정밀한 검증을 시작해야 하는 때가 언제인지 알기 위해 가설을 체계적으로 검증할 수 있는 체크포인트를 만든다.[9] 체크포인트는 몇 가지 가설에 대한 검증이 끝나는 특정 날짜가 된다. 이를 통해 팀은 함께 모여 알게 된 것에 대해 평가한다. 이에 대한 것은 다음 단계에서 논의한다.

첫 번째 체크포인트로 이어지는 시간은 한 달 정도 지속될 수 있다. 이 시간에 팀 구성원은 다른 블렌디드 러닝 학교의 사례에 대해 공부하고, 일부 가설을 고차원적으로 검증하는 시간을 갖는다. 두 번째 체크포인트는 그로부터 한 달 후로 정해지며, 소프트웨어 시장에 대한 분석을 포함한다. 그 한 달 동안 팀은 다시 한 번 가설을 검증하기 위해 다른 학교의 리더들과 이야기를 나눌 수도 있다. 종종 마지막 단계에서 이미 검증 받은 것을 또다시 검증하는 경우가 발생하긴 하지만 이전에 비해 좀 더 정교한 수준에서 검증하게 된다. 따라서 팀이 정보를

얻으면 얻을수록 그 계획은 정교화된다. 일이 더 진행된 후 체크포인트는 프로토타입이나 블렌디드 러닝 모델의 시범 과정, 결국에 스스로 블렌디드 러닝 모델을 실시하는 것까지 포함된다.

모델이 실시되고 나서 팀이 한 걸음 물러나서 깨닫게 된 점과 조정이 필요한 부분을 살펴보도록 진행 중에도 체크포인트가 있어야 한다. 이로 말미암아 지속적인 개선은 팀의 DNA로 완전히 녹아들게 된다. 혁신이 실행되었다고 해도 그 혁신에는 빠르고 강력한 위험 요소가 존재한다. 예를 들어 매주 극적 변화를 주는 것은 학교 공동체에 혼란을 가져오고 학생과 학부모, 교사의 신뢰를 약화시킬 수 있다. 전체 계획을 공개하기 전에 검증을 디자인하며 실행하는 한 가지 이유는 실행한 계획이 완전히 다른 길로 벗어나기 전 계획에 대해 파악하기 위해서다. 이 과정에 따라 진행하면 학교가 큰 대가를 치르지 않도록 도와준다. 체크포인트는 계획을 실행하기 직전의 마지막 단계에서 더 진행할 것인지 여부를 판단하는 하나의 기회가 된다. 계획 전반을 실행하기 전에 검증을 설계하고 실행하는 한 가지 이유는 실제로 실행하고 나서 너무 멀리 벗어나는 것을 방지하기 위해서다.

전진, 변화, 계획 유보 중 무엇을 해야 하는가

마지막 단계는 전략을 계속적으로 시행해 나갈지 여부를 결정하는 것이다. 매 체크포인트를 통과할 때 결과에 대한 것은 무시하고 맹목적으로 나아가기보다 반드시 확인하고 가야 할 선택 사항이 존재한다. 자신이 세운 가설이 옳은 것으로 판명되었다면 다음 체크포인트로 나아간다.

그렇지 않은 경우(이런 경우가 더 많음) 몇 가지 선택 사항이 주어진다. 계속 나아가기 위해 계획을 약간 조정할 수도 있다. 예를 들어 한 교육자가 사용하고자 했던 어떤 수학 소프트웨어가 하루에 30분이 아니라 20분 정도 지도하는 데 적합하다면 그 순환 스케줄은 당연히 조정되어야 한다.

작은 부분을 조정하지 않는다면 더 큰 조정이 필요하게 될 수 있다. 그 블렌디드 러닝 모델은 어쩌면 비소비적 지역의 다른 팀을 통해 구현되어야 할 수도 있다. 그곳에서는 혁신을 성공시키기 위해 전체 학교에 맞춰 조정되기 전 미리 혁신을 미세하게 조정할 만한 시간이 충분하기 때문이다.

그리고 계획이 성공하기 위해 기반이 되는 가설이 비현실적으로 광범위하고, 그 계획이 그냥 작동하지 않을 수도 있다. 이런 경우 너무 많은 돈이 투자되기 전에, 그때 가서 포기하기에 너무 많은 것을 걸기 전에 그 계획을 잠시 보류하는 기회로 삼아야 한다.

각 체크포인트마다 팀은 새로운 정보를 얻게 된다. 앞선 체크포인트에서는 맞는 것처럼 보였던 가설이 처음에 생각했던 것보다 훨씬 더 복잡하다는 사실이 드러나기도 한다. 그래도 괜찮다. 그 가설이 결국에 비현실적이고 그것을 프로그램에서 뺄 수 없다는 사실을 알게 되었다고 해도 그것이 절망의 이유가 될 수는 없다. 빠른 실패가 곧 성공이다. 팀은 그 계획이 작동하지 않을 거라는 사실을 미리 알게 됨으로써 실패할 무언가를 구현해 내느라 많은 시간과 돈을 낭비하지 않아도 된다. 중요한 것은 매번 결정이 이루어질 때마다 그것에 대해 축하하고 격려하는 것이다. 구성원들이 자신이 선호하는 아이디어를 변호해야 한다고 느끼게 하는 대신, 누가 맞고 틀리고를 떠나 더 많은 가설에 대해 배우는 것이 진정한 승리라고 생각하도록 해야 한다.

궁극적으로 팀이 조정과 반복을 거듭하면서 옳은 것으로 입증된 가설의 길로 가고, 계획이 처음에 예상한 것과 점차 다르게 구현된다고 해도 원하는 결과를 성공적으로 실현할 수 있다면 그것은 대성공이다. 그것이야말로 발견이 이끄는 계획 수립 과정의 궁극적 가치라고 말할 수 있다.

요약

- 지식이 별로 없는 상태에서 낯설고 예측하기 어려운 무언가를 착수해야 할 때 교육자들은 계획과 설계하는 과정을 변화시킬 필요를 느낀다. 이런 상황에서 계획을 수립할 때는 발견이 이끄는 계획 수립 방법이 가장 유용하다.

- 발견이 이끄는 계획 수립은 4단계를 거친다. 이 방법은 혁신의 위험성을 줄여주는데, 빠른 실패를 장려해 큰 대가를 치르지 않도록 돕는다.

- 첫째, 원하는 결과로부터 시작한다. SMART 목표를 지정하라.

- 둘째, 원하는 결과와 목표가 확실해지면 가설로 체크리스트를 만들어 보라. 바라는 결과를 실현하기 위해 반드시 입증해야 하는 모든 가설을 나열해 보라. 그리고 각 가설이 맞다는 것에 얼마나 확신을 갖고 있는지, 가설이 틀릴 경우 프로젝트의 성공에 얼마나 치명적인지에 따라 순위를 매겨라.

- 셋째, 더 알기 위해 그리고 중요한 가설이 합리적인지를 검증하기 위해 시범적으로 계획을 실행해 보라.

- 넷째, 검증 결과에 기반한 예정된 체크포인트에서 혁신을 조정하거나 보류함으로써 혁신 시행에 대한 결정을 내려라.

토론을 위한 질문

1. 교육이나 사업, 정부 차원에서 있었던 유명한 실패 사례를 말해 보라. 실패하게 만든 주요 가설이 무엇이었는지 말해 보라. 그것에 대해 그들이 미리 검증했다면 실패를 막을 수 있었을까?
2. 자신이 서밋 공립학교 모델을 처음 디자인한 팀의 팀원이었다고 상상해 보라. 설계에서 가장 치명적이라고 생각하는 가설은 무엇인가?
3. 앞선 가설을 검증하기 위한 간단하고 저렴하면서도 빠른 방법에는 어떤 것이 있는가?

11장

결론

혁신은 한 번의 이벤트가 아니라 과정이다.

이 책에서 우리는 처음으로 학생과 교사, 학교, 사회에 제공되는 온라인 툴의 등장으로 이전에 없던 혁신의 기회를 보여주고자 했다. 그리고 그런 유익을 실현시킬 수 있는 과정에 대해 묘사하고자 했다.

블렌디드 러닝이 아닌 다른 혁신이라도 이런 과정을 따르는 것이 여정의 끝을 의미하지는 않는다. 10장에서 언급했듯이 항상 배우려 하고 더 나은 것을 찾는 등 지속적인 개선 과정을 통해 서서히 이 정신이 스며드는 것이 중요하다. 그 자리에 머물러 있지 않고 진보를 이루어 나가는 것은 건강한 사회와 학교의 특징이며, 이는 우리가 학생에게 주입하고자 하는 평생교육을 위한 역량의 모델이 된다. 우리는 이 책의 내용이 전 세계의 교육자들이 혁신의 안정된 리듬을 발전시키기 위해 나아가도록 이끌기를 원한다.

이런 혁신적 사고를 받아들이는 것은 성공을 향해 달려가는 데 중요한 작용을 할 것이다. 블렌디드 러닝은 학생 각각의 뚜렷한 학습 요구를 위해 학습을 개별화하고, 학생의 성공을 만들어줄 중요한 많은 활동에 학생과 교사가 집중하도록 시간적 자유를 허락한다는 두 가지 측면에서 엄청난 잠재성을 가진다. 그런데 이것이 소홀히 여겨지고 있다. 아직은 이른 시점인 것이다. 그렇다! 이 책에서 소개했듯이 실제 현장에는 훌륭한 성공 사례가 존재하며, 앞으로 나아가기 위한 몇 가지 분명한 경로도 존재한다. 그러나 온라인 툴과 블렌디드 러닝 모델은 모두 계속적으로 진화하고 있다. 교사는 사용 가능한 기술이 어떤 식으로 향상되어야 하는지에 대한 희망 사항을 드러내는 데 거리낌이 없다. 혁신적 교육가들은 학생이 있는 학교 건물에서 적용될 만한 디자인을 만들어내기 위해 모델을 짜맞춰 보고 있다. 그러나 블렌디드 러닝이 진화하는 이 시점에서 이것은 결코 쉬운 일이 아니다.

시간에 따른 실행

좋은 소식이라면 서두르거나 모든 것을 한꺼번에 하지 않아도 된다는 것이다.

먼저 스스로 계획을 세우는 시간을 갖고, 신중하게 실행에 옮겨 보라. 블렌디드 러닝의 시범적 시행이 처음이었던 오클랜드 통합 교육청(Oakland Unified School District)에서는 1월에 시행할 학교를 선정했고, 2월에 계획을 수립하기 시작했으며, 프로그램은 학년이 시작하는 8, 9월에 시행되었다.[1] 텍사스 주 오스틴의 블렌디드 공립학교인 몬테소리 포올(Montessori For All)의 경우 계획 단계에서 일 년의 시간이 소요되었다.[2]

이것은 하룻밤 사이에 이루어지는 것이 아니다. 기존의 모델에 블렌디드 요소를 더하고자 한다면 소요되는 계획 단계 시간은 적어도 6개월 정도가 되어야 한다. 만약 완전히 새로운 모델을 실행하고자 한다면 일반적으로 12~18개월 이상이 필요하다.[3] 해야 할 것에 대해 조급한 마음이 들더라도 변화와 계획에 사용 가능한 자원의 수준에 상응하는 시간이 필요한 것이다.

두 번째로 혁신은 단계적으로 일어나야 한다. 혁신을 이루는 한 가지 방법은 다음 해 더 넓은 범위에서 다른 유형의 슬로건과 씨름하기 전에 먼저 좁은 범위의 문제나 목표에 초점을 맞추는 것이다. 서머 스쿨은 종종 효과를 테스트하기 위한 매력적인 장소다. 일부 학교나 학교 시스템은 한 학년에 한정해 블렌디드 러닝을 시작해 매년 한 학년씩 늘려 가는 방법을 택한다. 다른 학교들은 특정 교과에 대한 훈련을 받은 교사와 함께 시작하기도 한다. 차터 스쿨 네트워크의 경우 종종 학교와 학교를 혼합하기도 한다. 어떤 학교들은 여전히 한 가지 모델에 발을 적실 정도로만 적용하면서 자신의 혁신을 시간에 따라 진화시켜 나간다. 한 가지 예로 서밋 공립학교를 살펴보겠다. 그들은 처음에 학교들 가운데 두 학교의 수학 수업에만 기본적인 스테이션 순환 모델을 시범적으로 적용해 블렌디드 러닝에 그들의 발을 살짝 담갔다. 일 년이 지나고 그들은 수학 수업에 적용했던 스테이션 순환 모델의 자리에 실험적으로 플렉스 모델을 적용해 보았다. 그 해가 지나고 나선 모든 학교의 전 과목에 플렉스 모델을 적용했다. 많은 학교가 이처럼 몇 개를 결합하는 접근법을 선택할 것이다.

순서대로 작업해 나간다면 단계의 순서와 시간 등을 전부 아우르는 계획으로 시작하려고 할 텐데, 이것을 발견이 이끄는 계획 수립 방법과 마찬가지로 취급하라. 무언가에 대해 알게 되는 그때그때 계획을 조정하라. 학교 공동체 구성원이 블렌디드 러닝을 실행하는 것을 보게 되면서 더 나은 혁신으로의 욕구가 커질 것이다. 그리고 단계적 접근법으로 나아갈 때 반드시 팀 구조가 달라지기 때문에 구성원은 다른 역할을 맡게 된다. 관리자와 교사, 학생, 학부모를 위해 명확한 기대와 목표를 설정하는 것은 구성원이 혁신을 위한 자신의 역할과 그것이 어떻게 진화해 나갈지 분명하게 이해하고 있는 것만큼 중요하다.

블렌디드 러닝은 팀 스포츠다

블렌디드 러닝에서 모든 구성원은 각자의 역할을 갖는다.

교사는 혁신을 즉시 시작할 수도 있고, 거꾸로교실이나 스테이션 순환 등 모델을 적용함으로써 학습을 촉진시킬 수도 있다. 기능적 팀에서 그들만의 혁신에 참여함으로써 교사들은 더 많은 변화에 박차를 가하기 위해 학교 공동체 내 다른 사람들 속에서 스스로 무엇을 하는지에 대해 흥미를 갖게 된다. 또한 그들은 더 폭넓은 변화를 계획하기 위해 다른 교사들이 팀 내에서 조직을 만들도록 이끌 수도 있다.

학교 관리자는 교사들로부터 혁신에 대한 자신의 노력을 격려받고 조언받는 등의 방식으로 상향식 지원을 할 수 있다. 교사들이 계획을 세우고 배우는 데 시간을 투자하도록 돕고, 교사들을 위해 전문성을 높일 수 있는 기회를 제공해야 한다. 그리고 기술적 장벽처럼 그들이 나아가는 길에 만나는 장애물을 제거해줘야 한다. 같은 이유에서 학교의 리더는 팀 꾸리는 일을 먼저 나서서 하고, 다양한 슬로건에 반응할 수 있는 팀에 교사들이 참여하도록 초대할 수 있다.

학부모는 어떤 혁신적 노력에도 참여해야 한다. 무엇이 어떻게 돌아가고 있는지, 그것이 자녀에게 어떤 유익이 있는지 이해하지 못한다면 학부모들은 재빠르게 변화에 대한 장벽으로 돌아선다. 그러나 동시에 학부모들은 학교에 대한 열렬한 지지자가 될 수도 있다. 로켓십 에듀케이션에서는 학부모들이 참여할 수 있는 아침 회의, 학부모 자원봉사, 학부모의 노력에 대한 표창 등을 통해 학부모 공동체를 구축했다.[4] 학부모들은 더 넓은 지역 공동체가 로켓십 교육 모델의 힘을 이해하도록 적극적으로 도왔다. 학부모의 요구는 변화를 만들어낼 수 있을 만큼 강력한 힘을 가진다. 어떤 공동체에서는 학교가 학부모들의 요구에 따라 개별화 학습을 시행하기도 했다. 그리고 캘리포니아 주의 로스앨터스 교육청(Los Altos School District)에서는 학부모 공동체가 학교의 블렌디드 러닝 환경을 구축하기 위한 기금을 마련하는 데 핵심적 역할을 맡기도 했다.

교육감, 학교 네트워크 수장 등 조직의 리더들은 4장에서 언급한 것처럼 자율적 팀과 무거운 팀의 중요성을 명료하게 한다는 점에서 중요한 역할을 한다. 이들에게는 다양한 학교가 다양한 상황의 문제를 해결할 수 있는 다양한 혁신을 만들어내도록 권한을 부여하는 포트폴리오 접근법을 선택하는 것이 중요하다. 비슷하게 모든 리더는 분할 스크린 전략을 사용해 스테이션 순환 모델 등 존속적 혁신으로 핵심 문제를, 플렉스 모델이나 알라카르테 모델 등 파괴적 혁신으로 비소비적 문제를 동시에 해결하는 것이 좋다. 단 하나의 가장 좋은 모델은 존재하지 않는다. 그러나 두 가지 유형의 혁신을 모두 장려하고, 기존의 전통적인 처리 방법에 녹아들지 않도록 분명하게 파괴적 혁신을 보호하는 통합적 혁신 과정을 도입할 필요가 있다.

또한 이들 리더는 혁신을 가능하게 하는 기반 시설을 확실하게 구축하는 데 적극적 역할을 해야 한다. 인터넷 접속이 가능하도록 하는 것은 필수다. 기기 구입과 소프트웨어 라이센스 구입, 기술적 지원 등에서 올바른 역할에 대한 결정은 학교마다, 교사마다 그 요구가 천차만별이기 때문에 꽤 까다로운 문제다. 무엇을 중앙집권화하고 무엇을 권리 이양할지 결정하는 일은 매우 신중하게 접근해야 하는 균형과 관련된 문제다. 예를 들어 학교가 소프트웨어를 구매할 때 주어진 목록 가운데 고르도록 하는 것은 합리적 균형이 될 수 있다. 그러나 같은 네트워크에 속한 각 학교가 서로 다른 학생 정보 시스템을 사용하도록 하는 것은 이치에 맞지 않다.

학교 운영위원회, 정책 입안자 등은 자금의 힘으로 전면에서 존속적이고 파괴적인 학교를 지원하며, 혁신가들이 신중하게 걸음을 떼도록 하기 위해 학생들의 성공에 초점을 맞춘 질문을 던져야 한다. 여기서 그들은 혁신을 억누를 수 있는 하향식의 행동을 취하고 있는 건 아닌지 경계해야 한다.

혁신가들의 네트워크는 리더와 교사에게 비슷한 문제를 해결하고 있는 다른 사람들과 대화를 나누는 소중한 기회를 제공한다. 이때 여러 기법과 비슷한 상황에서 작동했던 디자인에 대해 배울 수 있으며, 주어진 기회와 위험에 대해 솔직하게 토론하고, 중요한 요구사항을 모아 공급업체가 잘 대응하도록 장려하기도 하는 등 다양한 기회가 주어지게 된다. 조직을 이끌어가는 것은 외로운 일이 될 수 있지만, 혁신가의 네트워크에 속하거나 그런 모임을 이끄는 것은 정보 접근, 기술, 혁신의 과정을 매끄럽게 만들기 위해 필요한 기관 등을 찾아내는 데 있어 엄청난 이익이 있다.[5] 다음 세대를 포함하는 지역 모임이 블렌디드 러닝 모델과 관련해 실리콘밸리, 워싱턴 D.C., 시카고 등지에서 생겨나고 있다.

마지막으로, 학생도 팀에 포함시켜야 한다는 것을 기억하길 바란다. 학생들이 성공적인 평생교육 학습자가 되도록 돕는 것이 학교의 역할이라면 학생이 자기주도성을 발전시켜 그들 스스로 학습할 수 있도록 하는 것은 매우 중요하다. 유치원부터 시작해 12년에 걸친 학교생활을 통해 학생들이 성장하는 것에 발맞춰 학교는 그들이 학습에 관한 시간, 장소, 경로, 진도 모두를 스스로 조절할 수 있는 수준을 높이도록 지원해야 한다. 그뿐 아니라 학생은 수업을 보조하거나 튜터링을 통해 친구를 도울 수도 있다. 앞서 언급했듯이 서밋 공립학교는 학교 교육 전반의 설계와 진전에 대해 알아보기 위해 그들의 학생이 중심된 초점 집단을 사용하기도 했다.

이해, 준비, 디자인, 실행

혁신을 위한 혁신은 하지 말라. 이것은 단지 기술을 위한 기술 적용을 하지 말라는 것보다 더 강조하고 싶은 부분이다.

자신의 혁신이 성공적인지 알게 해줄 수 있는 슬로건이나 현명한 목표로부터 시작하라.

도전 과제를 살펴보기에 적절한 팀을 꾸려라.

학생이 수행한 결과에 대해 이해하고 학생 경험을 적절하게 디자인하라. 학습자의 경험은 모든 것에 영향을 미친다.

목표와 원하는 학생 경험에 이르기 위해 적절한 교사 경험을 디자인하라.

그러고 나서야 소프트웨어와 하드웨어, 기반 시설 등 기술적인 것과 시설 디자인에 대해 생각 하는 것이 좋다. 어떤 부분을 바꿀 수 있는가? 기존 계획을 수정할 때는 어떤 것이 필요한가?

그러고 나서 모델을 선택하고, 그것을 현재 상황에 적절하게 맞춤 설정을 하라.

자신이 만들기 원하는 문화에 대해 의도성을 가지라. 그리고 성공을 위해 조직의 과정과 우선순위를 적극적으로 만들어 나가라.

마지막으로 큰 대가를 치러야 하는 실패를 피하고 성공하기 위해 발견이 이끄는 계획 수립 방법을 따르도록 하라. 현명한 목표점과 미리 준비한 계획 아래서 발견할 수 있는 성공적 결과를 이용해 자신이 만든 가설을 식별하고, 그것의 순위를 매기고 나서 계획을 시범적으로 적용해 본다. 이때 어떤 가설이 맞는지 또는 약간 수정이 필요한지를 알고, 그다음 계획의 진행 여부와 그 방법을 알아보기 위해 의도적으로 체크포인트를 설정한다.

이 책에서는 모든 학교가 어떻게 해야 한다는 각본을 내놓지 않는다. 지금 처한 상황에서 적합한 접근법을 찾도록 도움을 줄 뿐이다. 제각각인 학생을 교육하는 데 있어 통일된 한 가지 방법이 존재하지 않듯 혁신을 위해 통일된 하나의 학교와 블렌디드 러닝 모델, 소프트웨어 등의 방법은 없다. 블렌디드 러닝의 전략을 발전시키고 구현하기 위한 청사진을 정리하여 이 책에 실었다.

블렌디드 러닝은 기존의 공장 모델 교육 시스템에서 학생 중심의 디자인으로 변화시킬 수 있는 엄청난 잠재성을 가지고 있다. 이로 말미

않아 개별화, 형평성과 접근, 비용 제어 등 유익을 얻을 수 있다. 물론 이것이 점점 구식이 되어가는 학교와 그곳에 속한 학생들에게 만병통치약이 될 수는 없겠지만, 문제 해결에 실마리가 될 만한 중요한 부분이긴 하다.

이제는 이런 전문지식을 이용해 소매를 걷어붙이고 학습의 미래를 만들어 나갈 시간이다. 교사, 학교와 공동체의 리더, 학부모, 학생 등 교육 구성원 모두 자신들을 기다리고 있는 복잡하고도 약속된 미래를 모든 학생이 준비하도록 돕는 데 각각의 역할을 가지고 있다.

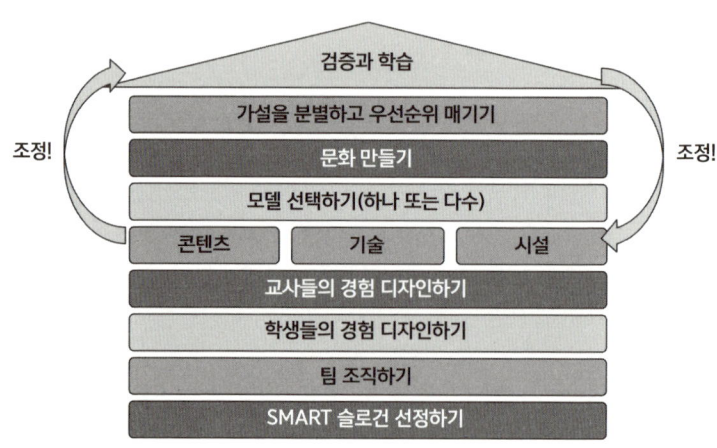

[그림 11.1] 블렌디드 러닝을 위한 청사진

토론을 위한 질문

1. 당신이 생각하기에 자신이 속한 공동체와 관련된 다음 집단 가운데 학생 중심의 학습으로 변화하기 위해 가장 먼저 동원되어야 할 집단은 무엇인가?
   : 교사, 학교 관리자, 학부모, 교육감, 학교 네트워크 수장, 다양한 조직의 리더, 학교 운영위원회, 정책 입안자, 혁신가 네트워크, 학생 등
2. [그림 11.1]의 블렌디드 러닝을 위한 청사진을 다시 한 번 보라. 각 층의 내용에 대해 읽고 토론하며 무엇을 배웠는가? 가장 큰 수확은 무엇인가?

주석

들어가며

1. 미국인은 계속 지역사회의 학교 평가에서 높은 점수를 주었다. 예를 들면 2013년에는 71퍼센트의 학부모가 첫 아이가 다니는 학교에 A나 B등급을 주었다. "The 45th annual PDK/Gallup Poll of the Public's Attitudes Toward the Public Schools", *Phi Delta Kappan*, September 2013, V95 N1, p. 21 (http://pdkintl.org/no-index/ 2013_PDKGallup.pdf) 참조.

2. 『스마트해지기』의 저자 톰 밴더 아크는 후버 인스티튜션 학회(Hoover Institution Conference)에서 2020년이 끝나기 전 고등학교 수업의 50퍼센트가 온라인 러닝 또는 블렌디드 러닝이 되리라고 예상하는 교실 수업의 파괴에 대한 예측을 내놓았다. 5년 전에는 아크의 말이 정신 나간 소리처럼 들렸지만, 지금은 예측보다 일찍 그 일이 이루어지리라 믿고 있다. Tom Vander Ark, "Blended Learning in K-12 Education", Hoover Institution, Stanford University, January 17, 2014, Policy Panel 참조.

3. Clayton M. Christensen, *The Innovator's Dilemma* (Boston: Harvard Business School Press, 1997).

4. Pew Internet Teens and Privacy Management Survey, July 26-September 30, 2012, http://www.pewinternet.org/data-trend/teens/internet-user-demographics/, accessed March 25, 2014. 그리고 스피크업 2013 전국 리서치 프로젝트(Speak Up 2013 National Research Project)에 따르면 고등학생 89퍼센트가 스마트폰을 사용하고 있다. http://www.tomorrow.org/speakup/pdfs/SU2013_MobileLearning.pdf

5. College Board 2013 public schools database and AP Program data.

6. 이 수치는 홈스쿨링 가정의 자녀 수 204만 명과 전일제 가상학교에 등록한 학생 수 31만 명이 합쳐진 통계다. 이 전일제 가상학교의 학생은 학비가 공

립 자금으로 충당되기 때문에 엄밀히 말하면 홈스쿨링 학생이 아니지만 대다수의 학생이 여전히 가정에서 학습하고 있다. Brian D. Ray, "2.04 Million Homeschool Students in the United States in 2010", National Home Education Research Institute, January 3, 2011 (http://www.nheri.org/Homeschool PopulationReport2010.pdf) and John Watson, Amy Murin, Lauren Vashaw, Butch Gemin and Chris Rapp, *Keeping Pace with K-12 Online & Blended Learning: An Annual Review of Policy and Practice, 2013*, Evergreen Education Group, http://kpk12.com/cms/wp-content/uploads/ EEG_KP2013-lr.pdf 7. *Connecting Students to Advanced Courses Online: Innovations in Education*, prepared by WestEd for U.S. Department of Education Office of Innovation and Improvement, 2007, pp. 3-4. 심각한 것은 아니지만 피해가 없다고 말할 수 없는 것이 실제로 수천 명의 캘리포니아 학생은 오늘날 캘리포니아 대학이나 캘리포니아 주립대학의 입학에 꼭 필요한 과정을 모두 제공하지 못하는 학교에 다니고 있다.

8. Michael B. Horn and Meg Evans, "Creating a Personalized Learning Experience", AdvancED Source, Spring 2013, p. 2.

9. Clayton M. Christensen, Michael B. Horn and Curtis W. Johnson, *Disrupting Class: How Disruptive Innovation Will Change the Way the World Learns*, Expanded Edition (New York: McGraw-Hill, 2010), p. 54.

10. 1800년대 중반 매사추세츠 퀸시에서 교사들은 프로이센에서 처음 등장한 학년제의 개념을 도입하기 시작했다(*Disrupting Class*, p. 53). 20세기에 접어들면서 이 제도는 가속화되었고, 교사들은 비슷한 나이로 구성된 한 무리의 학생에게 집중할 수 있었다.

11. David Tyack and Larry Cuban, *Tinkering Toward Utopia: A Century of Public School Reform* (Cambridge, Massachusetts: Harvard University Press, 1995), p. 89.

12. James Bryant Conant, *The Revolutionary Transformation of the American High School* (Cambridge, MA: Harvard University Press, 1959), p. 3.

13. Sal Khan, *The One World Schoolhouse* (New York: Hachette Book Group, 2012), p. 77. 많은 사람이 삭막하고 사악한 공장 모형 교육에 대한 그림

을 그려 왔다. 앞의 주에서 언급했듯 현재 전통적인 K-12 교육의 첫 출현은 18세기 프로이센에서였다. 당시 지배층은 세금으로 이루어지는 의무 공교육이 권위에 복종하는 동시에 특별히 왕에게 충직한 시민을 배출할 수 있기를 바랐다. 이 시스템을 개발하는 데 있어 핵심 인물인 프로이센의 철학자 요한 고트리히프 피히테(Johann Gottlieb Fichte)는 "다른 사람에게 영향을 끼치고 싶다면 대화 이상의 것을 반드시 해야 한다. 그 사람이 하길 바라는 정도가 아니라 하지 않고는 다른 방법이 없도록 만들어야 한다"는 사실을 확실하게 인정했다. 모든 사람이 피히테와 동일한 권위주의적 DNA가 존재하는 전통적 교실에 대해 지지하지 않겠지만 지지하는 사람들은 삭막한 그림을 그리고 있는 것이다. 뉴욕 주 올해의 교사상을 받은 존 테일러 갓토(John Taylor Gatto)에 따르면 수업 시간의 개념이 도입되면서 배움의 자발성은 배려 없는 중단으로 말미암아 약화되었다. 그는 간간이 울리는 수업 종소리가 학생의 배움을 단편적인 과목으로 쪼개놓음으로써 학생이 깊은 교차학문적 연결성을 형성하고 "혹시 있을지도 모르는 다른 의견이나 위험한 아이디어"를 탐색하고, 진짜 연구에 뛰어들 시간을 갖지 못하도록 막았다고 주장했다. 이런 식으로 전통적 학교시간표는 지배층에 대한 복종을 강화하는 도구로 인식되었다(Khan, pp. 76-77).

14. Patrick Butler et al., "A Revolution in Interaction", *McKinsey Quarterly*, 1:8, 1997 as cited in Michael E. Echols, *ROI on Human Capital Investment*, 2nd ed. (Arlington, VA: Tapestry Press, 2005), p. 3.

15. Eric A. Hanushek, Paul E. Peterson and Ludger Woessmann, *Endangering Prosperity: A Global View of the American School* (Washington, DC: Brookings institution Press, 2013), Ch. 1.

16. 토머스 제퍼슨이 버지니아에 제안한 '지식의 보편적 확산을 위한 법안'(http://etext.virginia.edu/etcbin/toccer-new2?id=JefPapr. sgm&images=images/modeng&data=/texts/english/modeng/parsed&tag=public&part=5&division=div1, accessed April 10, 2014).

17. Butler et al., as cited in Echols, p. 3 (see n. 14). 1900년대 초반 대부분의 비농업 노동은 원재료를 추출해 완성품으로 바꾸는 것이었다. 예를 들면 석탄 채굴, 중장비 운용 또는 생산 라인 운용 등이 있었다. 그러나 21세기에 미국 내 15퍼센트의 노동자만 이런 종류의 일을 한다. 대부분은 지식경제 분야의 일을 하는데,

직원은 관리자든 간호사든 판매원이든 재정고문이든 변호사든 판사든 중재자든 간에 대부분의 시간을 상호작용하면서 보낸다. 이런 일은 대부분의 일자리에 적용되지 않는 방식으로, 직원들에게 어려운 의사결정을 내릴 것을 요구할 뿐 아니라 더 높은 수준의 지식과 능력, 불명확성을 다뤄야 한다고 요구한다. 그리고 이런 복합적 능력이 성장하고 있다. 1998~2005년 만들어진 총 450만 개의 미국 내 일자리 가운데 70퍼센트는 의사결정과 경험을 필요로 했다. Bradford C. Johnson, James M. Manyika and Lareina A. Yee, "The Next Revolution in Interactions", *McKinsey Quarterly*, November 2005, http://www.mckinsey.com/insights/organization/the_next_revolution_in_ interactions, accessed March 7, 2014. 저자들은 고도의 선진화된 국가들은 이런 트렌드를 경험한다고 지적하고 있다. 또 다른 맥킨지 애널리스트는 오늘날 직원들에게 필수적인 또 다른 능력은 일에 대해 학습하는 능력이라고 말했다. 노동자에게 필요한 능력 수는 2009년 9월 178개에서 2012년 11월 924개로 급격히 증가했다. John Mills, David Crean, Danielle Ranshaw, and Kaye Bowman, "Workforce Skills Development and Engagement in Training through Skill Sets", *DCVER Monograph Series*, November 2012, http://files.eric.ed.gov/fulltext/ED538262.pdf, p. 13. As Sir Michael Barber puts it, "Learning and work are becoming inseparable. Indeed, one could argue that this is precisely what it means to have a knowledge economy or a learning society"; Michael Barber, Katelyn Donnelly and Saad Rivzi, "An Avalanche Is Coming: Higher Education and the Revolution Ahead", *IPPR*, March 2013, p.51, http://www.ippr.org/images/media/files/publication/2013/04/avalanche-is-coming_Mar2013_10432.pdf. The result of this problem on a worldwide scale is that seventy-five million people are unemployed, but businesses can't find enough so-called knowledge workers to fill job vacancies; "Tackling Youth Unemployment", McKinsey & Company website, http://mckinseyon society.com/education-to-employment/, accessed March 7, 2014

18. 이 논쟁을 완벽하게 요약한 것을 보려면 다음을 추천한다. Jose Ferreira, "Rebooting 'Learning Styles'", http://www.knewton.com/blog/ceo-jose-ferreira/rebooting-learning-styles/, March 25, 2014; Mark Bauerlein, "A Concluded Battle in the Curriculum Wars", http://www.edexcellence.net/commentary/

education-gadfly-daily/commo-core-watch/a-concluded-battle-in-the-curriculum-wars, March 25, 2014; Michael B. Horn, "Differentiating Learning by 'Learning Style' Might Not Be So Wise", http://www.christenseninstitute.org/differentiating-learning-by-learning-style-might-not-be-so-wise/, June 17, 2010.

19. Ruth Colvin Clark and Richard E. Mayer, *e-Learning and the Science of Instruction: Proven Guidelines for Consumers and Designers of Multimedia Learning* (San Francisco: Wiley, 2008), Ch. 2. 여기서 왜 계획적인 방법으로 학생의 기초 지식을 쌓아올리는 것이 그처럼 중요한가에 대한 이유를 밝히고 있다. 그러나 모든 학생이 똑같은 기초 지식을 가졌다고 추정하고 똑같이 대하는 것은 실수다.

20. John M. Bridgeland, John J. Dilulio, Jr., Karen Burke Morison, "The Silent Epidemic: Perspectives of High School Dropouts", A Report by Civic Enterprises in association with Peter D. Hart Research Associates for the Bill & Melinda Gates Foundation, March 2006, p. iii.

21. 이 현상에 대한 더 완벽한 토론을 보려면 다음을 참조하라. *Disrupting Class*, Ch. 1. 그리고 전직 교사이자 현 실리콘스쿨펀드(Silicon Schools Fund)의 CEO 브라이언 그린버그(Brian Greenberg)는 개별 맞춤화는 모든 학생이 자신이 원하는 때 원하는 것을 정확히 가질 수 있다는 개념에 도달해 있다고 말했다. 우리는 교육에서 그것을 차별화라고 부른다. 나는 차별화라는 단어가 교사 자신에 대해 부정적 감정을 느끼게 만든다고 생각하는데, 현실에서는 인력으로 그렇게 할 수 없기 때문이다. 그리고 이것이 테크놀로지가 교사에게 좀 더 개별 맞춤화를 하도록 잠재력을 부여하는 몇 가지 약속할 수 있는 부분이라고 생각한다. Brian Greenberg, Rob Schwartz and Michael Horn, "Blended Learning: Personalizing Education for Students", *Coursera*, Week 2, Video 2: Key Elements of the Student Experience, https://class.coursera.org/blendedlearning-001.

22. 교사들은 종종 이런 학습 공백을 스위스 치즈의 구멍을 닮았다고 해서 '스위스 치즈' 문제라고 부른다. 전통적인 공장형 모델에서 교사의 문제는 각 학생의 학습 공백을 파악하기 어렵다는 것이다.

23. 문헌에는 개별 맞춤식 학습에 대한 다양한 정의가 있는데, 이는 개별 맞춤식 학습 접근법의 효과 연구에 대한 측정을 어렵게 만든다. 많은 사람이 이 용어를 홍

미 기반 학습에서부터 '학습 스타일'(예를 들어 시각적·청각적 학습자가 되는 개념을 근거로 사람을 가르치는 것)에 이르기까지 모든 것을 지칭하기 위해 사용하기 때문이다. 이미 설명했듯 이것은 우리가 개별 맞춤식 학습이라는 용어에 대해 의미하는 것이 아니다. 그렇긴 해도 문헌에 근거한 그들 정의 가운데 몇몇은 이 주석을 따른다. 그러나 우리가 믿기로는 개별 맞춤식 학습은 학생 모두에게 공통적 지식, 능력, 성품 등 기본 역량을 학습하면서 자신의 열정에 따라 각기 다른 연구 분야로 진출할 것임을 의미한다는 사실을 명확히 해두는 것이 중요하다. 비록 우리는 전문가가 아니지만 모든 학생이 학습하고 알아야 할 가치가 있는 어떤 개념이나 기준이 존재하는데 역사적으로 미국 학생이 직면해 왔던 것보다 그 수가 적고, 학생과 교사에게는 명확하며, 엄격함과 개념적 특성을 가진다.

온라인 러닝과 블렌디드 러닝 영역에 대한 공통적인 작동 정의(working definition)를 만들기 위해 K-12 국제온라인러닝협회(iNACOL)는 "실현 가능한 가장 높은 기준을 완전히 학습하도록 유연성과 자원을 제공하기 위해 무엇을, 어떻게, 언제, 어디서 배울 것인지 학생이 의견을 내고 선택 가능하도록 하는 것을 포함해 각 학생의 강점과 요구, 흥미에 맞게 학습을 재단하는 것"을 개별 맞춤식 학습이라고 정의한다. Susan Patrick, Kathryn Kennedy and Allison Powell, "Mean What You Say: Defining and Integrating Personalized, Blended, and Competency Education", iNACOL, October 2013.

미 교육부의 2010 미국 교육 테크놀로지 계획서는 개인별 수업, 개별 맞춤식 수업, 차별화 수업을 구분하고 있다.

> 개인화, 개별 맞춤화, 차별화는 지금 교육계에서 유행어다. 그러나 각 단어가 단일 교수 학습 모형에 대한 대안이라는 광범위한 개념을 넘어 정확히 무엇을 의미하는지에 대한 의견 일치는 거의 존재하지 않는다. 예를 들어 몇몇 교육 전문가는 개별 맞춤화라는 용어를 학생이 그들의 관심에 따라 무엇을 어떻게 학습할 것인지에 대한 선택권을 부여 받았음을 의미한다는 개념으로 사용한다. 그리고 다른 이들은 수업이 서로 다른 학생을 위해 서로 다른 속도로 진행된다는 개념으로 이 용어를 사용한다. 이 계획서에는 다음의 개념 정의를 사용한다. 개인화는 서로 다른 학습자의 학습 요구사항에 따라 속도를 맞춘 수업을 지칭한다. 학습 목표는 모든 학생에게 동일하다. 그러나

학생은 그들의 학습 요구에 따라 서로 다른 속도로 내용을 배워 나갈 수 있다. 예를 들어 학생은 특정 주제에 대해 오랜 시간이 걸리고, 이미 알고 있는 정보를 담고 있는 주제는 건너뛸 수 있으며, 도움이 필요한 주제에 대해서는 반복해 들을 수도 있다. 차별화는 서로 다른 학습자의 학습 선호도에 맞게 구성된 수업을 지칭한다. 학습 목표는 모든 학생에게 동일하다. 하지만 수업 방법이나 접근 방법은 각 학생의 선호도에 따라, 연구에서 발견한 바에 따르면 학생에게 가장 효과적인 것에 따라 다르다. 개별 맞춤화는 학습 요구사항에 맞춘 속도, 학습 선호도에 따른 구성, 서로 다른 학습자의 구체적 흥미에 따른 구성의 수업을 지칭한다. 완전히 개별 맞춤화된 환경에서는 학습 방법과 속도뿐 아니라 학습 목표와 학습 내용이 모두 다를 수 있다(그래서 개별 맞춤식은 차별화와 개인화를 포함함). ("Transforming American Education: Learning Powered by Technology", National Education Technology Plan 2010, U.S. Department of Education Office of Educational Technology, November 2010).

24. Benjamin S. Bloom, "The 2 Sigma Problem: The Search for Methods of Group Instruction as Effective as One-to-One Tutoring", *Educational Researcher*, Vol. 13, No. 6 (Jun.–Jul., 1984), pp. 4-16, http://www.comp.dit.ie/dgordon/Courses/ILT/ILT0004/TheTwoSigmaProblem.pdf. 그의 연구에서 각 그룹의 학생은 훌륭한 튜터를 만났다. 두 번째 그룹인 통제 그룹의 학생은 교사 한 명당 대략 30명의 학생이 참여한 수업에서 기존의 방식대로 학습했다. 연구원은 학생을 양쪽 학습 환경에 무작위로 배정했다. 각 그룹은 과목에 대해 비슷한 능력 시험 점수와 흥미를 가졌다. '2 시그마' 발견뿐 아니라 개인 지도를 받은 90퍼센트의 학생이 종합적인 성취 수준을 달성했는데, 이는 전통적 수업 환경에서는 상위 20퍼센트의 학생만 도달할 수 있는 수준이다.

25. Kurt VanLehn, "The Relative Effectiveness of Human Tutoring, Intelligent Tutoring Systems, and Other Tutoring Systems", *Educational Psychologist*, 46.4 (2011): 197-221 (http://www.tandfonline.com/doi/abs/10.1080/00461520.2011.611369).

26. Competency Works, a collaborative initiative with iNACOL as its lead

organization and MetisNet facilitating the project management, has worked with the field to create the following definition for high-quality competency-based learning (Chris Sturgis and Susan Patrick, "It's Not a Matter of Time: Highlights from the 2011 Competency-Based Learning Summit", iNACOL, 2011, http://www.inacol.org/cms/wp-content/uploads/2012/09/iNACOL_Its_Not_A_Matter_of_Time_full_report.pdf):

고도의 역량 기반 학습에 대한 정의
1. 학생은 완전학습을 보여줘야 다음으로 넘어간다.
2. 학생에게 힘을 부여하는 명시적이며, 측정 가능하고, 전환 가능한 목표다.
3. 평가는 학생에게 유의미하고 긍정적인 학습 경험이다.
4. 학생은 각자의 학습 니즈에 기반을 둔 즉각적이며 차별화된 도움을 받는다.
5. 학습 결과는 능력과 성품의 발달과 함께 지식의 적용과 창조를 포함하는 역량을 강조한다.

'최저 속도'나 '교사의 속도'는 많은 역량 기반 학습의 개념에 녹아 있는데, 이는 학생이 갈팡질팡하면서 아무것도 배우지 못하고 그대로 멈춰버려서는 안 된다는 뜻이다. 뒤처지는 학생에게는 더 많은 관심을 가짐으로써 최저 속도라도 따라가면서 더 이상 뒤처지지 않도록 해야 한다.

27. 또 다른 방식으로 역량 기반 학습 시스템과 공장형 모델 시스템의 차이를 이야기하면 다음과 같다. 공장형 모델 시스템에서는 학습이 가변적인 반면 시간은 고정되어 있다. 한편 역량 기반 학습 시스템에서는 시간이 가변적이고 학생의 학습은 고정되어 있다.

28. 완전학습에 대한 연구 기반을 논하면서 살만 칸에게 감사한 마음을 전한다. Sal Khan, *The One World Schoolhouse: Education Reimagined* (New York: Hachette Book Group, 2012), pp. 40-41.

29. Daniel Levine, *Improving Student Achievement Through Mastery Learning Programs* (San Francisco: Jossey-Bass, 1985).

30. Denese Davis and Jackie Sorrell, "Mastery Learning in Public Schools",

Educational Psychology Interactive (Valdosta, GA: Valdosta State University, December 1995).

31. T. Gusky and S. Gates, "Synthesis of Research on the Effects of Mastery Learning in Elementary and Secondary Classrooms", *Educational Leadership 43*, no. 8 (1986).

32. Watson et al., *Keeping Pace*, p. 17.

33. Summaries of many of these programs are available on the Blended Learning Universe (BLU) databaseatwww.christenseninstitute.org.

34. Heather Staker, "The Rise of K-12 Blended Learning: Profiles of Emerging Models", Clayton Christensen Institute and Charter School Growth Fund, May 2011 (http://www.christenseninstitute.org/publications/the-rise-of-k-12-blended-learning-profiles-of-emerging-models/), p. 139.

35. Douglas D. Ready, Ellen B. Meier, Dawn Horton, Caron M. Mineo and Justin Yusaitis Pike, "Student Mathematics Performance in Year One Implementation of Teach to One: Math", New York: Center for Technology and School Change, November 2013.

36. 이 부분은 다음 사례 연구에서 엮은 것이다. Heather Staker and Andrew Trotter, "Providing Access to Alabama: Connecting Rural Classrooms through Distance and Online Learning", Clayton Christensen Institute, February 2011.

37. *The 10th Annual AP Report to the Nation*, Alabama Supplement, College Board, February 2014, http://media.collegeboard.com/digitalServices/pdf/ap/rtn/10th-annual/10th-annual-ap-report-state-supplement-alabama.pdf. "Alabama Still Gaining in Advanced Placement", Alabama Department of Education, February 2010, http://www.media.alabama.gov/AgencyTemplates/education/alsde_pr.aspx?id=2803.

38. "How We Do It", KIPP website, http://www.kipp.org/our-approach/five-pillars, accessed September 10, 2013.

39. Brad Bernatek, Jeffrey Cohen, John Hanlon and Matt Wilka, "Blended Learning in Practice: Case Studies from Leading Schools, Featuring Kipp Empower Academy", Michael & Susan Dell Foundation, 2012, http://5a03f6

8e230384a218e0-938ec019df699e606c950a5614b999bd.r33.cf2.rackcdn.com/Blended_Learning_Kipp_083012.pdf.

40. "KIPP Empower Academy: Students & Teachers", Great Schools, http://www.greatschools.org/california/los-angeles/25197-KIPP-Empower-Academy/?tab=demographics, accessed September 10, 2013.

41. Bernatek, Cohen, Hanlon and Wilka, "Blended Learning in Practice".

42. 앞의 책.

43. "KIPP Empower Academy Results", KIPP Empower, http://kipp2.innersync.com/empower/results.cfm, accessed July 21, 2014.

44. "2012-13 Accountability Progress Reporting(APR): School Report—API Growth and Targets Met: KIPP Empower Academy", California Department of Education, http://api.cde.ca.gov/Acnt2013/2013GrowthSch.aspx?cYear=2005-06&allcds=19-647330121699, accessed September 10, 2013.

45. Bernatek, Cohen, Hanlon and Wilka, "Blended Learning in Practice". 두 명의 교사를 줄여 대략 한 학생당 623달러를 절약했다. 블렌디드 러닝을 실시하고 2년 차에 200명으로 예상했던 입학생이 231명으로 늘어나면서 주기금과 연방기금에서 한 학생당 844달러를 추가 확보할 수 있었다.

46. 추가 인건비는 수업 테크놀지 보조원의 형태다.

47. 1장과 2장은 몇 년 뒤 이 책을 집필하도록 이끈, 우리가 전자책으로 출판했던 4편의 보고서에서 광범위하게 인용했다. 그 4편의 보고서는 다음과 같다. "The rise of K-12 blended learning", Clayton Christensen Institute, Charter School Growth Fund and Public Impact, January 2011, http://www.christenseninstitute.org/wp-content/uploads/2013/04/The-rise-of-K-12-blended-learning.pdf; Staker, "The Rise of K-12 Blended Learning); "Classifying K-12 Blended Learning", Clayton Christensen Institute, May 2012, http://www.christenseninstitute.org/wp-content/uploads/2013/04/Classifying-K-12-blended-learning.pdf; "Is K-12 Blended Learning Disruptive?", Clayton Christensen Institute, May 2013, http://www .christenseninstitute.org/wp-content/uploads/2013/05/Is-K-12-Blende-Learning-Disruptive.pdf.

1장

1. "Fact Pack", Khan Academy, April 1, 2014, https://dl.dropboxusercontent.com/u/33330500/KAPressFactPack.pdf

2. Interview with Francie Alexander, Chief Learning Officer, Scholastic, Inc., September 6, 2013.

3. John Watson, Amy Murin, Lauren Vashaw, Butch Gemin and Chris Rapp, *Keeping Pace with K-12 Online & Blended Learning: An Annual Review of Policy and Practice*, 2013, Evergreen Education Group, http://kpk12.com/cms/wp-content/uploads/EEG_KP2013-lr.pdf, p. 17.

4. 『교실수업 파괴하기』는 2008년 출판되기 전 지난 수십 년간 학교들이 600억 달러 이상의 금액을 컴퓨터 구입에 썼다고 추정하고 있다. Clayton M. Christensen, Michael B. Horn and Curtis W. Johnson, *Disrupting Class* (New York: McGraw Hill, 2011), p. 81. 우리는 렉싱턴 인스티튜트(Lexington Institute)의 숀 케네디(Sean Kennedy) 덕분에 최근 지출까지 포함해 1,000억 달러라는 수치를 업데이트할 수 있었다. Sean Kennedy, "School Tech Plan Unlikely to Help Blended Learning", Lexington Institute, May 9, 2013, http://www.lexingtoninstitute.org/school-tech-plan-unlikely-to-help-blended-learning/?a=1&c=1136 (accessed April 10, 2014).

5. Christensen, Horn and Johnson, *Disrupting Class*, p. 98.

6. Heather Staker, *The Rise of K-12 Blended Learning: Profiles of Emerging Models*, Clayton Christensen Institute and Charter School Growth Fund, May 2011, http://www.christenseninstitute.org/wp-content/uploads/2013/04/The-rise-of-K-12-blended-learning.emerging-models.pdf, p. 93.

7. Michael B. Horn and Heather Staker, "The Rise of K-12 Blended Learning", Clayton Christensen Institute, January 2011, http://www.christenseninstitute.org/wp-content/uploads/2013/04/The-rise-of-K-12-blended-learning.pdf, p. 2.

8. 캘리포니아 설문 조사의 응답자들에 따르면 K-12 블렌디드 러닝은 급속도로 성장하고 있다. 2012~2014년 기존 교육청 학교에서는 블렌디드 러닝이 43퍼센

트 성장했고, 차터 스쿨은 287퍼센트라는 굉장한 증가세를 보여주었다. 2012년과 비교해 2014년에 전반적으로 74퍼센트 더 많은 학생이 블렌디드 러닝을 경험했다. Brian Bridges, "California eLearning Census: Increasing Depth and Breadth", California Learning Resource Network, April 2014, http://www.clrn.org/census/eLearning%20Census_Report_ 2014.pdf.

9. 한때 인터넷 스토어였지만 나중에 실제로 매장을 열었던 기업의 다른 사례들 가운데는 안경 소매점 월비 파커(Warby Parker), 여성 패션 소매점 파이퍼라임(Piperlime), 온라인 뷰티스크립션(뷰티 제품을 잡지처럼 구독하는 서비스—옮긴이) 기업 버치박스(Birchbox)가 있다. Hilary Stout, "Birchbox, Seller of Beauty Products, Steps Out From Web With a Store", The New York Times, March 23, 2014, http://www.nytimes.com/2014/03/24/business/birchbox-seller-of-beauty-products-steps-out-from-web-with-a-store.html?_r=1 (accessed April 10, 2014).

10. 우리는 톰 밴더 아크가 주장한 블렌디드 러닝의 특성 정의에 동의한다. 단순히 모든 학생에게 디바이스를 제공하는 접근성 최고의 환경과 비교하면 블렌디드 러닝은 생산성과 학습을 끌어올리기 위해 하루 중 일정 부분에 대해 온라인 강의를 제공하는 의도적 변화를 포함하고 있다. Digital Learning Now!, Blended Learning Implementation Guide 2.0, September 2013, http://learningaccelerator.org/media/5965a4f8/DLNSS.BL2PDF.9.24.13.pdf, p. 3.

11. 플로리다 가상학교는 학습은 계속 진행되고, 교실이나 수업시간표에만 국한되지 않는 활동이라는 철학을 반영한 '언제, 어디서나, 어떤 방식으로든, 어떤 속도로든'이라는 트레이드마크가 된 모토를 만들어냈다. 이 모토는 온라인 학습이 학생을 위해 가진 고유의 교육적 이점 가운데 일부를 담고 있다. Katherine Mackey and Michael B. Horn, "Florida Virtual School: Building the First Statewide, Internet-based Public High School", Clayton Christensen Institute, October 2009, http://www.christenseninstitute.org/wp-content/uploads/2013/04/Florida-Virtual-School.pdf, p. 3.

12. READ 180는 2010년까지는 엄밀히 말해 블렌디드 러닝이 아니었다. 그전에는 학생이 온라인이 아닌 시디롬이나 내부 전산 서버를 통해 소프트웨어를 접했기 때문이다. 그러나 학생들은 1998년부터 READ 180 소프트웨어와 면대면 스테이션 사이에서 순환했고, 실지로 그 경험은 블렌디드 러닝과 유사했다.

13. "READ 180", What Works Clearinghouse, Institute of Education Sciences, October 2009, http://ies.ed.gov/ncee/wwc/pdf/intervention_reports/wwc_read180_102009.pdf.

14. Ian Quillen, "Los Angeles Empower Academy First School in KIPP Network to Embrace Blended Learning", *Huffington Post*, November 20, 2012, http://www.huffingtonpost.com/2012/11/20/la-school-first-in-kipp_n_2166918.html (accessed September 10, 2012).

15. This section about Rocketship Education is based on the profile that Eric Chan of the Charter School Growth Fund contributed to the report by Heather Staker, *The Rise of K-12 Blended Learning* (see n. 6), pp.131-133. 로켓십 에듀케이션에 대해 언급한 이 장은 차터 스쿨 성장 기금의 에릭 챈이 헤더 스테이커 보고서에 제공한 프로필에 근거를 두고 있다.

16. Sharon Kebschull and Joe Ableidinger, "Rocketship Education: Pioneering Charter Network Innovates Again, Bringing Tech Closer to Teachers", Opportunity Culture, Spring 2013, http://opportunityculture.org/wp-content/uploads/2013/07/Rocketship_Education_An_Opportunity_Culture_Case_Study-Public_Impact.pdf?utm_content=mhorn%40in nosightinstitute.org&utm_source=VerticalResponse&utm_medium=Email&utm_term=Rocketship%20Education%3A%20Pioneering%20Charter%20Network%20Innovates%20Again%2C%20Bringing%20Tech%20Closer%20to%20Teachers&utm_campaign=Rocketship%20Education%3A%20Bringing%20tech%20closer%20to%20teacherscontent (accessed July 31, 2013).

17. 거꾸로교실에 대해 언급한 이 장은 마이클 혼의 논문 「거꾸로교실의 변환 잠재력(The Transformational Potential of Flipped Classrooms)」에서 발췌한 것이다. Education Next, Summer 2013, Vol. 13, No. 3, http://educationnext.org/the-transformational-potential-of-flipped-classrooms/(accessed September 10, 2013).

18. Craig Lambert, "Twilight of the Lecture", *Harvard Magazine*, March-April 2012, http://harvardmagazine.com/2012/03/twilight-of-the-lecture (accessed September 10, 2012).

19. 앞의 책. 또한 이 논문은 1990년 처음으로 거꾸로교실을 시도한 이후 대학 교육에서 이를 지지해 왔던 하버드 대학교 물리학 교수 에릭 머주어(Eric Mazur)를 언급하고 있다. 그는 교육을 정보 전달, 정보의 이해와 흡수라는 두 단계의 과정으로 본다. 그는 "일반적 접근법은 수업에서는 정보 전달을 강조하고, 정보의 이해와 흡수는 교실 밖, 학생의 몫으로 남겨둔다. 이 사실을 이성적으로 생각해 본다면, 거꾸로 뒤집어 정보 전달을 교실 밖으로 빼내고, 정보의 이해와 흡수를 교실 안으로 집어넣어야 한다"라고 말했다. 게다가 인지 과학 연구에 따르면 '능동적 학습 과정'이 학습의 핵심 요소다. 이것에 대한 중요성은 다음과 같이 설명된다. 학습은 적절한 자료를 갖고 그것을 일관성 있는 구조로 조직화하고 이미 알고 있는 것과 통합하는 것처럼 적절한 인지 학습 과정에 참여할 때 생겨난다. Ruth Colvin Clark and Richard E. Mayer, *e-Learning and the Science of Instruction: Proven Guidelines for Consumers and Designers of Multimedia Learning* (San Francisco: Wiley, 2008), p. 36. We also recommend Susan A. Ambrose, Michael W. Bridges, Michele DiPietro, Marsha C. Lovett and Marie K. Norman, *How Learning Works: Seven Research-Based Principles for Smart Teaching* (San Francisco: Wiley, 2010), p. 132. The section describes the research on the importance of using active reading strategies.

20. Stephen Noonoo, "Flipped Learning Founders Set the Record Straight", *THE Journal*, Jun. 20, 2012, http://thejournal.com/Articles/2012/06/20/Flipped-learning-founders-q-and-a.aspx?Page=1 (accessed September 10, 2013). For more information about how to flip the classroom, see Jonathan Bergmann and Aaron Sams, *Flip Your Classroom: Reach Every Student in Every Class Every Day* (Washington, DC: International Society for Technology in Education, 2012).

21. Adam Cotterell, "48 Idaho Schools 'Flip the Classroom' and Pilot Khan Academy Online Learning", September 3, 2013, http://boisestatepublicradio.org/post/48-idaho-schools-flip-classroom-and-pilot-khan-academy-online-learning (accessed September 10, 2013).

22. 한국의 거꾸로교실에 대해 더 알고 싶다면 다음을 참조하라. Michael B. Horn, "Busan Schools Flip Korea's Society, Classrooms", *Forbes*, March 25,

2014, http://www.forbes.com/sites/michaelhorn/2014/03/25/busan-schools-flip-koreas-society-classrooms/ (accessed April 10, 2014).

23. 조엘 로즈(Joel Rose)가 스쿨오브원(나중에 '티치투원'으로 이름이 바뀌었음)을 위해 이 모토를 가져와 사용한 이야기는 스테이커의 저서, *The Rise of K-12 Blended Learning* (see n. 6), p. 140에서 볼 수 있다.

24. "Carpe Diem: Seize the Digital Revolution", Education Nation, http://www.educationnation.com/casestudies/carpediem/ (accessed September 10, 2013).

25. Nick Pandolfo, "In Arizona Desert, A Charter School Computes", NBC News.com, Sep. 22, 2012, http://www.nbcnews.com/id/48912833/ns/us_news-education_nation/t/arizona-desert-charter-school-computes/#.Ui_XjcakqYw (accessed September 10, 2013).

26. Katherine Mackey, "Wichita Public Schools' Learning Centers: Creating a New Educational Model to Serve Dropouts and At-Risk Students", Clayton Christensen Institute, March 2010, http://www.christenseninstitute.org/wp-content/uploads/2013/04/Wichita-Public-Schools-Learning-Centers.pdf.

27. Tom Vander Ark, "Flex Schools Personalize, Enhance and Accelerate Learning", Huffington Post, February 9, 2012, http://www.huffingtonpost.com/tom-vander-ark/flex-schools-personalize-_b_1264829.html (accessed September 11, 2013).

28. Next Generation Learning Challenges, "Grantee: Education Achievement Authority of Michigan", http://nextgenlearning.org/grantee/education-achievement-authority-michigan (accessed April 10, 2014).

29. Agilix, "Educational Achievement Authority (EAA) of Michigan: Disrupting Education in Persistently Low Achieving Schools", case study, http://agilix.com/case-study-buzz-eaa/ (accessed April 10, 2014).

30. Next Generation Learning Challenges (see n. 28).

31. 이것은 캘리포니아 데이터에 근거하고 있다. 따라서 캘리포니아의 블렌디드 모델 보급이 다른 지역에서도 그럴 거라는 가정에 따른다. 캘리포니아에서는 2014년 설문에 응했던 교육구와 차터 스쿨의 59퍼센트가 고등학교에서 알라카르

테 모델을 사용하고 있다고 응답했다. 53퍼센트는 가상학습 강화 모델, 32퍼센트는 플렉스 모델, 29퍼센트는 순환 모델을 사용했다. Bridges, "California eLearning Census: Increasing Depth and Breadth", California Learning Resource Network, April 2014, http://www.clrn.org/census/eLearning%20Census_Report_2014.pdf. 온라인 학습의 진화와 파괴적 혁신 이론을 토대로 우리는 이 데이터가 미국 전역에 걸쳐 어느 정도 사실이라는 것을 확신한다.

32. CCA에 대한 이야기는 코먼웰스 커넥션 아카데미 필라델피아 센터(Commonwealth Connections Academy Philadelphia Center)의 소장 도나 손턴(Dawna Thornton)과의 인터뷰에서 가져온 것이다. Connections Learning, May 30, 2014.

33. International Association for K-12 Online Learning, "The Online Learning Definitions Project", October 2011, http://www.inacol.org/cms/wp-content/uploads/2013/04/iNACOL_DefinitionsProject.pdf, p. 7; Watson et al., *Keeping Pace with K-12 Online & Blended Learning* (see n. 3), p. 8.

34. 블렌디드 러닝의 정의는 학생 중심 학습의 디자인을 향해 움직인다는 개념에 따라 학교의 관점이 아니라 각 개별 학생의 관점에서 나온다는 사실에 주목할 필요가 있다. 블렌디드 러닝 스쿨의 정의는 무엇일까?『Keeping Pace』는 연례 보고서에서 하나의 정의를 말해준다. 블렌디드 형태로 교육 과정의 상당 부분을 전달하고 학생이 단지 시험을 치르기 위해서라기보다는 그 이상을 위해 학교에 등교하도록 요구하는 규정을 지닌 독립형 학교들(학교 내부에 프로그램이 있는 것과는 반대의 경우). Watson et al., *Keeping Pace with K-12 Online & Blended Learning* (see n. 3), p. 9.

35. "What Is Project-Based Learning?", Edutopia, http://www.edutopia.org/project-based-learning/.

2장

1. 증기선 이야기는 클레이튼 크리스텐슨의 저서『혁신가의 딜레마: 새로운 테크놀로지가 대기업을 실패로 이끌 때』에서 발췌한 것이다. (Clayton M.

Christensen, *When New Technologies Cause Great Firms to Fail*)(Boston: Harvard Business School Press, 1997, pp. 75-76).

2. 사바나호는 1821년 롱아일랜드에서 끝을 맺었다. 미국인 소유의 어떤 증기선도 사바나호의 역사적인 항해 후, 거의 30년간 대서양을 횡단하려고 하지 않았다. John H. Morrison, *History of American Steam Navigation* (New York: W. F. Sametz & Co., 1903).

3. 테슬라는 값비싼 순수 전기차와 새로운 판매 시스템으로 큰 관심을 불러일으켰지만, 파괴적 혁신 이론은 종래의 성능 기준에서 천천히 개선되는 오래된 패러다임이 하이브리드 등의 다양한 존속적 혁신을 통해 순전한 파괴를 능가하리라고 예상한다. 혁신 이론은 테슬라가 가격경쟁력에서 더 멀리, 더 빨리 달리는 차량의 배터리 기술에서 획기적 발전을 이루어낸다면 지금의 자동차 회사들은 시장점유율을 유지하기 위해 이런 혁신을 도입하는 데 필요한 무엇이든 하려고 할 것이고, 우리는 그 동기의 힘을 과소평가해서는 안 된다고 예측했다. 이것은 테슬라 자체가 성공적이지 않다는 말이 아니다. 예를 들면 저가 시장의 부품 공급을 담당하면서 비소비 영역에서 시작한 전기차의 파괴적 기업들은 성장하면서 상위 시장으로 나아가고 있다. 비슷하게 테슬라는 막대한 보조금의 계속적 사용(기꺼이 회장이 손실을 감당하든 정부로부터 도움을 받든)을 통해 잠재적으로 성공할 수 있었다. 그러나 장기적 가능성에 의문을 제기하는 이 전략에는 많은 위험이 따른다. 우리는 4장에서 테슬라에 대해 언급할 것이다.

4. 어떤 조직이 순전한 파괴를 주류 시장에서 사용하려고 한다면, 영구적인 보조금을 받을 수만 있다면 살아남을 수 있을 것이다. 벤처캐피털 회사인 Kleiner Perkins Caufield Byers(KPCB)는 하나의 사례를 제시한다. 2008년 팡파르를 울리며 이 회사는 녹색성장기금 10억 달러 규모로 설립하여 후기 단계의 환경 벤처들에 투자하고 그 회사들을 지원했다. 기존 시장의 순수한 붕괴를 가져온 투자한 많은 기업이 수익성을 내는 듯 보였다. 그러나 상위 기업들의 재정은 대체로 보조금으로 채워졌다. 보조금이 차츰 줄어들면서 투자했던 기업들도 사라졌다. 시장에서 비소비가 존재하지 않을 때, 성능에 대한 기존 정의에 기반을 두어 기존 테크놀로지보다 성능이 저조한 새로운 테크놀로지에 대해서는 하이브리드 솔루션이 유일하게 실행 가능한 옵션이라는 사실을 아는 것이 중요하다. 이것은 완전 소비의 시장 상황에서는 순전한 파괴적 혁신보다는 하이브리드 혁신이 지배적이라는 것

을 의미한다(Clayton M. Christensen, Michael B. Horn and Heather Staker, "Is K-12 Blended Learning Disruptive? An Introduction of the Theory of Hybrids", Clayton Christensen Institute, May 2013을 보라).

5. 전기차가 파괴적 기반을 10대 시장에서 찾으리라는 예측은 이미 사실로 드러나고 있다. 애틀랜타 남부의 40분 거리에 위치한 근교 도시인 피치트리 시티(Peachtree City)에서는 연습 면허를 소지한 10대가 보호자 없이 골프 카트를 운전하는 것이 합법이다. 그래서 수천 대의 골프 카트가 마을을 돌아다니고 있다. 백미러에 디스코 볼을 매단 베이지색 카트를 운전하는 16세 에밀리는 최고 시속 약 25.7킬로미터로 달리긴 하지만 버스를 타지 않는 게 너무 기분 좋다고 말했다. 그녀의 친구 낸시는 골프 카트가 범퍼카처럼 진짜 차를 몰기 전에 좋은 연습이 되기 때문에 부모님이 기꺼이 골프 카트를 운전하도록 허락해준다고 말했다. Allison Entrekin, "Life in the Slow Lane: In the Atlanta Suburb of Peachtree City, the Hottest Set of Wheels Goes 19 mph", *Hemispheres Magazine*, February 2014, p. 20, http://www.hemispheresmagazine.com/2014/02/01/dispatches-18/, accessed February 18, 2014.

6. 디지털 사진은 필름을 기반으로 하는 테크놀로지와 관련해 파괴적 혁신을 보여준다. 필름 시대 최고의 기업들은 디지털로 완전히 전환하지 못했고, 완전히 그것을 무시하지도 못했다. 대신에 그들은 하이브리드 솔루션을 판매했는데, 그것은 디지털 카메라를 이용해 사진을 찍어 값비싼 코닥, HP, 캐논의 사진 출력 용지로 사진을 출력하는 것이다. 대조적으로 페이스북이나 페이스북이 인수한 인스타그램 등 신흥 회사들은 사진을 완전히 파괴하는 형태를 판매하고 있는데, 그것은 디지털 카메라로 찍어 완전히 디지털로 공유하는 것이다. 일안 반사식 카메라(SLR)가 존속적 하이브리드 형태로 디지털을 통합한 것은 아무런 쓸모가 없다. 이런 카메라의 셔터는 여전히 기계적으로 작동하는데 카메라폰이 그렇듯 디지털이 아닌 것이다. 몇 안 되는 사람이 일안 반사식 카메라를 사용한다는 점을 고려한다면 이 장비가 취미 애호가와 직업적 전문가의 틈새를 공략하면서 이 부분에서 앞으로 얼마간 하이브리드 솔루션이 우세할 것이다.

온라인 쇼핑은 전통적인 소매 점포와 관련해 파괴적 혁신을 보여준다. 노드스트롬(Nordstrom), 타겟, 코스트코 등 전통적인 소매 점포는 완전히 디지털화된 가게로 전환되지 않았다. 대신 그들은 온라인은 물론 종래의 가게 둘 모두를 고객에게 제공하는 하이브리드 솔루션을 개발해 왔다. 어떤 사람은 이것을 '건물과 클릭'의 소매점이라고 부른다. 종래의 가게 판매를 유지하면서 개선하고자 디자인된 고전적인 하이브리드 전략인 것이다. 그러나 순전한 파괴적 온라인 소매상은 꾸준히 기반을 얻어 온라인 상거래의 경험을 더욱 향상시키고 있다. 그래서 소매 점포를 가지고 있지 않는 아마존닷컴과 같은 사이트로 더 많은 고객이 눈을 돌리고 있다. 1장에서 언급했듯이, 어떤 소매상은 성장하면서 기반을 얻는 흥미로운 방법으로, 제한된 품목으로 쇼룸을 제공하면서 온라인 판매가 주된 목적인 소매 점포를 개점하고 있다. 한때 온라인 판매만 고집하던 남성 의류 상점인 보노보스를 1장에서 예로 들었는데, 2012년에만 해도 6개의 매장을 열었다. 그 상점들은 제한된 품목과 한두 명의 판매원을 두고 있다. 이 순전한 파괴의 현상은 기존의 테크놀로지만으로 구성된 것이 아닌, 기존의 테크놀로지 요소를 포함하는 파괴적 혁신이 보여주는 상승 행진의 한 예다. 비소비자와 저성능 니즈를 가진 사람 사이에서 시작함으로써 기반을 획득한 다음, 파괴적 길로 들어선 기업은 소매점 쇼룸과 같은 존속적 혁신을 쫓으면서 더 많은 것을 요구하는 고객을 맞이하기 위해 상위 시장으로 올라가고 있다.

7. 기존의 은행 지점을 사용하지 못하는 개발도상국의 수백만 명의 가난한 사람은 현금과 은행 계좌에 대한 실질적 대안으로써 초기 모델의 구식 휴대전화를 사용하여 결제한다. 파괴적 모바일 결제 기업인 타가티튜드(Tagattitude)와 투르크셀(Turkcell)이 이런 니즈를 만족시키고 있다. 파괴적 은행 시스템에 대한 더 많은 이야기를 들으려면 Fiona Maharg-Bravo의 "The Online Challenge for Banking", *New York Times*, February 21, 2014를 참조하기 바란다(http://mobile.nytimes.com/blogs/dealbook/2014/02/21/the-online-challenge-for-banking/?nl=business&emc=edit_dlbkam_20140224).

8. Brad Bernatek, Jeffrey Cohen, John Hanlon and Matthew Wilka, "Blended Learning in Practice: Case Studies from Leading Schools, featuring KIPP Empower Academy", Michael & Susan Dell Foundation, September 2012, http://5a03f68e230384a218e0-938ec019df699e606c950a5614b999bd.r33.cf2.rackcdn.com/Blended_Learning_Kipp_083012.pdf.

9. 파괴적 혁신은 상대적 현상이다. 블렌디드 러닝의 파괴적 모델이 주요 교과목에서 기존 학생을 위해 사용될 때, 사실은 혁신을 존속시킬 수도 있다. 그리고

블렌디드 러닝의 하이브리드 모델이 비소비 영역에서 도입될 때는 파괴적일 수도 있다.

10. 예외는 개별 순환 모델인데, 이것은 고정된 스케줄에 따라 학생을 순환시킨다. 따라서 플렉스, 알라카르테, 가상학습 강화 모델보다 책상에 앉아 수업을 듣는 시스템의 경우에 더 잘 맞을 수 있다.

11. 예를 들어 전일제 가상학교들은 각 주(州)의 학습 시간(또는 출결) 규정을 충족시키기 위해 맞춰진 출결 도구를 갖지만 몇몇은 온라인상의 접속 수를 계산하면서 이것을 사용하지 않기로 했다. 대신에 그들은 완료된 실제 학업에 대한 교사의 확인을 조합해 측정하는데, 이것은 분, 시, 일 단위로 측정되어 출결 규정으로 다시 옮겨진다. 마찬가지로 역량 기반 학습 블렌디드 러닝 프로그램은 역량 기반 기록 카드를 대학 입학처의 요구를 만족시키는 기존의 기록 카드에 종종 옮겨 적어야 한다.

12. 2013년 캘리포니아 설문의 응답자 가운데 46퍼센트가 학생이 온라인 학습이나 블렌디드 러닝에 참여하고 있다고 했지만, 통합학교와 고등학교의 73퍼센트라는 엄청난 비율이 온라인 러닝에 참여하고 있는 반면 초등학교의 19퍼센트만이 온라인 러닝에 참여한다. 게다가 온라인 학습을 시키고 있다고 말하는 이들 학교 가운데 78퍼센트는 고등학교 학생이 온라인 학습에 참여하고 있다는 것을 의미한다. 그리고 49퍼센트는 중학생이며, 28퍼센트는 초등학생이다. 그뿐 아니라 학교들이 블렌디드 온라인 학습을 하는 방식도 초등학교와 중등학교는 완전히 다르다. 인구 조사에 따르면 전체 학교 중 상위 3개 블렌디드 모델은 순환 모델(47퍼센트), 알라카르테 모델(40퍼센트), 가상학습 강화 모델(33퍼센트)이다. 그러나 이런 숫자들이 학년에 따라 분류될 때 다른 그림이 나타난다. 온라인 학습에 참여하는 초등학교에서는 순환 블렌디드 러닝이 지배적인 모델인데, 시행 중인 학교의 80퍼센트가 이에 해당된다. 초등학교의 15퍼센트 정도만 하나 이상의 블렌디드 모델을 사용하고 있다. 그러나 온라인 학습에 참여하는 고등학교에서는 상위 모델이 알라카르테(48퍼센트)이고, 38퍼센트가 하나 이상의 블렌디드 모델을 이용한다. Brian Bridges, "California eLearning Census: Between the Tipping Point and Critical Mass", California Learning Resource Network, May 2013, http://www.clrn.org/census/eLearning_Census_Report_2013.pdf

13. "Chicago Public Schools", Blended Learning Universe, Clayton Christensen

Institute, http://www.christenseninstitute.org/chicago-public-schools/ (accessed August 14, 2013). The Additional Learning Opportunities(ALO) 프로그램은 15개 학교, 1~8학년을 대상으로 90분의 추가 학습 시간을 방과 후에 제공하기 위해 2010년에 시작되었다. 비록 2012년에 기금을 모두 탕진했지만, 긍정적 결과는 시카고 공립학교들이 전일제 유치원과 더 긴 수업 시간을 위한 전일제 학교생활(Full School Day initiative) 운동으로 나아가도록 도왔다. Budget Summary, Chicago Public Schools, 2013, http://www.cps.edu/FY13Budget/Documents/Departments.pdf.

14. 비소비가 많지 않을 때 파괴적 특징을 가진 새로운 테크놀로지에는 두 가지 선택이 있다. 하이브리드 솔루션에 뿌리내릴 수도 있고, 주류 시장의 니즈를 충족시킬 만큼 충분히 훌륭해지기 위해 외부 보조금에 의지해 순전한 파괴로써 시장에 진입할 수도 있다. 초등학교 수준에서의 비소비 부족 때문에 블렌디드 러닝의 하이브리드 모델은 파괴적 모델보다 초등학교 수준에서는 좀 더 지배적일 것이다. 이런 파괴적 혁신의 기반 부족으로 말미암아 순전한 파괴적 모델은 주요 과목에서 대다수 초등학생에게 서비스를 제공하는 것 외의 다른 데서는 시스템 안으로 들어가기가 어렵다. 결과적으로 대부분의 초등학교 수업 모델은 기존의 초등학교 시스템의 니즈에 부응해 양쪽 솔루션에서 최상의 것을 제공하는 하이브리드 형태가 될 것이다.

15. Sean Kennedy and Don Soifer, "Why Blended Learning Can't Stand Still: A Commitment to Constant Innovation Is Needed to Realize the Potential of Individualized Learning", Lexington Institute, p. 11, http://www.lexingtoninstitute.org/library/resources/documents/Education/WhyBlendedLearningCantStandStill.pdf.

16. *Disrupting Class*, p. 72.

17. John F. Pane, Beth Ann Griffin, Daniel F. McCaffrey and Rita Karam, "Effectiveness of Cognitive Tutor Algebra I at Scale", RAND Corporation, March 2013, http://www.rand.org/content/dam/rand/pubs/working_papers/WR900/WR984/RAND_WR984.pdf, p. 7.

18. 앞의 책.

19. 기존 교실과 하이브리드 교실은 파괴에 대한 준비가 되어 있긴 하지만, 우리

는 물리적 학교 건물이 조만간 사라지리라고 보지 않는다. 왜냐하면 교실 수업 차원에서의 많은 비소비 영역이 있음에도(특히 중등학교에서) 미국에서는 학교 차원에서는 비소비가 거의 없기 때문이다. 대부분의 학생이 정부가 재정 지원하는 학교에 다니고 있으며, 우리가 1장에서 다루었듯이 대다수의 학생과 가족은 학교 제도를 필요로 한다. 우리는 하이브리드 학교가 기존의 학교와 새로운 교실 수업 모델을 결합해 미래에는 미국에서 지배적인 학교 모델이 되리라고 예상한다. 그러나 중등학교에서는 블렌디드 러닝이라는 파괴적 모델이 기존의 교실 수업을 오랜 기간에 걸쳐 상당 부분 대체할 것이다.

20. Comment from Jon Bergmann during "Blended Learning, Flipped Classrooms and Other Innovative Teaching Techniques", *U.S. News & World Report* STEM Conference, panel discussion, Austin, TX, June 18, 2013.

21. 휼렛 재단은 심화 학습에 대한 연구와 이를 전 세계의 학교에 도입하려고 상당한 투자를 해오고 있다. http://www.hewlett.org/programs/education/deeper-learning (accessed on April 14, 2014).

22. Pam Zekman, "2 Investigators: Chicago Schools Flunk Food Inspections", CBS 2 Chicago, October 29, 2012, http://chicago.cbslocal.com/2012/10/29/2-investigators-chicago-schools-flunk-food-inspections/, accessed August 14, 2013.

23. Mary Ryerse, Carri Schneider and Tom Vander Ark, "Core & More: Guiding and Personalizing College & Career Readiness", Digital Learning Now Smart Series, May 27, 2014.

24. Paul Tough, *Whatever It Takes: Geoffrey Canada's Quest to Change Harlem and America* (New York: Houghton Mifflin, 2008).

25. David Whitman, *Sweating the Small Stuff: Inner-City Schools and the New Paternalism* (Washington, D.C.: The Thomas B. Fordham Institute, 2008).

26. Javier C. Hernandez, "Mayoral Candidates See Cincinnati as a Model for New York Schools", *New York Times*, August 11, 2013, http://www.nytimes.com/2013/08/12/nyregion/candidates-see-cincinnati-as-model-for-new-york-schools.html?pagewanted=all&_r=0, accessed August 14, 2013.

27. Makerspace, http://makerspace.com/, accessed May 27, 2014.

28. 이에 대해 더 자세히 살펴보려면 다음을 참조하라. Tony Wagner, *Creating*

Innovators: The Making of Young People Who Will Change the World (New York: Scribner, 2012).

3장

1. Susan Fleck, John Glaser and Shawn Sprague, "The Compensation-Productivity Gap: A Visual Essay", *Monthly Labor Review* 69(1) (2011):57-69, http://www.bls.gov/opub/mlr/2011/01/art3full.pdf.

2. GSV 어드바이저에 따르면 교육 투자는 교육의 성과를 제공하기 위해 다음 중 하나 또는 모두를 성취해야 한다. (1) 학생 또는(그리고) 학교의 비용 절감 (2) 학생 또는(그리고) 교사의 교육접근성 향상 (3) 학습 결과물 향상 (4) 수업과 교사의 가능성 향상. Deborah H. Quazzo, Michael Cohn, Jason Horne and Michael Moe, "Fall of the Wall: Capital Flows to Education Innovation", July 2012, p. 25, http://gsvadvisors.com/wordpress/wp-content/themes/gsvadvisors/GSV%20Advisors_Fall%20of%20the%20Wall_2012-06-28.pdf. 교육 성과 분석은 교육 분야의 재정 건전성에 매우 중요한데, 큰돈이 달려 있기 때문이다. 예를 들어 2014년 마이애미 데이드 카운티 공립학교들은 프로메티안(Promethean)이 1만 개의 교실에 설치할 양방향 전자칠판의 독점 공급자가 되는 거래에 서명했다. 미국에서 네 번째로 큰 이 교육구는 또한 10만 개의 HP와 레노보 윈도우8 기기를 공급할 계획을 가지고 있다. 이렇게 대규모로 기기를 구입하기 위한 기금은 2013년 6월에 승인된 6,300만 달러 계획서에서 왔다. Morningstar, "Promethean Selected to Provide Interactive Board Technology & Teacher Training to Over 10,000 Miami-Dade Classrooms", http://news.morningstar.com/all/market-wired/MWR11G012603001/promethean-selected-to-provide-interactive-board-technology-teachertraining-to-over-10000-miami-dade-classrooms.aspx (accessed April 11, 2014).

3. Institute of Education Sciences, "Fast Facts: Educational Technology", http://nces.ed.gov/fastfacts/display.asp?id=46 (accessed April 11, 2014).

4. 『교실수업 파괴하기』는 이 문제를 3장 "마구 투입한 교실 컴퓨터(Crammed

Classroom Computers)"에서 심층적으로 다루고 있다.

5. Larry Cuban, *Oversold and Underused: Computers in the Classroom* (Cambridge, MA: Harvard University Press, 2001), pp. 133-134.

6. Howard Blume and Stephen Ceasar, "L.A. Unified's iPad Rollout Marred by Chaos", Los Angeles Times, October 1, 2013, http://www.latimes.com/local/la-me-1002-lausd-ipads-20131002,0,6398146.story (October 18, 2013).

7. "Charter and Cyber Charter School Reform Update and Comprehensive Reform Legislation", March 2013, http://www.pahouse.com/PR/Charter_and_Cyber_Charter_School_Report.pdf.

8. The profile about Quakertown is adapted from the Clayton Christensen Institute, "Quakertown Community School District", Blended Learning Universe, http://www.christenseninstitute.org/quakertown-communityschool-district-2/ (accessed April 11, 2014)

9. Data provided by Rebekah Cain, director of development & communication, FirstLine Schools, April 14, 2014.

10. The profile about FirstLine Schools is adapted from the Clayton Christensen Institute, "ArthurAsheCharter School", Blended LearningUniverse, http://www.christenseninstitute.org/arthur-ashe-charter-school/ (accessed April 11, 2014)

11. 2013년 토머스 포드햄 연구소가 시행한 연구는 학교가 추구할 만한 몇 가지 목표에 대해 생각할 여지를 제공한다. 이 연구는 학부모가 학교에서 가장 중요하게 여기는 속성을 말하고 있다. 대부분의 학부모가 과학, 테크놀로지, 공학, 수학(STEM)을 강조하고 주요 교과를 학교가 제공해주길 기대하지만, 그들은 이것을 넘어서는 다른 가치를 가지고 있다는 것을 알게 되었다. 학교는 공동체에 반영된 다양한 학부모의 가치에 호응하는 기회를 제공하기 위해 온라인 학습의 이용이라는 목표를 세울 수 있었다. 예를 들어 어떤 학부모는 진로 수업과 직업 연관 프로그램을 제공하는 학교에 가치를 부여하는 실용주의자다. 또 어떤 학부모는 이 연구에서 '제퍼슨주의자'라고 이름 붙인 사람들로 시민의식, 민주주의, 리더십에 대한 교육을 강조하는 학교를 선호한다. '표현주의자'는 예술과 음악 교육에, '노력하는 사람'은 그들의 자녀를 일류 대학에 보내는 것에 중점을 두는 반면 소위

'다문화주의자'는 학생이 다양한 배경을 지닌 사람들과 함께 공부하기를 원한다. Dara Zeehandelaar and Amber M. Northern, "What Parents Want: Education Preferences and Trade-offs", Thomas B. Fordham Institute, August 26, 2013, http://www.edexcellence.net/sites/default/files/publication/pdfs/20130827_What_Parents_Want_Education_Preferences_and_Trade_Offs_FINAL.pdf.

12. George Doran, "There's a S.M.A.R.T. Way to Write Management's Goals and Objectives", *Management Review*, 1981, 70(11), pp. 35-36.

13. To some extent this idea echoes the ideas put forth in a new book: Ted Kolderie, *The Split Screen Strategy: Improvement + Innovation* (Edina, MN: Beaver's Pond Press, 2014).

14. Rogers Family Foundation, "Oakland Unified School District Blended Learning Pilot", http://www.rogersfoundation.org/system/resources/0000/0022/BlendedLearning_final.pdf; Sean Kennedy and Don Soifer, "Why Blended Learning Can't Stand Still: A Commitment to Constant Innovation Is Needed to Realize the Potential of Individualized Learning", April 2013, pp. 7-12, http://www.lexingtoninstitute.org/wp-content/uploads/2013/11/WhyBlendedLearningCantStandStill.pdf.

15. DadeSchools.net, http://www.dadeschools.net/, accessed July 22, 2014.

16. "Models for Virtual Learning Labs across Florida", Florida Virtual School, http://www.flvs.net/educators/VLL/VLL%20Models.pdf.

17. 학교가 교육을 계속 성공하는 혁신가로서 이끌어가길 원하는 리더는 비소비 영역을 채워 나갈, 학생 중심 학교의 운영을 위한 새로운 모델을 찾아 나설 기회를 꾸준히 구하는 '파괴적 성장 동력'을 설정할 필요가 있다. 이런 동력을 세우는 4단계는 다음과 같다. (1) 필요하기 전에 시작하기, (2) 선임 관리자에게 상당한 권한 부여하기, (3) 계획을 움직여 나가고 만들어 나갈 수 있는 전문가로 팀 구성하기, (4) 파괴적 혁신 기회를 엿볼 수 있게 전체 조직을 훈련시키기.

리더는 이 과정을 성장과 혁신의 문화를 확립하기 위한 일련의 리듬 위에서 반복하도록 계획해야 한다. 이 아이디어는 *Innovator's Solution* by Clayton M. Christensen and Michael E. Raynor (Boston: Harvard Business School Publishing Corporation, 2003), pp. 267-284에서 가져왔다.

18. Clark Gilbert and Joseph L. Bower, "Disruptive Change: When Trying Harder Is Part of the Problem", *Harvard Business Review*, May 2002, pp. 94-101; Clark Gilbert, "Can Competing Frames Co-exist? The Paradox of Threatened Response", working paper 02-056, Harvard Business School, p. 202.

19. This section is adapted from Clayton M. Christensen and Michael E. Raynor(2003), *The Innovator's Solution: Creating and Sustaining Successful Growth* (Boston, MA: Harvard Business School Press), pp. 112-116.

20. Daniel Kahneman and Amos Tversky, "Choice, Values, and Frames", *American Psychologist*, 39 (1984), pp. 341-350.

4장

1. Julia Freeland, "Blending toward Competency: Early Patterns of Blended Learning and Competency-Based Education in New Hampshire", Clayton Christensen Institute, May 2014.

이 백서는 역량 기반 교육을 향해 나아가고 있는 13개 뉴햄프셔 학교에서의 블렌디드 러닝을 조사해 "이 작은 초반 표본에 기반을 두었을 때 기존 교실에 대해 파괴적 경향이 있는 블렌디드 모델은 특히 역량 기반 교육을 지원하는 데 잘 들어맞는 것으로 여겨진다. ⋯ ⋯ 한편 여전히 시간 기반 교육에 매어 있는 학교들은 존속적 블렌디드 러닝 모델을 사용했다. 이름하여 거꾸로교실과 스테이션 순환이다"라고 결론을 내렸다.

2. This section is adapted from Chapter Nine of *Disrupting Class*. The model of team structure around which that chapter is structured was developed by Kim Clark and Steven Wheelwright of the Harvard Business School. See Steven C. Wheelwright and Kim B. Clark, *Revolutionizing Product Development* (New York: The Free Press, 1992).

3. Nathan Ingraham, "Spiders Force Toyota to Recall 803,000 Vehicles", *The Verge*, http://www.theverge.com/2013/10/18/4852840/spiders-forcetoyota-to-recall-800000-vehicles (accessed October 21, 2013).

4. Much of this section on heavyweight teams specifically is adapted from Chapter Nine of *Disrupting Class*.

5. 대조적으로 도요타의 경쟁자 가운데 대부분은 하이브리드 차량을 가벼운 팀에서 디자인했다. 그들의 차량은 프리우스만큼 성능이 좋지 않았다. 이는 도요타의 지배적인 하이브리드 차량 시장점유율에 반영되어 왔던 사실이다.

6. 2009년 이 회사는 오바마 대통령 행정부로부터 4억 6,500만 달러 대출 보증을 받았고, 2012년에는 캘리포니아 에너지 위원회로부터 1,000만 달러 교부금을 받았다. "The Other Government Motors", *Wall Street Journal*, updated May 23, 2013, http://online.wsj.com/news/articles/SB10001424127887324659404578499460139237952 (accessed November 8, 2013). 테슬라는 일찍 대출금을 갚았지만 도요타는 매년 순손실을 기록하고 있다.

7. Eric Loveday, "Toyota Sees No Market for Pure Electric Vehicles", *Inside EVs*, October 2, 2013, http://insideevs.com/toyota-sees-no-marketfor-pure-electric-vehicles/ (accessed November 8, 2013).

8. *Innovator's Solution*, pp. 198-199.

9. 앞의 책.

10. Christina Quattrocchi, "What Makes Milpitas a Model for Innovation", EdSurge, January 7, 2014, https://www.edsurge.com/n/2014-01-07-whatmakes-milpitas-a-model-for-innovation.

11. This story is adapted from Chapter Three of *Disrupting Class*.

12. 학교의 리더십 책임에 대한 교장의 통제권은 나라마다 다르다. "The MetLife Survey of the American Teacher"에 따르면 "교장은 재정(22퍼센트)에 대한 결정을 내리는 데 있어 상당한 권한을 가지고 있다고 말하지 않는다. 절반 이하의 교장이 교사의 인사 이동(43퍼센트)이나 교육 과정과 수업(42퍼센트)에 상당한 결정권을 가졌다고 말한다. 반면 대부분의 교장은 자신들이 교사의 스케줄(79퍼센트)과 채용(74퍼센트)에 상당한 결정권을 가졌다고 말한다"라고 한다. "The MetLife Survey of the American Teacher: Challenges for School Leadership", MetLife, Inc., February 2013, p. 28.

13. iZone, "About the Office of Innovation", http://izonenyc.org/aboutizone/ (accessed May 30, 2014), as well as Innovate NYC Schools, "About Innovate",

http://www.innovatenycschools.org/about-innovate/ (accessed May 30, 2014). 뉴욕 시의 다층적 접근의 중요성에 대한 통찰력은 2014년 5월 28일 미국 교육부 회의에서 Innovate NYC Schools의 스티븐 호다스(Steven Hodas)와의 대화에서 비롯된 것이다.

5장

1. "United States Federal, State and Local Government Spending", www.usgovernmentspending.com, http://www.usgovernmentspending.com/us_education_spending_20.html (accessed December 13, 2013).

2. "Education at a Glance 2013", OECD, p. 251, http://www.oecd.org/edu/eag2013%20(eng)—FINAL%2020%20June%202013.pdf.

3. HotChalk Education Index 2013 Mid-Year Report, http://www.educationinamerica.com/research/hotchalk-edu-index/infographic/ (accessed December 13, 2013).

4. Kim Peterson, "10 of the worst product flops ever", MSN Money, March 28, 3013, http://money.ca.msn.com/savings-debt/gallery/10-of-the-worstproduct-flops-ever?page=11 (accessed December 20, 2013).

5. This section and the next two sections of Chapter Five are based largely on *Disrupting Class*, Chapter Seven.

6. 이 사례에 등장하는 제품과 회사의 실명은 공개하지 않겠다.

7. This section is adapted from the insightful work of Clayton M. Christensen, Jerome H. Grossman and Jason Hwang, *The Innovator's Prescription: A Disruptive Solution for Health Care* (New York: McGraw-Hill, 2009), pp.157–178.

8. 많은 사람이 해결 과제를 결정하는 가장 좋은 방법이 개인의 니즈를 평가하는 것이라고 여긴다. '델에서의 건강(The Well at Dell)'의 예는 이것이 왜 틀렸는지를 보여준다. 모두가 신체적 건강을 유지할 필요가 있지만, 모든 사람이 반드시 그 과제를 해결하려고 하지는 않는다. 핵심은 사람이 해야 하는 그 어떤 과제가 아

나라 무엇이 사람에게 동기부여를 하는지 관찰하는 것이다.

9. 이를 뒷받침하는 몇 가지 근거가 있다. 첫째, 우리가 사용한 '성취감을 맛보길 원한다'는 표현은 '자기효능감'을 쌓는 것이 좋다는 오해로 말미암아 주어진 활동을 아이가 어떻게 수행했든지 간에 칭찬하는 정도의 표면적 수준의 성공을 의미하지 않는다. 대신 학생이 실제로 진짜 무언가를 이루어내고 발전해 나갈 때 참된 성공이라고 여긴다. A discussion of the perils of the former can be found in George Will's discussion of Po Bronson and Ashley Merryman's book, *NurtureShock: New Thinking About Children*; George F. Will, "How to Ruin a Child: Too Much Esteem, Too Little Sleep", Washington Post, March 4, 2010, http://www.washingtonpost.com/wpdyn/content/article/2010/03/03/AR2010030303075.html 참조. 그 외 성취감이 학생(그리고 모든 사람)의 주요 과제라는 증거는 인지과학 분야에서 드러난다. 대니얼 윌링엄(Daniel T. Willingham)은 자신의 저서 첫 장에 다음과 같이 썼다.

> 문제를 해결하는 것은 즐거움을 가져다준다. 내가 "문제 해결"이라고 말할 때는 성공하는 인지적 과제를 의미한다. 산문의 어려운 지문을 이해하는 것일 수도 있고, 정원을 설계하는 것일 수도 있으며, 투자 기회를 확대하는 것일 수도 있다. 성공적인 사고에는 만족감과 성취감이 따른다. 지난 10년간 신경과학자들은 뇌 영역과 학습에 중요한 화학물질과 두뇌 자연 보상 시스템에 중요한 화학물질 사이에 겹치는 부분이 있다는 것을 발견했다. …… 많은 신경과학자는 이 두 시스템이 연관되어 있을 거라고 여긴다. 미로 속의 쥐는 치즈라는 보상이 주어지면 더 잘 학습한다. 문제를 해결할 때 우리의 뇌는 즐거움 시스템에 있어 중요한 자연 발생적인 화학물질인 적은 양의 도파민으로 자신에게 보상을 해주는지도 모른다. 신경과학자들은 도파민이 학습과 즐거움 두 시스템에 중요하다는 것을 안다. 그러나 그 둘 사이의 명확한 관계를 밝히지는 못했다. 신경과학을 완전히 이해하지 못한다고 해도 사람들이 문제 해결에서 즐거움을 느낀다는 것은 부정할 수 없을 듯하다. …… 문제 해결에 즐거움이 있다는 것 역시 중요하다. 잘해 내고 있다는 느낌 없이 문제에 매달리는 것은 결코 즐겁지 않다.
>
> —*Why Don't Students Like School? A Cognitive Scientist Answers*

Questions about How the Mind Works and What It Means for the Classroom (San Francisco: Jossey-Bass, 2009).

그리고 저자들은 다음 책에서 이 가설을 뒷받침하는 몇몇 다른 연구를 인용하고 있다. Susan A. Ambrose, Michele DiPetro, Michael W. Bridges, Marsha C. Lovett and Marie K. Norman, *How Learning Works: Seven Research-Based Principles for Smart Teaching* (San Francisco: Jossey-Bass, 2010). 특히 저자들은 하나의 장을 동기에 대한 연구에 할애하고 있는데 "학습 목표와 활동에 긍정적 가치를 발견할 때, 기대하는 학습 결과물을 성공적으로 성취할 거라고 기대할 때, 환경적으로 뒷받침 받고 있다는 것을 인지할 때 학생은 학습에 대해 강한 동기부여를 받을 가능성이 있다"라고 요약했다. 특별히 그들은 "동기를 이해하는 데 중심이 되는 두 가지 중요한 개념이 있다. 하나는 목표의 주관적 가치이고, 다른 하나는 성공적인 목표 성취에 대한 예측이나 기대다. 많은 이론이 동기를 설명하려고 해왔음에도 대부분은 이 두 가지 개념을 그들의 프레임워크의 중심에 둔다"라고 말했다(Atkinson, 1957, 1964; Wigfield & Eccles, 1992, 2000). 달리 말해 성공을 경험하는 능력은 동기부여의 핵심 토대 중 하나다. 저자들은 "사람이 반드시 바람직한 결과물의 추구를 위해 동기부여가 되려면 그것을 가치 있게 여겨야 하겠지만, 가치 그 자체로는 행동을 불러일으키기에 충분하지 않다. 또한 사람들은 자신들이 믿기로 성공적으로 성취할 수 있는 목표와 결과물을 추구하도록 동기부여가 된다"라고 말했다.

다음 책에서 학습자가 성공적으로 문제를 해결하면서 어떻게 즐거움을 경험하는지를 다루고 있다. Richard E. Mayer and Ruth C. Clark, *eLearning and the Science of Instruction: Proven Guidelines for Consumers and Designers of Multimedia Learning Second Edition* (San Francisco: Wiley, 2008). 또한 다음 책에서 지적하듯 "학업에 대한 RISC 접근법의 근본 원칙은 학생의 동기와 참여가 학생의 성공과 상당한 관련성이 있다"라고 했다. Barbara Gaddy Carrio, Richard A. DeLorenzo, Wendy J. Battino and Rick M. Schreiber, *Delivering on the Promise: The Education Revolution* (Bloomington, IN: Solution Tree Press, 2009).

해결과제이론의 관점으로 동기를 이해하는 데 있어 분명한 것은 우리는 모든 학생이 성취감을 느끼도록 동기부여가 된다는 사실을 알고 있다는 것이다. 그러나 많은 학생에게 학교는 성공을 경험하기 위해 선택할 만한 것이 아니다. 따라서 학생은 종종 다른 길로 돌아서기도 한다. 그러나 그렇다고 해서 이들이 동기부여가 되지 못한다는 것은 아니다.

10. Harris Interactive, "6 in 10 Americans Say They or Someone They Know Have Been Bullied", Harris Poll, February 19, 2014, http://www.harrisinteractive.com/NewsRoom/HarrisPolls/tabid/447/ctl/ReadCustom%20Default/mid/1508/ArticleId/1383/Default.aspx (accessed April 13, 2014).

11. 과제는 기능적 차원만 있는 것이 아니다. 또한 고객은 사회적·정서적 과제를 가지고 있다.

12. 전국교육완구 프랜차이즈인 러닝 익스프레스 토이스(Learning Express Toys)는 시장 구조를 의도적이든 의도적이지 않든 해결과제이론적 관점에서 바라본 조직의 또 다른 사례다. 결과적으로 평균 한 달에 하나의 새로운 상점을 확장하고 있다. 130개 이상의 프랜차이즈 상점은 규모가 아주 작지만 대부분의 상점이 고객으로 붐비고 있다. 러닝 익스프레스 토이스는 다음과 같이 완구와 관련해 특정한 과제를 지닌 사람들의 상당한 시장을 발견했다. "나는 오늘 오후에 있을 아이의 생일 파티를 위해 근사한 선물이 필요해!" 이 회사는 고객의 과제를 정확히 해결할 수 있는 방법으로 고객 경험의 세세한 부분까지 일일이 디자인한다. 상점은 종종 쇼핑몰에 입점해 있지 않고 고객이 재빨리 물건을 사서 떠나도록 넓은 주차장을 가진 외부 소매점 공간에 위치해 있다. 그들은 완구를 성별, 나이별로 진열해 고객이 즉시 올바른 선택을 하도록 돕는다. 상품 재고는 토이저러스(Toys R Us) 등 대형 완구점에 비해 제한적이다. 그러나 러닝 익스프레스 토이스는 품질을 위해 일일이 재고품을 면밀하게 살핀다. 이것은 고객이 고르고 비교하는 수고를 덜어준다. 게다가 밝은 빨간색 앞치마를 두른 직원이 상점 안을 돌아다니며 도움을 제공한다. 각 매장의 뒤편에는 부모들이 물건을 구입하는 동안 어린 고객을 즐겁게 해주는 놀이 공간이 있다. 계산대에서는 아이의 연령에 따라 마련된 생일 축하 카드, 무료 포장과 무료 맞춤 서비스가 제공된다. 요컨대 러닝 익스프레스 토이스는 사람으로 매장이 붐비고 시간이 없을 때 그 어떤 상황에서도 자신의 아이를 위한 완벽한 완구를 선택하는 매우 편리하고 효과적인 방법을 제공하고 있다. 구매자는 파티에 가는 도중이나 우체국에 가는 도중에 들러 짧은 시간에 재빠르게 물

건을 구입할 수 있다. 러닝 익스프레스 토이스는 고객의 해결 과제를 이해하고 있으며, 고객이 가능한 한 그 일을 완수하도록 모든 것을 통합했다.

13. "High School Rankings 2011: *Newsweek* Ranks America's Most Transformative", *Newsweek*, June 21, 2011, http://www.newsweek.com/high-schoolrankings-2011-newsweek-ranks-americas-most-transformative-67911, accessed December 26, 2013. Many people also know Summit Public Schools from its starring role in the documentary Waiting for Superman.

14. Matt Wilka and Jeff Cohen, "It's Not Just About the Model: Blended Learning, Innovation, and Year 2 at Summit Public Schools", FSG, http://www.fsg.org/Portals/0/Uploads/Documents/PDF/Blended_Learning_Innovation.pdf. 그런데 대학생활을 성공적으로 꾸려 가는 서밋 공립학교 졸업생의 비율(55퍼센트)은 전국 평균보다 훨씬 높았지만, 다이앤과 이 학교의 교사들은 자신들의 사명이 학생들이 성공적인 삶을 살아가도록 교육하는 것이라는 사실을 강하게 느꼈다. 어떤 식으로든 적절하게 준비하지 못해 대학생활에 실패하는 학생이 있다면 그들이 이 사명을 잘 완수하지 못한 것이라고 믿었다.

15. 인지과학자인 대니얼 윌링엄이 말한 "적절한 난이도의 문제를 다룬다면 보람이 있지만 너무 쉽거나 너무 어렵다면 불쾌하다"는 상당한 증거가 있다. 학생들이 성공을 경험하도록 돕는 핵심은 게임 세계에서 개념을 빌려와서 배움을 지속하기 원하도록 발전의 순간 승리를 경험할 만큼 충분히 도전적이거나 흥미로운 내용이면서 성공을 극대화시킬 내용을 학생들이 배우도록 해주는 것이다. Daniel Willingham, *Why Don't Students Like School: A Cognitive Scientist Answers Questions about How the Mind Works and What It Means for Your Classroom* (San Francisco: Jossey-Bass, 2009), Ch. 1.

이 아이디어는 근접 발달(Proximal Development) 영역의 개념과 연관되어 있는데, 이는 구 소련의 심리학자 레프 비고츠키(Lev Vygotsky)를 통해 발전했다. The Wikipedia entry, "Zone of proximal development", for a high-level summary of the concept at http://en.wikipedia.org/wiki/Zone_of_proximal_development#cite_note-4 (accessed April 7, 2010) 참조. 종종 인용되는 이 용어의 개념은 그의 책에 기술되어 있듯이 "독립적 문제 해결을 통해 결정되는 실질적 발달 수준과 성인의 가이드 아래 문제를 해결함으로써 또는 능력을 가진 동

료와의 협업을 통해 문제를 해결함으로써 결정되는 잠재적 발달 수준의 거리"다 (L.S. Vygotsky, *Mind in Society: Development of Higher Psychological Processes* [Cambridge: Harvard, 1978], p. 86 참조).

또한 게임 산업은 사람들이 성공에 거의 다다랐을 때 가장 잘 동기부여가 된다는 사실을 가르쳐준다. 비디오 게임 산업에서 최고의 경영자인 윌리엄 '빙' 고든(William 'Bing' Gordon)은 "게임을 통한 학습의 한 가지 원칙은 성공을 위한 90퍼센트를 달성했을 때 동기부여가 된다"고 말했다. Kevin Werbach, "Gamification" course, Coursera, https://class.coursera.org/gamification-003/lecture (accessed April 13, 2014), timecode: 07:37.

16. 데이터와 피드백이 학습에 항상 좋은 것은 아니다. 학생이 피드백을 받았지만 그것으로 유용한 어떤 일을 할 수 없을 때 학습에 부정적 영향을 준다. 반대로 학생이 데이터로 무언가를 할 수 있을 때 학습에 긍정적 영향을 준다. *Delivering on the Promise: The Education Revolution* (Kindle Locations), pp. 1624-1630.

학생 피드백과 관련한 연구 결과에 따르면 피드백 그 자체는 반드시 유용하지 않다는 것이다. 단순히 오랫동안 학생에게 무엇이 맞고, 무엇이 틀렸는지를 말해주는 아마도 대부분의 독자가 직접 경험해 봤을 경험은 학습에 부정적 영향을 끼친다(Bangert-Drowns, Kulik, Kulik, & Morgan [1991], cited in Marzano, 2006을 참조). 반대로 학생에게 자신의 답을 판단하기 위해 사용될 기준에 대해 명확하게 알도록 만들어주는 것과 학생에게 정답을 제공하는 것, 학생의 답이 맞거나 틀렸는지에 대해 설명해주는 것, 올바른 답을 할 때까지 평가 문제에 계속 답하도록 요구하는 것은 모두 학생의 성취에 있어 통계상 실력 향상으로 이끄는 방법이다(Marzano, 2006).

17. 많은 연구원은 사람들이 온라인상 글읽기를 할 때 건너뛰며 읽고 훑어보며 읽는 습관이 더 긴 텍스트를 읽고 더 심화된 학습을 하는 능력에 부정적 영향을 끼치지 않을까 우려한다. Michael S. Rosenwald, "Serious Reading Takes a Hit from Online Scanning and Skimming, Researchers Say", *Washington Post*, April 6, 2014 (http://www.washingtonpost.com/local/serious-reading-takes-a-hit-from-onlinescanning-and-skimming-researchers-say/2014/04/06/088028d2-b5d2-11e3-

b899-20667de76985_story.html). We also recommend this thoughtful response to this article: Dan Willingham, "Don't Blame the Internet: We Can Still Think and Read Critically, We Just Don't Want To", RealClearEducation, April 16, 2014 (http://www.realcleareducation.com/articles/2014/04/16/dont_blame_the_web_we_can_still_think_and_read_critically_we_just_dont_want_to_942.html) 참조.

18. John Ratey keynote presentation, "Learning & the Brain Conference", Boston, MA, November 16, 2013.

19. John Ratey, *Spark: The Revolutionary New Science of Exercise and the Brain* (New York: Little, Brown and Company, 2008).

20. Paul Tough, *How Children Succeed* (New York: Houghton Mifflin Harcourt, 2012), pp. 9-19.

21. 멀리 내다보는 독자는 아마도 부모가 되기 전 부모 되는 법을 가르치기 위해 고등학교를 이용하는 방법을 고려할지도 모른다. 그리 멀지 않은 과거에 대부분의 고등학교에서는 젊은이를 성인이 되었을 때 필요한 몇 가지 기술을 습득하도록 준비시킬 목적으로 가정, 자동차 수리, 나무와 금속 작업 등의 과목을 제공했다. 몇 세대 동안 반복해서 교육적으로 부족하고 빈약했던 상황에 갇혀 있던 부모들이 어떻게 하면 자신의 자녀들이 그런 상황에서 벗어날 수 있는지 안다면 분명 도움이 되었을 것이다. Clayton M. Christensen, Michael B. Horn and Curtis W. Johnson, *Disrupting Class: How Disruptive Innovation Will Change the Way the World Learns* (New York: McGraw-Hill, 2011), p. 155.

게다가 러셀 시먼스(Russell Simmons)와 데이비드 린치 재단(the David Lynch Foundation)은 학교가 학생들이 극심한 스트레스를 다스리고 제대로 학습 준비를 하도록 하기 위해 매일 짧은 명상의 시간을 가지도록 돕는다. Russell Simmons, *Success Through Stillness: Meditation Made Simple* (New York: Gotham, 2014) and the David Lynch Foundation, http://www.davidlynchfoundation.org/ 참조.

22. 차터 스쿨 성장 기금의 파트너인 알렉스 에르난데스는 학교를 디자인하는 방법에 대해 생각할 때 중요한 사항을 말하는 데 이 프레임워크를 반영한다.

우리는 학교 설계자들이 학교에 조언할 때 스케줄에서 시작하지 않도록 하라고 말해준다. 그 이유는 블렌디드 러닝은 큰 열린 캔버스인데 스케줄에서 시작하면 기본적으로 수많은 제약을 이 캔버스에 내려놓게 된다. 준비가 안 된 것을 버리거나 버릴 생각을 하게 되는 것이다. 그래서 사람에게 출발 지점을 요구할 때 "학습 환경에서 시작하라. 그리고 30명의 학생이든 90명의 학생이든 상관없다"라고 말한다. 그리고 공간에 대해서는 지금 시점에서 크게 생각하지 말아야 한다. 학생들이 학업적으로, 사회적으로 갖길 원하는 경험에 대해 생각해야 한다. 그리고 너무 많이 생각해선 안 된다. 그냥 생각해 보는 것이다. 어떤 특정 시간에 서너 개의 다른 경험을 하길 원했던 것처럼 말이다. 그러면서 당신은 이런 경험에 경계를 두기 시작한다. 학생을 위해 어떻게 이런 경험을 만들 수 있을까? 이것이 바로 학교 디자인의 첫 출발이다.

그리고 일단 계획을 완료한 경우 우리는 많은 그림을 그리고 시각화한다. 당신은 "좋아, 아이들이 어떻게 이 환경에서 순환하지?"라고 말할 수도 있다. 그리고 때로 "이봐, 우리는 아이들을 이 환경에서 순환시킬 거야"라고 말한 뒤 갑자기 디자인이 무너지기 시작한다. 그러면 이제 수정이 시작된다. 당신은 모든 아이가 경험하도록 의도한 경험을 반드시 갖길 원한다. 이것이 반복의 시작이다. 따라서 핵심은 제약을 너무 빨리 버리지 말라는 것이다. 무엇을 할 수 없는지 아는 것은 그다지 도움이 되지 않기 때문이다. 진짜 도움이 되는 것은 무엇을 할 수 있는지 알아내는 것이다.

Brian Greenberg, Rob Schwartz and Michael Horn, "Blended Learning: Personalizing Education for Students", Coursera, Week 2, Video 2: Key Elements of the Student Experience, https://class.coursera.org/blendedlearning-001 참조.

23. "Summit Public Schools", Clayton Christensen Institute's Blended Learning Universe, http://www.christenseninstitute.org/summit-public-schools/ (accessed December 29, 2013).

24. 휼렛 재단은 심화 학습을 학생들이 진짜 세상에 나갈 준비를 시키는 방법으로, 지식과 역량을 사용하는 것으로 정의한다. 학생들은 비판적으로 사고하기, 협업하기, 효과적으로 의사소통하기, 배움을 스스로 이끌어가기, 자신감 갖기(또는 '학업에 대한 마음가짐'이라고 알려진 것 갖추기)를 배우면서 읽기, 작문, 수학, 과학 등 핵심적인 학업 콘텐츠를 학습한다. http://www.hewlett.org/programs/educationprogram/deeper-learning (accessed on January 27, 2014) 참조.

25. Alex Hernandez, "Which Way for K12 Blended Learning? (Part 1: Boarding the Mayflower)", Blend My Learning, February 12, 2013, http://www.blendmylearning.com/2013/02/12/which-way-for-k12-blended-learning-part-1/ (accessed December 29, 2013).

26. 어떤 사람은 프로젝트 기반 학습의 질을 담보하는 방법에 대해 걱정해 왔다. 2013 NGLC(Next Generation Learning Challenge) 상금을 수상한 VLACS 어스파이어(Aspire)는 그 문제를 해결하기로 했다. '경험적 블렌디드 러닝'이라고 불리는 모델을 통해 VLACS 어스파이어는 학생에게 학점 취득을 위해 연장된 교육 기회(extended learning opportunities, ELOs)를 제공했다. 이들 기회는 학생들의 흥미에 따른 인턴십 등 학교 밖 프로젝트를 포함하고 있다. ELOs를 통해 완성되는 온라인 학업과 실제 세상의 일, 두 가지에 대해 학생들의 온라인 교사는 발전도를 측정하는 성적 평가를 실시한다. 시간이 지나면서 VLACS 어스파이어와 다른 학교에서의 성적 평가를 뒷받침하는 강한 시스템이 생겨나면서 프로젝트 기반 학습, 경험적 학습과 결부된 양질의 통제가 더 용이하고 믿을 만하게 되었다. Julia Freeland, "Blending toward Competency: Early Patterns of Blended Learning and Competency-Based Education in New Hampshire", Clayton Christensen Institute, May 2014, http://www.christenseninstitute.org/wp-content/uploads/2014/05/Blending-toward-competency.pdf 참조.

27. KIPP Comienza Community Prep and Gilroy Prep schedules are available at this online course: Silicon Schools Fund and Clayton Christensen Institute, "Blended Learning: Creating the Ideal Student Experience in a Blended Learning Classroom", hosted by Khan Academy, https://www.khanacademy.org/partner-content/ssf-cci/ccss-ideal-student-experience/sscc-learning-environments/a/example-blended-learning-schoolschedules (accessed May 31, 2014).

6장

1. 일 년 동안 평균 시험 성적의 상승으로 측정한 훌륭한 교사가 학생의 일생에 미치는 영향을 조사한 하버드의 연구는 (상위 56퍼센트의) 우수한 교사에게 배정

된 학생들은 대학에 진학해 더 높은 소득을 올리고, 십대에 아이를 가질 확률은 덜 하다는 사실을 알아냈다. 평균적으로 1년 동안 그런 우수한 교사에게 배우면 8만 달러 수입의 지속적 증가를 가져온다. 이 연구는 100만 명 이상의 학생과 세금 기록을 참조했는데 "평균적으로 한 학년에서 교사가 자질이 1 표준편차 향상되면 28세에 1.3퍼센트 수입을 증가시킨다. 하위 5퍼센트의 교사를 평균적인 교사와 두면 한 교실당 대략 25만 달러 정도 학생 평생 소득의 현재 가치를 증가시킬 수 있다"는 사실을 발견했다. Raj Chetty, John N. Friedman and Jonah E. Rockoff, "The Long-Term Impacts of Teachers: Teacher Value-Added and Student Outcomes in Adulthood", National Bureau of Economic Research, September 2013, http://obs.rc.fas.harvard.edu/chetty/w19424.pdf. 또한 미국 교사들에 대한 메트라이프(MetLife)의 설문은 오랫동안 교사의 영향력에 대해 지적해 왔다. 사례를 보려면 다음을 참조하라. "The MetLife Survey of the American Teacher: Teachers, Parents and the Economy", MetLife, Inc., March 2012.

2. The author is Thomas Arnett, a research fellow for the Christensen Institute's education practice.

3. Paul Tough, *How Children Succeed: Grit, Curiosity and the Hidden Power of Character* (New York: Houghton Mifflin Harcourt Publishing Company, 2012), p. 161.

4. 헤더 스테이커는 다음 책을 통해 군(軍)에 대한 이런 통찰을 알려준 그녀의 어머니 캐시 크레이턴(Kathy Clayton)에게 감사인사를 하고 싶어 했다. *Teaching to Build Faith and Faithfulness: Ten Principles for Teachers and Parents* (Salt Lake City, Utah: Deseret Book, 2012), p. 112.

5. Thomas Friedman and Michael Mandelbaum, *That Used to Be Us: How America Fell Behind in the World It Invented and How We Can Come Back* (New York: Farrrar, Straus, and Giroux, 2001), p. 91.

6. Gregory Ferenstein, "Thomas Friedman to United States: Innovate or Else", Fast Company, September 6, 2011, http://www.fastcompany.com/1778214/thomas-friedman-united-states-innovate-or-else, accessed March 7, 2014.

7. Friedman and Mandelbaum, *That Used to Be Us*, p. 92.

8. "의사결정을 하는 능숙하고 지식을 갖춘 직원들 사이에서 좀 더 복합적인 상

호작용을 담고 있는 과제의 수는 놀랄 만한 비율로 증가하고 있다. 급여는 회사가 이들 과제에 대해 부여하는 가치를 반영하는데, 반복되는 업무와 변환을 담당하는 직원들의 급여보다 55~75퍼센트 더 지급한다." Johnson, Manyika and Yee, p.26 (introduction, n. 17).

9. Paul Tough, *How Children Succeed*, pp. 2, 43-45.

10. 앞의 책, pp. 22, 45.

11. 앞의 책, pp. 45-46.

12. 앞의 책, pp. 47, 153.

13. "America's Children: Key National Indicators of Well-Being, 2013", ChildStats.gov, http://www.childstats.gov/americaschildren/famsoc1.asp, accessed March 8, 2014.

14. Paul R. Amato, "The Impact of Family Formation Change on the Cognitive, Social and Emotional Well-Being of the Next Generation", *Future of Children*, Vol. 15. No. 2, Fall 2005, p. 77, http://futureofchildren.org/futureofchildren/publications/docs/15_02_05.pdf.

15. "The MetLife Survey of the American Teacher"(March 2012, p. 8.)에 따르면 "대다수의 교사(64퍼센트)가 지난해 건강과 사회복지 서비스를 필요로 하는 학생과 가족 수가 증가했다고 말했으며, 또한 35퍼센트의 교사는 식사를 거른 채 학교에 등교하는 학생 수가 증가했다고 말했다. 그와 동시에 많은 교사가 건강이나 사회복지(34퍼센트의 고등학교 교사를 포함해 전반적으로 28퍼센트)와 방과 후 학교 프로그램(32퍼센트의 고등학교 교사를 포함해 전반적으로 29퍼센트)의 감소나 상실을 목격했다."

16. Paul Tough, *How Children Succeed*, pp. 42-43

17. 다른 평가 요소는 평가, 콘텐츠, 교육과정, 강의, 학습자 알기, 학습(특수교육, 영어 학습자 등), 리더십이다. 서밋 공립학교의 교사 발전 단계는 교사를 4개의 수준(기본적, 능숙한, 매우 능숙한, 전문적) 가운데 하나에 둔다. 4단계 가운데 매 단계는 정통하기까지 각각 2년의 시간이 걸린다. Tom Vander Ark, "How Frames, Plans, Platforms & PD Support Great Teaching", Getting Smart, August 24, 2013, http://gettingsmart.com/2013/08/how-frames-plans-platformspd-support-great-teaching/, accessed March 8, 2014.

18. This story first appeared in this case study: Clayton M. Christensen and Matthew Beecher, "The ColorMatch Hair Color System", Harvard Business School, N9-607-030, January 29, 2007.

19. 『교실수업 파괴하기』의 저자들은 이 아이디어에 대해 다음과 같이 말한다.

> 많은 기업은 그들이 보기에 학생의 학습을 향상시킬 수 있는 제품과 서비스를 제공해 왔다. 교사들이 제대로만 사용했다면 말이다! 많은 교육 테크놀로지 기업이 이 문제로 고심했는데, 이 어려움에 대해서는 거의 말하지 않는다. 와이어리스 제너레이션(Wireless Generation)은 모바일 교육 평가 솔루션 제품을 가지고 있었는데, 다른 대부분의 교육 테크놀로지 기업들과 달리 이 제품은 성공을 거뒀다. 과연 뭐가 달랐을까? 디지털 사진에 대한 이야기와 마찬가지로, 대부분의 교육 테크놀로지 기업은 이미 애쓰고 있는 일을 좀 더 효율적으로 하도록 도와주는 제품을 제공하지 않는다. 그 대신에 이미 바쁜 하루 일과에 "딱 한 가지를 더" 쌓아올리는 결과를 가져오고 있다. 그와 반대로 와이어리스 제너레이션의 휴대용 기기는 …… 대상 교사가 좀 더 쉽게 이미 하고 있는 일을 하도록 돕는다. 훨씬 쉽게 일을 하도록 허락해줌으로써 교사들의 삶을 복잡하게 만들기보다는 향상시키고 단순화시킨다. [p. 180]

20. These next sections draw heavily from the referenced article: Frederick Herzberg, "One More Time: How Do You Motivate Employees?" *Harvard Business Review*, 1968, http://www.facilitif.eu/user_files/file/herzburg_article.pdf.

21. 대부분의 교사에게 동기부여를 하는 재정적 인센티브가 없고, 오늘날 학교의 목표가 일치하지 않고, 어떤 행동이 학생의 어떤 결과로 이어질 것인지에 대한 추가적인 증거를 찾으려면 '협력의 도구들 이론(Tools of Cooperation theory)'에서 유래한『교실수업 파괴하기』의 분석을 참조하라. Clayton M. Christensen, Michael B. Horn and Curtis W. Johnson, *Disrupting Class: How Disruptive Innovation Will Change the Way the World Learns, Expanded Edition* (New York: McGraw-Hill, 2010), p. 234.

22. "The MetLife Survey of the American Teacher: Challenges for School

Leadership", MetLife, Inc., February 2013.

전통적으로 교육계에서 관리자가 된다는 것은 효율적인 교사가 학교 교실을 떠나거나 교수 학습을 개발하는 교육청 차원의 역할을 맡기 위해 떠나는 것 또는 교장이 되는 것을 의미한다. 어떤 교사는 교실 수업에 전념하면서 성장하고 교실 내에서만 제공할 수 없는 방식을 통해 전문가로서 기여하길 열망한다. 혁신적인 교사는 '하이브리드 교사 역할'을 리더 교사의 무리를 통해 만들어진 표현인 '교사기업가'로 정의하고 있다. 이런 기회는 리더십을 위한 새로운 길로 직업과 직업만족도, 효율적인 교사로 나아가도록 강화시키는 방법으로 계획된다. [p. 41]

23. "The MetLife Survey of the American Teacher"(February 2013, p. 6)에 따르면 교사의 만족도는 25년간 가장 낮은 수준이다. 만족도가 낮은 교사는 예산, 전문성 개발 기회와 공동 작업 시간이 모두 감소한 학교에서 근무하고 있다고 말할 가능성이 높다.

설문에서 전년도에 낮은 직업만족도를 가진 교사들은 그들의 직업이 안정적이지 않으며, 지역사회에서 전문가로서 대접받지 못하고 있으며, 학급 규모가 증가하고 있으며, 건강 관리나 사회보장 서비스, 음식이 부족하고, 집단 괴롭힘을 받는 등 어려운 환경이나 도움이 필요한 학생 수가 증가했다고 말할 가능성이 더 높다 ("The MetLife Survey of the American Teacher", March 2012, p. 7).

불행하게도 메트라이프 설문조사는 만족과 불만족의 연속선상에만 기반을 두어 그 결과를 보고하고 있으며, 교사의 직업만족도를 하나의 연속선상에서 평가하고, 불만족은 다른 연속선상에서 평가하기 위한 헤르츠베르크의 발견을 사용하고 있지 않은 것으로 보인다.

24. 교직에 블렌디드 러닝이 가져다줄 수 있는 이점에 대한 더 많은 논의를 살펴보기 원한다면 다음 자료를 추천한다. John Bailey, Bryan Hassel, Emily Ayscue Hassel, Carri Schneider and Tom Vander Ark, "Improving Conditions & Careers: How Blended Learning Can Improve The Teaching Profession", Digital Learning Now! Smart Series, May 2013.

또한 이 논문은 교사의 경력 기회뿐 아니라 급여에서도 블렌디드 러닝이 개선을 가져다준 사례를 다룬다. 로켓십 에듀케이션과 같은 학교에서 이에 대한 증거를 찾을 수 있다. 이들 학교에서는 교사 급여가 같은 지역의 학교보다 10~30퍼센트 높다. 이 요인이 널리 실현될 것인지 아닌지는 학교가 많은 정책, 규제, 절충적 결정뿐 아니라 향후 몇 년간 블렌디드 러닝 환경을 어떻게 조성하느냐에 따라 좌우될 것이다.

25. The work of Public Impact's "Opportunity Culture", which is an effort to extend the reach of excellent teachers and their teams. "Opportunity Culture", Public Impact, http://opportunityculture.org/, accessed June 1, 2014.

26. Amanda Ripley, "The $4 Million Teacher", *Wall Street Journal*, August 3, 2013, http://online.wsj.com/news/articles/SB10001424127887324635904578639780253571520.

27. 『교실수업 파괴하기』에서 우리는 지역의 소단위 교육에서 교실 기반 공장 모델 학교 시스템으로 전환하면서 일대일 가르침을 주던 전문가가 교사의 가장 중요한 역량이 질서를 유지하고 집중하도록 명령하는 사람이 되도록 강요당했다는 사실을 사람들에게 상기시켜 준다(p. 111).

28. For more on this important topic, we recommend Karen Cator, Carri Schneider and Tom Vander Ark, "Preparing Teachers For Deeper Learning: Competency-Based Teacher Preparation and Development", Digital Promise and Getting Smart, April 2014.

29. "NEAPolicy StatementonDigitalLearning", http://www.nea.org/home/55434.htm (accessed March 8, 2014).

7장

1. 최초의 휴대용 컴퓨터 오스본(Osborne Executive)은 2007년 출시된 ARM11(412MHz) CPU를 탑재한 애플이 만든 아이폰의 클록 주파수 100분의 1에 해당하는 클록 주파수를 가졌다(5~10MHz). J. VanDomelen, "More Cores in Store", Mentor Graphics, http://blogs.mentor.com/jvandomelen/blog/2010/07/02/morecores-in-store/ (accessed April 15, 2014).

2. 이 부분과 다음 부분은 크리스텐슨과 레이너(Raynor)의 『성장과 혁신』 가운데서 5장을 참고해 기술했다(pp. 125-148).

3. F-22 전투기의 예는 다음을 참조했다. Ben Wanamaker, "When Will Plug and Play Medical Devices and Data Be a Reality?" Clayton Christensen Institute, August 15, 2013, http://www.christenseninstitute.org/when-willplug-and-play-medical-devices-and-data-finally-be-here/ (accessed June 2, 2014).

4. 크리스텐슨과 레이너에 따르면 "완전한 모듈성과 완전한 상호의존성은 스펙트럼의 양쪽 끝에 위치한다. 대부분의 것은 이 양쪽 끝 사이에 위치한다"(『성장과 혁신』, p. 128).

5. 스티브 잡스의 일생을 기록한 월터 아이작슨(Walter Isaacson)이 쓴 『스티브 잡스』(New York: Simon&Schuster, 2011)의 내용에 따르면 잡스는 주변 상황에 크게 신경 쓰지 않고 통합적 제품을 만드는 것에 광적으로 집착했다고 한다. 한 가지 예로 애플의 클론 프로그램에 대한 잡스의 반대는 단순히 경제적 측면 때문만이 아니라 실제로 그것을 극도로 혐오했기 때문이다. 그가 고수하던 원칙 가운데 하나는 하드웨어와 소프트웨어는 완전히 통합적이어야 한다는 것이었다. 그는 인생의 모든 것을 통제하기를 좋아했는데, 이런 삶의 방식을 컴퓨터에 적용하는 유일한 방법은 컴퓨터를 사용하는 사람의 경험을 처음부터 끝까지 책임지는 것이었다. 통합된 제품을 가진다는 것은 기능성을 온전하게 가지면서도 심플함과 디자인의 미적 부분까지 겸비한 가능한 한 최고의 제품을 만들 수 있는 방법이라는 측면에서 잡스의 생각이 옳았다고 말할 수 있다. 잡스가 받아들이지 못했던 부분은 고객이 기능성의 측면에서 더 이상 최고의 제품을 요구하지 않고, 모듈식 구조의 개별 맞춤화된 상품을 요구하는 특정한 상황이 존재한다는 것이었다.

6. 클레이튼 M. 크리스텐슨·마이클 E. 레이너. 『성장과 혁신』, pp. 125-148

7. 앞의 책, pp. 135-136.

8. Clayton M. Christensen, Michael B. Horn and Curtis W. Johnson, *Disrupting Class*, pp. 33, 38.

9. California Learning Resource Network의 게시물을 참고했는데, 현재 이 페이지는 삭제되었다.

10. 법적으로 공인된 코스 액세스(Course Access) 프로그램을 제공하는 주는 플로리다와 루이지애나, 미시간, 미네소타, 텍사스, 유타, 위스콘신 등이다. 더 자세

한 정보를 얻으려면 다음을 참조하라. John Bailey, Nathan Martin, Art Coleman, Terri Taylor, Reg Leichty and Scott Palmer, "Leading in an Era of Change: Making the Most of State Course Access Programs", Digital Learning Now and EducationCounsel, LLC, July 2019, http://digitallearningnow.com/site/uploads/2014/07/DLN-CourseAccess-FINAL_14July2014b.pdf.

11. 상호의존과 모듈성의 개념은 왜 코스 액세스 운동이 수년 내로 주류에 편입될 것인지에 대한 이해를 돕는다. 더 많은 부모와 학생은 완전히 통합되어 개별 맞춤화가 불가능한 시스템보다 다양한 옵션 가운데서 원하는 것을 선택하고자 한다.

코스 액세스 프로그램은 다음 3가지 요구를 만족시키기 위해 모든 수준에서 교육 정책을 조정함으로써 학부모와 학생에 대해 반응했다. 첫째는 특이성으로 학생이 전반적인 학습 계획을 세우는 데 있어 플러그 호환성을 갖도록 하기 위해 온라인 강의(혹은 모듈식 과정)가 가지는 특이성은 매우 결정적 속성이다. 둘째는 검증 가능성으로, 이를 통해 학습 자료의 공급자와 수요자 모두 콘텐츠가 적절한 수준인지 검증할 수 있다. 셋째는 예측 가능성으로, 학생과 학교가 특정 코스에 등록했을 때 기대하는 결과에 대한 예측이 가능하다. 모듈화된 세계에서 이 3가지 요구에 대한 관점은 크리스텐슨과 레이너의 『성장과 혁신』을 참고했다(pp. 137-138).

12. 많은 학교가 그들이 자체적으로 콘텐츠를 구축하고 그것을 유지하는 데 소비되는 인적 시간 비용에 대해 과소평가하고 있음을 알아야 한다.

13. 블랜디드 러닝 구현 가이드 2.0(The Blended Learning Implementation Guide 2.0)은 자체적인 학습 온라인 학습 콘텐츠를 제작하는 교사에게 꽤 유용한 팁을 제공하고 있다. 이 가이드는 'Digital Learning Now!'와 'Getting Smart', 'The Learning Accelerator'의 공동 프로젝트다. http://learningaccelerator.org/media/5965a4f8/DLNSS.BL2PDF.9.24.13.pdf p. 34.

14. Michael B. Horn, "Beyond Good and Evil: Understanding the Role of For-Profits in Education through the Theories of Disruptive Innovation", in Frederick M. Hess and Michael B. Horn (eds.), Private Enterprise and Public Education (New York: Teachers College Press, 2013)

15. 자체적으로 온라인 학습 콘텐츠를 개발하고자 하는 학교는 한정된 예산 내에서 양질의 콘텐츠를 제작하기 위한 방법을 모색하는 것에 더 창의적으로 접근할 필요가 있다. 차터 운영 단체인 SIATech(The School for Integrated Academics and

Technologies)는 그들의 온라인 과정을 개발하는 비용을 줄이기 위해 인도의 소프트웨어 개발자에 위탁을 맡겼다. Staker, *The Rise of K-2 Blended Learning*, p. 136 (see ch. 1, n. 6)

16. 언급된 30만 달러는 2008~2009학년도의 측정치다. Katherine Mackey and Michael B. Horn, "Florida Virtual School: Building the First Statewide, Internet-Based Public High School", Clayton Christensen Institute, http://www.christenseninstitute.org/wpcontent/uploads/2013/04/Florida-Virtual-School.pdf, pp. 9-10

17. ST 매스 프로그램의 제작자인 MIND Research Institute는 작동 기억, 개념적 사고력과 학습에 대해 연구하기 위해 수학과 신경과학에 대해 지속적으로 투자하고 있다. 학습에 적합한 환경에 대한 그들의 철저한 자가점검은 ST 매스가 초등학교 학생들의 수학 실력 향상을 촉진하는 일에 있어 선두에 서 있다는 점에서 꽤 성공적이라고 말할 수 있다.

18. 다음 책을 보면 이런 발전에 대한 것을 예고하고 있다. *Disrupting Class* discusses and foretells this evolution in Chapter Five, particularly pp. 133-141.

19. 이런 변화는 그리 멀지 않은 거리까지 와 있다. 이 변화가 진행 중에 있다는 한 가지 신호는 대형 온라인 콘텐츠 회사의 판매원들이 불평하기 시작한 것인데, 고객들이 자신들의 콘텐츠를 마치 물품처럼 대한다는 것이 그 내용이다. 우리는 몇몇 온라인 과정 공급자들로부터 이 내용에 대해 익히 들은 바가 있다. 이것은 특히 전략 #2를 선택한 학교에 콘텐츠를 제공하고 있는 통합 솔루션이 성능 측면에서 고객의 요구를 이미 초과했으며, 학교가 모듈성 전략으로 이동하기 시작했다는 증거가 된다. 크리스텐슨과 레이너의 『성장과 혁신』에서는 어떻게 독점 솔루션의 상품화로 말미암아 소비자가 모듈성의 이점을 받아들일 준비가 되었는지를 설명하고 있다(p. 130).

20. 언급된 대부분의 아이디어는 실리콘 스쿨즈 펀드(Silicon Schools Fund)와 크리스텐슨 연구소(Christensen Institute)의 온라인 과정에서 참고했다. 더 자세한 사항은 다음을 참조하라. Khan Academy, https://www.khanacademy.org/partner-content/ssf-cci/sscc-blendedlearning-decisions/sscc-blended-software/v/sscc-blended-softwarecriteria(accessed June 2, 2014); "Ten Ways to Save Money on EdTech", *The Blended Learning Implementation Guide 2.0*, p. 33.

21. "Individual Computing Devices at 10% Penetration in K-12 Education by 2017", Futuresource Consulting, December 5, 2013

22. 애플의 앱스토어는 OS X와 상호의존적 관계이지만 그들의 애플리케이션 프로그램 인터페이스(APIs)는 모듈형 인터페이스를 생성해 다양한 다른 회사의 소프트웨어를 애플 기기에서 작동하도록 해준다. 그러나 앱스토어에서 소프트웨어를 사용하려면 먼저 애플에서 해당 소프트웨어를 승인해주는 절차가 따른다.

23. "Google's Chromebook Accounted for 1 in Every 4 Devices Shipped into US Education Market in Q4", Futuresource Consulting, January 2014, http://www.futuresource-consulting.com/2014-1-Google-Chrome book.html (accessed June 3, 2014).

24. 클레이튼 M. 크리스텐슨·마이클 E. 레이너, 『성장과 혁신』, p. 131.

25. Christine Fox, John Waters, Geoff Fletcher and Douglas Levin, "The Broadband Imperative: Recommendations to Address K-12 Education Infrastructure Needs", State Educational Technology Directors Association(SETDA), September 2012, p. 2.

26. Linda Darling-Hammond, *A Right to Learn: A Blueprint for Creating Schools That Work* (San Francisco: Jossey-Bass, 1997), p. 149.

27. Katie Ash, "Digital Learning Priorities Influence School Building Design", Education Week, March 11, 2013, http://www.edweek.org/ew/articles/2013/03/14/25newlook.h32.html (accessed April 14, 2014).

28. Diane Tavenner, "Embarking on Year Two: Moving Beyond Blended Learning", Blend My Learning, November 27, 2012, http://www.blendmylearning.com/2012/11/27/embarking-on-year-two-moving-beyondblended-learning/ (accessed April 15, 2014).

29. Brian Greenberg, Rob Schwartz and Michael Horn, "Blended Learning: Personalizing Education for Students", Coursera, Week 5, Video 8: Facilities and Space pt. 2, https://class.coursera.org/blendedlearning-001

30. Erin Millar, "No Classrooms and Lots of Technology: A Danish School's Approach", *Globe and Mail*, June 20, 2013, http://www.theglobeandmail.com/report-on-business/economy/canada-competes/no-classrooms-andlots-of-

technology-a-danish-schools-approach/article12688441/ (accessed April 14, 2014).

31. Bob Pearlman, "Designing New Learning Environments to Support 21st Century Skills", in 21st Century Skills: Rethinking How Students Learn, edited by James Bellanca and Ron Brandt (Bloomington, Indiana: Solution Tree Press, 2010), pp. 129-132.

32. 앞의 책, pp. 136-138.

33. 앞의 책, pp. 142-144.

34. Jason Lea, "Mentor Public Schools Experiment with Blended Learning Classroom", MentorPatch, May 7, 2013, http://mentor.patch.com/groups/schools/p/mentor-public-schools-experiment-with-blended-learninda7b16f78e (accessed April 14, 2014).

8장

1. Nick DiNardo, "A Cross-Country Roadtrip to Design a School", EdSurge, January 14, 2014, https://www.edsurge.com/n/2014-1-4-a-crosscountry-roadtrip-to-design-a-school (accessed January 17, 2014).

2. 현재 운영되고 있는 더 많은 모델에 대해 알아보길 원한다면 크리스텐슨 연구소의 블렌디드 러닝 유니버스(Blended Learning Universe)에 정리된 블렌디드 러닝의 사례 연구를 참고하길 바란다.

3. 파괴적 혁신은 사용자가 해결을 원하는 정도에 비해 기존의 해결법이 과하게 적용되어 결과적으로는 사용자가 과한 제공을 받게 되는 문제에도 잘 적용된다는 것을 알아야 한다. 더불어 이것은 어떤 면에서 절망적 현실이라고도 말하고 싶다. 전문가들은 일반적으로 다루기 아주 어렵거나 도전적인 문제에 대해 걱정하는데, 학교의 경우 이것은 아주 복잡한 문제와 높은 수준의 요구를 사이에 두고 학생과 마주하는 것을 의미한다. 그러나 성공적인 파괴적 혁신은 대부분 처음에 덜 복잡한 도전 과제와 씨름하는 양상을 띤다.

4. 트랜지스터와 관련한 이야기는 다음 책에서 일부를 요약한 것이다.

Christensen and Raynor, *The Innovator's Solution* (ch. 3, n. 15), pp. 103-107.

5. Diane Tavenner, "Embarking on Year Two: Moving Beyond Blended Learning", Blend My Learning,November 27, 2012, http://www.blendmylearning.com/2012/11/27/embarking-on-year-two-moving-beyond-blendedlearning/ (accessed January 18, 2014)

6. Staker, "The Rise of K-12 Blended Learning" (introduction, n. 34).

7. Bernatek, Cohen, Hanlon and Wilka, "Blended Learning in Practice" (introduction, n. 39), p. 18

8. 학생들은 종종 2~4개의 스테이션을 놓고 순환한다. 그중 하나는 온라인 학습을 위한 스테이션인데, 이는 순환하고 있는 시간에 전체 학생의 절반 또는 3분의 1에 해당하는 학생만 컴퓨터를 필요로 한다는 것을 의미한다(Bernatek et al., "Blended Learning in Practice").

9. Bernatek et al., "Blended Learning in Practice".

10. 이 질문은 블렌디드 러닝 모델을 구축하는 데 있어 예산 편성과 관련해 충분히 생각할 수 있는 기회를 제공해줄 것이다. 블렌디드 러닝을 지원할 재정에 대한 사항은 이 책에서 깊이 있게 다루지 않았다.

11. 'The Blended Learning Implementation Guide'를 참고하길 강력히 추천한다. 제시된 6가지 질문과 [부록 8.1]은 고차원적인 생각을 하도록 돕고 있는데, 언급한 가이드에는 우리가 이 책에서 다루지 않은 운영상의 질문을 제시함으로써 더 깊은 영역으로 나아가도록 도울 것이다.

12. "Da Vinci Schools: Da Vinci Communications", Next Generation Learning Challenges, http://net.educause.edu/ir/library/pdf/NG1205.pdf

13. "Schools for the Future: SFF Detroit", Next Generation Learning Challenges, http://net.educause.edu/ir/library/pdf/NG1215.pdf

14. "Danville Independent Schools: Bate Middle School and Danville High School", Next Generation Learning Challenges, http://net.educause.edu/ir/library/pdf/NGP1301.pdf

15. Pearlman, "Designing New Learning Environments to Support 21st Century Skills" (ch. 7, n. 33), p. 126

9장

1. 에듀케이션 엘리먼츠(Education Elements)의 창시자인 앤서니 킴(Anthony Kim)에게 감사의 말을 전하고 싶다. 몇 년에 걸친 그의 도움으로 학교 문화의 중요성에 대해 더 분명히 알 수 있었다. 더불어 플렉스 공립학교(Flex Public Schools)를 설립해 미국 전역에 블렌디드 러닝 학교를 전파하는 데 도움을 준 마크 커시너(Mark Kushner)에게도 감사의 말을 전한다. 그의 도움으로 학교 내에서 문화가 어떻게 작용하는지, 올바른 문화를 확립하는 것이 얼마나 중요한지 이해할 수 있었다. 마지막으로 다음 자료를 참조했다. Rod Paige, "Paige: Digital Classrooms Are Reshaping Education", Houston Chronicle, February 8, 2014 (http://www.chron.com/opinion/outlook/article/Paige-Digital-classrooms-are-reshaping-education-5217202.php?cmpid=opedhphcat).

2. 실리콘 스쿨즈 펀드(Silicon Schools Fund)의 대표이사 브라이언 그린버그(Brian Greenberg)의 펀드 포트폴리오 중학교의 발전에 대한 이메일 업데이트 글을 참고했다.

3. 이 부분은 다음 자료를 참조했다. Clayton M. Christensen, "What Is an Organization's Culture?", Harvard Business School, August 2, 2006 (9-399-104).
여기서는 다음 책에서 설명하고 있는 개념을 끌어내어 비중 있게 다루고 있다. Edgar Schein, *Organizational Culture and Leadership* (San Francisco: Jossey-Bass Publishers, 1988). 그리고 이 부분을 기술할 때 다음 책을 참조했다. Clayton M. Christensen, Karen Dillon and James Allworth, *How Will You Measure Your Life?* (New York: HarperCollins, 2012), Ch. 9.

4. 에드가 샤인(Edgar Schein)은 조직 문화에 대해 좀 더 형식적 정의를 사용하기도 했다. 이는 '어떤 집단으로부터 고안, 발견, 개발된 기본 가설의 패턴'이며 외부와 내부의 문제를 해결하는 과정을 통해 이것이 학습된다고 했다. 조직 문화는 집단 내에서 충분히 유효하게 작동한다고 여겨지는데, 결과적으로 새로운 구성원의 유입이 있을 경우 문제를 해결하는 데 있어 그것이 당연히 옳은 방식임을 인지하고 생각하고 느끼도록 한다.

5. 이것은 중요한 점을 시사한다. 현재 대부분의 학교가 가진 교실 구조 속에서 학교의 철학이나 학교가 관리되는 방식에 비춰봤을 때 학교는 조직 전체에 걸쳐

꽤 강력하고 일관된 내부 문화를 가질 수 있다. 이를 통해 교사를 비롯한 교직원은 함께 다양한 문제 상황에 대해 공통된 경험과 학습을 하게 된다. 한편 특정 문제가 조직 전반에서 불거질 경우 학교 차원의 대응을 하지만, 각 교실에서 발생한 특정 문제를 다루게 될 경우 그 결과로 각 교실의 고유 문화가 생겨날 수 있다. 교실도 어느 정도 그들 스스로 운영되는 하나의 조직이기 때문이다. 따라서 각 교실의 교사는 어떤 도전 과제가 발생한 경우 서로 다른 방식으로 그것을 처리하게 된다.

6. 많은 경우 사람은 직원의 복장에 대해서는 잘 차려입는 것보다 편한 것, 또 근무 시간이 정해져 있지 않고 들쑥날쑥한 경우 비격식적 문화라는 딱지를 붙인다. 그러나 실제로는 사람이 옷을 어떻게 입느냐 하는 것은 그곳의 문화를 말해주지 않는다. 대신 그 집단에 속한 사람이 본능적으로 어떤 문제를 풀어 나가고 결정을 내릴 때 그 과정과 우선순위를 관찰함으로써 정보를 얻을 수 있다. 편한 복장을 선호하는 그룹이 실제로는 함께 일을 해나가는 데 있어 꽤 엄격하고, 위계질서가 뚜렷한 집단일 수 있다. 그럼에도 여전히 이런 집단이 비격식적 문화를 가진다고 말할 수 있는가? 다시 말하면 겉으로 드러나는 것과 그 문화 자체를 혼동하지 말라는 뜻이다.

7. Linda and Richard Eyre, *Teaching Children Responsibility* (Salt Lake City, UT: Deseret Book Company, 1982), pp. 57-59.

8. 미셸 리(Michelle Rhee)가 워싱턴 D.C.의 교육감으로 재임하던 기간은 학교 문화를 바꾸라는 그녀의 충격적 발언으로 말미암아 긴장과 투쟁의 시기로 기억된다. 결과적으로 그녀는 논란의 여지는 있지만 주 내의 조직 문화 자체를 바꾸는 데 성공했다. 그럼에도 많은 전통적 공립학교는 그녀가 재임 기간 내에 가져오고자 했던 학교 문화의 변화에 대해 저항했다.

9. Christensen, Dillon and Allworth, *How Will You Measure Your Life?*

10. Jeff Sandefer, "Learner-Driven Communities: Preparing Young American Heroes for Lifelong Learning in the Twenty-First Century", 미출판.

11. Oliver Sicat, "Initial Conclusions of Hybrid High's First Year", Blend My earning, October 13, 2013, http://www.blendmylearning.com/2013/10/31/initial-conclusions-hybrid-high-first-ya/ (accessed April 15, 2014).

12. Daniel K. Lautzenheiser and Taryn Hochleitner, "Blended Learning in DC Public Schools: How One District Is Reinventing Its Classrooms", American

Enterprise Institute, January 30, 2014, http://www.aei.org/papers/education/k-12/blended-learning-in-dc-public-schools-how-onedistrict-is-reinventing-its-classrooms/

13. 2012-13 Accountability Progress Reporting(APR), http://api.cde.ca.gov/Acnt2013/2012BaseSch.aspx?allcds=43694840123760; Brian Greenberg, Rob Schwartz and Michael Horn, "Blended Learning: Personalizing Education for Students", Coursera, Week 3, Video 6: Shifting Teacher Mindsets, https://class.coursera.org/blendedlearning-001

10장

1. 로버트 번스(Robert Burns)의 시 「To a Mouse, on Turning Her Up in Her Nest with the Plough」에서 인용한 시구다.

2. 이런 전략적 계획을 위한 상황 기반적 이론의 상당 부분은 크리스텐슨과 레이너의 『성장과 혁신』 8장의 아이디어를 참고했다.

3. 표준 계획을 수립하는 과정은 가설에 대한 지식 비율이 높은 환경에서 잘 작동한다. 이것은 이전에 비슷한 환경에서 빈번하게 이런 일을 겪었기 때문에 가설 자체에 대해 높은 확신을 가진 상황이라고 말할 수 있다. 이 과정은 익숙하고도 존속적인 혁신의 환경에서 꽤 정확하게 적용되는데, 이는 매우 익숙해서 예측 가능한 환경이기 때문이다. 예를 들어 다년간 사회 교과나 프로젝트를 지도했던 경력교사에게는 교실에서 합리적이면서도 구상한 것에 꽤 가깝게 진행될 만한 새로운 수업이나 프로젝트를 계획하는 것이 어렵지 않다. 유사한 예로 서로 비슷한 유형의 학교를 개설해 본 경험이 있는 사람에게는 또 다른 유사한 형태의 학교를 개설하기 위한 계획을 세우는 것이 어렵지 않을 것이다.

4. 클레이튼 M. 크리스텐슨, 마이클 E. 레이너, 『성장과 혁신』, 8장.

5. 이와 관련해 다음 책을 강력히 추천한다. Rita Gunther McGrath and Ian C. MacMillan, *Discovery-Driven Growth: A Breakthrough Process to Reduce Risk and Seize Opportunity* (Boston: Harvard Business Press, 2009).

6. 불확실한 상황에서 발견이 이끄는 계획 수립 과정이 아닌 표준 계획을 수립

하는 과정을 따를 경우 사람은 종종 그들 계획의 핵심이 되는 가설을 가지고 마치 게임을 하듯 반복적으로 수행한다. 그 결과가 점점 좋아지도록 반복하고, 마침내 계획이 받아들여지도록 하는 과정을 거친다.

7. 3장에서 언급했듯이 퍼스트라인 공립학교는 더 정확한 목표를 세울 수도 있었으며, 이것은 퀘이커타운의 경우도 마찬가지다.

8. 고객의 새로운 성장을 촉진시키기 위해 파괴적 혁신의 이론을 사용하는 컨설팅 회사인 이노사이트 LLC(Innosight LLC)의 통찰력에 감사를 표한다. 여기서 많은 내용이 그들의 원래 아이디어를 담고 있다. 더 알아보기를 원한다면 다음 책을 읽어보기를 추천한다. Scott D. Anthony, *The Innovator's Guide to Growth: Putting Disruptive Innovation to Work* (Boston: Harvard Business Press, 2008), Chapter Seven.

9. 체크포인트를 만드는 것에 대해 더 알아보고자 한다면 다음 책을 참조하라. Rita Gunther McGrath and Ian C. MacMillan, *Discovery-Driven Growth*, Chapter Seven.

11장

1. CEE-트러스트(CEE-Trust, Trust for Civil Society in Central and Eastern Europe)의 전략 책임자 캐리 더글라스(Carrie Douglas)와의 인터뷰를 근거로 작성했다(2014. 6. 6).

2. 사실 계획을 위해 설립자가 투자한 시간은 3년 6개월여의 시간이다. 그러나 급여를 받으며 온전히 계획을 세우는 데만 집중한 시간은 겨우 10개월이다. 이는 몬테소리 포 올(Montessori For All)의 설립자이자 이사인 사라 코트너(Sara Cotner)와의 인터뷰를 근거로 작성했다(2014. 6. 6).

3. 넥스트 제너레이션 러닝 챌린저스(Next Generation Learning Challenges)의 부대표인 앤디 캘킨스(Andy Calkins)와의 인터뷰를 근거로 작성했다(2014. 6. 6).

4. Rebecca Kisner, "The Parent Engagement Continuum in High-Performing Charter Schools: A Guide for Schools", Donnell-Kay Foundation, May 2013, p. 5.

5. "글로벌 경제에서 지속적인 경쟁의 이점은 멀리 떨어진 경쟁자가 견줄 수

없는 지식, 관계, 동기부여 등 지엽적인 것에 놓여 있다는 것이다"(Michael E. Porter, "Clusters and the New Economics of Competition", Harvard Business Review, November-December 1998, p. 78). 물론 이 아이디어는 상업적인 것에 가치를 둔 네트워크와 관련이 있지만 교육자에게도 동일하게 이 원칙이 적용될 수 있다. 또한 포터는 "집단의 일부가 된다는 것은 회사가 정보 접근, 기술, 필요한 기관, 관련 회사들의 협조, 동기 향상 등으로부터 훨씬 더 생산적으로 운영할 수 있게 되는 것을 의미한다"라고 전했다(p. 81).

감사의 말

『교실수업 파괴하기(Disrupting Class)』를 출판하고 나서 행운이 찾아왔다. 교사, 학교 관리자, 정책 입안자, 학부모, 기업가, 기금 후원가, 자선사업가, 기술 분야 전문가, 회사 책임자, 대학 교수 등 많은 사람이 우리에게 연락해왔다. 우리 모두는 하나의 목표를 공유했는데, 그것은 교육 시스템을 학생 중심 시스템으로 바꿔 모든 학생이 자신의 잠재력을 발휘하도록 만들자는 것이었다.

이들 가운데 많은 수가 교육계에 종사했지만, 그렇지 않은 사람도 많았다. 많은 사람이 우리의 비전에 동의했고 점점 성장하는 우리의 혁신 네트워크와 함께하길 원했다. 반면 어떤 사람들은 우리의 비전에 동의하지 않았고 우리를 가르치려고 했다. 사람들의 도움과 수차례의 전화와 만남, 학교 방문 덕분에 나는 전 세계 사람들과 함께하는 특권을 누렸고 많이 배웠다. 나는 학생을 위해 더 나은 교육을 만들고자 애쓰는 전 세계 사람들의 열정으로부터 날마다 영감을 얻는다.

공동 설립한 비영리, 비당파 싱크 탱크인 클레이튼 크리스텐슨 연구소는 파괴적 혁신을 통해 세상을 개선하는 데 전념하고 있다. 우리는 여기서 일하는 동안 사례 연구, 보고서, 기사, 블로그, 연설, 워크숍을 통해 알게 된 것과 블렌디드 러닝을 실천하는 학교들의 프로필 데이터베이스인 블렌디드 러닝 유니버스(Blended Learning Universe)를 기록으로 정리하고 있다. 도움을 준 사람이 없었다면 이들 연구 가운데 어떤 것도 성과를 내지 못했을 것이다. 우리는 이 블렌디드 러닝 환경을 디자인하여 교육 시스템을 학생 중심 환경으로 변화시키는 데 도움이 되고자 혁신 이론을 통해 배우고 알게 된 모든 것을 이 책에 담았다.

『교실수업 파괴하기』 이후로 사람들이 어떻게 다음 책을 써내는지 궁금했다. 내 경우에는 훌륭한 공동 저자이자 사고(思考)의 동반자가 있던 것이 그 답이었다. 헤더 스테이커는 능력이 뛰어나고 열정적이었는데, 그녀는 내가 아는 사람 가운데 가장 생산적이다. 그녀의 솜씨 있는 문장력과 비전, 연구가 없었다면 이 책은 나오지 못했을 것이다.

지난 7년 넘는 시간 동안 크리스텐슨 연구소에서 이 책이 나오기까지 도움을 준 멋진 팀과 함께한 것은 행운이다. 캐서린 매키는 우리의 첫 직원이었는데 이 책이 나오도록 자극을 준 몇몇 사례 연구를 했다. 맥 에번스는 블렌디드 러닝을 도입한 학교들이 겪는 어려움을 현장에서 조명하여 이론에 기반을 둔 우리의 연구를 좀 더 실재화시켜 주었다. 안나 구는 사실을 확인하고 자료를 정확히 찾아내기 위해 심층 조사를 실시했다. 캐서린 칼리스는 집필뿐 아니라 이 책에 영감을 준 수천 건의 미팅을 위해 시간을 할애해주었다. 톰 아넷, 채리티 에어, 줄리아 프리랜드, 마이크 르메르의 연구는 이 책을 구체화하는 데 도움을 주었다. 친구인 크리스텐슨 연구소의 소장 지젤 허프는 수년 동안 중요한 조언자이자 등대가 되어 연구가 결실을 맺도록 도와주었다. 앤 크리스텐슨과 헤이든 힐은 우리 연구를 더 강력하게 만들어주었다. 미셸 리 위즈는 우리 연구와 진화하는 대학 교육의 현실을 연결짓도록 도와주었다. 그리고 크든 작든 지속적으로 지도해주는 멘토 클레이튼 크리스텐슨 교수에게 큰 신세를 지면서 영감을 받고 있다.

평생의 동반자인 아내 트레이시와 함께할 수 있다는 건 행운이다. 그녀는 나만큼이나 이 연구에 열정을 갖고 있으며, 학생마다 서로 다른 학습 니즈를 개별 맞춤화할 수 있는 학생 중심 교육으로 전 세계의 학교를 변모시키는 데 우리가 성공하기를 진심으로 바라고 있다. 딸들이 태어난 이후에도 그녀는 독려와 재촉, 편집, 응원, 사랑으로 계속 전진하도록 밀어주고 있다. 이 책을 그녀에게 바친다.

마이클 혼

2010년부터 미국 학교에 등장한 블렌디드 러닝을 연구하기 시작했다. 클레이튼 크리스텐슨 연구소와 차터 스쿨 성장 기금(Charter School Growth Fund) 소속의 알렉스 에르난데스와 에릭 챈의 협업으로 시작한 조그만 프로젝트가 내 삶을 크게 바꾸어놓을 거라고 그때는 미처 알지 못했다. 연구를 시작하고 몇 달 뒤 우연히 텍사스 오스틴에 제프 샌더퍼와 로라 샌더퍼 부부가 설립한 블렌디드 스쿨인 액턴 아카데미를 알게 되었다. 나는 깊은 감명을 받았고 5명의 자녀를 입학시키자고 남편을 설득해 하와이 호놀룰루에서 센트럴 텍사스로 이사했다.

블렌디드 학교를 방문할 때마다 마음속에 한 가지 질문이 떠오른다. 이 학교에 우리 자녀를 보내고 싶은가? 나는 향후 십 년간 점점 더 '그렇다'라는 답이 나올 거라는 희망에 차 있다.

이 자리를 통해 마이클 혼에게 감사드린다. 『교실수업 파괴하기』 출간은 개인 학생의 니즈에 따라 어떻게 학습을 다시 중심에 둘 것인지에 대한 폭넓은 대화를 불러왔다. 그는 지성과 표현력으로 박수를 받고 있지만, 그와 한 팀에서 일하는 사람들은 그가 책임자로서나 멘토로서 똑같이 재능이 있다고 말한다.

학교와 교육 시스템을 개선시키고자 하는 내 욕구에 따라 삶을 살아가도록 이끌어준 몇 명의 사람이 있다. 바로 크리스텐슨, 피트 윌슨, 살렘 에이브러햄, 베스 앤 브라이언, 사리 팩터, 프랜시 알렉산더, 로저 포터, 리처드 월리스, 레이라니 윌리엄스, 브레인 체이스 팀이다.

많은 교사와 부모가 우리 가족에게 폭넓은 지원을 해주었다. 우리 아이들을 포함해 오스틴의 아이들을 가르치고 가이드하고 사랑해주는 미란다 리빙스턴, 앤드리아 홀, 칼리 클레이튼, 모니카 피셔, 캐롤라인 루돌프, 카일리 다이넬트 리드, 안나 블라비 스미스, 서맨사 심슨, 테리 도브, 디앤 폴슨, 데버라 위스먼, 저넬 블랙에게 특별히 감사의 마음을 전한다.

나는 가르침을 최고의 소명으로 여기는 부모님에게 영향을 받았다. 아버지 휘트니 클레이턴은 성직자이자 교사가 되기 위해 변호사를 그만두었다. 어머니 캐시 클레이턴은 30년간 교사로 일하면서 학생 중심 학습이 알려지기 전부터 교실에서 실천하고 있었다. 그 내용을 시적인 문체로 써낸 어머니의 아름다운 책은 이 책을 쓸 때 영감을 주었다.

테이트와 서배너, 오드리, 헨리, 그레이슨 스테이커 덕분에 열정과 끈기를 가지고 학교를 사회적 기준에 따라 좀 더 효과적으로 만들 뿐 아니라 아이들의 관점에서 더 즐겁고 양육하는 학교로 만드는 사례를 분명하게 설명할 수 있었다. 이 아이들의 엄마라는 사실은 내 삶에 있어 가장 큰 기회였다. 앨런 스테이커는 영원한 동반자이자 사랑이다. 그는 끊임없이 힘을 주고, 격려하며, 모험에는 지름길이 없다는 사실을 상기시켜 준다. 이 책을 그에게 바친다.

헤더 스테이커

저자에 대하여

마이클 혼

파괴적 혁신을 연구하는 클레이튼 크리스텐슨 연구소의 공동 설립자이며 교육 프로그램의 상임이사로 일하고 있다. 그는 연구를 통해 정책 입안자와 지역사회 지도자들에게 K-12와 대학 교육 영역에서 파괴적 혁신이 가진 힘에 대해 교육하는 팀을 이끌고 있다. 그의 팀은 획일적인 공장 모형 교육 시스템을 학생 중심 디자인으로 바꿔 각 학생을 성공적으로 교육하고 각자 자신이 가진 최대한의 잠재력을 깨닫게 하는 것을 목표로 삼고 있다.

2008년 혼은 수상작인 『교실수업 파괴하기: 파괴적 혁신은 어떻게 세상의 교육을 바꾸는가』를 하버드 경영대학원 교수 클레이튼 크리스텐슨, 커티스 존슨(Curtis W. Johnson)와 공동 집필했다. 《뉴스위크》는 이 책을 '우리 시대 최고의 책 50선' 중 14위에 올렸다. 혼은 블렌디드 러닝에 관련된 몇 개의 백서를 썼고 『개인 기업과 공교육』을 프레드릭 헤스와 공동 편집했다. 또한 《포브스》《워싱턴 포스트》《이코노미스트》《허핑턴 포스트》《에듀케이션 위크》 등 주요 언론 매체에 원고를 기고해 왔다. 그리고 실리콘스쿨펀드(Silicon Schools Fund)의 브라이언 그린버그(Brian Greenberg)와 함께 블렌디드 러닝 101을 이끌고 있는데, 이는 칸 아카데미와 제휴한 5부작 무료 온라인 콘텐츠다.

혼은 정기적으로 주입법 회의에서 진술하고, 미국 전역의 교육 콘퍼런스와 실무회의에서 종종 기조연설을 하고 있다. 잡지 《테크 앤드 러닝(Tech & Learning)》은 교육 분야 테크놀로지 사용의 창조와 진보 영역에서 가장 중요한 100명의 명단에 그를 올렸다.

교육 정책에 대한 전문가의 견해와 연구를 펴내는 학술지 《에듀케이션 넥스트(Education Next)》의 주필이자 피델리스 에듀케이션과 실리콘스쿨펀드의 이사인 혼은 다양한 단체의 이사회에서 활동하고 있다. 또한 애리조나 주립대학의 교육혁신 자문위원, 매사추세츠 교육위원회의 디지털 러닝 자문위원, 콜롬비아 대학교 사범대학의 헤킨저교육미디어연구소의 자문위원이다. 예일 대학교에서 역사학 학사 학위를 받았고, 하버드 경영대학원에서 경영학 석사 학위를 받았다. 또한 2014 아이젠하워 펠로이며 베트남과 한국의 교육 시스템에 대해 연구했다.

헤더 스테이커

파괴적 혁신을 위한 클레이튼 크리스텐슨 연구소의 교육 실무 선임연구원이다. 블렌디드 러닝, 역량 기반 학습, 학생 중심 디자인의 대변인으로서 라디오와 텔레비전, 전국의 입법 청문회에 출연하고 있다. 집필하거나 공동 집필한 주요 출판물로는 『K-12 블렌디드 러닝의 부상(浮上)』 『K-12 블랜드디 러닝 분류 체계』, 『K-12 블렌디드 러닝은 파괴적인가』 등이 있다.

스콜라스틱(Scholastic)으로부터 2012년 교육 분야에서 눈여겨봐야 할 5인 가운데 한 명으로 선정되어 미국 전역 20개 이상의 교육혁신 콘퍼런스에서 기조연설자로 무대에 올랐으며 《에듀케이션 넥스트》 《데저릿 뉴스(Deseret News)》 《더 저널(THE Journal)》에 기고하기도 했다. 스테이커는 K-8 학생들이 여름 방학 동안 즐기도록 대규모의 보물찾기 형식을 띤 6주짜리 전 세계 온라인 학습 모험 프로그램의 공동 프로듀서이기도 하다.

크리스텐슨 연구소에 들어오기 전에 맥킨지앤드컴퍼니(McKinsey & Company)의 전략 컨설턴트로 일했으며, 캘리포니아 주 교육위원회 위원으로 활동했다. 하버드 대학교에서는 티칭 펠로(학부생을 가르치는 대학원 장학생)로 미국 역사를 가르쳤고, 협동조합형 유치원을 시작했으며, 프록터앤드갬블(P&G)의 오일오브올레이(Oil of Olay)의 판매에도 참여했다. 하버드 대학교에서 정부학(Government)을 전공했으며, 하버드 경영대학원에서 경영학 석사 학위를 받았다. 5명의 자녀를 키우고 있으며, 행복한 결혼생활을 하고 있다.

**선생님의 교실에서 강의를 빼면 무엇이 남을까요?
수업의 중심에서 교사가 사라지면 누가 남을까요?**

거꾸로교실을 통한 수업혁신
- 미래교실을 디자인하다

거꾸로교실을 먼저 시작한 선생님들(미찾샘: 미래교실을 찾는 선생님)의 생생한 수업과 시행착오의 경험을 공유하고 아이디어를 나누며, 스마트 기기들을 이용해 간단하게 사전 동영상을 제작하는 방법을 익혀 이를 통해 거꾸로교실로의 진입장벽을 낮추고자 합니다.

왜, 거꾸로교실인가?
- 01. 거꾸로교실의 시작 – 존 버그만(1)
- 02. 거꾸로교실의 시작 – 존 버그만(2)
- 03. 거꾸로교실에 뛰어들다 – 정찬필 PD
- 04. 세계 교육의 흐름 – 정찬필 PD
- 05. 21세기 스킬과 4C – 정찬필 PD
- 06. 왜 거꾸로교실인가 – 정찬필 PD
- 07. 거꾸로교실과 교육 패러다임의 전환
   – 이민경 교수
- 08. 거꾸로교실의 가능성 – 이혁규 교수
- 09. 거꾸로교실에 대한 격려 – 이혁규 교수

거꾸로교실 들여다보기
- 10. 미찾샘 수업 사례(1) 이해영 선생님
- 11. 미찾샘 수업 사례(2) 박두일 선생님
- 12. 미찾샘 수업 사례(3) 홍성일 선생님
- 13. 미찾샘 수업 사례(4) 박한샘 선생님
- 14. 미찾샘 수업 사례(5) 이미숙 선생님1
- 15. 미찾샘 수업 사례(6) 이미숙 선생님2
- 16. 미찾샘들의 못다한 이야기

거꾸로교실 도전기
- 17. 디딤수업 제작 이론
- 18. 스마트폰과 PC로 디딤수업 만들기
- 19. Explain everything으로 디딤수업 만들기

- 20. 디딤수업 제작 노하우(고급)
- 21. 수업 디자인 나누기(국영수)
- 22. 수업 디자인 나누기(사회과학)
- 23. 수업 디자인 나누기(통합 교과)

거꾸로교실이 궁금하다
- 24. 거꾸로교실에 첫발을 내딛다
- 25. 거꾸로교실의 마법
- 26. 시행착오, 그리고 변화
- 27. 자세히 보면 보이는 것들
- 28. 무엇이 당신을 두렵게 하는가
- 29. 자주 묻는 질문 모음(1)
- 30. 자주 묻는 질문 모음(2)

공동기획 미래교실네트워크 에듀니티
www.futureclass.net

행복한연수원 원격연수 — happy.eduniety.net

15시간 1학점 직무연수

자유학기, 제대로 알면 교사와 학생이 수업을 즐길 기회다!
자유학기 너머 일반학기와의 연계로 향하는 거꾸로교실 여행

자유학기 수업을 디자인하다

하루 20분, 15일이면 다채로운 활동중심수업이 그려지는 색연필 연수!
어려운 정책 이야기는 내려두고, 동료 선생님의 경험을 담아낸 공감 연수!

<모듈1> 자유학기, 제대로 알고 즐길 준비
01. 자유학기 현재와 미래를 말하다
02. 미래 사회를 여는 미래 교실을 꿈꾼다

<모듈2> 변화 한 걸음, 단일 교과 수업의 변화!
03. [국어교과] 수업 형식의 변화가 주는 힘!
04. [영어교과] 수업과 현실세계의 연결고리!
05. [수학교과] 수업에서 놀이와 재미를 찾다!
06. [수학교과] 방정식을 풀었더니 진로가 보인다!
07. [사회교과] 오고 가는 질문에서 오개념을 잡는다!
08. [도덕교과] 윤리 개념은 외우는 것이 아니라 스미는 것!
09. [과학교과] 우리는 우리의 실험을 직접 설계한다!
10. [과학교과] 더 이상의 간접 체험은 없다, 일단 해보자!

<모듈3> 주제3. 변화 두 걸음, 교육과정 재구성!
11. 자유학기 현재와 미래를 말하다
12. 미래 사회를 여는 미래 교실을 꿈꾼다
13. 학교 밖 진짜 문제 해결하기

<모듈4> 변화의 지속, 함께 만드는 힘!
14. 자유학기를 움직이는 힘, 교사협의회
15. 자유학기제, 교육혁신의 모멘텀

공동기획 미래교실네트워크 에듀니티
www.futureclass.net

에듀니티   행복한연수원 원격연수   happy.eduniety.net

30시간 2학점 직무연수

거꾸로교실 3년, 지금은 어떤 모습일까요?

거꾸로교실, 증명에서 확산으로-실천편

수년간 거꾸로교실을 꾸려오신 26명의 선생님의 노하우와,
전과목에 활용 가능한 활동이 담긴 14개의 실제 교실 수업 모습을 공개합니다.

주제1. 더 깊은 배움을 향해 – 개념 이해
01. 거꾸로교실과 수업 혁신(1)
02. 거꾸로교실과 수업 혁신(2)
03. 거꾸로교실 원형을 찾아서 – 더 클래식
04. 거꾸로교실에서 활동의 의미 – 스피킹 레이스와 바퀴벌레 게임
05. 수업 활동유형 – 보석맵과 릴레이 게임
06. 디딤영상의 목적과 제작방법
07. 디딤영상으로 한 걸음 더 들어가기

주제2. 거꾸로교실 수업 공개 – 모든 경험과 노하우
08. [국어교과] 어떤 단원에도 적용 가능한 4분할 활동
09. [국어교과] 큰 수업 안에 작은 수업을 만드는 TIC-TAC-TOE 활동
10. [수학교과] 지수, 로그로 보는 세상
11. [수학교과] 개념이해와 내용정리 Q&A map 활동
12. [수학교과] 내 손으로 바꾸는 학교, 프로젝트 수업
13. [과학교과] 서로가 배우고 가르치는 3급 정교사 활동
14. [과학교과] 창의성을 이끌어내는 실험 설계하기
15. [역사교과] 개념카드 스토리 만들기와 헥사 활동
16. [사회교과] 함께 답을 찾아가는 질문 원카드 수업

17. [영어교과] 베스킨라빈스 활동을 활용한 참여수업
18. [영어교과] SCW과 지식시장을 활용한 학습자 중심 협업 활동

주제3. 증명에서 확산으로
19. 교육과정 재구성으로 세상과 통하는 수업 들여다보기(1)
20. 교육과정 재구성으로 세상과 통하는 수업 들여다보기(2)
21. 사회적 맥락과 수업의 연결 전략
22. 안정적으로 주도권 넘기기
23. 교육 게이미피케이션을 활용한 수업
24. 학생참여수업의 평가 방법
25. 거꾸로교실 교사, 성장을 꿈꾸다!

주제4. 거꾸로다방 (FAQ)
26. 거꾸로교실 미찾샘에게 물어보세요!
27. 활동 중심 수업과 무엇이 다른가요?
28. 매번 다양한 활동으로 수업을 준비해야 하나요?
29. 수업은 즐거운데, 배움이 일어나고 있을까요?
30. 거꾸로교실 너머에는 무엇이 있을까요?
    (사최수프로 진짜 세상과 만나기)

공동기획 미래교실네트워크 에듀니티
www.futureclass.net